近代日本キリスト教主義幼稚園の保育と園舎

遺愛幼稚園における幼児教育の展開

永井 理恵子

学文社

はしがき

　本書は，北海道函館市元町にある，明治 28（1895）年創立の私立遺愛幼稚園における，主として大正期の保育実践と園舎の分析を中心に，明治の開設期から昭和前期までの幼稚園史の全体像をまとめたものである。
　函館市元町末広町重要伝統的建造物群保存地区の一角，ハリストス正教会の隣に，赤い屋根を持つ瀟洒な木造建築がある。この建築物は，大正 2（1913）年に建てられ，2013 年に築 100 年を迎える遺愛幼稚園の園舎であり，この間，現在に至るまで，途切れることなく幼稚園舎として用いられてきた。

　遺愛幼稚園は，遺愛女学校に附属する幼稚園として創立された。幼稚園の創立者は，米国メソジスト監督派教会海外婦人伝道協会から派遣され遺愛女学校を開設・運営していた米国婦人宣教師らであった。
　遺愛幼稚園は現在，学校法人・遺愛学院に所属する幼稚園である。遺愛女学校は明治 7（1874）年に端緒を発し，明治 15（1882）年に正式な学校として開校した。昭和 26（1951）年に学校法人・遺愛学院となり現在に至る。今日の遺愛学院は，女子中学校・高等学校に加え，遺愛旭岡幼稚園，それに遺愛幼稚園の，全 4 校園を運営している。途中，大正 4（1915）年には，幼児福祉を目的とした清花園を若松町に創立，大縄町に土地を購入した大正 13（1924）年に清花園は第二遺愛幼稚園と改称されて移転，昭和 57（1982）年の遺愛旭岡幼稚園の創立とともに閉園となった。女子中学校と高等学校は，明治 40（1907）年に，現在の遺愛学院の中心地となっている函館市杉並町の校地に移転したが，遺愛幼稚園は，遺愛学院の前身である遺愛女学校が開設された元町の現在地に残り，今日に至っている。女学校，幼稚園ともに，函館の女子教育，幼児教育に大きく寄与してきた学校組織である。

　遺愛幼稚園の開設当時，函館市内には，既に幼児教育機関が一つ開設されていたが，その幼稚園は創立当初の形態での運営は継続されなかった。そのため，函館市内において今日まで継続的に運営が行なわれている幼稚園とし

ては，遺愛幼稚園が最古である。

　同時に遺愛幼稚園は，明治期以降に外国人宣教師によって日本に開設された幼稚園として，創立当時の運営組織のまま今日まで継続的に教育実践を行なっているものとしては，東日本で最古の幼稚園でもある。

　さらに，現在の園舎は先に述べたように大正2（1913）年築の建築物であり，現役園舎としても日本では最古の域に入るものであることは言を俟たない。

　上記のように，数々の歴史的な特徴を有する遺愛幼稚園である。しかし，なによりも驚くことは，今の遺愛幼稚園において，（幼児を取り巻く諸環境の変化に応じた新しい教育実践内容と方法の模索が行なわれていながらも，）婦人宣教師らが目指した幼児教育の根本精神が日々の保育の端々に今も確かに遺されているという事実である。この事実を目にする時，著者は，この幼稚園が辿ってきた実践史に対する学究的興味関心を強く喚起されると同時に，その歴史的変遷過程を明らかにして後世に伝えることの必要性を強く感じざるを得ない。

　遺愛幼稚園は，上に述べたように，近代日本幼稚園教育実践史上，また，我が国のキリスト教主義幼稚園教育史上，非常に重要な位置を占めている。そのような位置にありながら，遺愛幼稚園は，その歴史の全体像を整理検討し記録に遺す機会がないまま，今日に至っている。遺愛学院が発行した記念誌である『遺愛七十五周年史』（1960）および『遺愛百年史』（1987）のいずれにおいても，遺愛幼稚園に関する記述は非常に限られており，これらの記念誌から遺愛幼稚園の運営・実践史の全体像を読み取ることは難しい。また，創立115周年を迎えた2010年10月まで，遺愛幼稚園単独での周年記念誌を発行することもなかった。

　本書は，明らかにされることがないまま今日に至った遺愛幼稚園の，明治から昭和初期の運営と実践の全体史像を描出することを意図して著したものである。もとより著者は，教育実践史を専門としており，最大の問題関心は幼児教育の実践史にある。同時に著者は，その実践史を，園舎という教育材をとおして分析する研究手法を採ってきた。この意味からも大正期の園舎が現在も実践に活用されている遺愛幼稚園は，著者の研究に有効でもある。し

かし，遺愛幼稚園の場合，これまでの全体史像が全く描かれてこなかったという事実がある。そのため本書は，著者の研究上の興味関心のみに特化するのではなく，遺愛幼稚園の全体史像を描き出すことをも意図するものとなった。本書の第Ⅲ部で実践史についての独立した部を設け，それを集中的に著す方針をとったのはそのためである。

遺愛幼稚園には，幸いなことに，大正期以降の運営・実践を記録する多様な史資料が大量に保存されていて，その種類も多岐に亘っている。

保存量が多量であることは，十分な分析研究が可能になるため非常に喜ばしいことであるが，史資料は「整理されて保管されていた」というよりも，「たまたま保存されることになった」というに近い状態であった。そこで，まずは史資料の整理から着手する必要があった。無論その史資料の一部は本書における研究にも大いに活用されているのであるが，著者が専門としない領域における貴重な史資料も多く保存されているので，それらの史資料は今後，様々な幼稚園史研究に活用されることが期待できる。

本書が，遺愛幼稚園の今までの足跡を初めて世に明らかにするものとなると同時に，あらたに発掘された近代日本キリスト教主義幼稚園の運営と保育の一様相を世に示す一助となることを期待したい。それに加えて，本書の刊行が，これまでの遺愛幼稚園の堅実で誠意に満ちた保育実践の歴史を明らかにするとともに，今後の遺愛幼稚園の更なる発展に繋がる一里塚となるように願うものである。

In this book, the author introduces IAI Kindergarten in Hakodate, Hokkaido, the big northern island of Japan. IAI Kindergarten was established by the Women's Foreign Missionary of the American Methodist Episcopal Church and opened in 1895 by the missionaries from IAI Jogakko (girls' high school) who had come there from the United States of America. You can find here their fundamental principles and the methods for IAI Kindergarten both in the Meiji and Taisho eras following the orthodox Fröbel theory. Needless to say, the education of IAI Kindergarten was based on the reliable Christian faith and enthusiasm of the American missionaries' work.

Although IAI Kindergarten once closed in 1907 because of the big fire of Hakodate, it has never stopped working ever since. It reopened in 1913 with the prayers of those missionaries and the strong demands and wishes of the people in Hakodate. IAI Kindergarten has been keeping in touch with Christian childhood education.

This book is surely the first memorial book of IAI Kindergarten. You can see the details of the establishment and the total teaching way with some pictures of kindergarten activities. At the same time, you can find a list of many educational/religious textbooks and picture-books (both in Japanese and English), and teaching/playing materials. You can also see here the information about the typical Christian method of kindergarten education in the Meiji and Taisho eras of Japan.

目　　次

　はしがき　1
　凡　例　8
　序　9
　　1．本書の主題　9
　　2．本書の構成　10
　　3．前　史　(1)箱館の開港とハリスの来函，プロテスタント伝道の開始　11
　　　　　　　(2)日本の幼稚園の創始　17

第Ⅰ部　背景：遺愛女学校の創立 …………………………………………… 21
　第1章　遺愛女学校の創立の経緯と，明治期の運営　23
　　第1節　遺愛女学校の創立の経緯　23
　　第2節　遺愛女学校の発展・充実（明治20〜30年代）　36
　第2章　遺愛女学校の校舎の変遷　41
　　第1節　明治年間の校舎　42
　　第2節　杉並町への移転と，新校舎の新築　44
　　第3節　米国メソジスト監督派教会海外婦人伝道協会年会報告書に見る女学校舎　50

第Ⅱ部　創始：明治〜大正期における遺愛幼稚園の運営，および保育と園舎の変遷 ……………………………………………………………… 71
　第1章　明治期における遺愛幼稚園の運営および保育と園舎　73
　　第1節　遺愛幼稚園の創立の経緯　73
　　第2節　遺愛幼稚園の第一独立園舎　80
　　第3節　明治20〜30年代のキリスト教主義幼稚園における保育　87
　　第4節　遺愛幼稚園保姆と頌栄保姆伝習所（神戸）　95
　　第5節　史料に見られる明治期の遺愛幼稚園における保育　115
　第2章　大正期における遺愛幼稚園の運営と園舎　135
　　第1節　大火による休園後の遺愛幼稚園の再開（大正2年）　135
　　第2節　大正期の遺愛幼稚園の第二独立園舎　140
　　第3節　大正期キリスト教主義幼稚園における保育　169

第Ⅲ部　確立：大正〜昭和初期の遺愛幼稚園における保育 ………………187
　第1章　キリスト教主義幼稚園としての多様な活動の展開　191

第1節　行　事　191
  第2節　母の会　217
  第3節　日曜学校　235
  第4節　清花園　237
  第5節　保姆の研修活動　243
 第2章　日々の保育　247
  第1節　宣教師の記録に見られる日々の保育の全体像　249
  第2節　日誌に見られる大正期の実践　257
  第3節　基本的な日案　285
  第4節　朝の集会，恩物手技，唱歌遊戯，各種の話，自由遊戯，戸外活動など　291

結　～遺愛幼稚園史が語るもの～　307

補：遺愛幼稚園所蔵の史料とその活用　311
  1．幼稚園歴史料の蒐集・整理　311
  2．保存文書史料一覧　314
    ⑴一次史料　⑵写真史料，設計図面　⑶遺愛学院保存　公文書　⑷和書　⑸薄い冊子類　⑹児童書　⑺楽譜および音楽教材，舞踊など（和物）　⑻洋書　⑼楽譜　外国製　⑽紙芝居および大型絵本など　⑾雑誌系絵本　⑿和雑誌　⒀月刊絵本　⒁玩具類　⒂手書きの文書　⒃史料　Iai Kindergarten　⒄英文メモ　執筆者：一色ウメ（旧姓：中野）　⒅Methodist Episcopal Church the Woman's Conference Report（青山学院資料センター所蔵，遺愛関係記事）　⒆幼稚園に遺されている，幼稚園史を整理しようとした草稿　⒇「遺愛幼稚園職員」（大正2～昭和57年）　(21)保姆氏名と卒園児数　アルバムより　(22)遺愛幼稚園を中心とした年表―遺愛女学校・函館市・キリスト教学校・近代教育・近代建築―〈巻末 p. i～xxi〉

参考文献一覧　407
あとがき　409
索　引　417

近代日本キリスト教主義幼稚園の保育と園舎
―遺愛幼稚園における幼児教育の展開―

凡　　例

①近代日本幼稚園史において一般的に広く知られている基礎的な用語，著名な人名，解釈に違いの少ない事項などに関しては，特に注や解説をつけないことを原則とした。ただし，研究者によって解釈に違いのある用語や概念などについては，必要に応じて説明や注を加えた。

②年号については元号を基本とし，（　）内に西暦を記した（一部を除く）。

③遺愛幼稚園の「第一独立園舎」「第二独立園舎」というのは，それぞれ次の園舎を指している。

「第一独立園舎」…現在の幼稚園が建っている場所に明治28（1895）年に新築された幼稚園舎。

「第二独立園舎」…現在も使用されている大正2（1913）年新築の幼稚園舎。

建設期順に即して仮称した。他方，「独立園舎」とは，例えば学校や警察署や民家として建てられた建築を代用して園舎にしたものではなく，設計当初から幼稚園舎として使用されることを目的として設計された園舎に対して使用する語である。稀に紹介する他の幼稚園舎以外，遺愛幼稚園には独立園舎しか存在しなかった。したがって，本書においては代用園舎は登場しない。

④遺愛女学校に婦人宣教師を派遣した団体は The Women's Foreign Missionary Society of the Methodist Episcopal Church というが，これを和訳して幾つかの表現がある。本書においては，キリスト教史の慣例に従い，「メソジスト監督派教会海外婦人伝道協会」とする。これと同時に，American Methodist Episcopal church は，「米国メソジスト監督派教会」とする。

なお，本書に登場するプロテスタント・キリスト教の他派の名称も正式名称に関する多様な見解があるが，本書においては簡略な概称を用いるに留める。

⑤本書において多用される史料『Methodist Episcopal Church the Woman's Conference Report』は，現在，日本国内では青山学院資料センターに所蔵されているのみである。この史料について青山学院資料センターでは，「メソジスト監督教会婦人年会記録」として登録されている。

⑥本書においては，「キリスト教主義」と「キリスト教系」という語句が混在しているが，「キリスト教主義」は主として思想，信仰，原理に関わるレベルで用い，一方の「キリスト教系」は設置者の具体的分類のレベルで用いることとする。また，人数の表記に「人」と「名」が混在しているが，非人格的な量としては「人」を用い，それ以外は「名」とする。

⑦「はしがき」「あとがき」を除く本文中においては，全ての人名の敬称を省略する。

序

1. 本書の主題

　本書の主題は，遺愛幼稚園の明治中期の創立時から昭和初期までの保育実践の姿を描出し，当時の日本の幼稚園教育における遺愛幼稚園の位置を明確にすることを目的とする。これとともに，これまで正確に叙述されることのなかった遺愛幼稚園の運営の経緯や，明治・大正期の園舎の姿について明らかにすることも，本書の第二の目的とする。

　「はじめに」でも述べたように，遺愛幼稚園は，明治28（1895）年の創立以来，115年の歴史を持つ幼稚園である。また，遺愛幼稚園は，明治7（1874）年に函館伝道を開始した米国メソジスト監督派教会が派遣した宣教師らが建学し，我が国のメソジスト系の学校の重要な拠点であった遺愛女学校の附属幼稚園として，我が国のキリスト教主義幼稚園教育を牽引してきた幼稚園でもある。それにもかかわらず，これまで一度もその歴史を明らかにした文献は著されていない。そこで本書では，幼稚園の創立からの系譜を明らかにすることも目指している。明治〜大正〜昭和を経て平成の今日まで，その道筋が明らかにされることが求められるが，ひとまず本書においては，大正期までを一区切りとして叙述した。

　その一方で，本書の重要な目的は，遺愛幼稚園の明治〜大正期を経て昭和10年前後あたり（戦時下の前）までの保育実践を描出することである。創立以来の遺愛幼稚園における保育実践は，大正期以降は多くの史料が保存されているため，それを用いて分析考察することができるが，明治期に関しては，明治末期の大火により史料が殆ど焼失しているので，研究を行なうことが不可能である。しかしながら，今回の史料整理によって，開設期に勤務していた保姆が大正期に綴った手記が発掘されたので，明治期の実践の様子に関しては，この史料を用いて考察する。

今回の調査・研究・執筆は，半年という限られた時間枠の中で可能な範囲において行なった。そのため，分析の余地が残されている箇所もあり，また，研究対象時期も昭和10年前後という不自然なところで中断した状態となっている。今後，著者自身も機会を得て更なる研究を行なうことが必要であるし，また遺愛幼稚園の保存史料を用いて，他の研究者による多様な研究が行なわれることも期待される。

本書は，上記のようなところに位置するものとして著された書である。

2. 本書の構成

本書の構成は，以下のとおりである。

全体は，Ⅰ～Ⅲの3つの「部」と，「補」および「序」「結」とから成る。

序では，本書の主題および構成を述べたうえで，本書全体の叙述の背景として，遺愛幼稚園の運営母体である遺愛女学校（現・遺愛学院）創立と，明治初期の我が国の幼稚園の創立・運営状況について，簡単に述べる。

第Ⅰ部では，明治期における遺愛女学校の創立と，明治・大正期の遺愛女学校の校舎について述べる。第1章では，遺愛女学校の創立の経緯を，第2章では明治30年代までの運営の変遷の大綱についてまとめる。

第Ⅱ部では，遺愛女学校によって創立された遺愛幼稚園の，明治期の運営と保育および園舎，および大正2（1913）年の幼稚園再開時の経緯と新園舎について述べる。第1章では，明治期の遺愛幼稚園の運営と実践を，第2章では，大正期の遺愛幼稚園の運営と園舎，およびこの時期のキリスト教系幼稚園における一般的な実践の特徴について，述べる。

第Ⅲ部では，大正期の遺愛幼稚園の保育実践の全体像を，主として保育日誌の分析を中心としながら描出する。この第Ⅲ部では，大正期の遺愛幼稚園の保育実践の内容と方法に特に注目し，これについてのみ考察する。第1章では，キリスト教主義幼稚園として特徴的な活動を，主として行事を中心に整理し，第2章では，日々の実践に見られる遺愛幼稚園の保育内容・方法の特徴について分析する。

今回の研究を始めるにあたり，遺愛幼稚園に遺されている史資料の整理作

業を行ない，史料総覧を作成した。完成した史料総覧を，「補」として巻末に添付した。

なお，本書における遺愛幼稚園の保育の分析は，明治期から大正期を経て昭和初期までを対象としており，昭和10年代すなわち戦時下以降が，研究の時間的制約から行なうことができず欠落している。これらの時期の保育実践についても分析考察する必要があるのだが，本書においては，これらの時期の考察が含まれていない。これらについては，2011年度より研究を継続的に行なっている。

3. 前 史

（1）箱館の開港とハリスの来函，プロテスタント伝道の開始

遺愛女学校の創立は，函館へのキリスト教伝道と切り離すことのできない，いわば一心同体の歴史を持っている。また，本研究が対象とする遺愛幼稚園は遺愛女学校の附属幼稚園として創立され，遺愛幼稚園に関与した全ての婦人宣教師は遺愛女学校の婦人宣教師であったから，遺愛幼稚園史を考究しようとするならば，ある程度の必要な範囲での遺愛女学校史についても触れないわけにはいかないものである。

そこで，遺愛幼稚園の創立と運営を創りだし育てた背景ともいえる，函館キリスト教伝道略史と，遺愛女学校の創立と略史を，非常に大枠ではあるが予め把握しておきたい。

函館は，北海道のなかでも，非常に早い時期に本州からの移民の居住が開始された土地である。その歴史は広く一般的にも教えられ，日本の人々から，ある程度の社会的な認知はなされている土地であり，また，北海道全域の歴史についても，漠然としたイメージで，ある程度は一般的な理解や認識がなされている。

その北海道に，本州からの移民と，キリスト教が入ってきた経緯や時期などについて，本章では簡単に見ておこう。

なお，ここでの論述は，その殆どを福島恒雄の著書『北海道キリスト教史』によって記す。プロテスタント・キリスト教の函館への伝道に関する考究は，

著者の本書の主題や目的とは異なるため，ここでは福島の叙述に多くを依拠して書くこととする。

①ハリス来函前史

　一般に函館へのキリスト教の初期伝道は，嘉永7（1854）年にウィリアムズが箱館（明治2年に函館となる）に来港し，ハリストス正教会が開かれ，明治6（1873）年にキリシタン禁制の高札が除かれ，その翌年にプロテスタント函館伝道師としてハリスが来函した，として知られている（各人物の詳細は後述する）。このハリスが遺愛女学校の創立の基となるわけであるが，ここにいたるまでの函館，北海道と本州との関係については，次のようである。

　福島は前掲書において，北海道キリスト教史を以下のように区分している。
第1期　前史　元和3（1617）年〜安政4（1857）年
第2期　開始期　安政5（1858）年〜明治19（1886）年
第3期　教会形成期　明治19（1886）年〜明治44（1911）年
第4期　協力伝道期　明治34（1901）年〜昭和7（1932）年
以後もあるが本書での研究対象期に合わせ，ここでは第4期までの紹介とする。

　福島は，北海道キリスト教史を上記のように区分し，それぞれの期の特徴を以下のように述べている[1]。

　第1期は，「津軽に流された切支丹が，迫害を逃れて松前に渡ってきた年から」[2]開始されている。第2期は，ハリストス正教会のマハホフ神父が領事館司祭として箱館に渡ってきた年，カトリックのジラール神父が箱館に宣教師派遣を決めた年である安政5年からスタートする。ハリストス正教会，カトリック教会ともに，北海道の最初の宣教の土地は函館であった。この第2期に，プロテスタント各派の宣教師も来函している。遺愛女学校の創立の基を築いた米国メソジスト監督派教会のハリスも，この第2期の来函である。第3期は，「開拓伝道の困難期から前進期に入り，教会の組織も次第に整って，日本に於ける教会形成がなされてゆく時代」[3]である。この第3期に，日基，聖公会，日本基督教会などが道内で組織されている。札幌にプロテスタント各派教会が伝道に入ったのは，この時期で，函館より遅い。第4期は，各派

協力運動が盛んに行なわれた時期であるとする。キリスト教や，各派ミッションスクールが軌道に乗り，発展充実を迎えていた時期であろう。

　北海道での教会形成について福島は幾つかのパターンを示しているが[4]，それらのなかで第一に挙げているのが「宣教師の伝道によって生まれた教会」[5]である。ここで福島は興味深い表現をしていて，「プロテスタントでは，日本にきた宣教師のなかで，北海道にきた者たちは二番手に属していたが，第一期に渡来した宣教師のレポートによってわが国の事情や，文化なども明らかとなり，優れた人物が多く送られてきた。米国メソジスト監督派教会のM. C. ハリスによる函館教会や，英国聖公会のW. デニングによる函館聖ヨハネ教会，バプテストのC. H. カーペンターによる根室教会，日本基督教会のG. P. ピアソンによる北見教会，あるいはJ. バチェラーによるアイヌの諸教会などはその代表的なものである」[6]と述べている。上記抜粋の下方に数人の宣教師名が挙げられているが，これらのなかで米国メソジスト監督派教会の宣教師はハリスのみである。上記によれば，各教派が北海道に派遣した宣教師は，来日した宣教師のなかのトップクラスではなく「二番手」であったと述べる一方で，「優れた人物が送られてきた」とも述べている。これは，のちに第2章で詳細に紹介することとなるが，米国メソジスト監督派教会は，ハリスを宣教師として函館に派遣した後は男性宣教師を派遣するのではなく，米国メソジスト監督派教会海外婦人伝道協会からの婦人宣教師を専ら派遣してきた。またハリス宣教師は夫妻であったため，フローラ夫人はメソジスト監督派教会海外婦人伝道協会においても功績のある優れた宣教師として認識され，召天後は海外婦人伝道協会の年会誌に特別な項目を設けてその優れた働きが紹介された人物であった。また，米国メソジスト監督派教会海外婦人伝道協会から派遣された多くの婦人宣教師のなかで，特に初期〜中期の遺愛女学校において永年にわたり勤続し，遺愛の確かな礎を築いたハンプトンとデカルソンの両名は，高学歴と優れた教師実績を母国（米国）で積んだ人物であり，遺愛に派遣されてからも函館の地に根を下ろし，この地の女子教育に熱意を注いだ。また，彼女ら2名の宣教師の後に遺愛に派遣されたドレーパーは，その父が宣教師として横浜に派遣され，横浜で生れた人物であったが，両親と同様に熱心な信者となり，米国の大学を卒業してから日本に戻り，

遺愛に派遣された人物であった。ドレーパー一家は函館に訓盲院を開設（函館訓盲院）し，目の障碍をもつ人々のためにも力を尽くし，この訓盲院は後の盲学校へと発展していく。このように，遺愛に派遣された宣教師らは，いずれもこの地に根づいて，非常に優れた働きを遺したのであった。この点から見ても，宣教師を派遣する協会が函館を要所として認識し，よい資質を備えた宣教師を派遣していたことが確認できるのである。

　そのように重要視されていたと考えられる函館であるが，函館にキリスト者がやってきたのは，いつのことであろうか。非常に古い話になるが，少しばかり，その過去を見てみよう。

　北海道に初めて渡ってきたキリスト者は，いわゆるキリシタンと呼ばれる人々であった。我が国へのキリシタン渡来は天文18（1549）年ザビエルがやってきた時であるのは誰もが知るところである。豊臣秀吉と徳川家康がキリシタンを嫌い，慶長19（1614）年に切支丹禁教令が徳川家康によって出され，関西のキリシタンは長崎と津軽に追放されたのであった。福島によれば津軽に追放されたキリシタンは71名だったそうで，当時の津軽の中心地であった高岡（現在の弘前）に着いた。しかし，この地の凶作と迫害，また金山の発見にともない，彼らが，北海道，当時の蝦夷の松前に渡ったのは，1616年頃であったという。

　この北海道，当時の蝦夷に最初にやってきた外国人は宣教師であったと，福島は述べている[7]。また，当時の北海道の様子を最初に世界に紹介したのも，宣教師であったという。最初に紹介した宣教師は，福島の記述によると，イエズス会の2名の司祭であった。つまり北海道にやってきて報告書を書いたのは，イエズス会司祭のアンジェリスとカルワルホなる人物であった。2名は松前に行き，その後，北海道で見聞したことを記録に書いた。北海道が世界に紹介されたのが宣教師の手によるものであったことは興味深い。

　松前藩に渡ったキリシタンらも，のちのキリシタン厳禁の令を受け，寛永16（1639）年，106人のキリシタンが殺害されたのであった。

　福島の記述のよると，松前藩は，北海道で唯一の封建領主であった。元禄14（1701）年の調査を福島が紹介し，当時の北海道にいた本州からの人は2万人くらいで，そのうち約5000人は松前に住んでいたという[8]。一方，当

時は「アイヌ民族」は2万5000人くらい北海道に住んでいた。北海道に本州からの人が移住し始めたのは13世紀頃であると福島は述べ，それ以来，先住民族「アイヌ」との抗争が頻発していたと記している[9]。

一方，北方からは，ロシア・ハリストス正教会が，千島を南下して北海道に伝道をしようと試みていたのであった。

②箱館の開港と，函館へのプロテスタント伝道の開始

近代日本の夜明け，として語られる開港は，伊豆の下田と，箱館（明治2年に「函館」となる）の2港の開港であった。

嘉永6（1853）年6月にペリーが来航し，翌年に再び来航，強圧的な態度にて，日米和親条約が締結された。この条約は12条からなり，ここに伊豆下田と箱館の2港を開港し，ここで米国船への資材の提供を行なうことが定められたのである。

ペリーは，嘉永7（1854）年に神奈川での調印を終えるとすぐに北へ向かい，同年5月17日に箱館に到着した。このペリー艦隊の箱館来航は幕府から松前藩に連絡が入り，松前藩は箱館町民に，女と子どもは隠れていること，港に船を出さないこと，屋根に登って見ないことなどの触書を出している。それ以前にも箱館にはロシア船などの外国船が来航したことはあったけれども，米国人に対しては特別な偏見が強く，幕府も松前藩も，いっそう問題視していたようであると福島は述べている。この時，ペリーとともに通訳としてS. W. ウィリアムズ（Williams, Samuel Welles：1814～1884）が来航している。ペリーは6月3日まで18日間も箱館に滞在して，下田に戻った。

ウィリアムズは安政5（1858）年に来航した折，米国メソジスト監督派教会，長老教会，改革派教会に手紙を書き，日本に宣教師を送ってほしい旨を知らせたという。これが契機となり，翌年の安政6（1859）年，プロテスタント宣教師が日本にやってきたのであった。カトリックでも，フランス人司祭のメルメが，同じく安政6（1859）年11月に箱館に来ているが，信徒を得ることなく帰国したと福島は述べている。

箱館の開港以降の外国人による宣教の始まりは，一般に知られているように，ハリストス正教会によるものである。安政5（1858）年11月に，マァホ

フ司祭が来函した。また，初代領事のゴシケヴィチも来函し，日本の研究を行なった。安政6 (1859) 年3月，現在のハリストス正教会のある土地を購入し，領事館と聖堂を建築した。この聖堂は，明治40 (1907) 年の大火で，隣接する遺愛女学校とともに完全に焼失してしまった。マァホフ司祭がロシアに帰った後，イオアン・デミトリウィチ・カサーツキンことニコライ大主教が文久元 (1861) 年6月に箱館に到着した。ニコライは明治2 (1869) 年ロシアに一時帰国するが，この間の文久4 (1865) 年ニコライに殺意を持ってやってきた日本人の沢辺琢磨が心変わりして求道者となってしまい，ほか2人の日本人とともに明治元 (1868) 年にニコライから受洗，日本人初の正教の信者となったのである。一時帰国していたニコライは明治4 (1871) 年，函館（明治2年に「函館」となる）に帰函，同年10月にはニコライによる2回目の洗礼式が行なわれ，11名の男性が受洗し，多くは伝道者になったということである[10]。

ほかにも，新島襄が箱館から密かに米国への脱出を試み，元治元 (1864) 年6月に決行し，この背後にニコライや沢辺が関与していたことも知られていることであるが，ここでの詳述は避けることとする。

さて，箱館へのプロテスタント伝道の開始について述べる。福島によれば，我が国にプロテスタントの宣教師が来たのは大きく2期に分かれるという[11]。第1期は安政6 (1859) 年の修好通商条約が締結された年で，この前後に横浜と長崎には改革派のブラウンとバラ宣教師が来日しているが，この時には箱館にはやって来なかった。第2期は明治6 (1873) 年キリシタン禁制高札撤去の前後で，米国メソジスト，カナダ・メソジスト，米国バプテスト，英国福音教会などが宣教師を日本に送っている。米国メソジスト監督派教会は，函館に来たハリス以下，計5名の宣教師を日本に送ってきた。

函館には，米国メソジスト監督派教会宣教師が来日する前に既にプロテスタント9教派が日本に宣教師を送っていたそうであるが，1874年以前はまだ北海道には誰ひとりとして派遣されておらず，もちろん函館にも，プロテスタント宣教師は一人も派遣されていなかった。明治7 (1874) 年，米国メソジスト監督派教会のハリスと，英国聖公会のデニングが，プロテスタント系宣教師として初めて函館に入ったのである。

福島は，早くから外国人が居住し，またペリーも早期にやってきて開港された箱館にも拘わらず，プロテスタント宣教師の来函が意外と遅かった理由について，不明であるとしている。しかし，箱館には早くから正教会が入っていたため，「宣教地域の分担も考えられていたのかも知れない」[12]と述べている。

　ハリスと同年に函館にやってきたデニングについて少し紹介する。デニング（Dening, Walter：1846～1913）は，英国聖公会海外伝道協会から派遣された宣教師で，英国の神学大学で3年間，神学を学んだ。明治11（1878）年にJ. バチェラーが函館に来るまで函館での伝道に励み，函館を離れている。

　ハリスについては，第Ⅰ部で詳しく紹介することとしよう。

（2）日本の幼稚園の創始

　日本の幼稚園の創始については，各種の先行研究や文献において詳細に述べられているので，ここで叙述する必要はないと考えるが，本論に入る前に，日本幼稚園史の初期について簡単に記述しておく。なお，本書においても，第Ⅱ部第1章第3節において，明治期の幼稚園保育実践の内容について整理しているので，のちにそれを参照願いたい。

　我が国の幼稚園の開始は，一般的には，明治9（1876）年11月に開園した，東京女子師範学校附属幼稚園（現：お茶の水女子大学附属幼稚園）であるとされている。日本の明治期の近代学校の成立は，明治5（1872）年8月に頒布された「学制」によって生み出されたのであるが，幼稚園に関しては「学制」第22章に，以下のように記されている。

　「幼稚小学ハ男女ノ子弟六歳迄ノモノ小学ニ入ルノ端緒ヲ教ルナリ」

　このように，「学制」において，「幼稚小学」として，その存在が明記された幼稚園であった。この「学制」に基づいて創立された幼稚園の第1号が，上記の東京女子師範学校附属幼稚園だったのである。

　しかし，実際の，幼稚園にあたる教育施設は，東京女子師範学校附属幼稚園が第1号というわけではない。明治期以前にもカトリックによる幼児教育施設は幾つか出現していたが，それらは福祉施設的色彩の強いものであった。明治期に入ったあとに我が国に最初に作られた，プロテスタント系の幼児教

育機関としては，明治4（1871）年8月に，横浜に作られた「亜米利加婦人教授所」というものがあった。これは，米国婦人一致外国伝道協会から派遣された3名の婦人宣教師によって設立運営され，のちに横浜共立学園に発展していった。この教授所の生徒募集広告を書いて初期の運営を援助したのは中村正直（1832〜1891：号は「敬宇」）であったが，この中村は後に東京女子師範学校の摂理（校長）となり，附属幼稚園の設立に尽力することになった。中村は英国留学の経験があり，女子教育や幼児教育の必要性を英国で体感してきていたのであった。ドイツ語の「キンデルガルテン」を「幼稚園」と和訳したのも中村であると，『日本幼稚園史』は述べている[13]。

　公立の幼稚園としては，東京女子師範学校附属幼稚園が創立される1年前の明治8（1875）年12月に，京都の第30区が建てた小学校に，「幼穉遊嬉場」が設立されている。この遊嬉場は残念ながら翌年には閉園してしまった。

　そして，明治9（1876）年に，東京女子師範学校附属幼稚園の創立を見るのである。

　その後，幼稚園は，官立・公立系，町立系，民間立系，仏教系，キリスト教系などの系譜のうえに設立されていったが，幼稚園教育に関する法的な規定の誕生は，明治32（1899）年の「幼稚園保育及設備規程」の制定を待たなければならなかった。東京女子師範学校附属幼稚園が創立された明治9（1876）年から実に23年ものちのことであった。この間，増え続けた日本の幼稚園は，幼稚園教育に関する独立した規定をなんら持たなかったので，いきおい，「幼稚園保育及設備規程」が示された明治32（1899）年以前の我が国の幼稚園は，東京女子師範学校附属幼稚園が作成した保育科目や保育時間などに倣った保育を行なうのが主流となっていたのであった。

　東京女子師範学校附属幼稚園では，開園当初は全25の科目に分かれた保育活動を構成していたが，その後，数回に亘って，保育科目の構成を変更していった。当初は最も重視され，保育時間のなかで多くの時間を占めていた，フレーベル恩物[14]を用いた活動は，改訂のたびに短縮されていった。

　本書の冒頭にあって特にここで記しておきたいのは，明治10（1877）年の文部省年報に示された，東京女子師範学校附属幼稚園の「保育の要旨」の内容である。当時の東京女子師範学校附属幼稚園における保育実践においては，

フレーベル恩物が非常に大きな比重を占めていた。それにも拘わらず,「保育の要旨」を見ると,そこにはフレーベル恩物の原理であるとか,フレーベルの保育思想といったものは特に記述されていない。すなわち,近代日本における幼稚園教育は,フレーベル恩物の道具と,その使用法を積極的に導入した一方で,フレーベルの思想や,恩物の原理などは捨象したかたちで開始され,その後も我が国の官立・公立の幼稚園においてフレーベル思想が充分に検討されることはないまま,明治末期にはフレーベル恩物が否定されるに至ったのであった。この点が本書の考察において非常に重要な点になるので,ここで意識的に記述しておきたい。

注

1) 福島恒雄『北海道キリスト教史』日本キリスト教団出版局　2010　pp.16～18
2) 同上　p.17
3) 同上　p.17
4) 同上　pp.20～22
5) 同上　p.20
6) 同上　p.20
7) 同上　p.45
8) 同上　p.59
9) 同上　p.59
10) 同上　P.122
11) 同上　P.145
12) 同上　P.148
13) 倉橋惣三・新庄よし子共著『日本幼稚園史』東洋図書　1930　p.28
14) 「フレーベル恩物」とは,フレーベル（Fröbel, Friedrich W. A.：1782～1852）が1837～39年頃に開発した遊び道具であり,我が国の幼稚園でも主として明治期に盛んに用いられた。遺愛幼稚園においては大正期から昭和20年代まで用いられていた。フレーベル恩物については本書第Ⅲ部第2章第4節（2）において詳述すると共に,そこに写真も掲載してあるので,のちほど参照いただきたい。

第Ⅰ部
背景：遺愛女学校の創立

　遺愛女学校の建学は，米国メソジスト監督派教会（American Methodist Episcopal Church（North））の日本伝道によって開始されたものである。もちろん，本研究の目的は遺愛幼稚園史の描出であり，遺愛女学校史に関する考察は本研究の本来の目的ではないのであるが，遺愛女学校の附属として創立・発展してきた遺愛幼稚園であるので，女学校史に触れずに幼稚園史を描くことは不可能である。そのため本章では，きわめて簡略な内容に留まるも，遺愛幼稚園の創立運営を理解するに必要と思われる最小範囲での遺愛女学校史を紹介しておくこととする。

　ここで参考とする書の中心は，遺愛学院から発行されている2冊の記念誌『遺愛七十五周年史』『遺愛百年史』である。これらの記念誌を中心とし，『函館市史』『北海道キリスト教史』その他の参考文献を加えて，本章の論述を構成する。

第1章
遺愛女学校の創立の経緯と，明治期の運営

第1節　遺愛女学校の創立の経緯

　遺愛女学校の創立について紹介する時，函館におけるプロテスタント伝道と切り離して述べることはできない。なぜなら，プロテスタント最初の宣教師として函館にやってきた人物が，そのまま遺愛女学校の創立者であったからである。そこでここでは，プロテスタント函館伝道の開始と遺愛女学校創立とを一連のものとして紹介したい。

1. 宣教師ハリス夫妻の函館派遣と，遺愛女学校の端緒

　函館において米国メソジスト監督派教会の伝道が開始されたのは，明治7（1874）年のことである。この年，米国メソジスト監督派教会のM.C.ハリス（Harris, Merriman Colbert：1846～1921）と，聖公会の宣教師の2名が，プロテスタントの最初の宣教師として函館にやってきた。既述の如く，福島恒雄によれば，我が国にプロテスタント宣教師が来日したのは大きく2期があり，その第1期は修好通商条約が締結されて開港された安政6（1859）年で，第2期が，ハリスが来函した明治7（1874）年であった[1]。ハリス来函の前年の明治6（1873）年2月にキリシタン禁制高札が撤去され，これを機に複数の教派が我が国に宣教師を送り，函館にはハリスが派遣されたのであった。福島によると，ハリスの所属していた米国メソジスト監督派教会のほかにも，カナダ・メソジスト教会（Mission of Methodist Church of Canada），米国北部バプテスト教会（American Baptist Missionary Union），英国福音宣伝協会（Society for the Propagation of the Gospel in Foreign Parts 聖公会系）などが宣教師を函館に送ってきたということである[2]。ハリスは，合計5名の米国メソジスト監

督派教会の宣教師の一人として日本に派遣され，そのなかでハリスが函館に来ることとなったのである。

　福島によれば，ハリスが来函した明治 6（1873）年には札幌への道路も完成し，函館の戸数は 6000 戸，人口は 2 万 6000 人あまりまでになっていたという[3]。当時の函館は道内においては札幌よりも遥かに大きな都市であった。

　明治 7（1874）年 1 月，ハリスは夫人とともに函館に入った。ハリス夫妻はただちに，伝道と教育の活動を，自宅において開始した。Day School すなわち日日学校という名称であった。この時が，ハリスの函館伝道の開始であるとともに，遺愛女学校の端緒も，ここに発祥したといえる。現在の遺愛学院は，Day School が開始された明治 7（1874）年を，遺愛学院の創基年としているほか，昭和 13（1938）年発行の『函館教育年表』は，同じく明治 7（1874）年 1 月を「之メソヂスト教会の濫觴にして，私立遺愛女学校設立の端を此處に発す」[4] としている。『日本メソヂスト函館教会五十年記念史』（ママ）にも，「夫人は常に師を助けて伝道に努められたると共に，日本に於る女子教育の必要を痛感して熱心に努力されました。当時夫人の膝下に薫陶を受けられたのは北原やす姉外数名の婦人でありましたが，今日の遺愛女学校の萌芽は実に此に発して居ります」[5] と書かれており，ここに現・遺愛学院の開始は明治 7（1874）年であるとすることが可能である。

　当初は，ハリスは現在の遺愛幼稚園のある場所に住んでいなかったのであるが，明治 7（1874）年 9 月にハリスは現在の幼稚園のある場所に家を建てて引っ越した。この土地は明治 7（1874）年 9 月に，米国領事 J. H. ハリス（M. C. ハリスとは別の人物）が北海道開拓使より永代地権を得たもので，当時の上汐見町 123 番地 2 で，のちの明治 9（1876）年に元町 23 番地となる場所である。この時の「地所貸渡書」が数年前に遺愛女子中学校・高等学校のなかで発見され，校舎の付帯物として校舎とともに国重要文化財指定を受けているが，その文書においても上記の事実を確認することができる（「補」2（3）②に全文収録してある）[6]。ここはそののちに米国メソジスト監督派教会海外婦人伝道協会から派遣されてきた宣教師らが代々居住し，また遺愛女学校が正式に開校した場所ともなり，現在の遺愛幼稚園の所在地ともなったのである。史料によればこの土地は，坪数 1793.76 坪で，明治 7（1874）年 9 月 18 日に文書

をもって契約が行なわれている。この土地の周囲は，ロシアとイギリスとフランスが開拓使より地権を得ており，一帯は外国人の集住する地域となった。

　ハリスの略歴について，『北海道キリスト教史』における福島の記述および『遺愛百年史』を要約して紹介する。ハリスは弘化3（1846）年に，アメリカ・オハイオ州ビールスヴィル（Beallsville, Ohio）に生まれ，12歳でメソジスト教会にて受洗した。明治元（1868）年に定住伝道師に推薦され，一方でペンシルヴァニア州のアレガニー大学（Allegheny College）に入学し神学および文学を修め，明治6（1873）年に卒業した。按手礼は在学中の明治4（1871）年に米国にてクラーク博士から受けている。

　他方，米国メソジスト監督派教会が日本伝道を決議したのが明治5（1872）年であり，翌年に，まずは横浜から伝道が開始された。ハリスはこのころ既に日本へ行く決心をしていたと福島は述べている[7]。ハリスは来日前に，大学の同窓であったフローラ（Best, Flora Lydia：1850～1909）と結婚し，明治6（1873）年11月にロサンゼルスを出て同年12月に横浜に到着したのである。そして函館には，翌明治7（1874）年1月26日に到着した（到着日については諸説あるが，ここでは『遺愛百年史』p.7に記載の日を引用している）。ハリスが創立した日本キリスト教団・函館教会では，このハリス夫妻の来函した日を創立日と定めている。

　ハリス夫妻は，篤い思いをもって伝道に尽くした。遺愛学院のみならず信徒のあいだで今なお広く語られているハリスのエピソードに，ピストル投棄の逸話がある。ハリス夫妻が来函した1874年の8月，ドイツ函館駐在領事L.ハーバーが函館公園付近で国粋主義の日本人，秋田士族によって殺害された。二人の身の上を心配した友人が（日本人，ドイツ人などの諸説あり），護身のためのピストルをハリス夫妻に手渡したのであった。しかしハリスは，そのピストルを函館の港の海に投棄したというのであった。ハリスの来函における固い決意を伝える話である。

　フローラは函館において，ハリスの通訳を務めていた菊池卓平なる人物（この人物については後述する）の援助を得，函館の若い女性を主な対象とし，英語を通して教育・伝道を試みた。その多くは受洗に至ったものの，函館での生活を通してフローラは，広く函館の女子に対する教育の必要性を痛感する

ようになる。そこでフローラは，米国メソジスト監督派教会海外婦人伝道協会に手紙を書き，日本，ことに函館の女子のための教育の必要性を訴えることにした。フローラが送った手紙は，米国のメソジスト監督派教会海外婦人伝道協会の機関誌 "Heathen Woman's Friend" に掲載された。これがのちの遺愛学院設立の資金の収集源となったのである（詳細は後述する）。協会は，フローラの訴えに応え，プリースト（Priest, Mary A.：1854～？）を函館に派遣，フローラを援助するようになったとのことである[8]。

フローラが協会に送った手紙の全文が，『遺愛百年史』に記載されている[9]。そのなかでフローラは函館の女性の実態を嘆き，次のように述べている。

「ここ函館には心痛ましい現実があり，このような婦人は救われなければなりません」[10]「如何にして婦人を救うべきか」
"Now, here is the painful reality, and these women are to be rescued, ……（後略）" "HOW ARE WE TO REACH THE WOMEN?"」[11]

この手紙が，協会によって発行された機関誌 "Heathen Woman's Friend" 明治9（1876）年10月発行の Vol. VIII No. 4 に収録され，多くの米国人の目に触れることとなったのである[12]。

ハリス夫妻は来函してすぐの1月から既に女子を集めて教育を開始していたのであるが，子女を預ける者も少なく，ほそぼそとした私塾のまま時間が過ぎていたのであった。フローラからの手紙を受け取った協会は，このフローラの働きと訴えに応じて，明治11（1878）年，一人の婦人宣教師を，ハリス夫妻の援助者として函館に送ることを決定した。この婦人宣教師は，前述のごとくプリーストであった。プリーストの来函が決まり，函館の伝道と女子教育にさらに大きな一歩を踏み出す準備が整ったにも拘わらず，フローラは妊娠中の体調が思わしくなく，米国へ帰国して出産し，娘を連れて日本へ戻る途中の船内で娘が死亡するという出来ごとが起きた。ハリス夫妻はフローラの再来日後，明治11（1878）年に函館を離れ東京へ移ったのである。函館での夫妻の伝道生活は5年であったが，現在の日本キリスト教団・函館教会の創立と，遺愛学院の基礎の創立に果たした功績は非常に大きい。ハリス

夫妻は東京へ移住したのち、青山学院の前身である東京英和学校の改称設立にも尽力したが、夫人は健康を害して明治15（1882）年に帰国し、ハリス自身も夫人の療養のため明治19(1886)年に帰国した。そののちのハリス夫妻は、再び日本での宣教の仕事に出合うこととなり、夫妻は日本において召天している。

　余談になるが、福島は前掲書において、もう一つ、興味深い話を提示している。ハリスの伝道を通訳として助けていた人物を、菊池卓平といった。菊池は弘化2（1845）年函館に生まれ、蘭学と航海術を学んで幕府の航海測量方となり、維新後は北海道開拓使役人を務めたのち、函館で私塾を開き英語を教えていた。菊池はハリスから強い感化を受けて明治9（1876）年に受洗し、のち函館教会の初代日本人牧師に就任、また青山学院の創始校の一つである耕教学舎の校長となったということである。

2. 米国メソジスト監督派教会海外婦人伝道協会から派遣されてきた 3人の婦人伝道師と、「遺愛女学校」の開校

　先に述べたように、ハリス夫妻は再三にわたり、函館における女子教育の必要性を米国メソジスト監督派教会海外婦人伝道協会に訴えていた。その訴えに応えて最初に函館に派遣されたのが、上記のプリーストであった。プリーストが来函したのが明治11（1878）年であった。

　米国メソジスト監督派教会海外婦人伝道協会の日本における婦人宣教師の派遣は、協会の綿密な調査により、4都市において開始された。齋藤元子によると、協会は、日本の伝道地の選択において充分な調査をし、選定基準としては、「当該地域の外国人社会ならびにアメリカ合衆国領事による保護の有無、蒸気船による交通手段の可否、日本の将来に及ぼす影響力、他のプロテスタント教会の活動状況など」[13]が考慮されたという。そして、米国メソジスト監督派教会海外伝道局によって選定された都市は、横浜、東京、函館、長崎の4都市となったのであった。その一つの函館に、米国メソジスト監督派教会海外婦人伝道協会から最初に派遣されたのが、上記のプリーストであったのである。

プリーストはハリス夫妻の志を継ぎ，函館の女子を熱心に集めて教育を行なっていたが，明治12 (1879) 年の大火で全てを失ってしまう。函館は繰り返す大火に苦労してきた街で，遺愛女学校の歴史も，大火による災難に何度も遭うことになる。プリーストは，協会の明治16 (1883) 年の報告書"Thirteenth Annual Report of the Woman's Foreign Missionary Society of the Methodist Episcopal Church for the year 1882"において，"The work in Hakodati（著者注：ママ）was commenced by Miss Priest and suffered much loss in the necessity for her return home on account of failure in health."[14] と記述されているように，遺愛女学校の具体的な端緒を起こした人物として協会側では了解され，健康を害して米国に帰国したことは大変に残念であったと年次報告書に記載されている人物である。遺愛女学校の創立は，協会としては，婦人宣教師が派遣されたのは明治11 (1878) 年であるとしていると判断できる。大火の翌年の明治13 (1880) 年にはケイト・ウッドウォース（Woodworth, Kate：1854～1894）も同協会から派遣されて来函，プリーストを助けることになったが，先の英文にもあったようにプリーストは健康を害して帰国しなければならなくなり，ウッドウォースだけが残された。

　ウッドウォースは米国・ヴァーモント州（Vermont）の出身で，フィラデルフィア支所からの派遣であった。『遺愛百年史』のなかに，出典不明のウッドウォースの文が記載されているが[15]，その文中に，彼女らも現在の遺愛幼稚園のある場所に住んだと書いてある。

　ウッドウォースに続いて函館にやってきたのが，永年にわたり遺愛女学校運営の中核として強力な尽力を果たし，その校舎や遺愛幼稚園舎の設計にも多くの労苦を捧げることとなる，メアリー・ハンプトン（Hampton, Mary：1853～1930）であった。ハンプトンの功績なくしては現在の遺愛はないといっても過言ではないほどの人物である。ハンプトンは明治14 (1881) 年に来函する。ウッドウォースとハンプトンは，居住していた土地に校舎を建て，明治15 (1882) 年2月1日に，ここに正式な学校を開校した。これが，現在の遺愛学院の，遺愛女学校としての正式な創立である。学校の名称は，のちに述べるカロライン・ライト夫人の名称をとり，カロライン・ライト・メモリアル女学校（CAROLINE WRIGHT MEMORIAL SCHOOL）と命名された。

開校時の生徒数は 6 名であったが，明治 15（1882）年 4 月までには 16 名に増えている。

　総括すると，遺愛女学院の創立については，三つの年が考えられてきたといえる。第 1 が，ハリスが来函して伝道を開始したと同時に日日学校を開校した明治 7（1874）年，第 2 が，米国メソジスト監督派教会海外婦人伝道協会からプリーストが来函して女学校の開校準備がスタートした明治 11（1878）年，第 3 には遺愛女学校が女学校として正式に開校した明治 15（1882）年である。しかし著者は，本書 24 ページで述べたように，Day School が開始された明治 7（1874）年を創立年と考えてよいと判断する。

3. カロライン・ライト

　遺愛学院の直接の創立功労者として，また創立時の学校名として，今も名を残すのが，このカロライン・ライト（Wright, Caroline R.）である。

　ライトは，米国で，フローラの投稿した既述の手紙を読む機会があった。この手紙を読んだライトは，自分の趣味であった手芸の製作物を売り，その売上金に，自分の亡き娘のために用意していた教育資金を加えて，それを函館の女子教育のために寄附しようと考え準備した 1800 ドルを，函館における女子教育のためにと，米国メソジスト監督派教会海外婦人伝道協会に寄付したのであった。

4. ハンプトン

　ハンプトンは，嘉永 6（1853）年 5 月に米国・ミシガン州で生まれた。19 歳で受洗し宣教師となる決心をし，明治 13（1880）年ミシガン州アルビアン大学を卒業後，翌明治 14（1881）年 6 月 9 日には日本に到着，18 日に来函した。派遣元はニューヨーク支所である。そののち彼女は 43 年

写真 I-1　ハンプトン肖像
（青山学院資料センター蔵）

にわたり遺愛のために尽くしたのである。ハンプトンは開校時には初代校長ウッドウォースを宇野兼三とともに助け，ウッドウォース校長帰国後に第2代校長を務めた。6歳年下のデカルソンが明治21（1888）年12月に来函し遺愛に勤務し始めたのちは，第4代校長に就任したデカルソンをよく援助し，遺愛女学校の発展に尽くしたのであった。

　開校時に尽力した宣教師の一人であるハンプトンは，第2代校長としてその名を遺愛学院史のなかに遺すが，ハンプトンの功績は寧ろ，その後，校長を退いたあとにあったと『遺愛百年史』は述べている[16]。すなわち「ハンプトンは2代校長として1887年まで4年間校長として草創期のためにその力を発揮された。当時は生徒が集まらず弘前まで出かけて弘前教会に出入する士族たちの娘を勧誘するなど多くの苦労をされた。しかしハンプトンの業績，人格的な影響が残されていったのは校長としての働きより，校長職を3代校長ヒューエットに渡した後の働きであった」[17]とし，ハンプトンの働きが単に校長職に就いていた者として称賛されるのではないことを示している。そのうえで，具体的なハンプトンの功績を幾つか挙げており，特にその「人柄」[18]とともに，「校舎・園舎設計における働き」[19]を挙げている。

　ハンプトンの「人柄」について『遺愛百年史』は幾つかのエピソードを挙げたうえで，「デカルソン校長の厳しいが筋の通った教育のその陰にあって一家の母親のように生徒一人一人の行動，躾に暖かい愛情をそそいだのである」[20]と表現している。デカルソンは，後年，遺愛に派遣されてくる婦人宣教師であるが，このデカルソンとハンプトンは遺愛学院史のなかにおいて，共に草創期～発展期の遺愛女学校で大きな功績を遺した人物として並び評されることが多い。しかし，両人の人柄や印象が対照的であったことが上記の文から，うかがい知ることができる。

　ハンプトンの「校舎・園舎設計における働き」については，これは明治41（1908）年に現在の杉並町に新築された現遺愛女子中学校・高等学校の現校舎と，大正2（1913）年に現在の遺愛幼稚園である園舎を設計した時のハンプトンの働きについてのことであるので，ここでの詳述は控え，第2章第3節で述べることにする。

5. 開校時の様子

　カロライン・ライト・メモリアル女学校の開校時の様子を，まずは『遺愛百年史』の記述からうかがってみたい[21]。

　明治15（1882）年2月1日に開校した同校では，教師として，校長兼務としてウッドウォース，ハンプトンの両名に加え，スクワイルという補助教員と，さらに日本人教師として宇野兼三，稲本奥松が加わっている。開校前に函館新聞に出された広告記事によると，このとき既に住所は元町23番地に変わっており，授業課目としては和漢洋，裁縫，調理，組工，音楽なども行なわれていた。授業料が通学生1カ月50銭，寄宿生は賄料だけでよいとされている。実際の教育は，午前中は英語で，午後から他の課目が行なわれていたという。『遺愛百年史』に記されたハンプトンの言葉によると，キリスト教の学校であるということよりも，英語を教えることと，寄宿料が安い，ないしは授業料が無料ということが魅力であったという[22]。開校時には函館在住の生徒はおらず，弘前からの女子生徒ばかりであったという記述には驚かされる。当時の弘前には津軽藩藩校の流れを受ける東奥義塾があり，また米国メソジスト監督派教会による伝道も開始されていたこと，弘前藩の影響で教育熱が高かったことなどが相まって，弘前からの女子を多く迎えることになったのであろうと『遺愛百年史』は述べている[23]。弘前では，のちに遺愛女学校や青山学院と深い関係を持つことになる本多庸一（ほんだ よういつ：1849〜1912）も既に伝道の業に関与しており，弘前教会でキリスト教に触れて受洗し東奥義塾に入ってから遺愛の開校を知って入学した生徒もあった。ちなみに，第Ⅱ部で考察する，明治期の遺愛幼稚園において主任保姆として重要な役割を担った大和田ふみは遺愛女学校の第三回卒業生であるが，大和田は弘前の東奥義塾の出身で，本多庸一の訓育を受けたのちに遺愛女学校に進学してきた人物であった。本多庸一は，日本キリスト教団・弘前教会の初代牧師であり，青山学院の初代院長でもあった人物である。

　女学校は生徒数も増え，明治16（1883）年には米国メソジスト監督派教会海外婦人伝道協会史上，日本に派遣された唯一の医師でもあったハミスファー（Hamisfar, F. N.：生没年不明）が来函し，さらに明治17（1884）年にはヒュ

ーエット（Hewett, Ella J.：1850〜1927）が来函して遺愛に就任した。ちなみにハミスファーは医療伝道および函館師範学校における英語教師としても活躍した[24]。明治20（1887）年10月15日発行の『教育時論』に掲載された同志社社員・西村正三郎の遺愛女学校見学記事によると，当時の生徒数は94名にまで増え，寄宿生が70名近くもいたとのことである。西村の記述によると，当時の寄宿生活は，炊事担当者は一人の婦人しかいなかったけれども，生徒たちが分担してこれを助け，また夜は学年に応じて自習をし，金銭的にも校長と取締の2名で完璧に処理をしていたとされ，西村は「深く感服」したという[25]。

　さて，上記に見てきたような『遺愛百年史』における記述は，その一部が，おそらく米国メソジスト監督派教会海外婦人伝道協会の報告書から抜いたものであろうかと思われる。しかし『遺愛百年史』には出典が記載されていないため，確定はできない。原史料と思われる英文記事を一部，ここに引用参照してみたい。

　遺愛の婦人宣教師らは，全て，米国メソジスト監督派教会海外婦人伝道協会から派遣されてきた人々であった。米国メソジスト監督派教会海外婦人伝道協会では，世界各国に派遣されている婦人宣教師らから，毎年報告を受けており，それらを世界一括した報告書（Annual Report）にして毎年一回発行していた。本部は米国にあり，発行した報告書は世界各国の婦人宣教師に郵送されていたものと思われる。現在，著者が調べたところ，その一部が，同じく米国メソジスト監督派教会の宣教師によって創立された青山学院の資料センターに保存されている。残念ながら発行初年度のものから全てが保存されているわけではないのであるが，遺愛女学校が女学校として正式に開校した明治15（1882）年のものから明治21（1888）年のものまで，参照することができた。ちなみに，フローラの手紙が掲載された"Heathen Woman's Friend"も，同じ米国メソジスト監督派教会海外婦人伝道協会が発行しているもので，Annual Reportの特別増刊号のようなものである。

　この報告書のなかには，世界各国での宣教師の活動が，約1ページずつ記載されていて，遺愛に関する記事も，明治16（1883）年発行の号から明治21（1888）年までの全6号において見出すことができた。この6号には，ちょ

うど遺愛女学校開校時からのことが書かれており,『遺愛百年史』はおそらくこれを参照して書いたものと想定される。

　これらの記事のなかで,特に校舎に関する箇所などは校舎の項に引用することとし,ここでは何箇所か,遺愛の運営について書いてあるところを参照してみよう。報告書名は全て"Woman's Foreign Missionary of the Methodist Episcopal Church, for the year ○○○○（○の中は西暦が入る)"となっており,冒頭部分に何号かが加わる。遺愛の記事は毎号一貫して"HAKODATI"（綴りが間違っている）と題が付けられている。

　まずは1883年の13号の記述である。報告書を書いて送ったのはハンプトンであると考えられる。ここには,以下のような記述が見られる。

"The work in Hakodati（ママ）was commenced by Miss Priest. And suffered much loss in the necessity for her return home on account of failure in health." "Owing to a disastrous fire, the ladies were unable to find suitable apartments for their work, and have spent most of the year in preparation for work, studying the language and in putting up buildings." [26]

　先にも引用したように,ここには遺愛の創立者はプリーストであったと書かれており,体調不良による帰国についても記載されている。また,大火があったため,ハンプトンとウッドウォースは,家探しや準備に苦労したとも書いてある。二人は日本語を習ったり,校舎を準備したりと奔走していたようである。

　ハンプトンは,続けて次のように書いている。

"The buildings are completed, and we report sixteen boarders and a few day scholars. The fact that it is a Christian school is an attraction to very few. The fact that we teach them English draws some; also that the board is free or very low, is a attraction to some." [27]

　16名の寄宿生と,数名の通学生がいたようで,しかしキリスト教の学校

であることに特別な魅力を感じている者は少なく，英語を学ぶことや，費用が無料ないし安価であることが魅力であるようだと書いてある。

"In the evening we all meet in the school room, each one repeating a verse from the Japanese New Testament, sing a hymn and repeat the Lord's Prayer." [28]

夜には全員で教室に集合し，日本語の新約聖書のなかから聖句を言い，讃美歌を歌い，主の祈りを唱えていたという。女学校という営みをとおして，主目的は伝道に置かれていたこと，開校当時から正しく信仰生活が守られていたことがわかる。文章全体の過半は，生徒一人ひとりの状況や特徴について書かれている。そして最後の行には，"The expense of our building, as it now stands, is $5,687.97." と書いてある。

翌明治17 (1884) 年の報告書は，ハンプトンとヘミスファーの名で提出されている。この年度の記事は，約1ページにわたって記録されているのだが，その殆ど全てが，校舎が狭いということについてである。当時は18名の生徒のためで充分だったけれども，50～60名の生徒を教育できる校舎がないと，函館での仕事を東京や長崎のように定着させることが難しいと書いてある[29]。$5,000 が送られたとも書いてある。ヘミスファーが新たに遺愛に派遣されたが，この宣教師は医学博士であり，ハンプトン，ヒューエットに加えて，3名で非常によい仕事をしているとある。最後の一文は，"With the new building, and two teachers for the boarding school, with the medical work of Miss Hamisfar, the future is very hopeful." [30] と書いてあり，明るい未来を示している。文中に，東京や長崎に負けない仕事が達成されると書いてあり，東京の青山学院，長崎の活水女学院をさすもので，いずれもメソジスト系の学校である。

翌年の記事には特記すべきことは殆どなく，ヘミスファーの一日が書いてある。生徒数は65名の寮生に，11名の通い生徒がいるという。

さらに1886年の報告には，生徒数は寮生61，通い生16，合計77名になったと記録されている。1887年の報告では，生徒数は79名で開始され，年

度末には104名となったという。年々増加の一途である。明治20 (1887) 年の年度報告には，学校生活の一日の流れが詳しく書かれている。この流れについては，のちの第Ⅱ部第1章で紹介する。

1888年の報告では，また校舎が狭いことが記されている。ほかには，弘前の本多庸一が，遺愛の教師であった長嶺貞と結婚した記事が載っている。

残念ながら，この報告書は1888年の報告を最後としている。しかし，創立5年ほどの間に，遺愛は校舎がどんどん手狭になる勢いで順調に拡大成長していったことは明らかである。

参考までに，それ以降の校長の氏名を一覧にしておきたい。遺愛女学校の開校以来，ハンプトンと力を併せて遺愛のために尽力してきた，初代校長ウッドウォースが，明治16 (1883) 年に帰国したため，第2代校長としてハンプトンが就任した。また翌明治17 (1884) 年には，ヒューエットが着任，明治22 (1889) 年11月に帰米するまで，第3代校長として勤務した。次の第4代校長には，明治21 (1888) 年12月に来函したデカルソンが，ヒューエット帰国後の明治23 (1890) 年1月に就任し，大正14 (1925) 年3月に退職するまでの実に35年にわたり在任したのである。ちなみに第5代校長にはチニー (Cheney, Alice：1889〜1957) が就任，昭和10 (1935) 年3月までの10年にわたり校長を務めたが，これが最後の米国人婦人宣教師校長であった。チニーはその後，青山学院に移っている。第6代校長以後は全て日本人の校長となったのである。ハンプトンは校長に在任した期間は短かったが，長く遺愛にいて教育や運営に携わり，特に校舎・園舎の設計においては熱心な取材を米国にて行ない，そのデザインに大きな貢献をした。

ちなみに，開校時に日本人ながら教師に加わり，「遺愛」という日本名の校名の命名に関係した宇野兼三 (1854〜1937) なる人物について，その経歴を，要点のみ簡単に『遺愛百年史』から紹介したい。宇野は，安政元 (1854) 年に伊予松山藩の江戸藩邸中屋敷で生まれ，藩の貢進生として15歳で大学南校 (のちの東京大学) に入学した。19歳の時に横浜の宣教師宅に住み込んで，そこで英語と聖書に接する。いったん九州へと移住するが，明治13 (1880) 年に25歳で来函，函館税関雇員となった。遺愛の創立とともに教師となり，当時の校名「カロライン・ライト・メモリアル・スクール」は横文字なので

日本語の校名があるとよいと考え，宇野の異母兄であった内藤鳴雪に依頼して「遺愛」の命名を受けたのであった。この日本語の校名は，中国の古典『左氏伝』の「古之遺愛也」（いにしえの，いあいより）からとったということで，"Remembrance of Love"は，それを英訳したものであるということである[31]。宇野は明治19（1886）年1月に函館教会にて受洗し，明治44（1911）年まで遺愛女学校の教頭として勤務した。内藤鳴雪は後に俳人として著名になるが，遺愛を命名した時点では，文部省の参事官であり，まだ俳人としては知られていなかったのである。

第2節　遺愛女学校の発展・充実（明治20～30年代）

1. デカルソンの来函

明治21（1888）年12月，デカルソンが来函した。このデカルソンは，遺愛女学校にとってハンプトンと並び非常に重要な人物であり，遺愛のみならず函館の教育に広く影響を与え，30歳から65歳まで遺愛に奉職した人物である。

デカルソン（Dickerson, Augusta：1859～1925）は，米国・デラウェア州のミルフォード（Milford, Delaware）に生まれ，ウェスレイアン女子大学を卒業し，その後フィラデルフィア女子師範学校に進学，3年間，教鞭を執ったあと，明治21（1888）年に米国メソジスト監督派教会海外婦人伝道協会の宣教師となって，その年の12月に来函した。所属はフィラデルフィア支所。明治22（1889）年11月の第3代校長ヒューエットのあとを継いで，第4代校長となり，以後35年間にわたって遺愛に勤務した。

デカルソンは着任してすぐに，修業年限を

写真I-2　デカルソン肖像
（遺愛幼稚園蔵）

8年とすること，英語の時間を減らすなどの変更を行なったという。当時の生徒数は約110名，うち寮生は72名であった。

デカルソンが函館において果たした重要な役割の一つに，2011年度現在の北海道函館盲学校（昭和22（1947）年に函館市に移管され，以後，公立となる）の前身である函館訓盲院の援助がある。明治28（1895）年，当時函館にいた宣教師ギデオン・ドレーパー（Draper, G. F.：1858～1951）の母親シャルロット（Draper, C. P.：1832～1899）が函館訓盲院を開設した。デカルソンは卒業生をここに送り，その教育を援助した。

2. 当時の卒業の様子

『遺愛百年史』によると，開校当時はまだ「教育への関心等は低く」[32]あったため，入学しても卒業までに至らない生徒も多かった。第一回卒業式に関する史料は見あたらないと『遺愛百年史』は述べており，第二回に関する記録が掲載されている。第二回卒業式は明治23（1890）年9月に開催されており，この時の卒業生は山田トクと中野ウメの2名であった。第一回の卒業生は珍田ミワの一人だけであったというから，開校時の生徒6名を思うと，途中脱落者が多数いたことが明らかである。かなりあとになるが，大正6（1917）年の卒業式でデカルソンが，6年前の入学式には25名が入学したのに卒業式に至ったのは僅か12名であると述べているように，遺愛女学校における明治～大正期の生徒の学業の遂行率は非常に低かった。しかし，その一方で，卒業に到達した生徒は非常に優秀な者もいた。例えば，第二回卒業生の一人である中野ウメは，明治28（1895）年に創立された遺愛幼稚園の，ただ一人の保姆となり，明治32（1899）年にハワイに渡るまで足掛け4年にわたり遺愛幼稚園の草創期を支えた。また，第三回卒業生である大和田ふみは，明治25（1892）年に卒業した後に遺愛女学校の尋常小学科に就職，明治30（1897）年まで勤務したあと神戸の頌栄保姆伝習所高等科に派遣され，明治32年に卒業して帰函後は中野のあとを継いで遺愛幼稚園の主任保姆として大火で幼稚園が閉園する明治40（1907）年までの8年間，勤務した。その後は頌栄保姆伝習所に招かれ，頌栄幼稚園保姆兼保姆伝習所教師として，頌

栄保姆伝習所創始者のハウに気に入られ，頌栄において大変に重要な働きをしたのであった。このように遺愛女学校を卒業できた生徒の数は決して多くなかったけれども，卒業に至った生徒には非常に優秀な者がいたのであった。

3. 訓令 12 号事件

世にいう「訓令 12 号」の事件は，遺愛女学校にも降りかかった問題であった。

訓令 12 号とは，明治 32（1899）年 8 月に出された訓令で，宗教・教育の分離を目指したものである。キリスト教主義の学校には等しく災難が降りかかったのであるが，学校により様々な対処がなされた。

遺愛女学校においては，同年 9 月に幼稚園，小学校，中学校，高等学校の申請を提出したところ，小学校以外には許可が下りた。遺愛の小学校は，明治 24（1891）年 1 月に「予科」という名称のもとに設置され，翌年には「尋常小学科」と名称を変更，明治 28（1895）年 9 月の幼稚園新設・園舎新築に伴い幼稚園舎二階に引っ越して教育を行なっていたのであるが，訓令 12 号により尋常小学科は継続不可能となり止むなく休校，生徒は他校に移されることとなった。小学校のみは閉鎖を余儀なくされたが，「"Private class" として続ける」ことを希望したとデカルソンは述べている[33]。ちなみに尋常小学科は，明治 40（1907）年の大火で幼稚園とともに一時廃止を余儀なくされたのち，明治 43（1910）年に再開した際に「予備科」と名称変更を行なっている。

『遺愛百年史』は，当時の函館毎日新聞の社説を紹介しつつ，函館における遺愛女学校について，「社会的風潮としては一般の人々は函館では教会，キリスト教学校に親近感を抱いていたと思われる」[34] と述べている。

この時期の遺愛女学校の内部において，宣教師らがどのような議論をしていたかについては，史料が焼失しているため残念ながら確認することができないのであるが，同じ時期に神戸において頌栄保姆伝習所を開いていたハウが，米国にいる家族への書簡に，当時の状況について宣教師の視点から書いている。ハウは本書の第 II 部に登場する人物であるが，明治 20（1887）年に

来日し,神戸においてキリスト教系で初の保姆養成所を開設,附属幼稚園とともに明治〜大正期の我が国のキリスト教主義の保姆養成および幼稚園教育実践の一翼を担った人物である。詳細については後述する。

このハウは,明治32(1899)年8月29日付の米国への書簡において,次のように述べている。すなわち,いかなるキリスト教教育も学校のなかでは許可されなくなり,これを機に東京の宣教師らは,東京の小学校を全て閉校にしたというのである[35]。規制のなかに「幼稚園」とは書かれていないため,幼稚園は難を逃れるだろうとハウは述べているが,保姆伝習所についての将来は疑問だと述べており,万一,伝習所や幼稚園でのキリスト教教育が禁止されることになった場合には,自分は帰国することになるだろうと述べてもいる。このことからも,「訓令12号事件」は,当時の日本のキリスト教教育界を大きく揺るがす大事件であったことが読み取れる。

しかし幸いながら,遺愛女学校も,頌栄保姆伝習所も,閉校に追い込まれることなく,キリスト教教育を継続することが可能となったのであった。学校規程第8条において,この訓令は年齢6〜10歳までの小学校教育課程の児童に限定するものであること,また政府の許可を希望しない学校にあっては教科課程の構成は自由で,キリスト教教育に関しても何ら規定しないこととなったのであった。

シンガー(Singer, Florence E.:?〜1938)
　幼稚園のみならず女学校においても,主として音楽指導に当たった。声楽,器楽,合唱に優れた功績を遺す。
スプロールズ(Sprowles, Allerta B.:1872〜1960)
　明治39(1906)年から大正3(1914)年までデカルソン校長を助けて功績を遺したが,大正3(1914)年3月に青山女学院長となり函館を去る。

注
1)　福島恒雄『北海道キリスト教史　オンデマンド版』日本キリスト教団出版局　2003　p.145
2)　同上　pp.145〜147
3)　同上　p.148
4)　㈳函館教育会発行『函館教育年表』1938　pp.33〜34
5)　『日本メソヂスト函館教会五十年記念史』　おそらく1923発行　p.5
6)　遺愛女子中学校高等学校保存史料
7)　同上　p.149

8)　遺愛百年史編集委員会編　『遺愛百年史』遺愛学院　1987　p. 18
9)　同上　pp. 18 〜 24
10)　同上　p. 22
11)　同上　pp. 18 〜 20
12)　Heathen Woman's Friend. BOSTON, October, 1876 Vol. Ⅷ　No. 4　pp. 80 〜 81　所収　青山学院資料センター所蔵史料
13)　齋藤元子著『女性宣教師の日本探訪記』新教出版社　2009　p. 46
14)　"Thirteenth Annual Report of the Woman's Foreign Missionary Society of the Methodist Episcopal Church for the year 1882" Columbus, OHIO 1883 pp. 38 〜 39
15)　前掲 8) p. 32
16)　同上　p. 92
17)　同上　p. 92
18)　同上　pp. 94 〜 96
19)　同上　pp. 92 〜 94
20)　同上　p. 95
21)　同上　pp. 32 〜 33
22)　同上　p. 34
23)　同上　p. 35
24)　同上　p. 39
25)　同上　p. 41
26)　前掲 14) p. 38
27)　同上　p. 39
28)　同上　p. 39
29)　"Fourteenth Annual Report of the Woman's Foreign Missionary Society of the Methodist Episcopal Church for the year 1883" Columbus, OHIO 1884 pp. 36 〜 37
30)　"Fifteenth Annual Report of the Woman's Foreign Missionary Society of the Methodist Episcopal Church for the year 1884" Columbus, OHIO 1885 p. 39
31)　同上　p. 36
32)　同上　p. 50
33)　同上　p. 53
34)　同上　p. 54
35)　ハウ著，山中茂子訳『A. L. ハウ書簡集』頌栄短期大学　1993　pp. 211 〜 214

第2章
遺愛女学校の校舎の変遷

　第1章においては，遺愛女学校の創立から明治期の運営について見てきた。続く第2章では，遺愛女学校の校舎に注目し，その変遷について紹介する。
　遺愛女学校は，現在の遺愛幼稚園のある元町において開校した。そこに校舎と宣教師館を用意して開校する。その後，明治24（1891）年に予備科が，明治28（1895）年に幼稚園が創立される。予備科は当初，従来の校舎内において実践を開始したが，幼稚園は創立にあたって，敷地内に独立園舎を1棟，建てた。これに伴い，明治25（1892）年に尋常小学科と改称した旧予備科は幼稚園舎の二階に引っ越し，またこの幼稚園舎のなかに音楽室も設けられた。
　発展し続ける遺愛女学校と幼稚園は，明治30年代のうちに敷地も校舎も手狭となった。また，明治15（1882）年の創立当時から使用してきた校舎も老朽化し，校舎，敷地ともに抜本的な改善が求められるようになった。そこで遺愛女学校は，現在の遺愛女子中学校・高等学校のある杉並町の土地を購入，新しい校舎を建てて，明治41（1908）年に全面的に移転する。一方の幼稚園は，大火で焼けてしまった元町校舎の跡地に，大正2（1913）年に園舎を新築し，明治40年の大火以来休園していた幼稚園が再開されることとなった。
　遺愛幼稚園舎は第Ⅱ部で考察することとして，第2章では遺愛女学校の校舎について述べることにする。なお，ここでの紹介について以下の点について最初に述べておく。
　第一に，明治28（1895）年に新築された幼稚園舎は，内部に尋常小学科や音楽の教室が同居していたり，また，周囲に既に女学校の校舎が建てられているところの空きスペースに建てられた園舎である。そのため，明治28年の第一独立園舎については，女学校舎と幼稚園舎を明確に区分できない要素がある。そのため，本章での記述と，第Ⅱ部における記述に重複する内容が

出てくる場合がある。

　第二に，明治41（1908）年新築の遺愛女学校舎は，現在も中学校・高等学校校舎として使用されているもので，国重要文化財指定を受けた著名な建築である。すでに建築史を専門とする研究者による充分な分析考察が行なわれているし，その形態の考察の多くは，本研究における主題に必要なものではない。よって，本研究においては，明治41年の女学校舎についての詳細な分析考察は割愛し，建築史研究分野における分析考察に委ねることとする。ただし，幼稚園舎の分析考察は本研究の重要な主題の一つであるから，幼稚園舎との関連において必要な女学校舎の要素については，本章で，あるいは第Ⅱ部の幼稚園舎に関する分析考察の箇所で，必要に応じて考察に導入する場合もあることを述べておく。

　第三に，女学校舎も幼稚園舎も，その設計には，ハンプトンが強力に尽力していることが，幾つかの史料から確認される。校舎・園舎の双方において同一人物であるハンプトンが尽力しているので，ハンプトンの史料を用いて幼稚園舎を分析すると同時に，女学校舎についてのハンプトンの史料も活用する。そのほうが，考察が充分なものとなると思われるためである。よって，史料の活用に関しては，場合によっては女学校舎関係史料も活用することがあることを，ここに述べておきたい。

第1節　明治年間の校舎

　当時の校舎の様子を写した貴重な写真が1枚，遺愛学院に残されている（写真Ⅰ-3）。写真の様子から，これは開校時のものではなく，その5年後に増築されたあとの様子を写したものであると考えられる。この写真および『遺愛百年史』p.34の記述をもとに，開校時の校舎の様子を描写しよう。校舎は，現在の遺愛幼稚園の敷地に，洋館が2棟，建てられた。『遺愛百年史』によれば，これらの校舎は宇野兼三の協力を得て完成したとある[1]。

　この写真を見ると，写真の両端に校舎が1棟ずつあり，すでにその間に校舎が建てられている。いずれも木造二階建ての洋風建築である。開校時には校舎は2棟で，1棟は宣教師の住居で，もう1棟は二階が寄宿舎，一階が教

室2室であったという[2]。建物の規模から考えて、向かって左の端が宣教師館、右の端が校舎兼寄宿舎であったのではないかと想像される。写真に写っている3棟はいずれも意匠的に類似しており、下見板貼りの白っぽい外壁で、屋根には瓦を抱いている。窓は上げ下げ窓で、一部の窓には両開きの日よけ窓が付

写真Ⅰ-3　遺愛女学校　明治20（1887）年頃
（遺愛幼稚園蔵）

いている。屋根の尾根には飾りがつき、尾根の端には豪華な装飾も取り付けられている。興味深いのは、暖炉があると見られることで、レンガ積みの突出した部分が右側の校舎に見られる。外国人が集住するこの地域のなかにあって、アメリカン・コロニアル・スタイルのこの校舎は、華やかに衆目を引いたものと想像される。

　校舎は間もなく手狭になったため、当初の校舎2棟の中央に1棟が増築され、全体はコの字型の配列となった。新校舎の落成は明治17（1884）年8月であった。この写真には中央に植樹があるが、その奥に校舎が1棟、見える。おそらくこれが増築された校舎であると思われる。校舎が増築されたことにより収容可能生徒数も増し、50～60名の生徒を収容できるようになったということである[3]。

　なお、明治20（1887）年10月15日発行の『教育時論』に掲載された同志社社員・西村正三郎氏の遺愛女学校見学記事によると、遺愛の校舎については次のような描写がなされている。

「校舎は高燥静粛の地にあり、構造上に意を注ぎ、台所、浴室等の設置に至る迄頗る適方を得、（中略）小生の殊に感服せしは建物も数十坪の二階作りにて、下は教場、上は寄宿所とし教員の控所、応接所等整頓してすこぶる清潔なるは勿論此多数の生徒を寄宿せしめて台所は唯一人老婆あるのみ。」[4]

ここに記されていることを見ると，校舎の設計には充分な配慮がなされ，かつ清潔・便利にできていたことが推察される。

上記の記述は総て『遺愛百年史』から引用したものであるが，第2章で紹介してきた"Woman's Foreign Missionary Society of the Methodist Episcopal Church"の年会報告書にも，校舎が急速に手狭になり増築したことが記されていたところであった。なお，この年会報告書には，明治28 (1895) 年新築の校舎から，明治41 (1908) 年新築の校舎まで，また幼稚園舎の設計に至るまで，遺愛女学校のハンプトンが様々なかたちで関わっていたことが多く記述されている。よって，本章の最後に特別に節を設け，この年会記録における記事を一括して総覧したい。

第2節　杉並町への移転と，新校舎の新築

明治20～30年代において，女学校そのものも発展拡大し，加えて明治28 (1895) 年には附属尋常小学校と幼稚園も創立，小学校舎と幼稚園舎を併せた建築を1棟，敷地内に新築してきた遺愛女学校においては，元町の敷地は既に狭くなりすぎていた。加えて明治15(1892)年の開校時に建てた校舎や，17年に追加で建てられた校舎なども全て古くなりすぎ，建築物の改築も必要となってきた。全ての物的環境の良好な改善のためには，新しい土地への移転と，校舎の新築が求められていた。そのおりに，力を発揮したのが，かのハンプトンであったのである。第2節では，主として『遺愛百年史』における記述をもとに，杉並町への移転と，新校舎の新築の経緯について概観してみる。なお，この新校舎新築の，建築工学的ではなく社会関係的な経緯については，米国メソジスト監督派教会海外婦人伝道協会日本支部年会報告書に詳細に書かれているので，この第2節における『遺愛百年史』の記述を補足する意味において，それは続く第3節にて参照し，確認していくこととしたい。また，新校舎の建築工学的な分析は，既に北海道大学大学院教授の角幸博によって詳細な調査研究が行なわれているので，本書においては，それは行なわない。また調査研究報告をまとめた調査報告書に記載されている内容の転載も，特に必要な箇所以外は行なわないこととするので，関心あるむ

写真Ⅰ-4　遺愛女学校　明治40 (1907) 年頃
　　　　（遺愛幼稚園蔵）

写真Ⅰ-5　遺愛女学校　明治40 (1907) 年頃
CAROLINE WRIGHT MEMORIAL SCHOOL
（米国メソジスト監督派教会海外婦人伝道協会報告書　1908-1909所収　青山学院資料センター蔵）

きは，そちらを参照願いたい。

　ここに示した2枚の写真は，遺愛女学校の本館である。1枚は玄関前を近景で撮影したもの（写真Ⅰ-4）で，もう一枚は校舎の正面入り口に向って左側から撮影，すなわち校舎の東南面を撮影したもの（写真Ⅰ-5）である。一緒に写りこんでいる右手の建築は，当時の寄宿舎であろうかと推測される。ちなみに寄宿舎は，のちに述べる経緯から，一度焼失し，改めて建てられたものであって，昭和25 (1950) 年からは教室として使用されていたが，昭和45 (1970) 年，老朽化により取り壊された。

　デカルソンはハンプトンと協力して，現在の中学校・高等学校のある土地に移転することを決定した。現在の杉並町，当時の湯ノ川通りである。2万1887坪を購入した。当時は草ぼうぼうの荒れ地だったとのことで，これをして愚策であるという人々の声も高かったという[5]。それでも計画は進み，『遺愛百年史』によれば，校舎新築にあたってはハンプトンが精力的に関与したとされている[6]。新しい敷地には，メインとなる校舎に加え，宣教師館と，寄宿舎の3棟の新築が計画された。明治39 (1906) 年2月12日付で示された「遺愛女学校建築契約書」[7]第12条によると，工期は明治40 (1907) 年8月31日となっており，新校舎の竣工が明治40 (1907) 年9月1日の新学期

を目指して計画され契約が締結されたことを示している。同第12条には，この竣工前後について詳細な契約が示されており，31日までに完成しなかった場合は遅延料として1日あたり30円を請負人がハンプトンに，逆に8月15日までに完璧に仕上げてハンプトンに引き渡すことができた場合には早く完成した代償として300円を余分に支払うということになっていた。さらに第17条では，「メリー，エス，ハムプトンハ前記埴谷長次郎ヲ以テ財政上其他ノ理由ニ依リ本契約ニ記載シタル期間内ニ工事ヲ終了シ能ハサルモノト確認シタルトキハ本契約ヲ解除スルノ権利ヲ有ス」[8)]とも書かれており，8月31日までに完成しない場合には，この契約そのものを破棄する権利をハンプトン側が持っているということも明記された。明治39（1906）年4月21日に地盤工事が開始され，6月19日には定礎式も行なわれて新築工事が本格的に開始，明治40（1907）年2月1日には創立25周年の記念式典も行なわれた。

　しかしながら，実際の校舎の3棟そろっての完成は，期限の明治40（1907）年8月31日を大幅に遅れることとなる。その最大の原因は，同年6月14日に起きた，新しい寄宿舎の火災である。この火災時にデカルソンとスプロールズは米国メソジスト監督派教会海外婦人伝道協会日本支部の年会に出席した帰りの途中で函館を留守にしており，函館にはハンプトンだけがいたという。寄宿舎は，校舎，宣教師館に先駆けて明治40（1907）年5月には完成していた。その寄宿舎が，原因不明の出火により全焼してしまったのである。この寄宿舎の全焼は，当然，工期内の3棟すべての完成を困難なものとすることを決定的にする事件であった。幸いにして寄宿舎は保険に入っていたので保険金が入手できたものの，寄宿舎だけ工期締切期限であった8月31日をはずれて12月までの完成を目指すこととなったのである。この，工期が契約書に示された期限を超えてしまったということが，ハンプトンと建築請負人との間に締結された契約の第12条に抵触することとなったのに加え，出火原因が不審火で，一部に工事人による火の不始末であったのではないかという疑惑も噂されていたため，ハンプトンと埴谷の間で訴訟も絡みそうなまでのトラブルに発展してしまった。このことは，第3節で紹介するハンプトンの報告書に記されているので，のちほど改めて見ることにしよう。最終

的には明治40（1907）年7月25日，埴谷との建築請負契約を解除し別の請負人に依頼することになった。このあたりのトラブルについて，2010・11年度の遺愛学院理事長である野田義成は，明治当時の日本人と米国人との異文化間の感覚の齟齬といった類のものが，両者の意見交換に難しい状況を生みだしたのではないかと読んでいる。

こうしてハンプトンは新しい請負人を探し，新しく契約を結んで工事が再開されたのが8月15日であったのだが，その10日後の8月25日，不幸は重なり，函館は大火に襲われてしまったのである。

この大火により，新校舎群は難を逃れたものの，元町の旧校舎は完全に焼失してしまった。幸いにも人命に災いはなかったが，この被災により元町の校舎が全焼したため，これまでの遺愛女学校の史料は全て焼失してしまい残存しないのである。新寄宿舎の焼失と建築請負人とのトラブル・変更などにより，ただでさえ建築工事は滞っていたところに加え，工事人が大火後のあちこちの建築の再建に追われて工事は一層，遅れがちになる。火災後の2～3週間は，工事は完全に停止状態であった。それでも同年12月には漸く完成，翌明治41（1908）年1月に，やっと新校舎での授業が開始された。献堂式は更にあとの同年7月29日に挙行され，これを終えてからハンプトンは休暇のため米国に一時帰国をしている。

新校舎は，校舎612坪，寄宿舎15坪，建築費総額7万円であったと，『遺愛百年史』には書かれている[9]。同時に，宣教師館も竣工した。宣教師館，本校舎の2棟は，そののちガーディナー（Gardiner, J. M.：1857～1925）の設計であることが判明し，北海道指定有形文化財を経て，現在は国重要文化財指定となっている。寄宿舎に関しては，焼失前は校舎や宣教師館と同じ材料で建てられていたものの，すでに資材の充分な予備もなく，請負人も変更され，突貫工事で建てられたものであった。そのため，校舎や宣教師館と寄宿舎には必然的に質の差があり，寄宿舎は生徒らに評判のよいものではなかったと，野田義成は述べる。

なお，この校舎の新築に関する経済的な状況に関しては，"Woman's Annual Conference of the Methodist Episcopal Church"記事（青山学院資料センター所蔵）明治42（1909）年夏号に掲載された報告書のなかに，その詳細

な概要を見ることができる[10]。この校舎新築出納報告書は，当時の女学校の出納掛であったスプロールズの名のもとに作成されたものであり，それを見ると，校舎新築にかかった経費は8万5806円2銭であり，建築家に2000円を支払ったとも記載されている。校舎内に今も遺されている暖房器具なども高品質であるが，こういったものにかかった経費は上記の校舎費用のなかには含まれておらず，それは建築費とはまた別に費用が投じられている。土地購入にかかった経費は，5950円39銭であったと書いてある。ちなみに，幼稚園舎のためにも6000円が取り置かれたと書かれている。遺愛女学校校舎が建てられたのと時期を同じくして建てられた旧函館区公会堂（明治42（1909）年竣工）の建設費が5万8000円であったというから，遺愛女学校の校舎が当時の学校舎として如何に豊かな建築費を投じて設計されたものであるかが理解できる。

さて，先に述べたように，新校舎新築にあってはハンプトンが精力的にあたったとされている。第1章第1節4．で触れたハンプトンの二つの功績，すなわちその「人柄」と，もう一方の「校舎・園舎設計における働き」について，あらためて見てみよう。

『遺愛百年史』は，ハンプトンのこの功績について，実に約2ページを割いて詳述している[11]。すなわち，「学校を訪れた人」の次のような言葉を掲載している。「応接間の客となった予は，先ず驚きの目を見張った。実際バラックとも等しき学校のみを見てきた予の目には実に異様に映じたのである。淡き赭色を以て塗りたる格天井，堅牢にして美麗なる床板，淡白雪の如き壁，金色さんぜんたる暖房器，位置よき窓，通風窓の設備，総て驚きの種ならぬものはない」と。さらに The Japan Christian Advocate の記者なる人物の言も記載され，「函館にあっては素晴らしすぎる。東京に建てられるべきだ」と記したことも紹介されている。この『遺愛百年史』における記述は，米国メソジスト監督派教会海外婦人伝道協会日本支部年会報告書に見ることができるので，これもまた第3節にて紹介しよう。

なお，『遺愛百年史』は，この湯ノ川町の校舎がガーディナー設計によるものであることが明らかとなる前に執筆されており，この年史においては，湯ノ川町校舎の設計者はハンプトンであったと明記して説明されている。こ

のことを了解したうえで，校舎の特徴に関する記述を紹介すると，「工事には細心の注意を払い，土台をはじめ床板の張り方，使用の釘をも吟味し，廊下の天井の隅の飾りや階段の手すりに至るまで実に美しく仕上げている（中略）この校舎建築にあたりハンプトンは日本の各所，更に遠く朝鮮，中国と足をのばして女学校を視察した」[12]と記されている。確かに現在も残る校舎本館と宣教師館は，それは見事なものであり，国重要文化財指定を受けるに十分に足る威容を誇るものである。2010・11年度，遺愛学院の事務局長を務める増田宣泰は，ガーディナー設計によるものであることが判明する以前，これだけの校舎を，建築の専門家でない者が設計できるはずはないと疑問に思っていたと述べている。

　無論，優れた一流の設計者が設計することで理想は具体化し実現したのであるが，ここで忘れてはならないのは，優れた校舎実現の背景には，ただ優れた設計者のみがあるのではなく，その学校関係者，あるいは，その学校の教育者のなかに，校舎設計に対する情熱を持つ者，校舎を重要な教育材として認める者がいることが重要であるという点である。遺愛女学校に優れた校舎が実現したのは，たんにガーディナーという優れた建築デザイナーと遺愛女学校との縁があっただけでなく，ハンプトンという，校舎に対する情熱を持ち，教育における校舎の果たす役割の重要性を認める教育者が遺愛に存在していたからにほかならない。ハンプトンがガーディナーに設計を依頼するに至った経緯や，ガーディナーとハンプトンとの関係，また施工に当った小林安次なる人物（保存文書のなかに記載あり）との関わりなどにも興味を惹かれるものである。

　『遺愛百年史』は同箇所において，新園舎に対するハンプトンの言葉も紹介している。すなわちハンプトンは，米国メソジスト監督派教会海外婦人伝道協会日本支部年会報告書において次のように述べたという。つまり，「何故に素直で熱心で，優しい地方の娘がその最初の人間形成期をこの最良の場所ですごしていけないのか？　清潔，礼儀正しいこと，正直であること，善，真実を愛すること，思索，存在，行動の正しい考えは，もし最善の結果が教育で得られるなら，学校生活の初めに最も良き理想の下で身につけさせるべきである」とある[13]。この一文のなかに，ハンプトンが遺愛の校舎に対し

てどのような意識を持っていたかを読み取ることができるのである。この文章も上記の年会報告書に見ることができるので，第3節に掲載する。

　教育環境に対する，こうした理念を持っていたハンプトンは，のちの大正2 (1913) 年に遺愛幼稚園が新築される際にも，その設計に中心的な立場として関与したと考えられる。これについては第Ⅱ部の遺愛幼稚園の項で詳しく述べることにしたい。

第3節　米国メソジスト監督派教会海外婦人伝道協会年会報告書に見る女学校舎

　第1, 2節においては，『遺愛百年史』における記述から，女学校舎について紹介してきた。続く第3節では，遺愛の婦人宣教師らが，2種の伝道協会の年会報告書に記載していた文章のなかから，女学校舎の形態や，その設計に関与した人々について考究していきたい。

　遺愛女学校および幼稚園の校舎・園舎の設計に関しては，宣教師ハンプトンが尽力していたことは既に述べた。本節における史料の検討，ないし第Ⅱ部における大正2 (1913) 年竣工の第二幼稚園舎の設計に関する史料分析を行なうことにより，これは一層，確認されていくであろう。

　最初に，昭和37 (1962) 年に，当時の遺愛幼稚園長であった児玉満が，キリスト教保育連盟が行なった『日本幼児保育史』(1965～1972) の編纂のために記したアンケート回答の一部を見てみたい。ここに，「創立者を助けて活躍し功績のあった人がいる場合は記載せよ」との指示に対し，次のような児玉の回答が見られる。

　「ハンプトン先生。Miss Mary S. Hampton 遺愛二代目校長をした人。創立者を助けて経営と建築の責任とり遺愛女学校，寄宿舎，小学校，幼稚園，教師館を建てた。幼稚園長もされた。大正二年に建てた現在の幼稚園は今尚しっかりして其方面の人たちを驚かせている。」[14]

　これを見ると，これが記入された昭和37 (1962) 年当時の遺愛幼稚園ない

し遺愛学院にあっては，ハンプトンは，幼稚園初代園長デカルソンに並ぶ重要人物，功労者として認識されていたことが明らかであり，数々の功績があったなかで，とりわけ建築に関係して強く印象に残る人物であったことが判断できよう。

次に，各種の年会報告書に書かれた報告のなかから，特に校舎・園舎の建築に関する記事を抜粋してみよう。

遺愛女学校が現在の遺愛幼稚園のある土地に校舎1棟と宣教師館1棟の計2棟を建てて実践を開始したのは明治15 (1882) 年のことであったが，この当時のことは，残念ながら，どの年会報告書にも見られない。

校舎園舎に関して最初の記述が見られるのが，明治17 (1884) 年のことである。それは，米国メソジスト監督派教会海外婦人伝道協会の米国の本部が年1回発行している，"Fourteenth Annual Report of the Woman's Foreign Missionary Society of the Methodist Episcopal Church for the year 1883" であった。そこに，以下のような記述が見られる。

"The buildings erected for home and school have proved entirely inadequate for purpose, and Miss Hampton earnestly pleads for more room. With room for only eighteen boarders, she has applications from many who have to be turned away. She could easily find sixty pupils, were three rooms for their accommodation. Dr. Maclay writes a strong commendation of the work, and the absolute need of its enlargement. At Miss Hampton's request, Mr. Soper investigated the case, as she thought he might be present at the General Exective Meeting and present the claims of Hakodati（ママ）. Failing to do this, he wrote the result of his examination of the two buildings, and plead effectually for better facilities for carrying on the school.（中略）The plan now is, and I think a very wise one, to make these two buildings, already erected, as nearly one as possible, by erecting another in the rear of the present buildings, uniting it to them, thus making a three-winged building with a court between facing three sides." [15]

ここにあるように，ハンプトンは，目的を達成するためには校舎2棟では全く不足であることを確信し，もっと部屋を増やすように懇願していた。彼女は60名の生徒たちのために3部屋を希望した。マクレイ博士はその必要性をソーパーに強く要請し，ソーパーはこれを実行委員会で取り上げて，早くもこの明治17（1884）年段階で建築を増やし3翼を持つ校舎を建てようと考えていることが記されている。

これ以降に見ていくのは，協会の日本支部の年会報告書"Annual Report of Woman's Annual Conference of the Methodist Episcopal Church"である。この報告書にも遺愛女学校の宣教師らは毎年かならず報告を提出している。英語の原文の全体については，本書の最後の「補」2 (18) ①に掲載してあるので，興味のあるむきは参照されたい。

さて，明治28（1895）年と明治30（1897）年の記事は，ちょうど幼稚園が始まった年に近いこともあり，幼稚園舎関係の記事が多い。詳細は第Ⅱ部の幼稚園の考察に譲るが，ここで少しだけ述べると，幼稚園舎は予備科という尋常小学科と，女学校の音楽教室も含んだ建築として建てられた。この園舎は，建築家は雇わず，ハンプトンと大工だけで計画したと書いてある。以下は，"Woman's Annual Conference of the Methodist Episcopal Church"（青山学院資料センター所蔵）の遺愛女学校，遺愛幼稚園関連箇所のみ抜粋の記事と日本語訳である。

明治28年夏の記事　遺愛幼稚園第一独立園舎を建てるに当たっての記事。
"While in America, I was able to create interest in a Kindergarten building for Hakodate and so collected some money for it. The building was completed in time for our Kindergarten to open October 1st. As part of the money was a sister's legacy and other sums were contributed in her memory, the building is known in the United States as the Dickerson Memorial Kindergarten. For convenience, we call it in Hakodate, the Iai Yōchien; "Iai" meaning "memorial love." In this building we have rooms for our Preparatory and Music Departments.

Although we did not employ an architect, yet Miss Hampton and the carpenters succeeded so well in planning the house that it not only gives added beauty to our premises, but it has proven to be most convenient,and well adapted to our needs. We were obliged to sacrifice part of our playground for this building, but we try to think of our reduced yard as the philosopher did of his, - "It is wondrous high!" Though we have had but an average attendance of ten, yet we feel we have made a good beginning and that future success is assured. Many encouraging words have been spoken to us by the parents, - words which lead us to hope that the promise "A little child shall lead them" may be literally fulfilled in some of the homes. We believe that the Saviour who bade little children to come unto Him stills bids them come and that His gracious smile rests upon all Kindergarten work.

The Preparatory Department in its new, light, airy, quiet rooms has been very satisfactory this year. It is better organized and better attended than previously.
(13th session 1896, July 15-21)" [16]
(Miss Augusta Dickerson (Principal), Miss Mary S. Hampton, Miss Florence E. Singer) pp. 31～32)

「米国にいた暫くの間，私は函館の幼稚園舎建築に興味を持ってもらうことができ，いくらかの募金もできた。建物は我々の幼稚園が開園する10月1日に間にあって完成した。資金の一部には妹の遺産があり，ほかの総額は彼女の記念として献金されたものであった。その建物は米国では「デカルソン記念幼稚園」として知られている。便宜上我々は函館で遺愛幼稚園と呼んでいる。遺愛とは"愛を遺す"という意味である。この建物に我々は，小学部と音楽部を持っている。

　我々は建築家を雇わなかったけれども，それにも拘わらず，ミス・ハンプトンと大工たちは建物の設計を大変よくやって成功し，それは我々の敷地に美しさを加えたのみならず，建物は最も便利的であり，我々のニーズによく適応したものであった。我々は，この建物のために園庭の一部を犠牲にする

ことを余儀なくされたが，我々は思慮深い人（哲人）が自分のものについても「それは素晴らしく評価の高いことである」としたように，我々の減らした土地についてもそう考えようと試みた。幼児の平均出席者は10名であったけれども，それでも我々は，それは良いスタートで将来の発展を保証していると感じた。

　沢山の両親たちからの賛辞と激励の言葉をいただいた。なかには"幼児が親たちを感化するだろう"との可能性があると，何軒かの家庭で文字どおり話されているようで，それは我々に希望を与えてくれた。我々は，救い主が幼児たちに神のところに来るよう告げ，それを静かに彼等に命ずることと，神のおだやかなほほえみが幼稚園の全ての仕事の上に在るということを，信じている。

　小学部は新しさ，明るさ，空気のよさをもった静かな部屋を与えられ，今年は非常に満足している。

byデカルソン園長」

（著者概訳）

　この報告文を読むと，遺愛幼稚園の第一独立園舎は，専門の設計者に依頼せず，ハンプトンと大工らで設計したものであることが明らかに示されている。専門の設計者に依頼せずとも，優れた哲人が関与して設計した園舎兼校舎は，非常に優れ，使い勝手もよいものであったことが記されている。

　遺愛幼稚園の第一独立園舎が，専門家の手を煩わせることなく設計され，それが満足に足るものであったことは，以下の2点を暗示する。

　第一に，大正2（1913）年に竣工する遺愛幼稚園第二独立園舎は，これは第Ⅱ部で詳述することになるが，設計者が明確でない。遺愛幼稚園第二独立園舎と，ほぼ時を同じくして建てられた遺愛女学校校舎と宣教師館は，建築家で立教学院初代院長も務めたガーディナーが設計したことが明らかとなっているが，遺愛幼稚園第二独立園舎に関しては，明確な事実を示す文書史料が発見されていない。園舎の意匠などからして遺愛幼稚園第二独立園舎もガーディナーによるものであろうと考える建築史家もいるとはいえ，著者は必ずしもそう断定はできないと考えるのである。無論その要因はこれだけでは

なく他にも幾つかあり，詳しくは第Ⅱ部で述べることになるが，ガーディナーが第二独立園舎の設計者であると考えにくい要因の一つとして，この第一独立園舎がハンプトンと大工だけで設計され，非常に優れたものとして認識されていたことも挙げられると考える。この点からして，この第一独立園舎の設計者に関する報告は，非常に重要な示唆を我々に与えるものであると考える。

　第二に，優れた学校建築，幼稚園舎などの教育施設を設計するにあたり，優れた教育者，しっかりした思想的軸を持っている教育者，現場で働く教育者が，その設計に関与することが，非常に重要であるということである。これも，この第一独立園舎が高い評価を受けていたことを理論づけるものであるといえよう。

　さて，続く明治31～32（1898～1899）年の報告書には，校舎が大変に老朽化して，宜しくない状態であることが書かれている。

"This can not be applied to our school-building. It is visibly growing old and not improving with age. Bishop Cranston, in his recent visit, said he would try to remember all the "rattling windows" to report to our good, kind American friends. But in spite of the old building with its shaky floors and ratting windows, we are ever receiving new mercies, fresh inspirations, daily encouragements;" [17]

校舎は目に見えて傷んできているけれども，教育のほうは成果を挙げていると書いてある。クランストン監督も来られて，このひどさは米国にも報せようといったそうである。

　次の記事は翌年のものである。引き続いて校舎への課題が述べられている。

"There remains one more of our institutions to be reported. The Hakodate Girls' School is not only full, but crowded. The building is nearly twenty years old, and that is very old for Japan, – for buildings as well as men and women age early here. One by one, as buildings have been needed, they have been added, until an irregular line of building fills all available space and further growth is impossible. We need more land for even breathing room; for class-rooms, dormitories, kitchen, and bathroom have encroached upon the play-ground, until but little remains." [18]

校舎が築20年も経って日本としては非常に古いうえ，1棟ずつ加えられていったため配列が不均等で，これ以上，発展のしようがなくなってしまったと書いてある。究極的には建て替えではなく，土地自体が，教室棟，寮，台所，風呂場，運動場などのために必要だと書いてある。
同号の少し先には，さらに強く土地を求める文章表現が見られる。

"And now, what are our needs? MORE LAND, that we may have a gymnasium and play-ground; a room for reading, with more good books both Japanese and English to put in it; more charts and appliances to illustrate our lessons; but, above all and more than all, we need the blessing of God upon every teacher and every child that all may be done in His name and for His glory. Even as we write, the message comes, - "My God shall supply all your need according to his riches in glory by Christ Jesus." [19]

土地が入手できれば，体育館や運動場，日本語と英語のよい本を置いた読書室なども作れると書いている。そして神の祝福を祈っている。
翌，明治34～35（1901～1902）年も，再び校舎の使いにくさが繰り返されている。

"The new building erected a few years ago gives to these two departments bright, sunny rooms, very well suited to their needs, but passing from this to the old building a great contrast is presented. Here are found a crowded assembly room, small ill-shaped class-rooms, narrow, dark halls and stairways- all brought about by vain efforts to remodel an old building and make it accommodate twice the number of pupils it was originally designed to hold."[20]

　集会室は混雑し，教室は狭くて形が悪く，玄関ホールと階段は曲がっていて暗いという。
　その翌年の報告は，さらに悲壮感を増す。

"We must, however, report that the old school-house has not been enlarged, nor repaired, nor the crowded condition relieved. We try to think there is room for one more, but wood and stone are not elastic. What shall we do, then, with the one hundred and one who are applying for admission from the beginning of the new term, April fifteenth? We can only look upward, crying, "O Lord, I know not now;" we take fresh courage and try in every way we can to give all who wish it a chance to have a Christian education."[21]

　相変わらず校舎には何の手入れもできず，環境的には殆ど行き詰まっている様子である。4月15日の新学期に101名の生徒が来るが，キリスト教教育を受ける機会を求めている。
　ところで，こうした校舎への苦情の合間に，明治37～38（1904～1905）年の号には，ハンプトンについての短い記述が見られて興味深い。その記述は以下のような内容である。

"Miss Mary S. Hampton of Hakodate, sent out by the New York Branch, is second number of years service. She is builder, house-mother and treasurer for our Mission in the northern island, besides being teacher and superintendent of Bible women; best of all, she seems just as well and just as enthusiastic as when she first arrived in June, 1881."[22]

　これによれば，ハンプトンは，北海道にある遺愛女学校において，「建築担当者」であり，「寮母」であり，「会計掛」でもあると書いてある。ハンプ

トンが教師・伝道師としても多様な活躍をしていたことが明らかにされているが，第一番目に「建築担当者」と書かれているのが興味深い。ハンプトンが建築に関する専門的な知識を学んだことがあるかどうかは，著者が多方面にわたって調べた範囲でも出てこないのであるが，デカルソンがハンプトンについて書いた文章のなかに関心を引かれるものがあるので引用しよう。

この文章は，『米国メソジスト宣教師事典』[23] を編集する際に，編者のクランメル（Krummel, J. W.）が作成した原稿のなかに収録されている文書で，出典箇所は「JCYB 1931　p. 299」，著者はデカルソンと記されている。

"She was endowed with practical executive ability, so that she was our efficient builder and treasurer. The fine substantial buildings in the Iai School are a monument to her practical skill, for she worked largely with the Japanese, without trained architects."

「ハンプトンは実務能力に優れており，彼女は我々の有能な設計者であり会計掛である。遺愛女学校の優れた良質な校舎は，彼女の実務能力の金字塔であり，というのは彼女は専門的訓練を受けていない日本人大工と大いに働いたのであった。」（著者概訳）

ここで非常に不思議に思われるのは，デカルソンは，あたかも遺愛の校舎はハンプトンによってのみ設計されたかのような記述をしていることである。実際には，遺愛女学校の明治41（1908）年築の校舎は，ガーディナーが設計したことが明らかな史料が発掘され，確実にガーディナーによって設計されているのであるが，遺愛女学院の内部の宣教師仲間や教師らは，一貫してハンプトンが設計の中心的役割を担っていたと，報告書で繰り返し述べており，逆にガーディナーの名は全く出てこない。これは非常に理解しがたい点であり，そこにどのような経緯があったのか，さらなる追究が求められよう。

校舎の新築はますます延期となる。明治37〜38（1904〜1905）年の年報には，まだ見込みさえ書かれていないが，校舎は更に使いにくくなる一方，ハンプトンは設計に向け多忙になり，日々の講義を中止したと書いてある[24]。

以下，引用する。

"Miss Hampton gave up her daily teaching that she might give her attention wholly to the plans for the new building."

明治38（1905）年，校舎新築は漸く現実化してくる。

"This coming year will be one of building and preparation for the change to our new commondious school. We hope everything will be completed in time for our twenty fifth anniversary to be celebrated in our new buildings." [25]

明治38（1905）年夏の記事に上記のような記述が見られ，これより25周年までにはなんとか形にしたいと考えている様子である。

この翌年，明治39（1906）年1月10日に，ガーディナー建築事務所から「建築仕様書」が出され，同年2月に，「建築契約書」が示されていることから，明治38（1905）年の夏以降に詳細が決定したものと思われる。しかし，上記の文章から，ある程度の具体的な見積もりが立っている気配も感じられるので，この明治38（1905）年あたりにガーディナーと交渉が進んだものとも想定できる。内部史料からわかるのは，このあたりが限界である。

明治39〜40（1906〜1907）年，遺愛女学校の新校舎が建つ直前であるが，この頃より集中的に，校舎新築の報告が行なわれるようになる。

"Since our last report, we have been making history. On April 21, 1906, the ground for our new school was broken. A half-holiday permitted teachers and pupils to be present. After singing a hymn, Scripture reading and prayer, Mr. Uno, our faithful father, dug the first spade-ful, while the happy girls chapped their hands and shouted, "Banzai! Iai Jo Gakko, Banzai!" [26]

明治39（1906）年4月21日に，工事が起工されたことが報告されている。

宇野兼三が祈った。工事は，契約段階では同年8月末までとされていて，9月からは新校舎で新年度を迎える予定だった。教師も生徒も拍手して「遺愛女学校万歳」と唱えた。

続く明治39〜40（1906〜1907）年について報告した報告書には，種々の困難のなかにもハンプトンが学内の建築責任者として精力を傾けていることがわかる。それが以下の文に見られるので掲載しよう。

"Plans for the building have consumed much time and thought, but upon Miss Hampton has rested the heaviest part. Relieved from all work in the school, she has given her whole time and strength to planning, directing and superintending the work. Bravely, patiently, steadily, she tries to watch every detail, that the building may be strong and comfortable for many years to come. The difficulties and perplexities have been many, and, at present, with the prices of labor and materials rising, the outlook presents many problems, but we confidently look to Him who has promised us the "expected end." [27]

「建築の計画には長い時間と考えとが消費された。しかしミス・ハンプトンが重大な部分の責任を持っていた。学校の全ての仕事から離れ，彼女は全ての時間とエネルギーを，その仕事の計画，指揮監督に充てた。立派に，忍耐強く，着々，彼女は全ての細部に至るまで監視しようと努めたので，建築は来る長きにわたって堅牢で快適になるだろう。困難なことや困ったことが今までにも沢山あり，そして現在は木材と資材や労働賃金の値段の高騰に問題があり，また将来的にも多くの問題があるだろうが，我々は，我々に期待される結果を約束された神を確信して頼っている。」（著者概訳）

ガーディナーは建築家として来日したわけではなく，そもそもは教育と宣教のために米国聖公会から派遣された宣教師であった。建築家として事務所を正式に立ちあげたのは，立教学院長を退任して12年にわたり建築に専念したのちの明治36（1903）年のことであった。この年までに立教関係の校舎

や教会を幾つか設計し，ミッション・アーキテクトとして活躍していたが，遺愛女学校を設計した明治39（1906）年の2年後の明治41（1908）年には宣教師を退職，建築業に一本化して設計を行なうようになる。

　遺愛女学校とガーディナーの繋がりは，まだ明確ではないが，おそらくキリスト教の関係をとおして知り合ったものと想定される。ただ，教派が異なるため，超教的な何らかの交流をとおしての関係であったのであろう。

　校舎は着工年の翌年である明治40（1907）年春には一部完成し始め，まずは新しい寄宿舎が完成した。女学校の生徒たちは同年5月に年度を終えて帰宅していて，古い寄宿舎にもいなかった。しかし新寄宿舎完成の直後の6月，原因不明の出火により新しい寄宿舎は焼失してしまう。

"Full of joyful expectation of an early reopening in our new school-home, teachers and pupils bade farewell to the old buildings and returned to their homes May 12, 1907. A month had scarcely passed when the sad news of the burning of the nearly completed dormitory reached the in their homes. （中略） We finally decided that by repairing what was left of the old buildings and by using a part of our dwelling house, we could accommodate the school during the necessary months of waiting until the dormitory could be rebuilt. Letters were accordingly sent to all the teachers and pupils, stating that we would begin in the old buildings September first. There was much repairing to do, but by August twenty-forth it was all done. The next week was to be spent in a final cleaning and arranging for the reopening. （後略）" [28]

　寄宿舎がなくては学校の再開が難しいため，明治40（1907）年9月から旧校舎と寮を手入れして，とりあえずそこで授業を開始する計画だったようである。

　寄宿舎の再建には大変な金がかかったが，それを支えたハンプトンの貢献が同じ報告書の続きに書いてある。それを以下に示す。

"The rebuilding of the dormitory greatly increased the burdens already borne so courageously by Miss Hampton; but, believing that persistent energy she has gone on with the work, giving personal supervision to every detail. Though not satisfactory in many particulars, yet the buildings are commodious, convenient, well-lighted, well-ventilated, and are a monument to her good practical and to her executive ability." [29)]

「寄宿舎の再建築はとても金がかかった。しかしハンプトンによる持続力で彼女は仕事を遂行し，全ての細部に個人的な監督をした。多くの項目において満足できるものではないが，それでも建築群は広々として便利で，明るく，換気に優れ，また建築群は，ハンプトンのよい実力と管理能力の記念碑である。」(著者概訳)

筆記者はおそらくデカルソンであろうと思われる（連名のため確定は不可能）が，ハンプトンを非常に高く評価していることがわかる。そこには実際的な設計者ガーディナーへの感謝ではなく，ハンプトンへの最大の賛辞が述べられている。

これらの記述が行なわれたあと，ハンプトン自身による，新校舎についての長い報告が掲載された。それが，以下の文章である。ここには，新校舎建築の実施をした建築請負人との間に起きた法的なトラブルについて詳しく書かれているので，部分的に見てみよう。全文は，「補」2 (18) ②に掲載してある。

"HAKODATE BUILDING
（前略）However, we have the buildings, and we began school with only our old pupils on the sixteenth of January. There is much to be grateful for in the fact that we had this place so nearly done at the time of the great fire; also that, in spite of the scarcity of workmen, the work went on to completion.

The rise in prices a year ago embarrassed the contractor, and we saw that he could not do as he had agreed unless we promised him more money, which we were not ready to do.

June 14 the dormitory for 120 girls, about completed, burned, cause unknown. The insurance money was paid July 20. The contractor was not willing, though way behind with the rest of his work, to let us find other workmen and rebuild with another party. He became so disagreeable, threatening a lawsuit, that the whole contract was canceled July 25. We then ordered the lumber to rebuild through Mr. King, but the man who had loaned the first contractor some capital wanted to go on with the work. It seemed best to allow him; so on Aug. 15 we made a new contract, including the use of all the materials we had bought. He made things fly from the start and it looked as if we would have our building by the end of October. Then came the great fire, which put a stop to all work for two or three weeks.

At last, workmen were procured from other towns, sheds put up where they could sleep and eat, and the work went on. The carpenters did their part well on time, but the joiner was slow and delayed the painting and plastering. It was an early winter. December 2 a heavy wind and snow storm came, the snow drifted into the dormitory and kitchen part, as no doors or windows were in.

Through December, the cold and snow continued. The plaster froze as they put it on, so stoves were put in the dormitory for the last two coats of plaster, and fires kept night and day. But in the kitchen, bath-room, dining-room, and infirmary, as the doors and windows were still not in and the plasterer would not wait, that has to be done over. Concrete work and painting, wherever the joiner had delayed the work, had to be left till spring.

Snow covered the disorderly grounds, and we began to use the buildings on January 16 without any formal opening. It was very hard to get things done in mid-winter, but the girls were too happy to be allowed to return, to notice any defects or to be critical. Had we not possessed this beautiful location, we should have been far more hindered, as it would have taken two or three years to rebuild on the old site.

All like the new place, and pronounce it "rippa" (wonderfully fine). The defects that are so prominent to us, they do not see. We simply were compelled after the great fire to accept things we would not have accepted otherwise. It was that or nothing.

The planning to use special reserved money for finishings, was beyond our control. In spite of all obstacles, however, we come out abouteven on finances. If all had been sent that was promised, if we had not borrowed, and if we had sold some materials left on hand,we should have a small balance.

It will take several years to get the place in order. Though we know "the end" is still not reached, we are very grateful for our school building and home.

MARY S. HAMPTON." [30]

この記録は，概訳すると次のように書かれている。

明治41（1908）年1月16日に学校は再開した。前年の大火のため大工の不足がおきたが，それにも拘わらず仕事は完成した。値段の高騰は建築請負人を困惑させ，さらに明治40（1907）年6月14日に，新築した湯の川町の寄宿舎が，原因不明の出火で焼失し，建築請負人は，寄宿舎の再建を続けることを望まず，ほかの請負業者を探すように指示した。建築請負人は非常に不愉快になり，訴訟を起こすと脅した。明治40（1907）年7月25日に，宿舎のみならず全ての校舎の請負がキャンセルされた。そこで宣教師らは寄宿舎を再建するための材木を注文しなおした。同年8月15日，遺愛が購入した全ての資材を使用して，新しい請負班が生まれた。それから速攻で作業が進められたが，そこに25日の大火が起きたのである。それで，作業が2〜3週間，止まってしまった。最終的に大工がほかの町から雇われたので，宿

泊も手配し，作業が再開された。大工は仕事をきちんとしてくれたので仕事は進んだものの，建具屋が仕事が遅く，色塗りと漆喰をやる人も仕事が遅れた。既に初冬になっていた。12月2日，ひどい風雪が来て，ドアと窓がまだなかったため，寄宿舎と台所に雪が吹き込んでしまった。冷えと雪は12月じゅう続いた。寄宿舎にストーブを入れ，それは一日じゅう作動していた。コンクリートと色塗りの仕事は春まで待たなければならなかったという。校舎は明治41（1908）年1月16日，きちんとした開校式もなく，学校が開始された。真冬につき不便であり，生徒らは幸せではなかったが，みんな新しい校舎が大好きだった。そして「立派だ」と言った。不足も明らかだったけれども，それにはみな，気づかなかった。完成まではまだ時間がかかるけれども，それでも皆は，校舎と家庭にとても感謝していたという。

　ここに，女学校の移転が，本当に労苦に満ちたものであったことが明らかにされている。明治40（1907）年7月に，建築請負人がチームごとやめてしまい，8月から全く別のチームを，市外から雇うことになったようである。また，作業人も，大工，建具屋，塗装屋，漆喰師など複数の担当チームがあり，よく仕事してくれる班と，そうでない班とがあり，建築の完成が遅れたことも書かれている。

　これを読むと，建築の竣工が遅れたのは，大火による大工の不足だけではなかったことが明らかとなる。火災による大工の不足による遅延は，2〜3週間であったと，ハンプトンは書いている。

　ちなみに，この文章は珍しく，記録者名がハンプトン個人となっている。例年，記録者名は3名程度の連名だった。この時期，ハンプトンは，ファローを取って帰米している。そのため，米国で個人で書いたものではないかと推測される。

　ところで，この建築請負人変更の経緯については，『遺愛百年史』にも詳しい記述がなく，勿論そのほかの先行文献でも触れられていない。この建築請負人変更の件は，女学校本館建築関連文書が発見されて建築の調査研究に入った角幸博が，『遺愛女子高等学校本館調査報告書』において，保存史料の内容から疑問を抱いていると述べている[31]。すなわち角は，次のように述べる。「女学校本館工事は建築契約書記載の期日（明治40（1907）年8月31日）

には終了せず，同年12月竣工となっている（第3章参照）。これに関連して，明治40（1907）年7月末以降の請求書・領収書差出人等に変化が読み取れる。（中略）これらの証書類に見られる特徴は，工事請負人あるいはその請負形態等に何らかの変化があった可能性を示唆するものであるといえる」と。角幸博が，史料から請負人の変更を発見していることがわかる。上記のハンプトンの報告が，請負人の変更を事実として明らかにしている。

次の報告は，この新校舎の状況と，これを見に来た新聞社の記者の感想を引用して紹介したものである（全訳については「補」2（18）③を参照のこと）。

"It has been a year of beginnings and re-organization. Though not yet fully furnished, nor properly equipped, we have striven to do the best we could. During the coming year we hope to see every room furnished, including the beautiful chapel and the new gymnasium. The Thank Offering from the Philadelphia Branch will enable us to do this, and we grateful to them.（中略）Many were the words of praise and approval given by the visitors as they examined the buildings after the exercises. The light, airy, spacious, substantial, comfortable rooms, wide halls and stair-cases, ample entrance-ways, all, so well planned, seemed to give universal satisfaction. Although her ideal had not been attained yet was a great pleasure to Miss Hampton to hear these words of appreciation. For four years the buildings had been the object of her constant thought and effort. At present, she is having needed rest and change and we are waiting the day of her return, praying ta（著者注：「ありがとう」の意）with renewed health and vigor she may have many years of successful work in the school into which she has put so much of herself.

Every one who has seen our location and buildings gives us words of congratulation and encouragement. The editor of the Japanese Christian Advocate expressed the opinion that it was too fine for Hokkaido. "The buildings ought to be in Tokyo" he said. But why should not these strong, earnest, simple- hearted country girls have the best during the first formative years of life? Habits of order, cleanliness, propriety, honesty; a love of that which is good and true and beautiful; right ideas of thinking, being, and doing must be cultivated under the most favorable surroundings early in the school-life if the best results are to be obtained in education." [32]

　明治41 (1908) 年，校舎は完成したけれども，まだ内部が完成していないので，少しずつ整えていったと書いてある。明るく，空気がよく，広々とした，質のよい，快適な部屋，広いホールと階段部分，広い入口付近，全てがよく計画され，全ての人々の満足を誘うと書いてある。まだハンプトンの理想は完成していなくても，彼女がこの人々の賞賛を聞いたら喜ぶだろうと書いてあり，この文章はハンプトン以外の人がハンプトンの校舎建築に関する仕事への賛辞を込めて書いたものであると理解できる。ハンプトンが帰米中であることも書いてあり，皆で待っていると書いてある。

　なかでも注目すべきは後半で，日本キリスト教主張者の記者がこの校舎について，「北海道には贅沢すぎる，この建物は東京にあるべきだ」と述べているくだりである。これに対して報告者は，「純な心を持った地方の女子に過分だというのか」と反論している。女子教育には優れた環境が大切だと，この報告の筆記者も書いており，ハンプトンのみならず遺愛の宣教師らが共通して，美的な環境が教育には必要であるという認識を持っていたことが確認できる。

　続く報告には，女学校の校舎のその後の様子と併せて，いよいよ幼稚園の開設に向けての園舎の準備が開始される旨が書かれている。

"In January we began our fifth year in the present buildings. Year by year, apparatus for science, supplies for sewing and embroidery, necessary charts and books, furniture for all the rooms have been collected, or bought or made, until at last our school is equipped and we are better prepared for the new school year than ever before.

The outlook for the future is bright. Plans for a Kindergarten are maturing and we hope to have the building erected within the year. A number of new pupils are waiting admission, coming to us from various country towns and villages throughout this island." [33]

前半には，新校舎が建って5年目，ようやく校舎の内部が整ってきたことが報告される。そして後半において，幼稚園の計画が熟成してきて，園舎が間もなく建てられることを望んでいると書いてある。これが書かれた年は大正元 (1912) 年夏，すなわち幼稚園舎建築が開始される半年前くらいである。すでに園舎建築と開園が相当に準備されている記録と読むことができよう。ちなみに，ハンプトンは，前年の明治43 (1910) 年5月に帰函している。幼稚園に入園を希望する子どもたちが相当数，いろいろな地域に待っていると書いてある。

そして，校舎に関する集中的な報告は終結を迎えるのが，大正3 (1914) 年のことであった。次の報告をもって，校舎の報告のまとまった記事は終了したのである。

"The school property of eighteen acres, with the large buildings, requires much care and attention. So, although there has been no new buildings for Miss Hampton to supervise, she has had much of care and responsibility in addition to the teaching of her classes and the treasurer's duties. An oil engine has been installed to insure a sufficient water supply during the stormy winter weather; also, a large force pump to keep the drains open and clean. A rest-room for the day-pupils and two new organ-practice-rooms have added to the convenience of all." [34]

大きな校舎を持つ18エーカー（約7万2840㎡，2万2060坪）の遺愛の土地は手入れを必要としていた。校舎内にも，暖房や配水など，冬季に堪える様々な設備が進められていた様子がうかがえる。

これから先は，幼稚園に関する記事が増えていく。幼稚園に関する記事は，続く第Ⅱ部にて見ていくことにしたい。

注
1) 遺愛100年史編集委員会編『遺愛百年史』遺愛学院　1987　p.34
2) 同上　p.34
3) 同上　p.37
4) 同上　p.39
5) 同上　p.55
6) 同上　p.362
7) 遺愛学院所蔵史料
8) 同上
9) 前掲1)　p.59
10) 青山学院資料センター保存史料　Annual Report of the Woman's Foreign Missionary Society of the Methodist Episcopal Church for the year　1909　p.65
11) 同上　pp.92〜93
12) 同上　p.93
13) 同上　p.93
14) 遺愛幼稚園保存史料「キリスト教保育史編集資料に関する調査（基督教保育連盟）」1962　児玉満による記入
15) "Fourteenth Annual Report of the Woman's Foreign Missionary Society of the Methodist Episcopal Church for the year 1883"　p.37
16) "Annual Report of the Woman's Foreign Missionary Society of the Methodist Episcopal Church 13th session 1896", July 15-21)"　pp.31〜32
17) "Fourteenth Annual Report of the Woman's Foreign Missionary Society of the Methodist Episcopal Church for the year 1898〜1899"　p.20
18) （18th Annual Report 1900-1901）明治33〜34年
　　（Augusta Dickerson, Principal. Mary S. Hampton. Florence E. Singer. p.7）
19) （18th Annual Report 1900-1901）明治33〜34年
　　（Augusta Dickerson, Principal. Mary S. Hampton. Florence E. Singer. p.26）
20) （19th Annual Report 1901-1902）明治34〜35年
　　（Dickerson, Hampton, Singer. p.24）
21) （20th Annual Report 1902-1903）明治35〜36年
　　（Dickerson, Hampton, Singer. pp.21〜22）
22) （22nd Annual Report 1904-1905）明治37〜38年
　　（Japan Woman's Conference By Way of Introduction p.1）
23) ジャン・W・クランメル編『来日メソジスト宣教師事典　1873-1993』教文館　1996
24) （22nd Annual Report 1904-1905）明治37〜38年（Dickerson, Hampton, Singer. p.20）
25) （23rd Annual Report 1905〜1906）明治39年（Hampton, Singer, Dickerson p.15）
26) （24th Annual Report 1906〜1907）明治40年（Hampton, Sprowles, Singer（about in U.S. p.14）
27) （24th Annual Report 1906〜1907）明治40年（Hampton, Sprowles, Singer（about in U.S. p.16）

28) （25th Annual Report 1907-1908） 明治 40 〜 41 年（Dickerson, Principal, Hampton, Singer p. 9）
29) （25th Annual Report 1907-1908） 明治 40 〜 41 年（Dickerson, Principal, Hampton, Singer p. 11）
30) （25th Annual Report 1907-1908） 明治 40 〜 41 年（Dickerson, Principal, Hampton, Singer pp. 65 〜 66）
31) 函館市教育委員会編『遺愛女子高等学校本館調査報告書』2004　p. 8
32) （26th Annual Report 1908-1909） 明治 41 〜 42 年（Dickerson, Hampton, Sprowles, Singer pp. 5 〜 7）
33) （29th Annual Report 1911-1912） 明治 44 〜大正元年（Dickerson, Principal, Hampton, Treasurer and City Evangelistic Work, Singer, Music Department. pp. 16 〜 17）
34) （32nd Annual Report 1914-1915） 大正 3 〜 4 年，会合は 1915 年 7 月 24 〜 29 日，軽井沢にて（Dickerson, Hampton, Wagner, Fretts p. 9）

第Ⅱ部
創始：明治～大正期における遺愛幼稚園の運営，および保育と園舎の変遷

　第Ⅱ部では，第Ⅰ部で見てきた遺愛女学校の歴史を背景として，遺愛幼稚園の明治中期の創立から，およそ大正期までの，遺愛幼稚園の全体史を描出する。それとともに，特に大正期における遺愛幼稚園の教育実践の内容と方法とを，具体的な活動が展開した場である園舎にそくしたかたちで分析し，大正期のキリスト教主義幼稚園の教育実践の一つの具体的な姿を明らかにすることを目的とする。遺愛女学校全体の歴史調査研究は年史作成の際にある程度の量の研究が行なわれているのに対し，遺愛幼稚園に関しては，体系だった歴史調査も行なわれていない。そこで，まずは幼稚園に遺されている史料および歴史を整理した草稿をもとに，幼稚園の歴史を表記する。

　遺愛幼稚園の教育をふり返るにあたり，著者の第一の研究上の興味関心は大正期の実践そのものにあり，その展開において園舎が働いた機能について考究することが主たる目的である。遺愛幼稚園は，その大いなる教育の業と，一時中断はしたものの大局的に見れば継続して実践運営が行なわれてきているので，ミッション各派が開設した明治中期の幼稚園のなかで最古の幼稚園である。遺愛幼稚園は，大正期からの大量の史料が保存されているのにも拘らず，歴史の整理が全く行なわれないままに今日に至っていた。この現状を鑑みる時，こと実践のみを抽出して論述することは難しい。この点を考え，本書では，遺愛幼稚園の全姿を描写することも，一つの目的とすることとした。上記の理由から，第Ⅱ部では，幾つかの章を設け，遺愛幼稚園の歴史を多角的に描出していく。

　遺愛幼稚園の第一独立園舎は，明治28（1895）年9月に竣工，10月1日の開園式をもって幼稚園を開設，この園舎での実践を開始した。

　既に述べたように，遺愛幼稚園は明治40（1907）年に大火に遭い，それま

での殆ど全ての資料を焼失している。よって，明治期の幼稚園の様子をなんらかのかたちで遺す具体的史料として僅かに残されているのは，既に敷地に建っていた寄宿舎兼校舎棟と宣教師館との間に新築の幼稚園兼小学校の園舎・校舎が建ち，合計3棟の建築物が写っている写真と，宣教師らが米国メソジスト監督派教会海外婦人伝道協会年会報告書に掲載した幾つかの報告記事の2点のみである。この理由により，この第一独立園舎時代の遺愛幼稚園の保育実践を考察する手段は殆ど無に等しい。しかしながら，この時期に遺愛幼稚園でも既に保育実践が行なわれていたことは事実である。そこで，第1章では，遺愛幼稚園が開園し保育を開始した頃の，日本の幼稚園教育の内容・方法，園舎のあり方，全国の幼稚園の展開状況などを，いちおう確認する。ここでの総括は，著者の既刊書である『近代日本幼稚園建築史研究』（学文社，2005；以下，拙著とする）を，特に遺愛幼稚園の実践分析を意識して，改訂したものである。そのうえで，明治期の遺愛幼稚園の実践をリードしていた主任保姆は，遺愛女学校の卒業生であると同時に神戸の頌栄保姆伝習所でハウの薫陶も受けていた人物であるので，遺愛における実践も頌栄で展開していたものと共通するところがあったのではないかと想定する。ゆえに第1章では，明治期の遺愛幼稚園の様子の一端を探るために，頌栄保姆伝習所での教授内容や，同幼稚園での実践方法なども参照したい。

　第2章では，大正期の遺愛幼稚園の園舎と実践の展開について明らかにする。園舎も現存し，史料も多く残されているので，実践の姿を明らかに見せる考察が期待できよう。

第1章
明治期における遺愛幼稚園の運営および保育と園舎

第1節　遺愛幼稚園の創立の経緯

　遺愛幼稚園の開園は明治28（1895）年9月16日で，開園式は10月1日であった。この幼稚園の開園について『遺愛百年史』は次のように述べている。すなわち，明治29（1896）年のデカルソンの報告書を参考として，「幼稚園の開設につき彼女（著者注：デカルソンのこと）が1年の休暇で米国に帰った時にその資金を集め，建物を建て，その折にはハンプトンがその設計，他の事にあたり大変使いよい建築をした」と紹介している[1]。デカルソンは明治27（1894）年6月に一時帰国しており，この際に米国で，函館に幼稚園を建てることの重要性を説いて資金集めをしたものと判断できる。上記の引用箇所に「1年の休暇」とあることから，明治28年の春には帰国し，幼稚園新園舎新築のための資金を提供したものと読み取れる。これにより，時期的にも新築に間にあった計算となる。このほか，幼稚園に遺された史料によると，オーガスタ・デカルソンの妹であったリリー・デカルソンも当時この幼稚園の教諭として勤務しており，退職金を幼稚園に寄附したため，その資金をもって小さな園舎が建てられたともあり，別の園舎が増築されていたことをうかがわせる。『遺愛百年史』には，「この幼稚園の建物には予備科も設けたため，敷地が手狭だった」とも書いてある。この「予備科」とは小学校課程のことで，「尋常科」とも呼ばれていた。幼稚園は，この予備科と共に同じ新築校舎に入った。予備科は二階に，幼稚園は一階に，2室を設けて保育を開始した。当時，生徒は増加の一途を辿り，明治30年代になると入学希望者を全員入学させることも困難になってきたことは前述のとおりである。

　幼稚園は当初，デカルソン姉妹が資金集めをしたことから，"Lillie Dickerson Memorial Kindergarten" というのが正式名称であったが，一般には

遺愛幼稚園と称されたとのことである。

　以上が，『遺愛百年史』における遺愛幼稚園創立時に関する記述であるが，それぞれ史料上の出典が明らかでない。そこで，著者が確認できる範囲での史料のなかから，幼稚園創立の経緯を改めて確認してみよう。

　最初に見るのは，遺愛幼稚園保存史料の一つで，昭和 37（1962）年にキリスト教保育連盟が，『日本幼児保育史』（1968〜1975）を編集した際に，全国のキリスト教主義幼稚園に対して行なったアンケート調査の草稿である。遺愛幼稚園には，このアンケートの原稿らしきものが遺されており，これを記入したのは日本人として初の園長となり昭和 25〜45 年度（1950〜1970）まで園長を務めた児玉満である。「キリスト教保育史編纂資料に関する調査（基督教保育連盟）」と題されたこの調査は，開設当時からの幼稚園の設立と運営，実践の状況を問うものであった。開設以来の歴史を問うこのアンケートは，かなり詳細な情報までも求めており，昭和 37（1962）年段階で各幼稚園がどこまで正確に記入できていたかの疑問は残るが，遺愛幼稚園においてこのアンケートを記入したのは児玉満であり，児玉は大正 9（1920）年度から保姆として勤務していた長期奉職者であった。その児玉が記入した調査紙であるので，大正期のことについては，かなりの実体験的な記憶や，聞き憶えていたこともあったであろうと判断できる。

　この史料を見ると，遺愛幼稚園創立の経緯その他について，以下のような児玉の記述がある。なお，表記方法については著者が適宜，改訂している。

　創立者は，オーガスタ・デカルソン。彼女の経歴は，安政 6（1859）年 7 月 14 日，米国・デンヴァ州ミルフォード生まれ，ウエスレアン女子大フィラデルフィア女子師範学校卒業，小学校に一時従事（1877 年 9 月〜1880 年 7 月），米国メソジスト監督派教会海外婦人伝道協会の宣教師となり，明治 21（1888）年 12 月来日，同 22（1889）年遺愛女学校着任，同 23（1890）年校長となり，同 28（1895）年，附属幼稚園を併任した。

　幼稚園は，米国メソジスト監督派教会海外婦人伝道協会により設立された遺愛女学校の附属であり，創立の動機は「キリスト教主義に基づいて幼児の望ましい教育を与えるため」とある。

　具体的な経過について，児玉は次のように述べている。

函館市の度々の大火で，特に明治41（1908）年には幼稚園が灰燼に帰し，大正2（1913）年の再建は確かであるが創立当初についての資料は皆無に等しく，正確を期し難い。保姆は当初，遺愛女学校第二回卒業の中野ウメが勤めた。明治30（1897）年にデカルソン校長は荻田ふみを「神戸頌栄」に送った。明治32（1899）年に頌栄を卒業して帰函，保姆長となった。助手は女学校の卒業生であった。

　ここに述べられていることは，全て著者が本章第4節で確認することとと合致している。中野ウメ，荻田ふみなる人物については本章第4節にて詳述するが，少しだけ触れると，荻田ふみは遺愛女学校第三回卒業生で，旧姓は大和田といった。女学校卒業後は遺愛女学校附属の予備科（のちの尋常科。小学校のこと）に勤務しており，明治30（1887）年に退職して，神戸の頌栄保姆伝習所に進学，高等科において2年間の学修を積んで帰函，明治41（1908）年の大火で遺愛幼稚園舎が焼失するまで主任保姆として勤務した。ここにおける児玉の記述で注目したいのは，大和田（荻田）を頌栄に送ったのはデカルソンであったと書いてあることである。どこまで正確かは定かではないが，少なくとも児玉がこのアンケートを記入した昭和37（1962）年段階で，明治30年代の遺愛幼稚園の主任保姆はデカルソンによって頌栄に送られて幼児教育内容と方法を学修してきたとの認識が，遺愛のなかで通説的であったということは明らかである。

　開設当時の園児募集について児玉は，開設当時，すでに近隣に幼稚園らしきものは存在していたが，遺愛幼稚園は明確な「幼稚園」として始めたものであったことを明記している。園児は，デカルソン校長やハンプトン宣教師の町の協力者，教会関係者の子女たち，そして町の上流家庭より旧家が多かったことも児玉は書いている。

　そのほか，当時の運営状況や園舎の状況なども書かれているが，それらは，それぞれ該当する節にて引用しよう。

　さて，次に検証するのは，遺愛幼稚園に遺されている，ドレーパーによる手記である[2]。この史料は，後年の大正2（1913）年に，遺愛幼稚園が，明治41（1908）年の大火から再建されて再スタートしたあとに，大正3（1914）年度から園長に就任したウィニフレッド・ドレーパー（Draper, Winnifred

Frances：1889～1951）が作成した記録である。この記録は，大正2（1913）年度以降の遺愛幼稚園の運営と実践の状況を総合的にまとめることが中心の手記であるが，そこに幼稚園創立当時のことが少し書かれている。

　ドレーパーは幼稚園の創立当時，第一回の園児として入園し在籍していた。ドレーパーは宣教師夫妻の娘として誕生し，父はギデオン，母はミラといった。両親は，明治28～32（1895～1899）年の間は函館にて奉職しているので，その間，自分の子どもたちを遺愛幼稚園に入れていたと確定できる。ドレーパーと共にマリアンも入園しているが，これはウィニフレッドの2歳年下の妹である。ウィニフレッド・ドレーパーが遺愛幼稚園長に就任し，この手記を書いた大正3～7（1914～1918）年当時，ウィニフレッドの父は青山学院に勤務しており，母も父と一緒に東京に在住していたので，このウィニフレッドの手記も，自身の卒園した園として認識しつつ，また両親に話を聞いたりしながら書いた可能性も考えられる。この手記を書いた頃のウィニフレッドは当時25歳くらいで，非常に若い園長であった。ウィニフレッドは明治期の遺愛幼稚園に6歳で入園しており，部分的に当時の記憶も少し残っていたであろうから，その記憶も多少は記録を書く際に生かされているものではないかとも推測できる。

　ドレーパーは，創立当初のことについて，幼稚園保存の手記において以下のように紹介する。なお，英文手記の本文は巻末の「補」2（16）に掲載してあるので，そちらを参照されたい。

　明治28（1895）年秋，遺愛幼稚園は10名の幼児で開園した。中野ウメが保姆で，彼女は女子学院の卒業生（明治23（1890）年卒，第二回生，遺愛女学校を卒業してから女子学院に進学したのか）だった。

　最初この幼稚園は殆ど知られていなかったし，殆ど正しい評価を受けなかった。函館にはもう一つ，武藤八千（むとうやち；元函館師範学校助教諭）という才能のある女性が責任を持っている私立函館幼稚園があった。私立函館幼稚園は明治20（1887）年6月に，もと函館師範学校長の素木岫雲が園長，武藤八千を保姆として開園。翌21年に一度閉園し，武藤が園長となって再度スタートした。組織や場所を転々としつつ明治36（1903）年まで継続された

第 1 章　明治期における遺愛幼稚園の運営および保育と園舎　　77

（『北海道教育史　全道編　三』p.9 より）。遺愛幼稚園の資金はリリー・デカルソンによって充分に与えられていて，彼女自身も幼稚園教諭であった。リリーが亡くなった時，彼女によって残された総計 500 ドルの資金が，彼女の父親によって，函館のミッションの仕事のために寄附された。リリーはオーガスタ・デカルソンの妹であった。この寄付金が基礎となって，また子どもたちを愛した人々による寄附が増えていった。

　当時の園舎（注：第一独立園舎）は，二つの大きな部屋と小さな事務所のついた部屋があり，二階には二つの小学校課程のための教室と歌の稽古のための部屋が一つあった。翌年，幼稚園は 13 名の子どもによって大きくなった。彼らはフレーベルの誕生日の記念式典のあった 4 月 21 日のあとに入園してきた。翌年には 17 名の入園もあったので，明治 40（1907）年 8 月 25 日の大火で休園するまでは毎年，増加するであろうと見込まれた。

　当時，たくさんの子どもたちが在園していたので，午前と午後の部に分けることが必要であった。100 名以上の子どもがいた。明治 33（1900）年，中野ウメがホノルルに行き留守になったので，彼女のあとに，大和田ふみが保姆になった。彼女は頌栄保姆伝習所において 2 年間の素晴らしい訓練を受けてきていた。彼女は補助保姆として遺愛女学校の卒業生を訓練した[2]。

　上記のように，ドレーパーの手記から，開設当初の明治 28（1895）年当時の様子が，ある程度，想定できる。開設当初は確かに，在園児の半数は日本人ではなかった。ネットルシップは英国人宣教師で，その子どもたちが入園している。

　続いて紹介するのは，やはり幼稚園に遺されている史料である（「補」2（17）所収）[3]。執著者名，執筆年ともに不明であるが，文章の内容から，執著者は一色（旧姓：中野）ウメ，執筆年は大正 2 〜 3（1913 〜 1914）年の間であると判断できる。中野ウメによる文であると判断する理由は，これを書いた者は英文が達者であったこと，明治 28（1895）年の開設年から遺愛幼稚園に在籍し，実際に保育に携わり，明治 32 年度をもって遺愛幼稚園を退職していること（この間，継続的に働き，明治 32 年度をもって退職しているのは，中野ウメ

しかいない。大和田ふみは，この間，頌栄保姆伝習所に行っており，遺愛幼稚園にはいなかった），結婚していて独身でないこと（息子がいる）などが挙げられる。また，執筆年については，文中に，ウィニフレッド・ドレーパーが「今」札幌で宣教師として働いていると書いてあり，ドレーパーが札幌で宣教師として働いていたのは大正2〜3 (1913〜1914) 年の足掛け2年間のみであるため，執筆年もこの足掛け2年の間であると確定できるのである（ウィニフレッド・ドレーパーは，遺愛幼稚園に園長として就任してくる直前，札幌で宣教師として勤務していた）。

この史料は幼稚園に保管されていたものであるが，ノートや冊子のような形式で遺されていたわけではなく，簡単なメモ書きのようなかたちで保管されていた（写真Ⅱ-1）。遺愛幼稚園が大正2 (1913) 年に現在の園舎に移ってすぐの，そういった状態で記録された史料が，本当に存在しているということは俄かに信じがたいが，記録の内容から判断し，間違いなく中野ウメによるものであると判断できる。

これを見ると，創立当初の幼稚園の運営状況が，相当程度，確認できる。明治期の開園当初の時には，入園してきた子どもは一般の函館の家庭の子どもではなく，外国人の子どもや，役人や医師など，やはり特殊な家庭の子どもに限られていたことがわかる。本文の全体は巻末の「補」2 (17) に掲載してあるので，そちらを参照いただきたい。

続いて参照するのは，米国メソジスト監督派教会海外婦人伝道協会年会報告書である。ここには遺愛幼稚園，女学校に関する毎年ごとの報告が行なわれており，おそらく先の『遺愛百年史』も，これを参照して記述さ

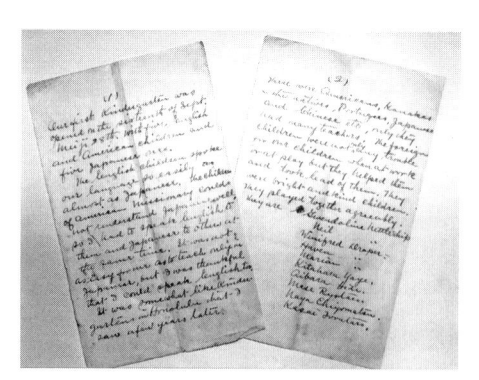

写真Ⅱ-1　中野ウメ手記　大正2-3 (1913-1914) 年記述（遺愛幼稚園蔵）

れた部分も多いのではないかと推測されるが，『遺愛百年史』は引用出典が明記されていないため，確証はできない。ここで見るのは，明治28 (1895) 年夏の記事で，遺愛幼稚園を始めるにあたっての記事であり，遺愛幼稚園開設の経緯のほか，園舎設計に関することなど，幼稚園を始めるに当たっての様々な出来事が記されている[4]。園舎関係記事も多く含まれているので，それについては続く第2節で考究したい。なお，本文の全体は巻末の「補」2(18)①に掲載してあるので，そちらを参照いただきたい。

　ここで，遺愛幼稚園の歴代園長の名前と，その順について整理する。遺愛幼稚園は，これまでに多くの者により幼稚園史の整理が試みられており，歴代園長名と，それらの順番とについて多様な整理がおこなわれてきた。ここで改めて整理するにあたり，正式な園長を務めた者に二重下線を，園長代理その他で園長に順じるとされている者に一本下線を引いて，見やすくする（複数のありかたで2回にわたり登場するハンプトンを除き，一人につき一回）。なお，ここでは，表記の煩雑化を防ぐため，年号は西暦のみの記述にする。

　そもそも，創立年の明治28 (1895) 年に園長だった者を初代とする場合と，休園・再開した大正2 (1913) 年に園長だった者を初代とする場合があるため，休園前の明治期に園長を務めていたデカルソンを園長として加えるか否かによっても，第何代の園長であるかが異なってくる。また，正式にはデカルソンが初代園長を務めたのであるが（「補」2 (19) 資料④他），実際に開園に向けて動いたのはデカルソンだけでなくハンプトンも中心となっていたためか，ハンプトンを初代園長と解釈している資料もある（「補」2 (19) 資料⑦）。ここまでで既に，第何代園長と称するかに違いが生じている。

　大正2 (1913) 年の再開以後についても，園長名と順番は非常に複雑である。大正になってからの園長には，最初にスプロールズ（1913～1914），続いてドレーパー（1914～1917）が就任するが，そののちは，カウチ園長が1917年から1918年まで務めたとする資料（「補」2 (19) 資料⑦）と，1922年までとする資料（「補」2 (20) これは著者が複数の保存史料を整理・総括して作成した資料である）がある。カウチの次の園長はグードウィン（1922～1925）であるが，一時帰国した間はハンプトンが園長代行を務めた。グードウィンに続いてスタテーバンド（1925～1926）が園長を務めるが，これも途中で一時帰国

したので臨時で園長代行を務めたのがチニーであった。これらの，園長代行を務めたハンプトンやチニーを園長としてカウントするか否かについても，資料により様々な解釈がなされてきている。

　スタテーバンドの次はベーレーが半年のみ園長となり（1927），続いてピートが園長を務めたのであるが，このピートの就任期間を，1927年の4〜11月とする資料（「補」2 (19) 資料⑦）と，1928年までとする資料（「補」2 (20)）とがある。ピートの次はバイラー（1928〜1930）が務め，これをもって宣教師が園長を務めるという伝統が終了し，児玉満が日本人として初めて園長に就任した（1930〜1973）。児玉満ののちの園長は，太田嘉受子（1973〜1984），赤城泰（1984〜2001），吉田真理子（2001〜2009）と続き，2011年度の現在は野田義成（2009〜2011）が園長を務めている。

　以上，歴代園長を整理した。最後に，ここで，明確に園長職に就いていた者のみ（代行は除く）を，順番どおりに一覧にしておきたい。

明治期：デカルソン
大正期：スプロールズ，ドレーパー，カウチ，グードウィン，スタテーバンド
昭和期：ベーレー，ピート，バイラー，児玉満，太田嘉受子，赤城泰（〜平成）
平成期：吉田真理子，野田義成（〜2011年度現在）

2011年度の園長の野田は，デカルソンを初代と考えると，正式な園長としては第14代，スプロールズを初代とすると第13代の園長となる。また，遺愛幼稚園の開設と運営，さらに遺愛幼稚園舎の設計の中心としても奉職したハンプトンが，正式な園長としては名を遺していないことも，忘れずに覚えておきたいものである。

第2節　遺愛幼稚園の第一独立園舎

　遺愛幼稚園の第一独立園舎は，明治28（1895）年の開園に合わせて，遺愛女学校内の空きスペースに新築された園舎であった。敷地内には既に，宣教師館が1棟，創立時に建てられた校舎が2棟に加え，明治17（1884）年に建

てられた校舎1棟の，合計4棟の建築物が建っていた。その隙間を埋めるように建てられたのが，遺愛幼稚園の第一独立園舎であった。

再三述べているように，この園舎に関する史料は，ほかの校舎と一緒に撮影された写真が1枚，残っているだけである。あとは極めて僅かな記述史料があるだけであり，この園舎について直接的に様々な考察を行なうことは不可能である。

よって，ここでは，当時の日本における園舎の潮流と，園舎に関する規定についての概論を見ておくことにする。それらの基礎的な情報から，遺愛幼稚園の第一独立園舎は，当時の日本の幼稚園舎のなかにあって，どのような位置に立っていたのかを考えてみたい。

1. 明治中期の日本の幼稚園舎

この時期の幼稚園舎の一般的なあり方は，幼稚園運営を官公立と民間立との2種に大別するとすれば，園舎もまた同様に二種に大別できる。すなわち，開設当初から新築の建造物を幼稚園のために建てて保育を行なった，いわゆる独立園舎系のものと，小学校の校舎の一部を間借りしたり，民家を代用したり，教会や寺社を借りたりして園舎としていた，いわゆる代用園舎系のものとの二種に分けることができる。園舎に関しては資金繰りの問題も大きいため，概して官公立や，民間立でも有産階級の篤志家によって設立されたり，外国キリスト教教会などから資金を得て設立された幼稚園では独立園舎を持つことができたが，明治17（1884）年の文部省達第3号[5]を受けて開園した幼稚園や，一般の民間立の幼稚園などでは独立園舎を持つことは難しく，特に明治前期には代用園舎が多く見られたのである。

新築の独立園舎の場合，それはそもそも幼稚園とするために建てられているから，どのような意図をもって設計されたかを分析するのは興味深いものである。その一方，代用園舎の場合には，それ自体には幼稚園教育に提供するものとしての意図はないため，分析対象としては直接には意味を持たない。しかしながら，代用園舎での経験が，次に独立園舎を建築するときになって生かされた事例も見られるので，代用園舎であっても捨象することはできな

いものである。

　明治期に建てられた新築独立園舎は、『幼稚園教育百年史』のなかに幾つかの事例を見ることができ、また著者も全国の幼稚園舎を調査したことから確認できるが、それらの意匠は典型的な伝統的和風様式のものから、完全な洋風様式のもの、そしてその中間ともいえる和洋折衷様式のものなどがある。

　本節で対象とする遺愛幼稚園の第一独立園舎は、ただ写真史料が残されているのみなので、これからしか推測することはできないが、意匠は完全な洋風意匠であると判断できる。居留地などに見られる和洋折衷様式ではなく、いわゆるアメリカン・スタイルの民家を手本としたデザインである。これについては遺愛学院史、遺愛幼稚園史の章で述べたので、ここでは割愛しよう。なにぶんにも写真しか残っていないため構造については明らかではないが、大工は函館の者であったと推測されるため、構造は和式ではないかと考えられる。

　ところで、この時期の園舎に関する法令は、まだ特に設けられていなかった。明治初期〜中期の幼稚園教育の手引書であったところの、明治11（1878）年に関信三が著した『幼稚園創立法』、明治18（1885）年の『幼稚園初歩』、明治26（1893）年の『幼稚園摘葉』などには全て、幼稚園舎に関する記述が見られるものの、それらはいずれも法的拘束力を有しないものであり、幼稚園舎は明治32（1899）年の「幼稚園保育及設備規程」第7条において各種の基準が設けられるまで、非常に高い自由度で園舎を設計することができた。そのため、多種多様な興味深い園舎が、明治年間には全国に出現したのであった。これについては、拙著において幾棟か紹介し考察している。今回、対象としている遺愛幼稚園の第一独立園舎は、非常に見にくい写真が残っているだけであるので、詳細な分析考察は困難である。

　遺愛幼稚園の第一独立園舎が竣工したのは明治28（1895）年であるから、もし設計者が日本の幼稚園舎に関するなんらかの参考文献を参照したとすれば、その2年前に発刊されたばかりの、中村五六（1861〜不明：1890〜95、1898〜1909に東京女子高等師範学校附属幼稚園主事）が執筆した『幼稚園摘葉』ということになろうか。『幼稚園摘葉』について村山貞雄は、『日本幼児保育史　第2巻』「16　中村五六の「幼稚園摘葉」の内容（明治二十六年）」にお

いて,「第十四章では,幼稚園の土地の選び方,家の建て方,庭,部屋,便所の作り方,さらに備品などについても具体的で親切に書かれており,実際に幼稚園教育を始めようとする人にとっては便利な本であったろうと思われる」[6]と述べている。

　遺愛幼稚園第一独立園舎の設計はハンプトンと大工らが設計した。この事実については,のちに史料を参照しながら詳細に述べるので,ここでは詳述しない。ハンプトンが,当時の日本の幼稚園文化について熟知していたかは確信できるものではないが,参考までに,この『幼稚園摘葉』における園舎に関する記述のなかから何点か引用して押さえておきたい。なお,この『幼稚園摘葉』における園舎に関する示唆は,のちの大正2 (1913) 年新築の第二独立園舎において,いくぶんか考慮されていたかも知れない。のちの章での考察にも役立てることもできるので,ぜひ押さえておきたいものである。

　ところで,一方の小学校舎は,幼稚園舎とは大きな違いを見せていたため,両者を同じ土俵で語り分析することは難しい。なぜなら,明治期は殆ど規則をもたず好き放題に設計できた幼稚園舎と異なり,小学校舎には明治20年代半ば以降,次々と文部省レベルでの基準が設けられ,その画一化が進んでいったからである。

　明治初期における小学校の新築独立校舎には,今なおその姿が残る,独特な意匠をもつ,華麗なものが多く出現した。それは,明治5 (1892) 年の「学制」の「着手ノ順序」において,「凡諸学校ヲ設クルニ新築栄繕ノ如キハ務テ完全ナルヲ期ス事」と書かれたため,明治近代化の可視的象徴としての学校舎には,地域の威信を賭けた見事なものが建てられたのであった。

　しかし,その結果として華美な意匠に走る校舎が続出することになり,文部省は明治15 (1882) 年の「文部省示諭」の「小学校ノ建築」において,「其構造ハ素朴ニシテ堅牢ナルヘシ」の記述を掲げることとなった。一般にいうところの「質朴堅牢主義」といわれる校舎形態の誕生である。これにより,華麗な校舎は一気に減少していくこととなった。

　加えて,明治24 (1891) 年に衛生取調嘱託として文部省に採用された三島通庸は,調査の結果をまとめて明治28 (1895) 年に「学校建築図説明及設計大要」を作成したのであるが,そのなかにおいて主として衛生面から多様な

事項が盛り込まれた。その一つとして，中廊下が否定され，教室は南・西南・東南に配置することが示された。これにより，廊下は必然的に北側となり，その廊下の南面に，同じ採光条件の教室が一列に並ぶという平面計画が，学校舎の基本となったのであった。明治 28（1895）年以前は，廊下をたんなる廊下として南側に教室を配置するという案と，廊下も一つの活動場所と考え南側に配置するという，いわゆる日本の伝統家屋に見られた縁側を模した案とのいずれがよいかという議論が沸き起こっており，いわゆる「南北廊下論争」といったものが展開していたのであるが，この三島通庸による大要が出たことにより「南北廊下論争」は幕を下ろし，これ以降は北側廊下・南側教室の平面計画が，日本の小学校舎の基本計画となったのである。

　なお，ここで混同してはならないのは，幼稚園舎の平面計画は，小学校舎のそれとは全く異なる，というか寧ろ正反対の平面計画が雛型となって今日まできているということである。ごく簡略に述べるが，日本の幼稚園舎の平面基本計画は，大正・昭和期になっても文部省からの規定をなんら受けなかったため，昭和 7（1932）年新築の東京女子高等師範学校附属幼稚園舎の平面計画を多少変化させたかたちが，今日までその主流となっているということである。すなわち小学校舎とは全く反対に，廊下に縁側的機能を持たせ，南面には廊下と昇降口の機能を併せ持つ通路が配置され，保育室は北側に配置して，保育室と園庭との直接的な内外連結を図ろうとする平面計画が，今日まで幼稚園舎の主流となっているのである。これについては拙著にて詳述してあるので，ここでは以上で留めることとする。

　こうしたことを踏まえたうえで，明治 28（1895）年の遺愛幼稚園舎の写真を見ても，やはり上記の文部省が示した「学校建築図説明及設計大要」に則ることを意識して設計されたものとは思われない。明治 28（1895）年の遺愛幼稚園第一独立園舎は，小学校舎との兼用として建築された。よって，「学校建築図説明及設計大要」は既に明治 24（1891）年に示されているわけであるから，これに則って設計したのであれば，長細く片側廊下のある校舎兼園舎が設計されるはずである。しかし写真を見るところ，この校舎は明らかに洋風住居を範としており，日本の文部省通達から離れた感覚で設計されたものではないかと判断されるのである。

2. 遺愛幼稚園の第一独立園舎

　遺愛の第一独立園舎は，明治28（1895）年，遺愛女学校の敷地の中央の空き地に建てられた。既に敷地には校舎3棟と宣教師館1棟の計4棟が建っており，そこにさらにもう1棟を建てたわけである。敷地は現在の遺愛幼稚園の敷地であるから，約1793坪（約5917㎡）の敷地の4棟目である。校舎は既にコの字型に建っており，この中央の空きスペースに建てられた。この園舎は校舎を兼ねており，明治24（1891）年に開校した予備科（小学校）と，音楽教室を含んだ園舎・校舎として建てられた。

　この遺愛幼稚園第一独立園舎については前述のとおりである。唯一の史料は写真1葉のみで，その写真も手前に木が茂っていて，校舎がよく見えない。そこで，ここでは，木の脇から見える範囲の写真と，のちにドレーパーによって書かれた記録と，外部文書に遺されている園舎についての記事から，第一独立園舎について考察する。史料が充分でないので望ましい考察ができないのが残念であるが，可能な範囲で考究してみよう。

　校舎については，遺愛女学校の校舎に関して述べた，第Ⅰ部第3章第1節における記述を一部参考にしていただきたい。おそらく，外部意匠などは遺愛女学校のそれと一貫性を持つようにデザインされたに相違ない。校舎については，幾つかの外部史料に記述があるので，それをここに再び紹介しよう。

　最初に検討するのは，"Woman's Annual Conference of the Methodist Episcopal Church" の13[th] session 1896 である。明治29（1896）年，すなわち幼稚園舎が建った次の年会の報告書の記事である[7]。この記事は，デカルソン，ハンプトン，シンガーの3名が筆者となっているため，正確な筆記者は確定できないが，文中の冒頭に "While in America, I was able to create interest in a Kindergarten building for Hakodate" という記述がある。その一方で，"Miss Hampton" という記述も見られ，ハンプトンを "I" と表現していない。明治27（1894）年にデカルソンが一時帰米しているため，この記事を書いたのはデカルソンではないかと推測される。なお全文は，「補」2（18）①に収めてある。

ここには既述のように，様々なことが記入されている。デカルソンは，一時帰米している最中，幼稚園舎について考えており，そのために資金集めをしていた。園舎は10月1日の開園に向けて準備され，費用の一部はデカルソンの妹の遺産であった。この園舎が運動場を潰して建てられたこと，なかには予備科と音楽部の教室があることが示されている。また，この園舎を建てるために，専門の建築家を雇わず，ハンプトンと大工とで建てており，よくできていて，美しいだけでなく，便利で，またニーズにも合ったものであったことも示されている。

次に見るのは，明治30（1897）年に書かれた，同上の報告書の1897年版である。

"The Kindergarten, however, has grown so rapidly in the favor of the community as to require more room. The preparatory must, therefore, relinquish the rooms they borrowed from the Kindergarten and move elsewhere. We are thus crowded for room and have no chance for further growth." [8]

これを見ると，わずか1年後にはもう園舎が満杯になり，予備科（この時点では尋常小学科と呼称変更）には園舎を出てもらったことが書いてある。

次に，幼稚園に遺されている，ドレーパーその他が書いた記録を見てみよう。これは，内容から判断して，ドレーパーが園長になった大正3（1914）年に書き始められ，大正6（1917）年夏に突然，記述が途切れている。そのため，ドレーパー後任の園長であったカウチが書き継いだものと思われる。途中で字体も変化しており，おそらく複数の人間によって書かれたものと考えてよいであろう。

この記事のなかに，第一独立園舎について次のような記載がある。

"The building contained two large rooms with a small office, upstairs there were two classrooms for primary classes and a room for singing lessons." [9]

これを読むと，幼稚園は一階に二つの大きな保育室を持っており，小学校と事務室と音楽室は二階にあったと解釈できる。

園舎に関する記事は，上記しか記載がない。

第3節　明治20～30年代のキリスト教主義幼稚園における保育

日本の幼稚園教育の内容・方法について初めて文部省が公的な規則を示したのは，明治32（1899）年の「幼稚園保育及設備規程」であるが，これは省令ではなく，厳然とした拘束力をもったものではなかった。しかし，幼稚園教育について文部省が初めて公的な規程を示したという意味において，この明治32（1899）年という年は，一つの区切りの年であるということができる。著者は，拙著における分析においても，この明治32（1899）年を一つの時期区分としてとらえ，この年までの我が国の幼稚園教育実践の内容と方法，園舎の特徴を，幾つかの事例を挙げたうえで総覧した。ひるがえって今回，遺愛幼稚園を対象として著者の分析を改めて読むに，著者が拙著で行なった区分のなかに位置づく部分もあれば，突出して包括しにくい部分もあることに気付かされ，非常に興味深いものがある。ここでは，ひとまずこの時期の日本の幼稚園教育の潮流を，拙著をもとに，大きく総括して紹介しておくことにする。

1. 明治期の日本の幼稚園教育実践の内容と方法（概論）

日本の幼稚園教育は，明治5（1872）年に公布された「学制」における「幼稚小学」において法規上の成立を見たのは周知の事実である。その後，横浜の亜米利加婦人教授所や，京都の幼稚遊嬉場などに幼稚園の先駆をみることができるが，いずれも長続きせずに消滅した。

日本の幼稚園の本格的な開始は，明治9（1876）年に開園した東京女子師範学校附属幼稚園（明治23年以降は東京女子高等師範学校附属幼稚園と改称，現在はお茶の水女子大学附属幼稚園）であった。この幼稚園が，現在まで保育を続けている幼稚園のなかで最も古いものである。この時期の幼稚園教育は，

この東京女子師範学校附属幼稚園を中核とした全国の師範学校系幼稚園が普及の中心となり，これらの幼稚園での保姆経験者や，その師範学校ないしは養成施設を卒業した保姆が，全国の幼稚園に派遣されて保育を担った。そのため，明治32 (1899) 年に文部省から「幼稚園保育及設備規程」が示されるまでは，実質的に，東京女子師範学校附属幼稚園における保育実践の内容・方法がモデルとされ，東京女子師範学校附属幼稚園が作成した保育内容規程が，全国の幼稚園教育のモデルとして伝播していたのである。

この時期の幼稚園の設立者については，大きくわけて2種に分類することができる。すなわち，東京女子師範学校附属幼稚園を中心とする，全国の師範学校の附属幼稚園など直接につながっていた師範学校系幼稚園と，一般の民間立幼稚園である。そしてさらに，この民間立幼稚園のなかに，町立や，篤志家を中心として設立されたもの，遺愛幼稚園のように宗教関係者の手によって設立運営されたものなどがある。宗教関係者の手によるもの，と一口にいっても，その内容は多岐にわたり，なんらかの信仰を持つ日本人が自費を用いて開園した宗教系の幼稚園から，遺愛幼稚園のように外国の宗教団体の資金援助を得，宣教師などが中心となって設立運営し，確かな信仰に支えられた宗教主義の幼稚園まで，実に多様なあり方があったのである。

保育内容について見てみよう。前述のように，日本で最初の幼稚園教育に関する文部省から規程が示されたのが，明治32 (1899) 年の「幼稚園保育及設備規程」であった。これは，「学制」において幼稚園が「幼稚小学」の名称のもと学校教育体系のなかに位置づけられてから27年後，さらに東京女子師範学校附属幼稚園が開園した明治9(1876)年から23年後のことであった。この20年余の間，我が国の幼稚園教育についての国家レベルでの規程は一切なく，この間は主として東京女子師範学校附属幼稚園における保育内容と方法が追試され，同幼稚園が制定した保育内容・方法に関する規定が複写されるようにして使用されている例が多く見られた（もちろん，全てではないが）。

ここでは，基本として，明治32 (1899) 年までの主な潮流を示す。前述のごとく，明治32年以前の日本の幼稚園教育の内容と方法は，文部省レベルでの規定や指針が示されていなかったため，東京女子師範学校附属幼稚園のそれが広く使用されていた。

東京女子師範学校附属幼稚園では、幼稚園開設の翌年の明治10 (1877) 年に、初めての保育項目を規定した。そこでは、保育内容は25の細かな細目に区分され、それらの全てが同等の比重をもって「時間割」のなかに配置されていた。これらの25項目とは、いわゆるフレーベル恩物系が18項目、これに加えて「貝ノ遊ビ」「計数」「博物理解」「説話」「唱歌」「遊戯」「体操」の7項目がプラスされ、計25項目となっていた。これらの一つひとつが同格に扱われ、時間的にも全てが同じように配当されていたため、その結果、フレーベル恩物その他の「座業」が中心となり、開誘室内での活動に極端に偏った保育が展開されていたのである。詳細については拙著に紹介してある。

　東京女子師範学校附属幼稚園は、こののち数回の保育項目および「時間割」の編成の改訂を行なっている。すなわち、明治14 (1881), 17 (1884), 24 (1891) 年と改訂が行なわれたのであるが、これらの改訂は多少の項目減はあったものの、特筆するほどのものではなかった。

　それに大きな変化が起きたのは、明治26 (1893) 年のことである。この前年の明治25 (1892) 年、東京女子高等師範学校附属幼稚園は、本園に加え、分室を開室した。この分室では、フレーベル恩物の準備その他の理由によるものであろうか、フレーベル恩物が並列的に時間割を占める保育内容構成ではなく、フレーベル恩物を一つに総括して「手技」と称したうえで、これを「唱歌」「遊戯」「説話」「行儀」と並列に扱う、保育内容5項目のスタイルを導入したのであった。これを受けて本園でも、このスタイルを導入することになり、明治26 (1893) 年に東京女子高等師範学校附属幼稚園本園の保育内容項目は、「談話」「行儀」「手技」「唱歌」「遊嬉」の5項目となったのである。この改訂は非常に大きな意味を持つ、まさにエポック・メイキング的なものであった。なぜなら、この保育5項目スタイルが導入された6年後に制定された文部省の「幼稚園保育及設備規程」は、この5項目スタイルをさらに簡略化した、保育内容4項目のスタイルを導入したからである。すなわち、東京女子高等師範学校附属幼稚園分室および本園が採り入れた新保育内容項目が、国家レベルでの規則の基礎として用いられることになったのである。

　ここでは詳述しないが、無論この東京女子高等師範学校附属幼稚園における保育項目が5分の1ほどに減らされ、すなわち保育活動のなかに占めるフ

レーベル恩物の時間が激減したことの背景には，たんに東京女子高等師範学校附属幼稚園における保育の研究と改良の結果だけではない。拙著において詳しく紹介しているが，明治32（1899）年の「幼稚園保育及設備規程」が制定される背景には，東京女子高等師範学校附属幼稚園における保育の研究と改良の試みだけでなく，全国各地の幼稚園における多くの保姆の研究と創意工夫があってのことであった。これは著者が，複数の幼稚園における明治20〜30年代の保育実践研究を考察することによって確認できたことである。我が国の幼稚園は，当初は幼児の公的な教育に対して不慣れなところからスタートし，最初は東京女子師範学校附属幼稚園のスタイルを見よう見まねで模倣していたのであったが，そのうち各地の幼稚園保姆らは自らの保育をとおして，よりよい保育内容・方法の考案に努めるようになっていったのであった。その過程は，幼稚園日誌や，保姆が参加していた各種研究会記録などからも明らかなのである（拙著参照）。すなわち，明治32（1899）年の「幼稚園保育及設備規程」に示された内容は，一見すると東京女子高等師範学校附属幼稚園における保育内容・方法がほぼそのまま用いられたかのような印象を受けるが，そうではなく，多くの保姆らの研究が結集された結果としてのものであったことを忘れてはならないのである。

　東京女子高等師範学校附属幼稚園では，この「幼稚園保育及設備規程」を受けて，翌明治33（1900）年には自園の保育内容も4項目に整理し，「遊嬉」「唱歌」「談話」「手技」とし，4時間の保育時間のうち3時間を「遊嬉」に充て，残りの1時間で「唱歌」「談話」「手技」を行なうようになった。すなわち各種「恩物」は「手技」のもとに一括されてしまったのである。それまでの座業中心であった幼稚園保育は，明治30年代になって一気に「座業」を離れていったのである。

　遺愛幼稚園が開園したのは明治28（1895）年のことであった。すなわち，開園当初の我が国においては，保育内容・方法は旧式を基本としていた時期であるが，まさに全国の保姆らによって多くの研究が行なわれていた時期でもある。まだ「幼稚園保育及設備規程」は示されていない時期である。そして，遺愛幼稚園第一独立園舎が大火により焼失し，第二独立園舎が大正2（1913）年に開園して新たな保育を始める時には，「幼稚園保育及設備規程」

は既に示されていたことになる。第二独立園舎になったあとに関しては保育実践関係史料が残されているため、次章での第二独立園舎における実践の研究については、上記の「幼稚園保育及設備規程」、そしてその次に大正15 (1926) 年に示されることになる「幼稚園令」（我が国における幼稚園教育に関する最初の省令）も参照しつつ、考究を行なうことになろう。

2. キリスト教主義幼稚園の誕生と普及

ところで、我が国における初期のキリスト教主義幼稚園の展開は、どのようであったのだろうか。ここで少々紹介しておきたい。ただし、一口にキリスト教主義といっても、各派の伝道協会により設立した園から、信者が資金を提供しただけといった園まで、非常に幅が広く、その全てを紹介するのが著者のここでの目的ではないので、あくまで遺愛幼稚園の位置を押さえるに必要な範囲に限定し、ごく簡略に紹介するに留めたい。そのため、ここではカトリック系の伝道活動、教育・保育・福祉活動は割愛させていただくこととする。

プロテスタント系の宣教師が初めて来日したのは安政 6 (1859) 年、日米修好通商条約が調印された翌年で、幕府が神奈川（横浜）、長崎、箱館の 3 都市を開港したことに始まる。特に米国のプロテスタント各派は日本への宣教師派遣に熱心であった。ヘボン (Hepburn, J. C.: 1815〜1911)、ブラウン (Brown, S. R.: 1810〜1880)、バラ (Ballagh, J. H.: 1832〜1920) といった宣教師らが、次々と各派から派遣されて日本にやってきた。

宣教師たちが日本に来て非常に驚いたことは、日本における女性の地位が非常に低いことであったのは、一般によく知られるところである（『日本キリスト教保育百年史』など）。遺愛幼稚園に先だって開校していた遺愛女学校も、箱館における女性の地位が低いことを嘆かわしく思った宣教師婦人の一通の手紙によって篤志家の資金援助を得て開校されたことは、第Ⅰ部第 1 章にて詳述した。日本の女性の地位向上のために、特に米国から多くの婦人宣教師が派遣され、日本各地での女子・幼児教育に当たることとなる。

ここで挙げておきたいのは、万延元 (1860) 年に、特に極東の女性と子ど

もの教育福祉のために設立された，米国婦人一致外国伝道協会である。これはドリーマス夫人（Doremus, S. P. H.：1802～1877）によって創立された機関で，教派を越えて東洋に婦人宣教師を派遣し，東洋の女性と子どもの地位向上を目指そうとして創立されたものであった。伝道会社として設立されたのは翌年の1861年のことであり，これが南北戦争の開始された年であるため，この会社の設立には複雑な米国の社会的背景があると考える研究者もある（小檜山ルイなど）。『日本キリスト教保育百年史』は，「米国では社会的な変換期を迎え，人格の尊重・自由・平等・社会改良の精神が旺盛であった。そして種々の社会事業や運動（禁酒運動，廃娼運動，監獄改良，孤児教育，精薄児教育など）が推進された。幼稚園運動もその一つで，フレーベルの精神を尊重し，博愛主義に根ざし，生活困窮家庭の子どものために無料幼稚園が各地に設立された」と述べている（pp.32～33）。

この協会から日本に派遣されてきた最初の婦人宣教師は，プライン，クロスビー，ピアソンの3名である。3名は明治4（1871）年にニューヨークを出港し，同年6月に横浜に到着した。3名は，同年8月に，アメリカン・ミッション・ホーム（亜米利加婦人教授所）を開設し，特に外国人と日本人の間に生まれた子どもと女子教育を行なおうとしたが，殆ど子どもが集まらず，大変に苦労した。その時に広告の看板を書いたのが，のちに東京女子師範学校摂理となった中村正直（敬宇）であったという（同 p.34）。このホームにはその後にも婦人宣教師が多くやってきたほか，日本人女性のなかにもここで学んだものがおり，そのなかから，桜井ちか，中村耕靄も出ている。

キリスト教系の保育を行なった幼稚園の草創期について，その主たるもののみ簡略に紹介する。日本で最初のキリスト教主義幼稚園は，桜井ちかが明治13（1880）年4月，麹町の桜井女学校内に開設した，桜井女学校附属幼稚園である。この幼稚園はのちに廃園となる。キリスト教教会からの支援を受けない，日本人信者による初の幼稚園であった。

同年10月には，横浜ブリテン女学校内に，ブリテン女学校附属幼稚園が開設された。この幼稚園は途中休園の時期もあるが，明治41（1908）年に復活して現在もあるので，この幼稚園が最も古い現存するキリスト教主義幼稚園であるといえる。

次に古いのは、明治19 (1886) 年に石川県金沢市に開設された金沢英和幼稚園であり、北陸学院短期大学附属第一幼稚園として保育を継続している。

以後、著名なキリスト教主義幼稚園としては、明治22 (1889) 年に創立された、頌栄保姆伝習所の頌栄幼稚園（現頌栄短期大学附属幼稚園）、明治24 (1891) 年の広島英和女学校附属幼稚園（昭和7年に「広島女学校」に改称。現、関西学院大学附属幼稚園）などがある。とりわけハウによって神戸に設立された頌栄保姆伝習所は、日本の官公立幼稚園保姆養成の中心的位置にあった東京女子師範学校およびその保姆養成所に対して、キリスト教主義幼稚園の保姆養成機関の中核として機能するものとなった。遺愛幼稚園の初期の保姆も、頌栄保姆伝習所に行って保育を学んできた者があったことは別記のとおりである。

遺愛幼稚園に前後する時期のキリスト教主義幼稚園の創立状況については、『日本キリスト教保育百年史』75～77ページ所収の一覧表を示す。一園ずつ確認すると正しくない記事もあると判断するが、ここでは各々の検証は行なわないこととする。

同書は、この時期のキリスト教主義幼稚園の設立には、以下のような経緯があると紹介している（『百年史』pp. 74～78の表現をそのまま引用）。

「(1) 女学校を母体として設立したもの
(2) 宣教を目的として教会の業として設立したもの
(3) 信者が個人で設立したもの
(4) 貧困な家庭の子どもの福祉と教育をめざして設立したもの
(5) 幼児教育の専門家として派遣された婦人宣教師が保母（ママ）養成と共に設立したもの
(6) その他」

この書においては遺愛幼稚園は、上記(1)に分類されており、確かにそうである。

なお、『百年史』では、残念ながら、この明治年間のキリスト教主義幼稚園における保育実践の内容と方法に関する記述が全くない。そのため、この時期の遺愛幼稚園における実践については、こういったキリスト教系の一般

図表Ⅱ-1　1899年までに設立された幼稚園（『百年史』pp.75〜76「表1-2」）

園　名	所在地	設立年	創立者	創立時の設立團體	現　在
櫻井女學校附屬幼稚園	東　京	1880 (明・13)	櫻井ちか	櫻井女學校 (現・女子學院)	△(明治30年ごろ廢止)
ブリテン女學校幼稚園	横　濱	〃	ミス・ブリテン	ブリテン女學校 (現・成美學園)	成美學園付屬幼稚園 横濱本牧教會附屬早苗幼稚園
英和幼稚園	金　澤	1886 (明・19)	ミス・ポートル	米國長老教會	北陸學院短期大學附屬第一幼稚園
駒込幼稚園	東　京	〃	古市靜子	個　人	うさぎ幼稚園
榎坂幼稚園	〃	1887 (明・20)	湯淺治郎	個　人	△(明治25年ごろ廢止)
田邊幼稚園	和歌山	〃	A・D・ヘール J・B・ヘール	米國カンバーランド長老教會	田邊教會附屬幼稚園
スミス女學校附屬幼稚園	札　幌	〃	ミス・スミス	スミス女學校 (現・北星學園)	△(明治27・6・30廢止)
頌榮幼稚園	神　戸	1889 (明・22)	ミス・ハウ	神戸基督教會婦人會	頌榮短期大學附屬頌栄幼稚園
廣島英和女學校附屬幼稚園	廣　島	1891 (明・24)	ミス・ゲーンス	廣島英和女學校 (現・廣島女學院)	廣島女學院ゲーンス幼稚園 聖和大學附屬聖和幼稚園
明石幼稚園	明　石	1892 (明・25)	教會信徒	明石教會	明石教會附屬錦江幼稚園
神奈川幼稚園	横　濱	1893 (明・26)	二宮わか	神奈川教會	神奈川教會附屬神奈川幼稚園
西陣幼稚園	京　都	〃	J・B・ポートル	米國長老教會	△(?廢止)
相愛幼稚園	〃	1894 (明・27)	ミセス・ゴルドン	米國組合教會	相愛幼稚園
室町幼稚園	〃	〃	J・B・ポートル	米國長老教會	△(昭和20・4月廢止)
善隣幼稚園	神　戸	1895 (明・28)	ミセス・タムソン	米國バプテスト教會	神戸聖愛教會附屬善隣幼稚園 友愛幼兒園(保育所)
鶴城幼稚園	宇和島	〃	W・T・ターナー	南メソヂスト教會	宇和島中町教會附屬鶴城幼稚園
若葉幼稚園	前　橋	〃	岡本千代雄	日本聖公會	△(明治29・10月廢止)
遺愛女學校附屬幼稚園	函　館	〃	ミス・デカルソン	遺愛女學校 (現・遺愛學院)	遺愛幼稚園
活水女學校附屬幼稚園	長　崎	1895 (明・28)	ミス・ラッセル	活水女學校 (現・活水學院)	△(大正13年廢止)
明星幼稚園	山　口	〃	ミセス・コルテス	米國長老教會	山口教會附屬明星幼稚園
清心幼稚園	前　橋	〃	ミス・メリーシェッド	米國組合教會	清心幼稚園

幼稚園教育史総論本からも接近することが困難である。また，何度も述べているように，明治40年の大火によって明治年間の史料の殆ど全てを焼失している遺愛幼稚園であるので，個別史料から辿ることも困難である。

しかし，ここに，明治年間の遺愛幼稚園の実践に接近するに大きな参考となることがある。それは，遺愛幼稚園が創立された明治28（1895）年から僅か4年後の明治32（1898）年以降，明治40（1907）年の大火に遭って遺愛幼稚園が止むなく閉園するまでの間，遺愛幼稚園の主任保姆として勤務していた人物が，遺愛女学校卒業後に神戸の頌栄保姆伝習所で学び，ハウの強い影響を受けていた人物だったという事実である。こういった人物が主任保姆を務めていた明治期の遺愛幼稚園であるから，頌栄の実践方法と内容を参照することで，明治年間の遺愛幼稚園の実践内容と方法，環境設定などについて，ある程度の想定を行なうことが可能であろう。

そこで，次の第4節では，頌栄保姆伝習所に接近し，遺愛幼稚園の明治年間の実践内容・方法について考える参考とすることにする。

第4節　遺愛幼稚園保姆と頌栄保姆伝習所（神戸）

既に述べてきたように，遺愛幼稚園の実践の歴史は，頌栄保姆伝習所と切っても切れない関係にある。すなわち，明治28（1895）年に創立された遺愛幼稚園は，明治32（1899）年より昭和46（1976）年3月まで継続して，頌栄保姆伝習所出身の保姆が主任ないし一保姆として勤務し続けてきたからである。遺愛幼稚園に勤務していた全ての保姆を確認すると，明治32（1899）年以来，常に途切れることなく，保姆集団のなかに必ず一人は頌栄保姆伝習所出身の保姆がいたことが確認できる。よって，明治〜昭和の遺愛幼稚園における実践を分析しようとするとき，頌栄保姆伝習所における指導方法と，頌栄幼稚園における実際の教育実践の内容や方法を看過して分析を行なうことは不可能なのである。

明治初期以来，日本の幼稚園保姆養成は，大きく分けて官公立系の東京女子（高等）師範学校およびその保姆伝習所と，キリスト教系の頌栄保姆伝習所の二つの学校によって行なわれていたことは前述のとおりである。これら

二つの養成校と,それに連なる幼稚園と保姆たちは,明治中期以降の米国を発信源とする幼稚園教育実践の内容と方法の大きな変革のなかにあって大きな揺れと変化を経験することになる。この変革の潮流に関しては既に先行図書において多くの分析と意味づけが行なわれているので,それらを参考として,ここに紹介する。そのうえで,この第4節に続く第5節における遺愛幼稚園の明治期の実践を想定するとともに,次章の第3節・第4節における分析考察に繋げていきたい。

1. 大和田ふみ

　最初に,明治期の遺愛幼稚園における実践を考察する際にキーパーソンともいえる一人の保姆について紹介したい。その人物は,遺愛女学校第三回卒業生で,遺愛女学校附属尋常小学科に勤務したのちに頌栄保姆伝習所に行って研修し,そののちに遺愛幼稚園に戻って明治40(1907)年の大火まで8年余にわたり,遺愛幼稚園の実践的側面をリードした,大和田ふみなる人物である。

　第1節で見てきたように,明治28(1895)年9月に創立された遺愛幼稚園では,当初,園児は10名,保姆は1名であった[10]。この園児10名のうち5名は欧米人子弟であり,うち2名は,「函館アイヌ学校」設立者であった英国人宣教師ネットルシップ(Nettleship, C.:生没年不詳)の子ども,残りの3名はギデオン・ドレーパーの子どもで,これら以外の5名が日本人であった[11]。1名だけであった保姆は,遺愛女学校第二回卒業生(明治23(1890)年卒)の中野ウメであった。

　この時期の幼稚園の状況について,デカルソン,ハンプトン,シンガーのいずれかの宣教師が,米国メソジスト監督派教会海外婦人伝道協会日本支部年会報告書に執筆している記事がある。明治31(1898)年夏の年会報告書に,次のような文が見られる。

"We need a well-trained experienced teacher, and have sought one for two years. Without such help, we can not win the confidence of the people."

　ここに，この文の執筆者が，人々の満足を得るためには，よく訓練され経験の豊かな教師が不可欠であると考えていることが示されており，そして，この2年間で1名は得ることができたと書いている。それがおそらく，中野ウメのことであろう。

　しかし，中野は明治33（1900）年ホノルルに行くことになり，その前年の明治32（1899）年4月から補助保姆として遺愛幼稚園に勤務していた大和田ふみが，主任保姆となった。

　この大和田ふみは，中野ウメの1期後輩で，中野が遺愛女学校を卒業した2年後の明治25（1892）年に遺愛女学校を卒業した人物である[12]。ただし大和田は遺愛女学校において8年間も学習しており，通常の2倍程度の在学期間を持っていたため，年齢的には中野ウメよりも上であった可能性もある。『遺愛百年史』によれば大和田は，明治25（1892）年9月に遺愛女学校に就職し，同校附属尋常小学校担当教諭として勤務したのち，明治30（1897）年12月に遺愛を退職した[13]。退職した大和田は，その年のうちに，神戸の頌栄保姆伝習所の高等科に入学し，明治32（1899）年4月に高等科課程を卒業して再び遺愛に戻り，そののちは明治40（1907）年の大火で遺愛幼稚園が閉園の止むなきに至ったために職を失い，請われて頌栄に戻った。すなわち大和田は，大火までの8年余を，遺愛幼稚園の主任保姆兼保姆養成者として活躍したということである[14]。

　この大和田ふみの経歴は，以下の2点を意味している。すなわち，第一点としては，遺愛女学校は，幼稚園教育を開始した2年後に，当時尋常小学校課程で教師をしていた大和田を一旦退職させ，当時の日本のキリスト教系の保姆養成所として中核的存在であった神戸の頌栄保姆伝習所へ，幼稚園教育実践の具体的で最新の内容と方法を学ばせるために送り出したことが確認できる。第二点としては，明治32年以降，明治40年の大火で遺愛幼稚園が一時閉園になるまでの8年間の遺愛幼稚園の実践は，大和田が頌栄で学んできた様々なことを基盤として展開していたと見るのが自然だということである。

　遺愛女学校では，卒業生のなかから，遺愛の教師を生みだしたいと考えて

いたことが，次の記事から明らかとなる。すなわち，同じく米国メソジスト監督派教会海外婦人伝道協会日本支部年会報告書の明治 31（1898）年夏の記事に，デカルソン，ハンプトン，シンガーの連名で，次のような記事を見ることができる。

"As usual, in a few days after graduation, their work was assigned, and the four, who had been supported by the missionary society, stepped over the threshold（著者注：入口，門）, from a schoolgirl's, to a teacher's life. One was sent to Hirosaki School, where Hakodate graduates are always eagerly welcomed; one was appointed to assist Mrs. Draper; one entered the Kindergarten Department as an assistant; while the fourth was retained in the school proper."

(15th session 1898 July 1-19, p. 13)

　これは明治 31（1898）年の記事であるので，既に大和田ふみは頌栄に行ったあとの話ではあるが，このように遺愛女学校では，卒業生の卒業後の職業についてまで，心を配っていたことがわかる。特に，教師になるというのが望ましい道であると考えていたようであり，遺愛女学校に採用したり，弘前の東奥義塾に出したりもしていた。弘前から来ている女学生も遺愛には多かったので，そのような卒業生は郷里に帰って教師を目指すのも多かったのではないかと見られる。

　再三にわたって述べてきたように，遺愛女学校および尋常小学校・幼稚園は，明治 40（1907）年の大火により，殆ど全ての史料を焼失している。そのため，明治 28 ～ 40（1895 ～ 1907）年までの遺愛幼稚園における教育実践を遺す関係史料は，僅かの園舎写真を遺すほかは全く残存していない。このような事情により，一次史料から当時の実践を考察することが不可能な状況において，この大和田の経歴が意味する二つの点は，我々に，この当時の遺愛幼稚園において展開していた実践について僅かばかりの推測を許すものであろう。すなわち，大和田が頌栄に勉強に出掛けていた明治 30（1897）年 12 月から 32（1899）年 3 月までの，頌栄保姆伝習所における教育内容，頌栄幼

稚園における教育実践の内容と方法，頌栄保姆伝習所および頌栄幼稚園を牽引していたハウの思想を追うことにより，それを学んで帰函してきた大和田が中心となって展開していた当時の遺愛幼稚園の教育実践内容・方法の一端が，ある程度は想定することが許されるのではないか，ということである。この観点に基づき，明治30～32年頃の頌栄保姆伝習所での教えと，当時の頌栄幼稚園での教育実践について，本節の後半において少し参照してみるつもりである。

　この大和田ふみについては，遺愛幼稚園に残る史料においてドレーパーが，次のように述べている（「補」2（16）所収）。

"In 1900, Nakano Ume went to Honolulu,and her place was taken by Ōwada Fumiko, who had had superior training in the Glory Kindergarten at Kobe, having graduated after a course of two years. She was able to train the graduates from Iai school as assistants and they were thus inabled to secure good positions."

　大和田ふみが頌栄に行き，2年間の課程を修了して帰函したことが，ここに確認できる。中野ウメがホノルルに行くのと入れ違いに大和田が幼稚園に就任し，この大和田の就任から，昭和45（1970）年度に初の日本人園長の児玉満が園長を退くまで，以後継続して遺愛は頌栄の影響を受け続けることとなるのである。

　さて，『エ・エル・ハウ女史と頌栄の歩み』41～42ページにおいて著者の高野勝夫は，大和田ふみのことを「彼女は後に頌栄に帰り二十九年間も伝習所教師として奉仕した。そのすばらしい学識と温和で責任感の強い人柄は学生に非常に大きな感化を与えた」と紹介している[15]。

　大和田ふみについて，高野は別に独立した項を設けて，その経歴について詳細に紹介している[16]。高野によると頌栄には「頌栄の三羽烏」と呼ばれた人々があり，その一人が大和田ふみであったというのである[17]。高野による大和田ふみの紹介をここに掲載しよう。大和田ふみは青森県弘前市の東奥義塾の出身で，そこの小学校課程から遺愛女学校に進学した。在学中はデ

カルソンに「才を認められ深く愛された」[18]という。大和田は遺愛女学校において8年も学んでおり，女学校と専門学校のコースを終了した計算になるため，志願して頌栄保姆伝習所の高等科に入学を許可され，明治30（1897）年12月に入学した。高野は，「学生時代の大和田文子姉は非常な勉強家で，時間の許すかぎり，いつも机にむかって読書していた。また音楽，特に声楽と英語にすぐれていたので，ハウ女史に深く愛された」[19]と述べている。

　大和田ふみについて高野は上記のように，あらゆる側面から非常に高く評価している。頌栄短期大学の学長であった高野は，おそらく幾つかの一次史料から，こういった結論を導き出しているものと想像される。著者の手元には，それを確証する一次史料はなく，また本書の目的は大和田ふみの研究ではないので，複数の一次史料にまで接近するつもりはないが，ただ一つ，ハウが大和田について書いた記録があるので，それを紹介したい。

　それは，ハウが米国の両親に宛てて送った書簡集で，頌栄短期大学から，明治20（1887）～昭和4（1929）年までの書簡をまとめて出版した書物である。これを見ると，明治31（1898）年5月25日の書簡に，次のような記述が見られる。

　「しかし，クリスマスのあと保母（ママ）伝習所に入ってきた北海道の美しい女性は，素晴らしい恵みです。」[20]

　ここに記されている「北海道の美しい女性」とは，時期から考えて，間違いなく大和田である。北海道出身の頌栄保姆伝習所の生徒はほかにもおり，例えば伝習所の第一回生にも杉浦信という生徒がいて，ハウの日本語教師を務めたりもした優れた生徒だったのであるが，頌栄保姆伝習所は明治22（1889）年の創立であるから，明治31（1898）年5月の書簡に「クリスマスのあとに入ってきた」北海道の女性は杉浦とは全く別人であることは確かである。大和田は明治30（1897）年12月に遺愛を退職して頌栄に入学しているから，明治31（1898）年5月の書簡に書かれた「北海道の美しい女性」は大和田以外にはないということになる。大和田は，入学から半年も経ない時期に，ハウが米国の両親に伝えたいとまで思うほど印象的で優れた女子学生

であったことが，ここからうかがえよう。

　明治32（1899）年，頌栄保姆伝習所高等科を卒業後，大和田は遺愛幼稚園に戻り，主任として勤務するかたわら，保姆の養成に励んだ。その間に荻田吉次郎と結婚して荻田姓となる。明治40（1907）年の大火で幼稚園が廃止となり，荻田一家も火災に遭遇，大和田は明治41（1908）年に頌栄幼稚園と伝習所に勤務することとなり，昭和11（1936）年まで足かけ29年にわたり，頌栄に奉職したのであった。高野は『エ・エル・ハウ女史と頌栄の歩み』の102～104ページ，実に2ページ強にわたり，大和田（荻田）ふみについての称賛の言葉を述べている。高野によれば大和田ふみは温厚かつ強い責任感にあふれ，職務には忠実であった。近代日本におけるキリスト教主義幼稚園教育の任にあたった保姆の養成において中核的存在であった頌栄保姆伝習所の発展に，大和田は，なくてはならない人物であったようである。そのような人物が遺愛女学校の出身であることは，遺愛幼稚園史を研究するうえで，特記すべき事実である。大和田ふみの人格形成には，弘前の東奥義塾，そして遺愛女学校における，少女期に受けた教育の影響もあったことは看過できない。また，遺愛女学校にあってはデカルソンの訓養を受けたことも，おそらく大和田の人格形成に多大な影響を与えたことであろう。そして，このような人物が，頌栄保姆伝習所の高等科卒業後の8年間を，遺愛幼稚園の主任保姆として，遺愛幼稚園を牽引していたことは，忘れてはならない事実なのである。

　ちなみに遺愛幼稚園は，大正2（1913）年に幼稚園を再開するが，その折に保姆として招聘され，大正8（1919）年度（大正9年3月まで）遺愛幼稚園に主任保姆として勤務した者に，高村田鶴なるものがいる。この高村は明治42（1909）年4月から頌栄保姆伝習所に在籍していたと，『エ・エル・ハウ女史と頌栄の歩み』に紹介されている[21]。高村は明治44（1911）年3月に，頌栄保姆伝習所を卒業している[22]。すなわち高村は遺愛幼稚園が再開される2年6カ月前に頌栄保姆伝習所を卒業しているのである。この高村が，どのような経緯で遺愛幼稚園にやってきたのかは明らかではないが，大火のあとの再開時に遺愛幼稚園は，やはり頌栄保姆伝習所に，遺愛幼稚園の主任保姆となれる人物を求めていたということは確かである。この高村は遺愛女学

校の卒業生ではないので，遺愛幼稚園では遺愛女学校の卒業生を頌栄に送って養成してもらい戻ってくるのを待つことなく，幼稚園再開後すぐにでも実践をリードできる人物を頌栄に求めたのであろう。この背景にはやはり，明治期の遺愛幼稚園に奉職していた大和田が，保姆として良き歴史を遺していったことが看過できない事実であったのだろうと推測するのに無理はないのである。

話を大和田に戻そう。先に述べたように，頌栄保姆伝習所で教育を受けて帰函してきた大和田は，前述のように明治32（1899）年末より8年間にわたって遺愛幼稚園の主任保姆として勤務したが，この間，遺愛幼稚園における実践は，大和田が頌栄幼稚園で見聞きしたり，保姆伝習所で学修したことをもとに行なわれていたと見るのが妥当であろう。この8年間を経たうえで頌栄に戻った大和田が，頌栄でも無理なく受け入れられたということは，遺愛幼稚園での8年間で大和田に深く身についた実践の内容や方法，幼稚園教育に対する根本的な考えに，頌栄のあり方との大きな乖離がなかったということであろう。よって，遺愛幼稚園の明治年間の教育実践を遺す史料が焼失していることから，当時の遺愛幼稚園における実践のあり方については，頌栄におけるそれを参考にすることで代用したいと考える。

2．A．L．ハウ

さて，明治20年代後半から30年代初頭の頌栄幼稚園の実践や伝習所での学習内容を見る前に，ここで今一度，確認しておきたいのが，頌栄保姆伝習所の創立者であり，頌栄幼稚園長でもあった，ハウのことである。ハウについては，昭和43（1968）年に出版された『日本幼児保育史　第2巻』において，分担執筆担当者である水野浩志が，もっと正当に評価されるべき人物であると述べている。東京女子高等師範学校および同附属幼稚園を中心として活動していた日本幼稚園協会とは派を異にする保姆養成機関であった頌栄保姆伝習所を創立し，のちに日本幼稚園連盟（JKU）を創立し（明治39（1906）年），近代日本キリスト教主義幼稚園教育の発展の中核的存在だったのが，このハウであった。遺愛女学校は，遺愛幼稚園の発展のために，遺愛女学校卒業生

で当時の尋常課程の教師であった大和田ふみを，遠く関西の頌栄保姆伝習所にまで送り，当時最新のキリスト教主義幼稚園教育実践の実際について，学ばせたのである。ちなみに遺愛幼稚園は，明治年間は上記の大和田ふみが主任を務め，大火による一時閉園のあと大正2（1913）年に再開した時には遺愛女学校の卒業生ではない頌栄保姆伝習所第十四回卒業生の高村田鶴を招聘し，さらに大正9（1920）年3月に高村が退職したため，同年4月からは，遺愛女学校第二十回生で頌栄保姆伝習所第十七回卒業生でもあった児玉満を雇い，実践をリードさせていた。児玉は，遺愛幼稚園の米国人婦人宣教師園長が長く続いたあと，初の日本人園長として，昭和49（1974）年まで遺愛幼稚園を牽引したのであった。このように，遺愛幼稚園の実践史は，頌栄保姆伝習所，頌栄幼稚園，そしてハウの思想と強い関係を持っていたといえよう。

　ハウについては，『日本幼児保育史』『日本キリスト教保育百年史』その他に詳しいが，ここでは『エ・エル・ハウ女史と頌栄の歩み』における高野勝夫の記述をもとに，彼女の経歴と思想について，きわめて簡略に辿ってみる。

　ハウ（Howe, Annie Lyon：1852～1943）は，嘉永5（1852）年，米国マサチューセッツ州ボストン近郊で，信仰の篤いクリスチャン開拓者夫婦の娘として誕生，幼くしてシカゴ郊外ワシントンハイツに転居した。ハウの学歴は以下のとおりである。安政5（1858）～慶応3（1867）年までイリノイ州の公立学校とニューハンプシャー州の私立学校で学ぶ。同年，ロックフォード女子専門学校音楽科に入学，音楽を専攻。卒業後2年間，シカゴ市の私立学校に勤務。そののちにボストンに行き，通信講座で史学を学びつつ建築学も研究，明治9（1876）年シカゴ・フレーベル協会保姆伝習学校に入学，明治11（1878）年卒業。すぐに26歳にしてシカゴに私立幼稚園を開き，園長として3年間勤務した。次にグランドの学校に招かれ6年間，幼稚園教諭の勤務に従事した。明治19（1886）年，シカゴ郊外のオークパーク組合教会で婦人伝道会が開催され，宣教師デビスなる人物が日本から一次帰国して講演を行なった。そこでデビスは，日本の神戸にある神戸基督教会が幼稚園を開こうとしているが専門の教師を求めているため神戸に出向く婦人宣教師はいないかと問いかけ，これを聴いたハウは家族と相談のうえ，来日を決めたのである。以上の経歴から，ハウは，米国の東海岸に生まれ，当時の米国における教育学研

究および先進的実践の中心的地域であったシカゴにて学修・実践経験を積んだ人物であったことがわかる。遺愛に派遣されたデカルソン，ハンプトンなどの有力な婦人伝道師らが皆ハウと同じ米国中西部出身であったことからも，ハウが指導する頌栄への大和田ふみの派遣は遺愛において前向きに検討されたであろうことが，このハウの経歴からも想定できる。

　明治20（1887）年12月，35歳のハウは横浜に来日した。頌栄幼稚園の創立は明治22（1889）年である。「建築，その他すべての設備はハウ女史の指導によってなされた」[23]そうである。幼稚園は11月に開園，保姆伝習所は10月に開設された。頌栄は順調な発展を遂げ，明治24（1891）年には「当時として珍しい花壇が幼稚園の庭に造られ」[24]て様々な花が植えられ，明治25（1892）年には開誘室（保育室）の増築などが行なわれた。

　ハウは自らが米国より持参した書物や道具を用いて教育実践を行ない保姆養成をしていたが，教材図書として明治25（1892）年には初の著作『幼稚園唱歌』を，明治26（1893）年には『保育学初歩』を，明治29（1894）年には『幼稚園唱歌続編』を，明治30（1895）年にはフレーベル著の翻訳『母の遊戯及育児歌』など，多くの著書や編纂書，翻訳書を頌栄より出版している[25]。

　ハウは明治26（1893）年，既に２年制であった保姆伝習課程の上に，さらに２年間の高等科を設けた[26]。この高等科は当時の時世にあって運営は困難となり，高等科の開設時に入学し明治28（1895）年７月に卒業した者が３名いたほかは，ハウが米国に一次帰国していた明治28（1895）年11月から明治30（1897）年６月までは高等科の募集そのものが停止され，ハウの再来日した明治30年12月に１名の高等科入学生を卒業させ，合計４名の卒業生を出しただけで，高等科は事実上の廃止となったのである。この，明治30（1897）年に頌栄の高等科に入学した１名の女子こそ，遺愛女学校の第三回卒業生であった，大和田ふみ，こと「大和田文子」[27]であったのである。

3. 頌栄保姆伝習所での教育内容

　既に述べてきたように，頌栄保姆伝習所と頌栄幼稚園は，同じ建物のなかに設けられた。明治22（1889）年10月，12名の学生を迎えて伝習所がスタ

ート，11月には50名の園児と4名の助手とで幼稚園が，それぞれ開始された。正式な幼稚園の開園式は，翌年の2月であった。

ここでは，高野勝夫による先行研究『エ・エル・ハウ女史と頌栄の歩み』から，頌栄保姆伝習所で行なわれていた教育の特徴について，見てみたい。

高野は，同書の「Ⅱ　育ちゆく頌栄　3　充実した保育者養成」の項で，明治26（1893）～明治28（1895）年の頌栄における保姆養成について言及している[28]。高野は，東京女子師範学校に設けられた日本初の保姆養成機関である保姆練習科のカリキュラムと，当時の頌栄保姆伝習所のカリキュラムとを比較検討している。高野によれば，東京女子師範学校保姆伝習科における教育内容は，以下のような特徴があるという。すなわち，全体の授業時間数は23時間，修業年限は1年，学科内容は恩物理論と用法，その実習が大部分であったという。教師の中心は松野クララであったが，その講義の中心はフレーベル恩物の理論と方法を英語で講義していたという。「フレーベルの精神，教育哲学を理解することより恩物の実際的形式的使用法に重きをおいたようであった」[29]と高野は述べている。そのカリキュラムとの比較表が高野の前掲書に掲載されているので，ここに転載するので参照されたい（図表Ⅱ-2）。

また高野は，頌栄保姆伝習所はキリスト教系の保姆伝習所としても最古のものではなかったけれども，今なお継続されているキリスト教系伝習所としては最古のものであるとしたうえで，その教育内容・方法について「独自性のある，いちばん充実した本格的な養成機関であったといえる」[30]と述べている。その内容方法について高野は以下のように紹介している。

「その課程を東京女子師範のものと比べてみると，年限も倍の二年であり，週の授業時間数も一・五倍の三十八時間であった。内容もフレーベリズムのただ形式をとりいれるよりも，その精神，特にキリスト教に基づく精神を学ぶことに力をいれていた。フレーベルの二大著作『人之教育』と『母の遊戯及育児歌』を基本的な教科書にし，その教育精神の理解をはかり，また聖書の時間は週六時間もあって旧新約聖書全体を十分に徹底して学べるようにした。ハウは音楽の専門家だったので，音楽の時間も女師にくらべ非常に多か

図表Ⅱ-2　東京女師保母練習科と頌栄保母伝習所との比較
（高野勝夫『エ・エル・ハウ女史と頌栄の歩み』p.40）

		東京女師保母練習科 (修業年限　1年)		頌栄保母伝習所 (修業年限　2年)	
		前期	後期	1年	2年
修　　　身		0	2	6　（聖書）	6　（聖書）
教　育　学		2	0	0	2
心　理　学		0	0	2	0
理　　　科		2　物理 動・植物	2　人体	4　動・植物 生理	4　鉱物 生理
数　　　学		1　幾何	1　幾何	0	0
保育学	理論	7　恩物	7	2	2
	応用	1　幼稚園論	1　フレーベル伝	2	2
	実習	6	6	10	10
唱　　　歌		2　{遊戯とも	1　遊戯とも	4	4
音　　　楽				7	7
図　　　画		1　（初歩）	1　（初歩）	0	0
体　　　操		1	1	0	0
文　　　学			1　（小説）	1　（作文）	1　（作文）
週時間数合計		23	23	38	38

（比較しやすいように入れかえたものもある）
（著者注：表タイトル及び表内の漢字表記は原文のまま）

った。」[31]

　この叙述を比較表（図表Ⅱ-2）とともに見てみると，確かに高野の叙述が確認できる。実習，唱歌音楽は倍以上，心理学も頌栄では導入されている一

第1章　明治期における遺愛幼稚園の運営および保育と園舎　　*107*

図表Ⅱ-3　頌栄保母伝習所カリキュラム　普通科＋高等科（図表Ⅱ-2と同じ，p.44）

学科		一年	教科書	毎週時数	二年	教科書	毎週時数	一年	教科書	毎週時数	二年	教科書	毎週時数
		普通科						高等科					
修身			聖書及口授	6		聖書及口授	6		聖書	6		聖書	6
教育学					原理,応用幼稚園原則管理法等	口授	2		口授	2			
心理学		普通心理学及嬰児心理学	矢島氏普通心理学及口授	2					口授	2		口授	2
理科		動物,植物,生理	理科読本及口授	4	鉱物,生理,衛生	理科読本及口授	4	動物,植物,生理	口授	4	鉱物,生理,衛生	口授	4
保育学	理論			2		口授	2		プットマン著 幼稚園及学校 ブロー著 フレーベル伝 フレーベル著 人之教育 クリーゲ著 小児	2		フレーベル著 人之教育 フレーベル著 母の歌 マツレ著 家庭教育	2
	応用			2		口授	2		口授	2		口授	2
	実習			10			10			10			10
唱歌				4			4			4			4
音楽				7			7			7			7
作文		書牘文及近体文		1	書牘文及近体文		1	書牘文及近体文		1			1

（明治26年7月制定）
（著者注：表タイトル及び表内の漢字表記は原文のまま）

方，図画や体操や数学は頌栄では行なわれていないなど，特徴を見ることができる。保育学におけるフレーベル恩物の理論が，頌栄では著しく少ないことが興味深い。フレーベル思想を非常に重んじていたハウの伝習所が，フレーベル恩物の指導に傾倒するわけではなかったことに目を惹かれる。

　また，ハウは，長続きはしなかったものの，高等科構想を打ち出し，数名の高等科卒業生を世に送り出したのであった。

　ここに，参考までに高等科のカリキュラム（図表Ⅱ-3）も，高野の前掲書

より転載しておきたい。

高等科では,「口授」という記述が多く見られるが,教科書を使用せずハウもしくは和久山きそによる直接教授が行なわれていたものと想定できる。また,保育学の理論においては,様々な専門書の購読が設定されており,普通科2年を終了したあとは,更に専門的な学習を行なうことが構想されていた。

ハウが,保姆に高い専門性を身につけさせるため,実習を増やすのではなく専門書購読を増やしていたことが非常に興味深い。

4. ハウがこだわった美的環境

ところで,上記の課程表が作成された明治20年代からは時期が下るが,ハウの頌栄での教えについて,大変に興味深い内容が2点,高野によって同書に紹介されている。それは,第一に,ハウがこだわった「美」に関することと,第二に,数年ごとに米国に一時帰国した際に米国で接触した進歩主義教育に対する見解についてである。第一の点については今よりここで論述し,第二の点については少しばかり本章第5節で述べ,大部分については次の第2章第3・4節において述べることとする。

なぜ著者がハウの教育思想を考察するかを,もう一度くりかえして述べておこう。明治30年代以降,昭和40年代に至るまで遺愛幼稚園の実践をリードし続けてきた主任格の保姆が全て頌栄保姆伝習所出身であり,この点を鑑みると,遺愛幼稚園の運営や実践内容にハウの思想や理念が大きく関与しているものと考えられるからである。このことから,遺愛幼稚園の実践史を分析する際に,上記の二つのハウのこだわりは,看過できないものなのである。そこで,これらについて分析考察したいと考える。

まず,ハウがこだわった美意識について述べる。高野が前掲書の「Ⅲ 実りゆく頌栄 2「美」の保育者」において,ハウの美意識について論究している。高野は,ハウから教えを受けた頌栄保姆伝習所の卒業生のハウに対する印象をまとめているが,卒業生らの証言によると,ハウは,「美しさを何よりも愛した人であった」[32]とされている。ハウは頌栄の教育において,「な

第1章　明治期における遺愛幼稚園の運営および保育と園舎　　109

によりもまず「美しい教育的環境」の設定に努めた」[33]と同時に、「美しい環境ばかりでなく、美しい人的環境を重視した」[34]と高野はいう。ハウは、「子どもの目に醜いものをふれさせてはならない」といい、建築についても「建物が老朽化しているので、嵐にあうと、ところどころ壊れるところがでてきた。しかし、女史は小まめに補修させて、古い建物ながら、きれいな感じを与えるようにした」[35]り、「『ミレーの晩鐘』のような美しい泰西名画をフランスやアメリカから取りよせて、保育室を飾った」[36]り、「いつも物はきちんと整頓し、また見た目に美しく配置して、すこしの乱雑も不調和も許さなかった」[37]と、高野は述べている。また、ハウは花が大好きであったそうで、「幼稚園を始めると、さっそく花壇を造り、種をアメリカよりとりよせ、もくせい、においアリスサム、なでしこ、きんせん花、たちあおい、朝顔などいろいろな花を植えた。当時、花壇はたいへん珍しいものであった。子どもたちにも強い印象を与えた。幼稚園第十一回卒業生井上新二は、『初夏にさいた真黄色の花菱草の美しさは生涯忘れることはできない』と言っている。（中略）ハウ女史は自宅でも、たくさんの鉢植の花を育て、朝はやく起きて丹念に世話をした。（中略）彼女は学生にいつも『花を愛するのは、子どもを育てるのといっしょです』と教えた」[38]と高野は述べている。

　この説明で興味深いのは、ハウが園庭に花壇を作り、そこで様々な花を育てていたということである。そしてこれは道行く人々にも目立っていたという記述を高野は加えているのである。

　頌栄幼稚園の創立は明治22（1889）年であり、この頃の我が国では、幼稚園の園庭に関する記述は、『幼稚園創立法』（明治11（1878）年　関信三）、『幼稚園初歩』（明治18（1885）年　飯島半十郎）、『幼稚園摘葉』（明治26（1893）年　中村五六）などに少しずつ書かれていた。『幼稚園創立法』と『幼稚園初歩』は頌栄幼稚園が創立される以前のものであり、『幼稚園摘葉』は頌栄幼稚園創立の4年後に出版されたものであるが、いずれも法的規制を持つものでは全くない。またそののちの明治32（1899）年には「幼稚園保育及設備規程」が示されるわけだが、これは頌栄幼稚園創立の10年もあとのことであり、頌栄幼稚園の園庭のしつらえを検討するのに紐解くには時期が遅れている。もちろんハウが、上記のような日本の著書を参考にして花壇を設けたわけで

は全くなく，彼女自身の教育理論や嗜好によって庭に花壇が設けられたのであろうが，参考までに，上記3書（『幼稚園創立法』『幼稚園初歩』『幼稚園摘葉』）のなかで園庭がどのように語られているかを見てみよう。

　まず『幼稚園創立法』であるが，ここには次のように記されている。園庭としては公庭と私庭を設ける。私庭というのは，幼児一人ひとりに分けて，そこに各自で好きな種を播いて植物を育てる。公庭には「山谷田園池沼島嶼」[39]などを築き，その間に「竹木草花四季百種ノ植物ヲ栽培シ春時ハ以テ梅櫻桃李ヲ賞スベク秋間ハ以テ菊花楓葉ヲ玩ブベク或ハ井ニ菜圃ニ穿テ水ヲ漑ギ蹊ヲ花下ニ通ジテ逍遥ニ便スベシ」[40]と書いてある。すなわち，ここでは，園庭には自然を再現したうえで，美しい花を植えるのが望ましいとしてある。

　続く『幼稚園初歩』であるが，これには園庭に関する記述は見られない。

　最後に『幼稚園摘葉』では，園庭に関する記述が見られる。以下に抜粋して示す。著者の中村五六も，『幼稚園創立法』の関信三と同じく，園庭を二つに分けるように述べているが，その分け方は趣を異にする。すなわち中村においては，二つに分けた一方は「周囲ニ樹木ヲ植ヱ，遊嬉ノ場所トシ」[41]，もう一方は「花壇ヲ設ケ，諸種ノ植物ヲ栽培シ，樹蔭ニハ榻ヲ設ケ，又一方ニ噴水ヲ設クレバ最モ佳ナリ，培養ス可キ植物ハ，主トシテ人生有用ナルモノ，即チ花木野菜穀類麻綿楮桑茶果樹等ニシテ，説話ノ事柄トナリ，又種子ヲ蒔キ，発生ノ状態ヲ観察セシムルニ便ナルモノヲ撰ブ可シ」であることがよいとしている。これを見ると，中村は，花壇に花を植えることに加え，説話や観察にも活用できる，実のなるものなどを植えるとよいと述べている。

　上記のように，関信三も中村五六も，庭には教育的な観点から花を植えるのがよいとは書いているが，そこに「美」を見出すために植えるとよいといった注釈は特に加えられていない。ここに，美しい庭を意識して花を植えるという発想は，ハウが当時の日本における幼稚園教育の指南書を参考にして考えたのではなく，ハウ独自のものであったと判断できる。ハウの園庭構想においては，様々な植物のなかで，特に花の美しい植物に重点が置かれていたのであった。それが，米国における幼児教育思想から来ているものか，なにか別の参考図書から得た発案か，あるいはたんにハウ自身の美意識と関係

しているだけなのか，そこまで明らかにすることは難しいが，いずれにせよハウにあっては，建物内の美化のみならず園庭の美化も重要な位置を占めていたということは確かである。

またハウは，人的環境の「美」すなわち保姆らも美しく在ることを強く求めていたと高野はいう。「美しい情操」をもっていることを中核とし，服装についても「子どもに美しい感じを与えるため，質素であっても調和したものを着るように心がけさせた」[42]り，「活動に便利だからといって，袖を帯の間にはさまないように希望した」[43]りしていたそうである。

ここに書かれた記述を見ると，ハウが，頌栄幼稚園や頌栄保姆伝習所の環境設定に，相当に細かなことまで美的であることを求めていたことがうかがえる。そして，保姆らの身だしなみも，たんに活動に便利で好都合であればよいものではなく，子どもの前に出る時には常に美的な装いをしていることを求めていたことが読み取れるのである。

こうした，美的要素を意識した幼稚園の環境設定と，保姆の育成を目指していたハウと頌栄であったが，では，その実際の様子はどうであったのだろうか。充分な史料があるわけではないが，幾つかの史料から検証してみたい。

ハウおよび頌栄の活動の様子は，我が国の明治〜大正における幼稚園教育の全体像を知るに一般的には有効である雑誌『婦人と子ども』（のちに改称して『幼児の教育』）の書中には，意外なほどに見ることが難しい。これは，我が国の明治〜大正期の幼稚園教育が，概して大きく二つの派に分かれていたことを示す事実である。最初の一派はいうまでもなく，日本で継続的に幼稚園運営を行なった幼稚園のなかでは最古の東京女子（高等）師範学校および同附属幼稚園とこれに繋がる全国の官立・公立・共立系の幼稚園群の派である。この派の活動は，上述の雑誌『婦人と子ども』に紹介されるが，ここで確認するまでもなく，この派が日本の幼稚園教育の主軸となって明治〜大正〜昭和の幼稚園界を牽引していたことは承前の事実である。すなわち当然ながら，この雑誌には，これとは派が異なるところの，ハウが率いるキリスト教系列の幼稚園に関する記事は殆ど見ることができない。

これと同時に我々は，その運営の開始にはハウも強く関係しながらも，日曜日の集会への参加が不可能なキリスト教主義幼稚園が途中脱退するに至っ

てしまった，京阪神連合保育会を思い出す。この保育会が発行していた『京阪神連合保育会雑誌』[44]には，頌栄が神戸にあり，一時期この保育会に所属していたことがあるため，頌栄の様子およびハウの活動を僅かながら見ることができる。すなわち，この『京阪神連合保育会雑誌』は，我々が明治期の頌栄幼稚園の様子を垣間見ることのできる主たる史料である。

　京阪神連合保育会は明治30（1897）年に結成された会で，フレーベル会と時期を殆ど同じくしている。京阪神連合保育会は，文字のとおり，京都市保育会・大阪市保育会・神戸市保姆会が連合してできた会で，これら3都市に，当時非常に先進的な幼児教育を行なっていた岡山市の吉備保育会も特別会員として参加していた。これら4市が共同で運営に関与し，毎年1回の研究会を開催し，上記の月刊誌を発刊していたのであった。フレーベル会と京阪神連合保育会の関係をして，『日本幼児保育史　第3巻』「16　大正期の保育会の姿」を分担執筆した水野浩志は，「これらの運動（著者注：大正期の幼稚園教育振興を意味する）の中核となったのは倉橋惣三を中心とするフレーベル会であり，それを強力にまた具体的に推進していったのは京阪神連合保育会であったといえる」[45]と紹介しているが，まさにそのとおりである。両者は車の両輪のごとく関係しつつ，当時の日本の幼稚園教育を進行させていた。著者の先行研究による分析においても，これは確認されている[46]。フレーベル会では定期的な講演会を開催して，様々な方面の第一人者を演者として招き，その時々の最新の研究成果を発表したり，海外を見学に出掛けた学者がその報告を機関誌に掲載したりしていた。一方の京阪神連合保育会では，新しい実践の内容や方法を試験的に次々に導入し，フレーベル会の動きに連動しながらも，同時的に，あるいは時には先行した動きを取っていた。京阪神連合保育会の動きは非常に具体的かつ実践的であり，フレーベル会のように東京にあって名実ともに日本の幼稚園界の中心にあった会とは異なり，むしろ足取りも軽く様々な新しい実践に挑戦することができたと見ることもできよう。ハウの頌栄幼稚園が所属していた神戸市保姆会は，幼稚園の開設は京都・大阪に比して僅かに遅く，幼稚園数も少なかったので（明治20年代末までに全5園のみ），連合して実践研究をしようとし，明治30（1897）年に頌栄幼稚園にて集会を持ち，そこで神戸市保姆会の結成が決定されたのであっ

た。神戸市保姆会は結成一週間後に大阪市保育会に出席，そこで京阪神連合保育会の結成が決定して，同年11月に京阪神連合保育会が第1回の会合を持つに至ったのであった。

ハウ率いる頌栄が所属していた神戸市保姆会は，京阪神連合保育会のリーダー的存在として重要な働きをしていたのであるが，キリスト教主義幼稚園にとって会合が日曜日（聖日）にあることが災いし，頌栄幼稚園と，同じく神戸のキリスト教主義幼稚園である善隣幼稚園が，明治34（1901）年，集会の曜日の変更を神戸市保姆会に申請，変更不可能のため，両幼稚園は神戸市保姆会を脱退した。神戸市保姆会は京阪神連合保育会に，そちらの会合も日曜日を避けるように申請したものの受け入れられず，神戸市保姆会は明治35（1902）年に，京阪神連合保姆会から脱退，この問題は神戸市保姆会内部でも解決できず，同年5月をもって神戸市保姆会は解散してしまったのである。しかし，京阪神連合保育会が結成された明治30～35（1897～1902）年までは，『京阪神連合保育会雑誌』の記事のなかには，頌栄幼稚園の様子を見ることができる。

さて，フレーベル会と京阪神連合保育会は，いずれも日本の一般的な幼稚園に広く支持された会であったのだが，その一方で，キリスト教主義幼稚園だけが参加していた会がある。そして，この会が発行していた年報に，我々は頌栄幼稚園の活動を，つぶさに見ることができる。すなわち，もう一つの，当時の頌栄の様子を見ることのできる史料は，明治39（1906）年に創立されたJKU（日本幼稚園連盟）が出していた，"Annual Report of the Kindergarten Union"という年報である。

このJKUは日本全国のキリスト教系列の幼稚園と保育所，保姆養成機関が教派を超えて交流を図ろうとした団体で，ハウの提唱により創立された会である。加入者は，ハウの片腕ともいわれた頌栄の和久山きそ，ただ一人の日本人以外は全て海外からの婦人宣教師で構成されており，年1回の集会は夏期に軽井沢で開催されていた。会の運営も年報も全て英語で行なわれており，当時の日本の一般的な保姆には参加することが困難な連盟であった。その年報に，頌栄の報告や写真が，相当数，掲載されているので，ここから当時の頌栄の様子を知ることもできるのである。

ここでは，主として上記 2 点，『京阪神連合保育会雑誌』および "Annual Report of the Kindergarten Union" の記事史料を参考としながら，ほかの史料も若干加えて，明治期の頌栄幼稚園および頌栄保姆伝習所の実際の様子を見てみる。そこから，明治期の遺愛幼稚園の実践や，環境設定の様子を推測する。

明治 22（1889）年に新築された，頌栄保姆伝習所と園舎は当初から幼稚園と保姆伝習所の両方に使用されるものとして計画され，木造瓦葺一部二階建てである。一階には 6 部屋，二階には 1 部屋あった。この建築の意匠は完全な純和風である。

内部について写真（写真Ⅱ-2）を見ると，和式に建てられた建築を洋式に使用していると判断できる。床には茣蓙か絨毯のようなものを敷きつめ，その上に木製の机椅子を置いて使用している。子どもたちは，長靴や草履を履いているのが見え，下足のまま入る方式だったと判断できる。これでは高野が前掲書において，「当時，幼稚園では遊戯室に花ござをしいていた。岡山から取りよせた上等のものであった。しかし，活動のはげしい子どもの室なので，すぐにござは破れた。これを見た女史は事務のものに『こんな汚いものは取り替えたら』といった。そのころ頌栄の財政状態は火の車で，三宅夏会計の苦労は並大抵ではなかった。それで，会計は，花ござは割合高価であるから補修して，まだ使ったらといったが，ハウは子どもの目に醜いものを触れさせてはならない，と言って許さなかった」[47]と書いているのも，もっともなことである。木製机や椅子を用い下足のままでは，ござは非常に傷んだであろうことが想定できる。

さらにハウ自身は，当時の室内の状況について次のように述べている。

「園舎は本当に美しく，保育室には長い引き戸の窓があって，ピンクがかったカーテンやグレーの壁，植物を置く棚，40 人から 50 人もの子供たち，とても素敵な眺めです」[48]（明治 21（1888）年 3 月 20 付書簡）

写真から見てとれる室内空間に加え，上記のハウ自身の記述から想定するに，室内は小ざっぱりと小綺麗に設定されていたと考えられる。

第1章　明治期における遺愛幼稚園の運営および保育と園舎　　*115*

写真Ⅱ-2　頌栄幼稚園「朝の会集」(『み翼のかげ』p.7所収)

　この園舎は,「建築,その他すべての設備はハウ女史の指導によってなされた」[49]とのことであるから,どれもハウの納得できるように設定されていたのであろう。園舎そのものは完全な和風であり,園舎そのものにハウが注文を求めることは困難であったのかも知れないと想定されるが,内部空間に関しては,確かにハウの感覚的には美的である空間が構成されていたと考えられる。

第5節　史料に見られる明治期の遺愛幼稚園における保育

　遺愛幼稚園の明治年間における教育実践や環境設定のあり方について我々は,残念ながら,ほんの僅かばかりの直接的な参考史料しか得ることができないのであるが,とりあえず,それらを見てみよう。それらはすなわち,明治28～32(1895～1899)年の間に勤務していた保姆の中野ウメによる手記と,明治期の遺愛幼稚園の様子について当時の遺愛の宣教師らによって報告された外部団体の報告書に遺された記述,遺愛の宣教師が遺愛に遺した記録などである。中野ウメの手記は,今回の史料整理作業のなかで発掘されたものであり,明治期の保育実践の様子を遺す史料が殆どない遺愛幼稚園史のなかにあって,大変に貴重なものである。

　最初に,これを見よう。すなわち,明治28～32(1895～1899)年に遺愛

幼稚園に勤務していた中野ウメが，大正2～3（1913～1914）年の間に著したメモである[50]。

原文と概訳は巻末の「補」2（17）を参照いただくとし，ここでは注目したい点について述べる。

これを読むと，明治の開園当初の保育の一部が描写されていて，非常に興味深い。明治期の保育のなかで，製作活動，談話，音楽活動が行なわれていたことが，文中から読み取れる。特に談話は「幼稚園で一番大切な朝の話」とあるように，幼稚園の保育活動のなかで最も重要なものとして考えられていたことがわかる。談話や音楽活動に関しては，海外の資料をもとに活動が行なわれていたことがうかがえる。すなわち，音楽活動に関しては，忙しかった女学校の音楽教師シンガーが，本や雑誌を中野に貸していたことが書かれているし，談話の資料も英語の資料から探していたと書かれている。中野は「物語を日本語で書いた適切な本は無かった」と書いている。明治20～30年代当時，談話の参考になる図書が日本にはなかったわけではないので，中野ウメが遺愛幼稚園における談話で話したいような話を収録した参考書がなかった，と解釈するのが妥当であろう。明治期の遺愛幼稚園における保育実践の参考は，当時の日本のほかの幼稚園関係者や文献資料などではなく，ハンプトンとデカルソンの助言であったことが記されている。幼稚園児を「出来るだけ幸福に快適に」過ごさせるために，この両人は多大な尽力をしたと書いてある。園児のために「美しい絵画を掛けたり」もして美的環境の創造にも留意していた。当時の遺愛女学校のリーダーであったハンプトンとデカルソンが，女学校教育のみならず，幼稚園教育にも心を配って熱心に取り組んでいたことが明らかに示されている。また，遺愛女学校の教師ではなかったけれども，ミラ・ドレーパー（Draper, M. E.：1859～1935），すなわち大正期の第二代園長となったウィニフレッド・ドレーパーの母親が，強力な協力者であったことも記されている。彼女の子どもたちが使用していた絵本を幼稚園に寄贈してくれたり，米国の子どもの歌を和訳して中野らに教えていたりした。明治の時代，遺愛幼稚園の保姆らが，遺愛幼稚園の保育実践に適応する教材や教具を見つけるのに苦労していた様子が偲ばれる。この時期，日本の一般的な幼稚園教育は既に一定の形式も安定し，実践のための資料も多

く準備されていた。一方，米国人婦人宣教師らによるキリスト教主義幼稚園ならではの保育実践を目指した遺愛幼稚園では，教材と教具の多くを米国製のものに頼らざるをえなかったということであろう。

　中野ウメの文中には，当時の遺愛幼稚園で，課題学習のようなたぐいの活動が組まれていたことが示されている。すなわち，なんらかの具体的な事物を主題として，その素材や制作過程などを教えるといった活動である。このような活動は，明治末期の頌栄幼稚園において実践されていた課題学習と同じ系譜にあるものと考えられる。これについては，あとに紹介する。遺愛幼稚園の開園当初，中野ウメが勤務していたころは，まだ頌栄保姆伝習所の卒業生は遺愛幼稚園に勤務しておらず，頌栄で勉強してきた保姆が遺愛でこのような実践を行なったわけではないが，既に頌栄においてもこのような実践方法が導入されていたとすれば，それがなんらかの書物や雑誌などを通じて遺愛幼稚園の保姆の目に届き，それを模して行なっていたとも考えられる。

　中野の文章の最終段落を見ると，そこに非常に興味深いことが書かれている。それは，「全てのものは神によって創造されている。(中略)神の造られた全ての創造物は，みな優れている。ある子どもたちは，不幸なことに，不注意な援助者や遺伝的な失敗によって汚い純でないものとして物を見るように創られ，それがしばしば人類さえ狂わすことになる。(中略)フレーベルは，自然を愛した。それは，彼の善であり，親切であり偉大さである。子どもたちに対する援助者の責任は重大である。(中略)教師は，一人ひとりを非常に注意深く見守り，彼らの性質を把握しなければならない」という表現である。この文には，明治期の遺愛幼稚園の，そして当時のキリスト教主義幼稚園の，さらにいうならば現代の遺愛幼稚園やキリスト教主義幼稚園の，保育の中核をなす恒久的な保育目標・理念が表れている。すなわち，万物は創造主である神の手によって創られており，そうであるから全てのものは美しいこと。フレーベルは，神が創造した自然を愛し，そこにフレーベルの善，親切心，偉大さがあること。教師の子どもたちに対する援助のあり方が非常に重要なので，教師は一人ひとりを充分に見守り，一人ひとりの性質を把握しなければならないこと。それが，ここに記されているのである。遺愛幼稚園では，現在の地に第一独立園舎が建てられて保育が開始された創立期の明治

20～30 年代から既に，このような保育理念に基づいて保育実践が行なわれていたことがわかる。

ところで，ドレーパーの手記を見ると，明治年間の幼稚園が午前と午後の 2 部保育をしていたことが記されている。すなわち，"At that time there were so many children that both morning and afternoon sessions were necessary, thus accommodating over a hundred children."（ドレーパーの手記より。「補」2（16）所収）と記されており，明治期の遺愛幼稚園では午前と午後に分けていたことが示されている。ドレーパーは，この時期に幼稚園に勤務していたわけではないので（ドレーパーは明治 22（1889）年生まれである），聞き伝えの範囲で書いている。その範囲での記述なので，明治期の詳細な記述には限界があるであろう。

そこで次に，明治年間における頌栄幼稚園の実践の内容と方法について見ることにより，明治期の遺愛幼稚園の実践の傾向を掴む手がかりとしたい。以下に紹介するのは，和田實（1876～1954；小学校教員を経て 1906 年に東京女子師範学校助教授。自然主義を学び，フレーベル恩物主義からの脱却を提唱。のちに倉橋惣三に継がる「感化誘導教育」を考案）による頌栄幼稚園参観記録で，珍しく『婦人と子ども』誌上に掲載された明治末期の頌栄幼稚園の記録である[51]。かの和田實が関西の幼稚園を参観して回った際に頌栄幼稚園にも半日ほど滞在し，その時の見聞を記したものである。これが書かれた時期は，既に遺愛の大和田ふみは遺愛から頌栄に移動している時期であるが，この和田による参観が行なわれた明治末期の頌栄幼稚園では，まだ明治 30 年代からの内容や方法を継続維持したかたちで実践が行なわれていた。よって，この和田の手記に書かれている頌栄幼稚園の実践形式を見れば，これと類似した実践が明治 30 年代の遺愛幼稚園でも展開していたと想定することが可能であろうと考える。

ちなみに，明治中～後期の幼稚園教育実践の内容と方法は，日本でも数々の研究や実践を踏まえた論争が展開していたのは周知のことであるが，これは日本に限らず，もとはといえば米国における論争が火種であったともいえる。米国と日本のどちらが先に論争に火が点いたか，どのような展開をしていたかについては，多くの先行研究者によって考究され，また今後も歴史的

な分析研究が続けられることであると思うが，その経緯を詳細に分析するのが本論文の目的ではないので，この論争については先行研究における分析考察に学ぶかたちで，遺愛幼稚園の明治期の実践解釈に利用することにしたい。

さて和田は，明治43 (1910) 年11月1～3日，大阪と神戸の幼稚園を参観して回った。和田は 11月1日に大阪女子師範学校附属，御津，船場，中大兄，汎愛，愛珠を，2日に頌栄，神戸，兵庫を，3日は江戸堀，日吉，北大兄の各幼稚園を参観している。頌栄に対して和田は「我国に米国式，シカゴ式の保育法の能く普及して其他の流のものと互に対峙して我保育界を賑はしめて居るのは実に同氏の力與つて大なるものと云はねばならぬ。殊に大阪の保育界を見んとするものは其一般に保育法の大体相似かよつて居る中に超然としてハウ氏独特の所謂，シカゴ式保育法を実施しつつある此幼稚園を見ないと云ふことは阪神保育界に対する敬意を訣いたものと云はねばならぬ」[52)] と書いている。当時の幼稚園界のなかにあって頌栄幼稚園は，和田においては，相当「特異」なものとしての受け止められた感覚があったものと思われる。和田は頌栄幼稚園に対して，かなり違和感を持ったような文章が書かれている。

参観当日はハウが留守で，「保姆養成所主任某（尊名を逸す）」から案内を受けたという。おそらく和久山きそであったものと考えられる。ちなみにこの時期であると，遺愛から頌栄に移った大和田ふみも頌栄幼稚園および保姆伝習所に奉職していたと判断できる。

和田の記述によれば，頌栄幼稚園における参観当日の午前中の流れは，以下のようであった。

～10：00　自由遊戯
10：00～「室内一斉作業」日の丸の旗を作る（天長節のため）
唱歌遊戯
模擬体操
昼食

それぞれの活動について説明がなされているものについては，以下に示す。

・室内一斉作業

あらかじめ用意した白地の紙に，赤い丸の紙を置き，良い位置に置かれているか保姆がチェックし，OK の場合は円の枠を保姆が描き，それに合わせて幼児が貼るというもの。

・唱歌遊戯

「其調が如何にも唱ひ悪い，少なくも日本の楽曲を喜ぶものには異様に感ずる様な抑揚があり旋律があつて歌詞が付き悪い様な感じのするものであつた。云はば悲哀の訓の多い耶蘇風の，教会風のものであつた。是は何處の幼稚園でも西洋人の経営せらるる處では共通の特色である。」

「遊戯は鳩，鯉，等二三のものと村の鍛冶屋及び体操と行進とであつた。何れも全幼児を方形に並べて置いて其中より数人の演者を出し他は多くは歌を唱ふか，若しくば見て居るのであつた。」

「村の鍛冶屋と云ふのは歌を唱ひながら数名が鍛冶の真似を為し金物を注文せしめたる幼児に之を與へると云ふ筋で，極めて穏やかなものであつた。」

「模擬体操は別段変つたこともなかつたが行進は割合に歩訓が取れなくて何時も楽器が拍子早になつて居つた。」

「打ち見たる所其遊戯が凡べて独特の創造で色々と工夫されて居ることは誠に敬服す可き所である。」（以上，全て引用[53]）

和田實による活動の解説は上記のように記されていた。和田にとっては頌栄幼稚園の唱歌遊戯の唱歌は，なじみにくい異様なものに聴こえたようであるが，独自の振付か動きが施されていたようで，それに対しては敬意を表している。

昼食が開始されてから 1 時間程度，主任から，頌栄幼稚園の年間の活動題目を聞いている。それは以下のようであったという[54]。

1,2 月　宗教と科学（世界創造のこと，日月昌農，動植物，時，年，等）
3 月　　礼拝（服従，摂理，仁愛）
4 月　　復活（生命，植物，動物）
5 月　　国家（歴史，日本，独逸，英国，米国）

6月　工芸（鉱山，鍛冶，舟，機関）
7月　同　（石工，建築）
8月　休み
9月　農夫の働き（六月に植えたる稲の観察，稲作，天気表）
10月　農夫の助手（家畜，農具）
11月　収穫（米，菓物（ママ），落葉，野菜と感謝祭）
12月　冬眠（クリストの話，古来の話）

そして，これの説明を以下のように述べている。

「斯る予定の下に凡べての保育を統合して一方に直観的に模倣的に是等の事物を知らしむると共に之をして幼児の脳中に於て統合する所あらしめ悟る所あらしめんとするもの是即ち米国シカゴ派の所謂新式保育法である。予定の整然として立派なる恐くは見る人をして喫驚せしむるであろう。併しながら統合主義が教育上如何程の価値を有す可きかは既に定評のあることで今茲に之を事新しく論ずる迄もない。従つて是が幼児への課程法としては餘りに高尚に失するの嫌あることは云ふ迄もないことである。（中略）由来，幼児の頭脳中に整頓したる大思想を作らうとすることが抑も幼児教育の目的以外に逸したことで小学校以上の教授目的を幼児に横取して来たものと云はねばならぬ。幼児の直観は何處迄も直感でよいのである。（中略）米国の如き教育学の不完全なる所に於ては斯る統合主義も或は識者の研究題とならんも計りがたけれど我国の如き十数年の昔に於て既に此問題に遭逢したるものは今事新しく此主義の研究に力を盡すのも必要なからん。」[55)]

この文を見ると，ここに和田實が頌栄幼稚園の実践内容や教育課程に痛烈な批判を加えていることが示されている。唱歌は，ハウにとっては耐え難かった日本の唱歌に対抗して頌栄の実践に導入した歌が，和田には全く違和感の強いものであった様子である。また，教育課程が高レベルで厳然と組まれていることに対しても批判的で，様々な身近な事象を統合して高い文化・思想を幼児自身によって形成させようとする方法も「統合主義」として幼児に

は不向きなものであると否定している。

　さて，ここに見てきた頌栄幼稚園における明治43（1910）年の実践は，頌栄幼稚園および頌栄保姆伝習所においては，どのような位置にあったのだろうか。つまり，明治20年代に開始された頌栄幼稚園と伝習所の幼児教育理論とそこから発生する実践内容方法を継続していたものだったのか，それともこの時期に新しく導入されたものだったのかを確認する必要がある。これを確認したうえで，それが明治20～30年代の実践内容・方法と大きな変化を遂げていないようであれば，こういった内容・方法が，明治30年代の遺愛幼稚園でも導入されていたと，ある程度は確証することが可能になろう。

　では，明治43（1910）年段階における頌栄幼稚園および頌栄保姆伝習所における幼児教育の理解およびその実践内容・方法について見てみよう。

　明治30～40年代の日本の幼稚園教育といえば，大きく揺れ動いていたことは，近代日本幼稚園教育史を知る者であれば誰でも周知の事実である。その大きな潮流は，既に著者も簡単に前述したところであるが，この時期，頌栄をリードしていたハウは，どのような活動をしていたのであろうか。これについて，『エ・エル・ハウ女史と頌栄の歩み』における高野勝夫の記述を中心に，適宜，『日本キリスト教百年史』における該当箇所の分担執著者である黒田成子の記述も加えて，ここに紹介しておこう。

　ハウは，明治20（1887）年の来日以降，数回にわたり米国に帰国している。帰国の理由は様々であった。下に，ハウの米国帰国について一覧にしてみる。

①明治28年（1895）11月～明治30年（1897）6月　休暇のため
②明治36年（1903）1月～明治39年（1906）3月
　　母校であるフレーベル協会保姆伝習学校（シカゴにある）の副校長になるため
③大正2年（1913）1月～大正3年（1914）7月　休暇のため
④大正6年（1917）10月～大正7年（1918）4月　母の病気看病のため

　ハウは上記のように，忙しく帰国を繰り返している。前掲の和田の頌栄幼稚園訪問記が示されたのは，ハウが第二回の帰米から日本に戻った時期である。

　さて，このハウが何度も米国帰国を繰り返していた間の，米国における幼

稚園教育界の動向は，どのようなものであったのだろうか。これについて見てみよう。なお，ここでは，上記の4回のハウの帰米を，それぞれ帰米①というように書くことにする。

この時期の米国の幼稚園界の動向について，まず黒田成子は次のように分析している。

ハウの帰米②の頃は，「フレーベル主義派の代表スーザン・ブロウ女史と革新派を代表するパティ・ヒル女史との間に激しい論争がくり広げられていた」[56]という。米国幼稚園連盟は，この論争を前進させ，スーザン・ブロウ（Blow, Susan：1843～1916），ルーシー・ウィロック，アリス・パトナムによる3人委員会を明治36（1903）年に結成させ，その下に19名（最初は15名で，途中で4名ふえて19名となった）の委員会を結成させたという。その委員会は，保守派，中間派，革新派の人々から構成されており，明治43（1910）年までに一応の終結を見たと黒田は述べている。ハウの帰米②は，まさにこの米国における論争の真っ最中であったことが，時期的に確認できる。

黒田は，このころのハウのスタンスについて，次のように書いている。すなわち，黒田は，高野勝夫の同書に記載されている，一つの逸話を引用して説明に用いている。その逸話とは，高野が前掲書p.81において紹介しているもので，ハウが帰米②を終えて日本に戻った時，伝習所の教員室に，ハウが帰米する前の学科課程表がそのまま壁に掛けられていた。それに対してハウが，「そんな古いものをなぜまだ掛けているのか」と和久山きそに問うたところ，和久山は，「私たちはハウの帰国を待っていたのだ」と答えたという逸話である。

この逸話を引用した黒田は，「そこには旧態依然たる教育が行なわれていたのである。A. L. ハウはJ. K. Uを設立して日本の幼児教育を世界の保育の現状に近づけようとした。A. L. ハウも広島女学校（ママ）のミス・ゲーンズ，ミス・クックもフレーベル革新派のパティ・ヒルに近い人々であった」という解釈の裏づけに，この逸話を用いている。すなわち黒田の解釈によれば，この逸話は，ハウがシカゴを中心とした革新派の一員であり，帰米②から日本に戻ったハウが昔のままの伝習所の学科課程表を見て「内容が古いままだ」ということを問題視して指摘した，ということを明らかにする逸話であると

いうことになるのである。

　しかし、そもそも高野勝夫は、なにを意図して、この逸話を紹介しているのだろうか。高野は、ハウが帰米②から頌栄に戻った時に和久山きそに対して「学科課程表が古い」と指摘したという逸話を紹介することにより、ハウと和久山とが強力な信頼関係で結ばれていたということを明らかにしようとしたのである。それは、この逸話が「ハウ女史と和久山きそ女史」という項目の冒頭に紹介され、以後、「ハウ女史は和久山きそのことを（中略）賞讃し信頼していた」[57]という文に繋がっているだけであり、進歩主義に対する論の展開には繋がっていないことが解釈できるのである。

　では、一方の高野は、ハウが帰米を繰り返していたころの米国における幼稚園教育論争の様子を、どのように紹介しているかを見てみよう。

　高野は前掲書『エ・エル・ハウ女史と頌栄の歩み』の「Ⅲ　実りゆく頌栄」の5において「ハウ女史の保守性」という題のもとに、この時期の米国における幼稚園教育論争の展開とハウのスタンスについて述べている[58]。ここで黒田の記述とは離れて、高野による米国幼稚園教育論争についての解説を簡単に見てみよう。大体においては黒田の記述と違いはないが、高野は若干、詳しく書いている。すなわち、帰米①のころは「フレーベル批判の大きな渦巻がおきたとき」で、アンナ・ブライアンが恩物批判の痛烈な講演をした5年後の頃であった。帰米②のころは、シカゴの児童研究グループでジョン・デューイやフランシス・パーカーらも所属する「ヘルバチアン・ソサイアティ」らによる恩物への痛烈な批判が展開していたころで、「もっと遊びをとりいれた、また、自然物を利用する進歩主義教育」[59]がデューイらによって開拓されていた。さらに帰米③の時期は19人委員会により議論が戦わされ、「実際には進歩派の勝利と終わり、永い間、続けられた二派の論争に終止符がうたれた。そして、進歩主義教育が急激に幼稚園の間に広まってゆき、伝統的なフレーベルの教育は旧教育とみなされるようになっていった」[60]と、高野はまとめているのである。さらに高野はキルパトリックによるフレーベル恩物批判についても紹介しており、これによって「進歩派の全面的な勝利に終わった」[61]とも述べている。

　このような「進歩派の全面的な勝利」を紹介したあとに高野は、ハウのス

タンスについて考察している。高野は，ハウが大正5（1916）年の卒業生に宛てたメッセージの記録「信仰」[62]のなかから一文を引用している。これは遺愛幼稚園にも史料として保存されているので，その保存史料から，高野の引用を含む箇所をやや広く引用してみよう。

「今日の人は（中略）無暗に，進歩的と申しますものの，今日この名称で行はれて居る事物は，決して『進歩』ではなく，唯それは『反逆』であります。このような『反逆』によって世界は進歩するものではありません（中略）かのフレベルの原理と実際とを了解し，この訓練を完成した上で，徐々と，自分の働きに着手しなさい。米国から新らしき（ママ）幼稚園教師の来る度毎に，自分の方法を変更することを急がず，又『風に動かさるる葦』にならない様によく御用心を願ひます。」[63]

高野は，その翌年の同様の冊子「幸福なる可能事」（1917）におけるハウの言葉も引用している。この冊子は遺愛幼稚園に保存史料がないため，高野からの引用を一部ここに転用する。

「改革とか改変とか申すものは，実際の必要に迫った時に経験もあり，実力もあり，技倆もあり，学識もあり，先見もある，偉大なる人物によって実行されるべきものでありまして，未熟者の過失とし動機として，無暗に改革，変更をなすべきものではありません。そのような開化改革，変更は進歩ではなく退歩であります。改善ではなく改悪であります。」[64]

これら二つの冊子の引用をとおして高野は，ハウの思想について，以下のように解釈を下している。少し長いが引用しよう。すなわち，「ハウ女史はいわゆる進歩主義者たちの，簡単に新しいものに飛びつく主体性のない軽薄さを非常に軽蔑した。（中略）彼女は前にも述べたようにフレーベリズムを本当の意味において日本に紹介した第一人者であった。恩物などの技術的なものに重点をおいた当時の傾向にさからって，むしろその教育哲学，教育精神を導入しようとした真の紹介者であった。恩物の形式的使用にこだわり，

フレーベルの真の精神を忘れる保守派ではなかった。フレーベルがよってたった基盤に，女史もまたたって，それを決してくずさなかった。そして，それに基づいて新しいものを取捨選択し，とりいれるものは進んでとりいれるという，健全な保守性をもった人であった」[65]と，高野はハウを評価しているのである。

著者が改めてハウの講述したものをまとめた2冊子の記述を見るに，ハウは，深い思索なしに新しいものを採り入れる姿勢，またフレーベル恩物を生みだすにいたったフレーベルの教育思想に対する深い学習ぬきにフレーベル恩物を批判する姿勢に対しては，非常に厳しい批判的な意見を持っていたように考えられる。

前掲の，和田實による明治43（1910）年の頌栄幼稚園の実践を改めて分析すると，ハウは帰米②から頌栄に戻ったあと，シカゴの進歩主義的学習方法の典型的な方法であるプロジェクト学習法を一部応用して月ごとの活動の大きな課題を設定して示している。おそらくこれは，当時の幼稚園で広く見られた朝の会集，キリスト教主義幼稚園で行なわれるところの「モーニング・サークル」のなかでの話として話されていたと考えられる。それに加え，和田の参観日は天長節の直前だったため国旗の製作が行なわれていたわけであるが，当時の頌栄幼稚園では，なんらかの一斉保育の形式での，手先を使用した活動が展開されていたと見ることができる。この日はフレーベル恩物ではないが，いずれにせよ机に向かい皆で何かに取り組むという活動は導入されていたことがわかる。加えて唱歌遊戯も行なわれており，和田が参観した時間帯に行なわれた唱歌遊戯の遊戯は共同遊戯であったが，室内で展開していたことが文脈から判断できる。当時の頌栄幼稚園の園舎は出入が一カ所の集中式のものであり，内外空間の直接の連結はなかったと判断できる（拙著より）ので，遊戯は屋内の遊戯室で行なわれていたのであろう。

和田が参観した，この明治43（1910）年頃の時期，頌栄幼稚園では，先に述べたようなハウ独特の保守性により，頌栄幼稚園独自の，一部は明治期の実践を維持しつつも一部はハウが米国から持ち帰ったシカゴ式の新教育が実践されていたと考えられる。

ここに見てきた頌栄幼稚園の実践を参考としつつ，先に掲げた当時の僅か

な史料を参照する時，我々は，明治期の遺愛幼稚園における実践のありかたの一部を想定することが可能となる。すなわち，頌栄保姆伝習所では，フレーベルの教育思想の基本がハウによって伝習され，そのうえでフレーベル恩物の用法や指導法が教えられていた。それを学んで遺愛幼稚園に戻ってきた大和田ふみは，その方法に忠実に実践を展開していたと考えられる。すなわち，短い朝の自由遊戯では，遺愛女学校の狭い敷地に建てられた遺愛幼稚園であっても，気候や天気のよい日には，自然を重視したフレーベルの思想に基づく屋外遊戯が展開していただろう。続いて行なわれるモーニング・サークルで「話」がされたあとに，皆で行なう遊戯が室内で行なわれていたであろう。ちなみに「共同遊戯」という言葉はのちに生まれる言葉なので，明治期には「共同遊戯」とは呼ばれなかった。そののちに，室内に着席して，一斉保育形態によるなんらかの製作やフレーベル恩物が行なわれていた。頌栄幼稚園ではこののちに昼食となっているが，遺愛では半日で降園していたか弁当持参で午後まで幼稚園にいたかは不明である。こうした種々の活動は，第Ⅲ部で考察するところの，大正期に再開した遺愛幼稚園の実践内容・方法にも自ずとつながるものであるから，明治期にも行なわれていたと見て妥当であろう。

ところで，一方の日本の幼稚園界は，和田實が頌栄を参観した頃，どのような状況にあったのだろうか。明治43（1910）年ともなると，我が国の幼稚園教育は明治32（1899）年の「幼稚園保育及設備規程」も示され，教育内容も「遊嬉」「唱歌」「談話」「手技」の4項目に既に整理されていた。この規程は省令や勅令ではないので，日本の幼稚園教育を法的に拘束する力はないものであったが，少なくとも我が国において幼稚園教育に関して初めて示された規程であったには違いないわけで，官公立系，キリスト教系，その他を問わず広く日本の幼稚園が，参照していたものと考えられる。この規程においては，フレーベル恩物は一括して「手技」に包括され，活動全体に占める量的には激減したものの，皆無になったわけではなく，フレーベル恩物は手技として残存した。

幼稚園教育界の大きな動向としては，明治43（1910）年に東京女子高等師範学校講師に倉橋惣三が就任し，明治45（1912）年には倉橋が京阪神連合保

育会第19回大会において「幼児保育の新目標」なる講演を行なって、フレーベル恩物、設定された教育課程、室内活動を痛烈に批判したのであった。この講演において倉橋は、「東京では、遠慮してひかえていた彼の新保育理論、ことに、フレーベリアン・オルソドキシーに対する批判的な論を、望月さんの求められた通り、勝手に自由に、やや無遠慮なくらいに説いた」[66)] と、あとで回顧している。この講演は全7節から成っており、うち5、6節において明治末期当時の幼稚園の問題点を挙げているのだが、その講演において当時の幼稚園教育について倉橋が指摘した点は、幼稚園教育の中心的場所が室内にあることと、「手技手芸の教育」が多く行なわれていることの2点であった。2点目の「手技手芸の教育」については、倉橋惣三は『婦人と子ども』にも書いており、「余り細かい正確なる仕事を子供に強いると云ふことは、非常に生理的、自然的不自然である」[67)]、「現在真の恩物として天が與へて居るところの物は樹木、草花、石砂、土、水、其他沢山の自然物であります（中略）そんな小さい恩物を用ゐなければ恩物でないのかのやうに考えて居りますのは、非常な間違い」[68)] である、などと述べている。「フレーベルが今日尚ほ居りまして、新らしい（ママ）児童研究の結果を知られましたならば、必ずや此の恩物主義は撤回されるであらうと思ふのであります」[69)] とまでいっているのには驚かされる。フレーベル恩物を、フレーベル自身が否定するであろう、とまで倉橋は述べているのである。いずれも、倉橋が専門に学んだ心理学の当時最新の研究成果に基づいた提議であったと考えられるが、倉橋の講演や論文におけるフレーベル批判、フレーベル恩物批判のなかに、フレーベルの根本的思想について触れる箇所が見られないことに注意を引かれる。倉橋のフレーベルに対する立脚点が見えるようで、非常に興味深いものである。

既に日本の幼稚園においては、明治初期の幼稚園教育の導入からずっと日本の幼稚園が縛られてきたフレーベル恩物重視の活動からの脱却を目指した数々の試みが、明治20年代後半から30年代にかけて、全国の幼稚園で展開してきていた。これらの詳細については、各種の先行研究図書で繰り返し紹介されているし、拙著においても複数の実例を紹介することにより充分に考究したところである。明治末期当時の日本の幼稚園界にあって、上に示した

ところの，和田實による頌栄幼稚園における活動の批判，頌栄幼稚園が持っていた確固とした教育課程に対する批判は，和田にとって「十数年の昔に於て」既に日本では問題視され解決し終わったことを今でも実践しているという意識から出てきたものであろうと思われる。これは和田に限ったことではなく，倉橋の講演や雑誌論文に総括されるような思想に触れていた当時の日本の幼稚園界の多くが，もし明治43（1910）年当時の前掲のような頌栄の実践内容と方法を見学したならば，和田と同様の感想を抱いたであろうと考えられる。しかし，この時期の頌栄幼稚園で展開していた実践は，米国と日本の幼稚園教育事情の双方を，つぶさに観察し体験していたハウが，あれこれ試行錯誤しながら，頌栄らしい変革を探っていた時期のそれであったと読み取りたいものである。それぞれの経験や知識，子ども分析の際に重視する立脚点において，幼児に最適な教育実践内容・方法とはなんであるかを充分に考察したうえでの思想であり実践であったと考えたい。

　この明治中期から後期に，米国と日本で展開した幼稚園教育界の大きな変革の渦は，大正期に至り，幼稚園の行く道を大きく分けることとなる。すなわち，黒田成子の述べるところの，「恩物の比重を減らして行く進歩主義教育的立場の園と，フレーベル理解の上での保守派の幼児教育の幼稚園とは，保育形態の上で乖離を始めている」[70)] という，大きく分けて二つの流れが生まれることとなる。黒田は大正10（1921）年2月10日現在の日本の幼稚園における実践方法を照会した文部省の統計を引用し紹介しているが，大正10（1921）年当時の日本の幼稚園全体では約4分の1しかフレーベル恩物主義ではなくなっていたのに対し，キリスト教主義幼稚園では，全体の2分の1がフレーベル主義で実践を行なっていたという[71)]。キリスト教主義幼稚園においても大正期の実践方法は，進歩主義的思想を採り入れた自由遊戯中心のものと，フレーベル思想の原理を採り入れたうえでの保守性を守りフレーベル恩物にこだわり続けるものとに分かれており，黒田はその双方の実際の例を挙げて説明している[72)]。この時期の状況については『幼稚園教育百年史』においても，「大正期における保育内容と指導の特徴を概括して言えば，このころに，小学校教育の分野で台頭した新教育運動（自由教育運動）の影響を受けながら，自由保育・生活保育などの新しい教育方法を更に発展させる

努力が行われる一方，これらを無批判に取り入れる（ママ）ことに対する反対から，改めてフレーベルの恩物を見直そうとする機運も生まれるなど，新旧様々な考え方に基づく保育内容や指導法が考案・実施されたことである」[73] と述べられていて，同書にはキリスト教との関わりについての分析考察や記述はないものの，大正期の幼稚園における保育内容・方法に複数の潮流があり，それぞれの幼稚園で試行錯誤・創意工夫がなされていたことがわかる。

こうした状況のなかで，大正期の遺愛幼稚園がどのような道を選んだのか。それは第2章の第4節にて，実際に遺愛幼稚園に遺されている日誌を分析して明らかにすることとしたい。

本研究の目的は，この，明治末期に大きく2派に分かれた幼稚園教育の潮流の是非を論じることではないので，それについて更に深く論じることは避けて進みたい。しかし著者は，前掲の和田實の参観見聞記録を読んで，和田の述べていることと頌栄が目指している方向性との間に，共通して語りあうことの困難な，幾重にも重なる幼稚園教育に関する理解の「齟齬」を感じ取るのである。そもそも明治初期の幼稚園導入期において日本が目指してきた「フレーベル恩物主義」は，どこまで真のフレーベル思想に接近しようとしていたものだったのか。そこからの「脱却」を目指した明治20年代後半から30年代における日本の幼稚園教育が目指したところは，フレーベル恩物をどのようなものとして認識したうえで，それの排斥に至ったのか。またこういった日本の幼稚園界の大きな潮流のなかにあって，頌栄幼稚園と，これに繋がる幼稚園関係者は，日本の流れをどう見，また自分たちの教育目的や方法をどう位置づけていたのか。明治～大正期の幼稚園における実践内容・方法の展開について，多方面の研究視点からの，さらなる精緻な研究が行なわれる必要があろう。

今，著者が研究すべき主題は，それらを明らかにすることではなく，遺愛幼稚園が大きな影響を受けていた頌栄幼稚園の教育思想と内容・方法を検討することであるので，ここではその紹介に留め，筆を先に進めることにしよう。

なお，この頌栄の訪問時に和田實は，主任保姆に対して，保姆伝習所で使

用している教科書について尋ねている。それに答えて主任保姆は，頌栄での教科書として『人之教育』（フレーベル著）と『心理学講義』（福来博士）の2冊を挙げ，ほかは口授であると伝えている[74]。フレーベル主義の基本となる著作である『人之教育』と，児童の主体性を重んじる進歩主義的教育においては不可欠となっていた児童心理に関する著作の『心理学講義』が共に教科書として採用されているところに，和田が頌栄幼稚園を訪問した明治43（1910）年段階における頌栄保姆伝習所およびハウのスタンスを垣間見ることができて興味深い。ここに，当時の頌栄のあり方が端的に示されているともいえよう。

さて，以上，各節において様々な方面から探ってきた，明治年間の遺愛幼稚園の保育実践であるが，各種史資料を用いて考察したことを総合的に考えると，明治年間の遺愛幼稚園における日々の保育は凡そ以下のようなことではなかったかと考えられる。

保育は，午前と午後に分けて行なわれていたものと見られる。保育時間は，朝10時に開始されて，約2時間程度であったのではないか。保育内容は，朝の集会における談話，唱歌，それにフレーベル恩物が行なわれたであろう。遊戯や体操については，確証はできないが，頌栄幼稚園でも行なわれていたものでもあり，遺愛でも行なっていた可能性は高い。園庭で虫と遊ぶ子どももいたので，自由遊戯の時間も保障されていたし，自然環境との交わりを大切にする保育が行なわれていた。談話の時間を利用するなどして，課題を決めた学習活動も行なわれていたものと考えられる。

いずれにしても，明治期の遺愛幼稚園の根本的保育思想は，フレーベル思想を中心とし，キリスト教主義幼稚園として揺るがぬ不動不変の保育目標を掲げていたのである。

注
1) 『遺愛百年史』p. 51
2) 遺愛幼稚園保存史料「ドレーパーの手記」（「補」2（16））
3) 遺愛幼稚園保存史料「中野ウメの手記」大正2〜3年（「補」2（17））
4) (13th session 1896, July 15-21) 明治28年夏
 (Miss Augusta Dickerson (Principal), Miss Mary S. Hampton, Miss Florence E. Singer) pp. 31〜32)

5) 「学齢未満ノ幼児保育ノ事　附説明」(明治17年2月15日　文部省達第3号)：「学齢未満ノ幼児ヲ学校ニ入レ学齢児童ト同一ノ教育ヲ受ケシムルハ其害不勘候條右幼児ハ幼稚園ノ方法ニ因リ保育様取計フヘシ此旨相違候事（以下，略）」
6) 『日本幼児保育史　第2巻』復刻版　日本図書センター　2010　p.150
7) "Woman's Annual Conference of the Methodist Episcopal Church" の13[th] session (13th session 1896, July 15-21 pp.31～32)　明治29年夏の報告書
8) (14th session 1897 July 9-15 9.12)
9) 前掲2)
10) 同上
11) 同上
12) 『遺愛女子高等学校・女子中学校同窓会会員名簿』p.33
13) 『遺愛百年史』p.329
14) 高野勝夫著『エ・エル・ハウ女史と頌栄の歩み』頌栄短期大学　pp.100～101
15) 同上　pp.41～42
16) 前掲14)　pp.99～104　「Ⅱ　育ちゆく頌栄」「15　「外柔内剛の人」荻田文子女史」
17) 同上　p.100
18) 同上　p.100
19) 同上　p.101
20) ハウ著，山中茂子訳　『A.L.ハウ書簡集』頌栄短期大学　1993　p.198
21) 同上　p.104
22) 同上　p.111
23) 同上　p.15
24) 同上　p.27
25) 同上　p.31, 45, 48
26) 同上　p.41
27) 同上　p.42
28) 同上　PP.36～44
29) 同上　P.38
30) 同上　P.39
31) 同上　P.39
32) 同上　p.115
33) 同上　p.115
34) 同上　p.115
35) 同上　p.116
36) 同上　p.117
37) 同上　p.117
38) 同上　pp.117～118
39) 関信三著『幼稚園創立法』『教育雑誌』第84号　1878　p.16
　　『明治保育文献集　第二巻』　日本らいぶらり　1977　pp.353～354所収
40) 同上
41) 中村五六著『幼稚園摘葉』1893　p.98
　　『明治保育文献集　第八巻』　日本らいぶらり　1977　pp.3～123
42) 同上　p.119
43) 同上　p.119

44) 第1～7号（明治31年7月刊～明治34年12月刊）までは『京阪神保育会雑誌』の名称。第8号（明治35年7月刊）より『京阪神連合保育会雑誌』の名称となった。以後，本書では，「連合」の加わった名称を用いる。
45) 日本保育学会著『日本幼児保育史　第3巻』　1969　p.232
46) 拙書『日本近代幼稚園建築史研究』学文社　2005　「第7章　京阪神地域における幼稚園舎の出現と拡大」など
47) 前掲14)　p.116
48) ハウ著，山中茂子訳『A.L.ハウ書簡集』頌栄短期大学　1993　p.34
49) 前掲14)　p.15
50) 前掲3)
51) 和田實「関西の保育界を見る（承前）」『婦人と子ども』第11巻第1号　フレーベル会　1911　pp.7～11
52) 同上　p.8
53) 同上　pp.8～9
54) 同上　pp.9～10
55) 同上　P.10
56) キリスト教保育連盟百年史編纂委員会編『日本キリスト教保育百年史』㈳キリスト教保育連盟　1986　p.183
57) 同上　p.82
58) 同上　pp.135～142
59) 同上　p.137
60) 同上　p.138
61) 同上　p.138
62) ハウ講述『信仰』頌栄幼稚園　1916
63) 同上　pp.51～53
64) 前掲14)　pp.140～141
65) 同上　pp.141～142
66) 倉橋惣三『子供讃歌』1954『倉橋惣三選集』第2巻　フレーベル館　1965　p.182
67) 幼児の教育復刻刊行会編　『幼児の教育』復刻版　第12巻　1979　名著刊行会　1979　p.472　日本幼稚園協会発行　雑誌『婦人と子ども』第12巻第10号　1912　フレーベル館
68) 同上　p.475
69) 同上　p.475
70) キリスト教保育連盟百年史編纂委員会編『日本キリスト教保育百年史』㈳キリスト教保育連盟　1986　p.187
71) 同上　p.185
72) 同上　pp.186～187
73) 文部省『幼稚園教育百年史』ひかりのくに　1979　p.143
74) 同上　P.11

第2章
大正期における遺愛幼稚園の運営と園舎

第1節　大火による休園後の遺愛幼稚園の再開（大正2年）

　明治28（1895）年の創立以来，多くの園児を集めて実践を行なってきた遺愛幼稚園は，明治40（1907）年8月25日の大火で完全に焼失，女学校は現在地に移転したものの，幼稚園は閉鎖をやむなくされた。下の文は，米国メソジスト監督派教会海外婦人伝道協会年会報告書 "Annual Report of Woman's Conference of the Methodist Episcopal Church in Japan" において，遺愛幼稚園再開の様子を報告するものである。

　"The Kindergarten and Primary school have not been reopened. The buildings and all supplies and furniture were completely destroyed. There are many inquiries concerning both, and we hope to see them rebuilt in the near future." [1]

　この報告は，明治40～41（1907～1908）年にかけての活動報告であり，明治41年の夏に記述されたものであるが，ハンプトンは，同年10月に，余暇休暇のために一時帰米した。すなわち，帰米前に，再び帰函した時には幼稚園を再開する方向で動くという予測を持って，ハンプトンは帰米したと判断できる。遺愛女学校舎の設計において学内の責任者として多大な貢献をしたハンプトンであるから，校長を務めていたデカルソンも，帰函した際にハンプトンに幼稚園再建の中心になってもらう心づもりで帰米させていると考えられる。

　それから数年，上掲報告書における幼稚園関連の記事は途絶えるが，この間も，人々の幼稚園再開への希望も篤かったようである。下記の文章は明治

44 ～大正元 (1911 ～ 1912) 年の活動報告であるが，そこに，人々が幼稚園の再開を望んでいる様子が垣間見れる。

"Plans for a Kindergarten are maturing and we hope to have the building erected within the year. A number of new pupils are waiting admission, coming to us from various country towns and villages throughout this island." [2]

　この文は，大正元 (1912) 年夏の報告である。実質的に運営を牽引していたハンプトンも，明治 43 (1910) 年 5 月に余暇休暇から帰函し，それから約 2 年の年月が経っていた。この報告書には，幼稚園再開の計画は熟成してきたと書いてあり，ハンプトンの帰函後，再開に向けての準備が着実に進められてきたうえでの，この報告となっていると思われる。北海道の全道からの入園希望者が多く集まっていたと書いてある。なお，園舎は既に大正元 (1912) 年 6 月，ハンプトンの帰函から 2 年後には，その形態が具体化し起工されていたことが，この後に紹介する園舎保存英文史料から明らかとなっているので，同年夏の上記報告書において "Plans for a Kindergarten are maturing and we hope to have the building erected within the year." という表現がなされていたのであろう。

　このあと，この報告書が欠番になっており，読むことができないのが甚だ残念である（1912 ～ 1913，1913 ～ 1914 欠番）。そこには，おそらく遺愛幼稚園再開の経緯が細かく書かれているような予感がする。この報告書は，本書の執筆にあたり，著者が全国の所在を探したが，現在のところ国内では青山学院資料センターにしか保存が確認できない [3]。

　そして，大正 2 (1913) 年 9 月 10 日に幼稚園再開の許可が道庁から下りた。この時の認可書は残念ながら遺っていないのであるが，再開後最初の園長であったスプロールズの認可書は幼稚園に保管されているので，それをここに示す（引用は全てママ）。

「北海道廳史指令第七〇九一號

北海道函館区私立遺愛幼稚園内
　　　　　　　アルベルタビー・スポロール
大正二年十月十一日付　願私立
遺愛幼稚園長就職ノ件認可ス
大正二年十月二十一日
北海道廳長官中村純九郎」[4]

　続いて，以下に掲載するのは，献堂式の様子を示す函館新聞の記事である。新聞は次のように紹介している。

「●幼稚園の献堂式　新築落成を告げし区内元町私立遺愛幼稚園は廿九日午後二時より盛んなる献堂式を挙行されたり来会者八十余名にて北守区長の祝辞左の如し。
私立遺愛幼稚園新築工事成り並に献堂式を挙ぐるに逢ふ乃ち就きて見るに建築の堅牢なる設備の整頓せる殆ど遺憾なきに近し加ふるに年少者の心霊開発に関して豊富なる経験と深甚なる興味とを有する園の保姆諸氏の在るあり真にも新なる一教育機関といふべし自今日夕より会する幼児は身体を強健にし天賦を発揮し善行に習熟する完全なる保姆之を享くるを得べく其幸運決して尠からざるべきを信す欣喜情く能はざる所あり一言以て祝辞となす
大正二年九月二十九日
　　　　　　　　　　　函館区長勲六等　北守　政直」

　北守は，遺愛幼稚園を「年少者の心霊開発に関して豊富なる経験と深甚なる興味とを有する園の保姆諸氏の在るあり真にも新なる一教育機関といふべし」と述べ，遺愛幼稚園を幼児教育のための教育機関として明確に認識し，その教育的援助に大いに期待していることが示されている。
　なお，この北守の祝辞には，園舎に関する称賛の言葉も述べられているので，その側面については続く第2節で見ることにしたい。
　幼稚園の再開時の様子についての記録を遺す史料としては，幼稚園に二つの英文文書がある。一つは，残念ながら，誰が，いつ筆記したか不明なので

あるが，メモのようにして残されているものである（「補」2 (15) 所収）。もう一つは再開の翌年の大正3 (1914) 年度より園長となったウィニフレッド・ドレーパーが遺した史料である（「補」2 (16) 所収）。

特に二番目のドレーパーの手記においては，再開時の様子のみならず，当時の園舎や，再開後の4年，ドレーパーがファロー（特別休暇）で帰米するまでの間の遺愛幼稚園の運営状況や活動の様子が記載されている。このドレーパーの記事は，本書の第Ⅱ部第2章において各部分が節の主題に応じて活用されることになる。

最初に，上記の一番目の，Dickerson Memorial Kindergarten と題された筆記者不明のものを見てみる[5]。原文は「補」2 (15) を参照されたい。

この文章には，園舎建築が大正元 (1912) 年6月10日に，現在地にて起工されたと記述されている。続けて大正2 (1913) 年9月10日に設立認可書が区役所から届いたと記述されているから，起工から1年以上の時間が経っている計算になる。おそらく，園舎が先に竣工し，開園を待つかたちになっていたと推測される。遺愛女学校側で再開準備に時間がかかっていたため設立伺を出すのが遅くなったのか，あるいは設立伺を出してから認可されるまでに時間がかかったのかは不明である。

園舎設計については，ハンプトン，デカルソン，スプロールズの3名が，請負者の「小林さん」（注：小林安次。「補」所収の「工事契約書」より確認できる）とともに行なったと書かれている。園舎起工の大正元 (1912) 年に先立つ明治41 (1908) 年1月に竣工した遺愛女学校舎の設計者であるガーディナーの氏名は，ここには見られない。

献堂式は大正2 (1913) 年9月29日に行なわれ，翌月10月1日に幼稚園が開始された。園長にはスプロールズが就任したが，1年で余暇休暇のために帰米し，後任としてドレーパーが札幌から遺愛にやってきて園長に就任したのである。幼稚園の再開時の園児数は64名であった。大正4 (1915) 年10月に完成した「Play room」とは，室内運動場のことである。遺愛幼稚園には，園舎本体から廊下で連結した室内運動場があり，今日にいたるまで，冬期が長く降雪も見られる函館にあって有効に活用されている（詳細は第2節2 (4) 参照のこと）。後半は幼稚園における様々な活動が書かれたり，園長の去就に

ついて書かれたりしている。

　次に，ドレーパーによって書かれた手記を見る[6]。原文と概訳は「補」2(16)を参照されたい。

　冒頭においては，まず園舎についての記述がある。園舎は，米国の友人からの寄付と，函館の友人や卒業生からの負債によって造られ，建築請負人は「小林さん」こと小林安次であると，ここにも記載されている。やはりガーディナーの名は見られない。費用は1万2000円だった。

　献堂式は大正2(1913)年9月29日で，ここには午後2時からの開催であったことが記されている。弘前教会の山鹿元次郎牧師ほか多くのメソジスト監督派教会の宣教師や教師を招いて開催されたと記されている。

　幼稚園教育がスタートしたのは同年10月1日9時で，神戸の頌栄保姆伝習所出身の高村田鶴がリードした。64名の園児が，100名以上の訪問者がいるなかで活動したようである。高村の補助保姆として，「あだち，斎藤たけ，かわさき」という3名の名前が書いてあるが，遺愛女学校卒業生として卒業生名簿を確認できるのは斎藤たけ（明治43(1910)年卒業，第十八回生）のみである。

　数週間のうちに日曜学校が開始され，幼稚園ではクリスマス行事が盛大に開催，翌大正3(1914)年2月には母の会も開催され，同年3月の卒業式では19名の第一回卒園児を出し，60名の客が来た。卒園児は再開以来わずか半年しか在園しなかったにも拘わらず，比較的に熟練した状態になり，保姆らは幼稚園保姆をしているということを少しも恥ずかしいとは思っていなかったとドレーパーは書いている。この最後の一文を読むと，ドレーパーが幼稚園をどう認識していたのか，また当時の社会環境における保姆という職業の位置について僅かばかり知ることができる。すなわち，半年の在園期間にも拘わらず成果が見られたという記述には，ドレーパーが幼稚園に成果を期待していた，つまり遺愛幼稚園を託児所的な認識ではなく教育的効果を期待する教育機関として認識していたことが垣間見られる。また，卒園児がある程度の成果を挙げたこともあり，保姆らは自分たちの仕事に恥ずかしさを感じなくなったと書いてあり，まだ函館においては幼稚園保姆という職業が認められていなかったことを暗示しているようにも思われる。既に函館におい

て遺愛幼稚園は明治28（1895）年の創立より（一時休園の時期も含めると）20年弱の時間が経っていたけれども，最初の創立から僅か13年目にして大火のため休園している。そのため，遺愛幼稚園自体が，函館の人々全体から見るとまだ知名度が低かったということもあろう。あるいは，幼稚園という幼児教育の営み，そのものが，教育の機関として未だ認識されておらず，そのために幼稚園保姆も，教育的職業として認められておらず子守り程度にしか考えられていなかったということを意味しているのかも知れない。いずれにしても，多くが書かれているわけではないので，ドレーパーの正確な思いは不明である。

このようにして，遺愛幼稚園は再開したのであった。

第2節　大正期の遺愛幼稚園の第二独立園舎

大正2（1913）年に竣工し今日まで使用されている遺愛幼稚園の独立園舎は，この幼稚園の2棟目の園舎で，第一園舎に続く第二園舎も幼稚園のために建てられた園舎であった。ここで，この園舎建設の背景を見たあと，意匠計画と平面計画について分析する。

この大正2年9月に竣工した新築独立園舎の様子は，保姆から聞いた幼稚園の現況と併せて，同年10月23日の函館新聞に記事として掲載された。幼稚園には前日の22日（水）の午後から新聞記者が取材に来たことが，日誌から確認される。以下に，園舎に該当する箇所のみ引用してみよう。

「●神様と神の子と　▼一所に遊ぶ遺愛幼稚園

日照り雨がハラハラと落葉を誘ふて降ったり濡れたりする昨日の午後元町の高台に新らしいペンキの臭いのする遺愛幼稚園を訪づれた（たく）▲碧い水をたたへた巴港は眼の前に展開して見晴もよく，空気も奇麗です（中略）校舎の立派なこと採光通気の完全なこと其の外設備の充分なこと等は区内には勿論全国にも之れ位ゐ行き届いた處はさう沢山ありません（後略）」
（函館新聞　大正2年10月23日（木）第6581号　22日（水）に幼稚園を訪問して取材（日誌より））

この記事には，園舎が展望のよい場所に建てられていることが冒頭に述べられ，続いて，採光・換気に優れ，その他の設備も充分であり，全国的に見ても素晴らしいと記者が感じたことが記されている。記者が幼稚園舎を全国規模で多く見ていたかどうかは確かではないが，遺愛関係者でない記者がこのような印象を持つくらいに，当時としては衆目を引く園舎であったことが，うかがわれる。

では，この園舎について，様々な面から分析をしてみよう。

1. 第二独立園舎の設計の背景

ここで，大正2（1913）年竣工の遺愛幼稚園第二独立園舎の設計者等について，その背景を考察してみたい。

遺愛幼稚園の第二独立園舎は，施主がハンプトンであり，施工者が小林安次であるということは，建築工事契約書[7]から明らかとなっている。史料については「補」2（3）①を参照されたい。

最後の宛名である「ハフムトン様」というのは，ハンプトンのことであると判断できる。

これを見ると，ハンプトンが施主であり，小林安次が建築を請け負って，大正2（1913）年2月に契約が正式に取り交わされ，建築の竣工は同年8月31日を目指すと書いてある。実際に園舎は9月までに完成し，9月28日には幼稚園は再スタートを切っている。

さて，この園舎は，施工者は小林安次であることがわかったけれども，その一方で，設計者が誰であるかは今のところ明らかに確定されていない。遺愛女学校の本館と宣教師館が，宣教師兼建築家であったガーディナーの設計によるものであることは，平成13（2001）年10月に学院本館一階応接室の床下から発見された128点の史料における記述から明らかになっているが，その史料のなかにあった幼稚園舎関係書類は，上に紹介した建築工事契約書のみであり，幼稚園舎の設計がガーディナーであるという史料は発見されなかったし，ほかの誰かが設計者であるという史料も発見されなかった。遺愛幼稚園に現存する史料のなかにも園舎建築に直接かかわる史料は存在せず，また，著者が園舎の屋根裏を見た範囲では棟板のようなものも見えなかった。

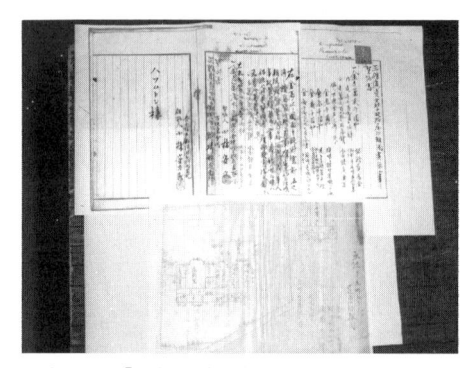

写真Ⅱ-3 「玉館遺愛女学校附属幼稚園建築工事契約書」大正2(1913)年
(遺愛学院本部蔵)

よって現在のところ，遺愛幼稚園の第二独立園舎の設計者については，確定できない状態である。遺愛女学校の本館について建築史的視点から分析調査した北海道大学大学院教授の角幸博の調査研究班の一人であった池上重康は，その共著『日本近代建築大全　東日本篇』(講談社, 2010, p.168)において，「階段の親柱や手摺子（てすりこ），要所に見られるスクロール（渦巻き）付きの持ち送り装飾など，杉並町にある遺愛女学校本館と同一のデザインを見せる。本館と同じ J. M. ガーディナーの設計と考えるのが妥当だろう」と述べている。建築史的視点から意匠的に分析し，遺愛幼稚園の第二独立園舎も，ガーディナー設計によるものと判断するのが妥当であると，池上は述べている。

一方，著者は，時期的な前後関係と，女学校本館設計の経緯を見る時，遺愛幼稚園がガーディナーの直接的な設計によるものであるとは，必ずしも断定できないのではないかと考える。その理由について，以下に述べたい。

遺愛女学校の本館や宣教師館が起工したのは，明治39(1906)年4月のことであった。遺愛女学校は，それまでは現在の遺愛幼稚園のある元町の敷地にあったことは既に紹介したとおりであり，そこには建物が多く建ち過ぎて敷地が狭く，また校舎も老朽化していた。新しい土地を求めて移転し，そこに女学校の校舎を建てなおしたいという意向が，明治30年代から女学校の宣教師らにあったことは，本書第Ⅰ部第3章第3節で米国メソジスト監督派教会海外婦人伝道協会年会報告書 "Annual Report of Japan Woman's Conference of the Methodist Episcopal Church" の分析を通して詳細に紹介したところである。ところが，その文章のなかに，幼稚園を移転したい意向については全く記述が見られない。当時の宣教師たちは，元町の敷地が手狭に

第 2 章　大正期における遺愛幼稚園の運営と園舎　　143

なったので新天地を求めたいと思っていたことは確かであるが，その一方で，元町の土地を完全に離れて移転するという方向で考えていた，とも書かれていない。元町の敷地には五月雨式に増やされた建物が不規則に建っており，非常に使いにくく，幼稚園舎を明治 28 (1895) 年に建ててしまったため，さらに運動場もなくなっていた。湯の川町に敷地を購入して新校舎の建設工事を起工したのは明治 39 (1906) 年であり，この時点で元町の幼稚園舎はまだ築 10 年である。その園舎まで取り壊す方向で，明治 39 年段階でガーディナーに園舎の設計も一括して依頼していたとは考えにくく，また，その確証も得にくいと考えられる。

　遺愛幼稚園が明治 40 (1907) 年に一時閉園を余儀なくされたのは，人的，社会的な理由からではなく，8 月 25 日の大火により元町の校舎群が全て焼失してしまったためであった。一方の女学校は，同年の 8 月 31 日に新校舎が完成する予定だったので，すでに 5 月をもって早めの休暇に入り，元町の旧校舎から各自の自宅に帰っている。女学校に関しては，そもそも明治 40 (1907) 年秋には新校舎に移転する予定でいたため，明治 41 (1908) 年 1 月から，新校舎にて授業を開始することができたのである。なお，授業開始が明治 40 (1907) 年 9 月の予定だったのが明治 41 (1908) 年 1 月に延びた理由として，火災により大工の人手を火災後の復興に奪われたことで建築の完成が遅れたためであると『遺愛百年史』は述べており，また，丁度このころに建築請負人が変更されたことの理由として『遺愛女子高等学校本館調査報告書』の著者の角幸博は，「この大火が原因であったのではないかと考えられる」と述べている。しかし，本館その他の校舎群全体の竣工が遅れた理由は，この大火による人手不足だけではなく，明治 40 (1907) 年 6 月に起きた不審火により新築されたばかりの湯の川町の寄宿舎が全焼し，このことが発端となった金銭トラブルにより建築請負人が変更されたことが，本書第 I 部第 3 章第 3 節で確認されたところである。

　当時の遺愛の宣教師たち，とりわけハンプトンのプランでは，明治 28 (1895) 年に新築されたばかりの元町の幼稚園舎は，そのまま残し，ほかの古い校舎は取り壊して，元町の敷地全体を幼稚園に提供しようと考えていた可能性もあるのではないか。明治 30 年代の遺愛幼稚園は大変に盛況で，園児は待機

児も出るほどであったことは，同じく米国メソジスト監督派教会海外婦人伝道協会年会報告書"Annual Report of Japan Woman's Conference of the Methodist Episcopal Church"の報告のなかで確認できるが，当時の元町地域は中・上流階級家庭の集住する地域であり，園児は徒歩で通える圏内から通園していたと考えるのが自然である。遺愛女学校が移転先にした湯の川町は，当時はまだ近隣に人も住まない地域であり，女学校を移転することさえ無理であるという人々も当時はあったという記述も『遺愛百年史』のなかに見られるほどである。そのような場所に，宣教師たちが，幼稚園まで移転しようと考えていたとは判断しにくいのである。

　そうであれば，明治40（1907）年8月の火災がなければ，園舎は建て替えず，そのまま使用しようと考えていた可能性も高い。したがって，女学校の校舎と同時に幼稚園舎の設計もガーディナーに依頼していたとは考えられない。しかし，あいにくにも大火に遭い，元町の校舎群は全焼，幼稚園は止むなく休園になってしまった。新築を考えるとすれば，少なくとも，大火のあとではないかと想定される。

　地域からは幼稚園再開の希望の声も高く，そこで宣教師たちは，幼稚園舎の新築と再開を検討したのである。時期的に考えて，大火のあった明治40（1907）年8月から，新しい幼稚園舎が起工される大正2（1913）年2月までの間に，幼稚園舎の設計が行なわれたのであろう。ちなみに，園舎新築の4年前の明治41（1908）年10月12日にハンプトンは一時帰米し，2年前の明治43（1910）年5月に帰函している。竣工予定は明治40（1907）年8月末だったにも拘わらず，竣工が遅れていた遺愛女学校は，明治41（1908）年1月に開校式もなく突然に授業を再開した。開校式は，明治41（1908）年7月に行なわれた。ハンプトンは，この開会式を終えて，明治41（1908）年10月に，余暇休暇を取って帰米したのである。そしてハンプトンは，明治43（1910）年5月に帰函した。

　この間，遺愛幼稚園第二独立園舎新築の動きはなかった。それは，第Ⅰ部第3章第3節で確認したところである。女学校舎を建てるのに多大な尽力をし，それがデカルソンその他の宣教師たちによって認められていたハンプトンであるから，ハンプトンがファロー（特別休暇）を受けて一時帰米してい

た期間，幼稚園再開の希望は高まっていたにせよ，ハンプトンの帰函を待って園舎が設計され，幼稚園再開が具現化していった。ハンプトンの遺愛の将来的展望のなかに遺愛幼稚園再開は少なからずあったものと思うのが自然であり，この帰米中にハンプトンは米国における当時の園舎や住宅，学校などを意識的に見て歩き，帰函後に園舎の設計に生かしたと考えられる。

既に述べたように，当初，ガーディナーの設計した校舎を施工しようとした建築請負人であった埴谷長次郎とは，金銭トラブルからの訴訟問題らしき事件で関係が切れている。設計者と施工者は別であるから，設計はガーディナーに依頼し，施工は埴谷のあとを引き継いだ別の施工者に依頼したとも考えられなくもない。しかし，ハンプトンは，女学校校舎を建てるにあたり，大変な苦労をしたことが，"Annual Report of Japan Woman's Conference of the Methodist Episcopal Church" 第25号に本人によって書かれているのは既に見たとおりであるし，また，ほかの号における上記の年報の執筆者も，校舎新築におけるハンプトンの苦労と辛抱強さを報告しているのは，第Ⅰ部第3章第3節で何度も見てきたところである。さんざん苦労をしたハンプトンが，その労苦の多かった女学校舎建築事業の少しあとに幼稚園舎を新築することになった時，既に明治41（1908）年に宣教師をやめて建築業に専念し始めていた東京のガーディナーに再び設計を依頼しようと思ったであろうか。この分析には，若干の無理が感じられる。

いずれにせよ，この園舎の設計者を明らかに示す文書史料が何も発見されていない。いろいろと考察してみたけれども，文書史料が発見されるまでは，設計者については所詮，推測の域を出ない。建築意匠の分析から，遺愛幼稚園の第二独立園舎の意匠が女学校の本館に酷似しているからガーディナーであろうとする判断もあるかとは思うが，日本人大工が西洋式意匠を模倣する技術に非常に長けていたことは，明治初期～中期に多く出現した「擬洋風建築」意匠の模倣力を見れば明らかなことである。また，幼稚園舎の様々な建築部材についても，一部，女学校に用いられているものと類似したものが見受けられるが，これにしてもガーディナーが設計したことを決定づける確たる証拠とはなるまい。余ったものを女学校が保存していたり，あるいは請け負った大工が預かっていて，それを再利用したかも知れない。

遺愛幼稚園第二独立園舎を施工した小林安次は，再開した遺愛幼稚園の第一期生として娘を遺愛幼稚園に入園させていることが「幼児名簿」から確認されている。小林安次の自宅住所は幼稚園から近いことが「幼児名簿」からもわかり，地理的・社会的に，遺愛幼稚園に非常に親しい関係にあったと考えられる。この人物が，遺愛女学校工事の際に現場大工として奉職していて，洋館の工事経験があれば，ハンプトンと相談しながら設計施工することは，幼稚園舎くらいの規模であれば不可能ではなかったのではないかと考える。

　設計について考察するとき，建築そのものの形態も多くを語る。しかし同時に，その建築が建てられた時の建築を取り巻く状況や，施主側の状況や心境を考究することもまた，一つの重要な手法ではないだろうか。

　この明らかになっていない園舎の設計者について，これまでの研究書，研究者その他は，どのように考えていたのであろう。

　まず見てみたいのは，遺愛幼稚園保存史料の一つで，昭和37（1962）年にキリスト教保育連盟が，『日本幼児保育史』（1968～1975）を編集した際に，全国のキリスト教主義幼稚園に対して行なったアンケート調査の草稿である。第1章でもほかの箇所を参照したものであるが，記入者は日本人初の園長であった児玉満である。

　ここに，第二独立園舎について以下のような記述がある。

「（ハンプトンが）大正2年に建てた現在の幼稚園は今尚しっかりして其方面の人たちを驚かせている。」

　この文は，ハンプトンに関して紹介した文の後半部分で，前半にはハンプトンが第一独立園舎を設計したことが書かれている。その前半部分は第1章第2節で紹介したところであるが，この児玉の文章は，第一・第二独立園舎ともに，ハンプトンが尽力をして設計されたことをうかがわせるものである。

　次に，『遺愛百年史』における記述によると，明治40（1907）年の湯ノ川地区に新築された校舎は，その設計にハンプトンが精力的に関わりながら，ガーディナーの手によって実施案が計画されたものであった。それに対し幼稚園舎については，『遺愛百年史』においては「ハンプトンは元町の遺愛幼

稚園の建築にもその才能を発揮した」(p.94) と記されているのである。『遺愛百年史』の執筆者が，何を根拠にしてこう書き記したかは定かではないが，この記述と前後して湯の川町の本館や宣教師館（現在の杉並町の校舎群）に関する精緻で詳細な分析も記述されている。

次に見たいのは，先にも紹介した，執筆者不明の保存資料（「補」2 (15)）である。この文書の冒頭に "June 10, 1912 On Motomachi lot, stakes driven for new Kindergarten building by Mary S. Hampton, Darah A. Sproules, Augusta Dickerson with Kobayashi, contractor." と書かれている。すなわち，大正元 (1912) 年つまり園舎が竣工する1年前の6月に，園舎の新築計画が開始されたことが示されており，施工者としては湯ノ川町の校舎を施工した小林安次がその任に当り，設計者としてハンプトン，スプロールズ，デカルソンの3名が関与していたとされている。有力な婦人宣教師の3名のなかでハンプトンが最初に記載されている。

いずれにせよ，設計者については確かな史料がなく確定できないが，ハンプトンが教育関係者として，女学校舎同様に大きな力を発揮して設計されたと考えられるのである。

さて，こうして建てられた第二独立園舎は，当時それは立派なものに見えたようである。第1節でも紹介した，献堂式の様子を示す函館新聞の記事は，すでに紹介したとおりである。

このなかで，ここで注目したいのは，「建築の堅牢なる設備の整頓せる殆ど遺憾なきに近し」との表現である。その園舎の様子が注目に値すべきものであったことを感じさせる。完成した園舎は，木造二階建て，洋風意匠をもつものである。敷地は797坪，坪は延べ230坪である。現住所は函館市元町4－1，建築時の住所は元町53であった。

この第二独立園舎に関しては，遺愛幼稚園に残されている史料，ドレーパーの手記（「補」2 (16) 所収）に，以下のような記述がある。

"The present building is also made possible by gifts from friends in America. We are also indebted to several Hakodate friends and alumnae. The building was under the care of a contractor, Kobayashi San. Its cost is almost 12000 yen.

　In the ground floor is a large circle room, four classrooms and a guest room. In the second floor, four rooms for teachers, a Bible woman's room, a room for meetings another for class room work, and a foreign room." 8)

　これによると，この園舎は米国の友人らの寄付金と，函館の友人や卒業生からの借金によって建てられ，費用は1万2000円であった。請負人の「小林さん」（注：小林安次「建築仕様書」より）が世話をした。一階には集会室，四つの教室，それと客間があり，二階には，教師の部屋が四つ，宣教師の部屋，集会室，他の教室，外人向けの部屋があったと書いてある。この手記における園舎に関する記録は以上である。

　では，園舎を詳細に分析してみよう。

2．平面計画

　この園舎の平面計画は，図表Ⅱ-6，7のとおりである（幼稚園保存史料）。この園舎の各種図面は残念ながら，ここに掲載した図表Ⅱ-4，5，6，7の4枚の図面以外は残されておらず，矩形図や構造図は保存されていないため，簡単な平面図と立面図のみでの考察となる。これらの図面の作成年は確かではないが，用紙の様子からして，大正2（1913）年の設計時のあと，室内運動場が増築された大正4（1915）年の頃の作成ではないかと想定される。

　園舎は総二階建てで，そこから廊下をもって室内運動場と便所とが置かれている（図表Ⅱ-6）。まずは総二階建園舎本棟の分析を行なう。

　園舎は北側正面中央に出入口を有する。玄関は北側に壁を有し東西から階段を使用して登るポーティコを持っている。

　玄関扉を開けて中に入ると，そこは広い玄関ホールとなっていて，全ての幼児がここから出入する。園舎の外に出るには，この扉を使用するほかには出入口はなく，いわゆる集中昇降スタイルである。

　中に入ると東西に長い廊下が伸びていて，廊下の東端には小さな出入口，勝手口のようなものがあるが，現在は封鎖されている。

第2章　大正期における遺愛幼稚園の運営と園舎　149

図表Ⅱ-4　遺愛幼稚園舎　大正2(1913)年立面図（遺愛幼稚園蔵）

図表Ⅱ-5　遺愛幼稚園舎　大正2(1913)年　配置図（図表Ⅱ-4と同じ）

　玄関を入って左手，すなわち園舎の北東のかどには小さな部屋が一つある。大正期には小使室として機能していたものと想定される。

　園舎の中央，廊下の奥の南面，全域が保育活動エリアとなっている。この園舎は北側片側廊下ではないものの，幼児の主な活動エリアは廊下の南側に全て集中しており，ある意味において北側廊下・南側保育室の配置になっていると判断することも可能である。

　南面中央には遊戯室がある。この室は，竣工時図面においては「遊戯場」[9]と記されており，当時の園長であった婦人宣教師ドレーパーの手記では「circle room」となっている。当時の日本においては一般的に「会集室」と呼ばれていた室で，「遊戯」には勿論，「会集」にも使われる室であった。一般にいわれた「会集」，この幼稚園においては朝の礼拝「morning circle」（モーニング・サークル）は全園児が遊戯場に集合して行なっていたので，この遊戯場は全園児が毎日のように集う，重要な室であった。この「遊戯場」の南面には，ベイ・ウィンドウ（出窓）が設けられ，ちょっとした物を置けるような棚も設置されている。この棚は，ちょうど子どもが椅子に座って入れるくらいの高さになっていて，窓辺に子どもが立つと，辛うじて窓外が見えるくらいの位置にダブルハング（上げ下げ式）の窓が付いている。この窓は，一階は全て同じ高さに設けられているため，外壁の景観に統一感が生まれているが，全ての保育室の窓から子どもは外を見ることができるということでも

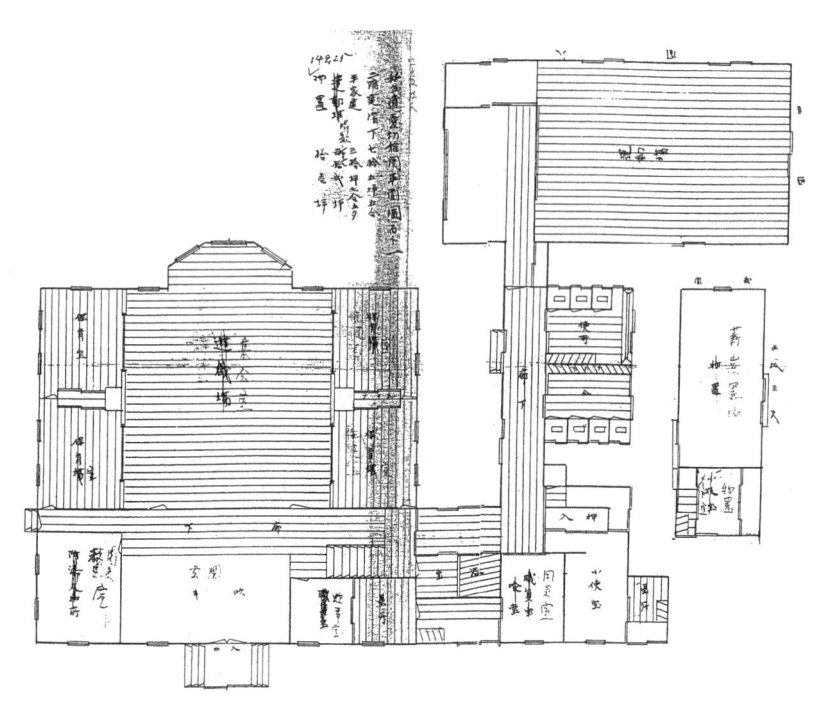

図表Ⅱ-6　遺愛幼稚園舎　大正2(1913)年　平面図　一階（遺愛幼稚園蔵）

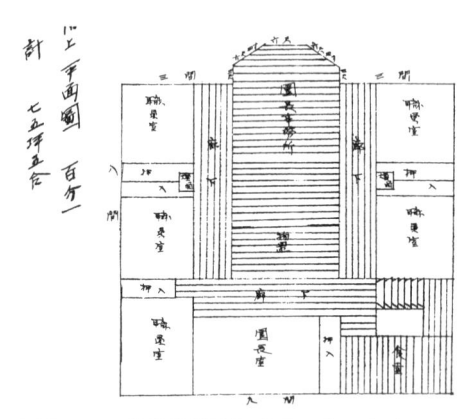

図表Ⅱ-7　遺愛幼稚園舎　大正2(1913)年
　　　　　平面図　二階（図表Ⅱ-6と同じ）

写真Ⅱ-4　遺愛幼稚園舎　玄関
　　　　　（現在の様子，著者撮影）

写真Ⅱ-5　遺愛幼稚園舎　遊戯室
　　　　　（現在の様子，廊下側より著者撮影）

写真Ⅱ-6　遺愛幼稚園舎　遊戯室
　　　　　（現在の様子，園庭側より著者撮影）

ある。なお，全ての窓は基本的にダブルハングであり，寸法も位置も階ごとに統一されているのであるが，遊戯室，保育室の窓にはダブルハング窓の内側に，手前に開く観音開き扉が取り付けられている。ちなみに二階（図表Ⅱ-7）では，園長室の窓には観音開き扉が付いているが，保姆らが住んでいた五つの室には付いていない。すなわち，この観音開き扉は一階でも二階でも，必ずしも全ての窓に取り付けられているわけではなく，あれこれ考察しても，その有無には一貫性や統一性は発見できない。想像するところ，この二重扉は寒冷な気候に対応するためのものであろうから，幼児が長く滞在する遊戯場および保育室と，園長の滞在する園長室のみ，特に暖を取れるように二重窓構造にしたのではないかと思われる。

　第Ⅲ部で述べるが，大正期の遺愛幼稚園では，毎朝，全体での集会が行なわれていた。この園舎は80名定員を想定して設計されており，各室20人ずつ，四つの保育室で合計80人となっていた。実際の大正期の在園児数は90名に達していた時期もあった。現在の遺愛幼稚園でも，全園児が遊戯室に一同に会し，椅子を持参して円形に着席して行なう朝の礼拝が，週に2回あるが，その様子を撮影した写真も掲載する（写真Ⅱ-6）。現在の在園児数は45名程度であって，円形に着席すると，ほぼ遊戯室が一杯になる感じであるから，90人が集合したとすると，一重円では入室しきれなかったことが確実である。すなわち，当時は二重になって着席していたものと考えられる。

　遊戯場の東西には，南北に分かれた小さな保育室が東西に2室ずつ，合計

写真Ⅱ-7　遺愛幼稚園舎　年長組保育室
（現在の様子，遊戯室より著者撮影）

写真Ⅱ-8　遺愛幼稚園舎　年長組保育室サブルーム（現在の様子，扉の向こうが保育室，著者撮影）

4室，配置されている。この，「中央に遊戯室，その周囲に保育室を配置する」というスタイルは，遺愛幼稚園第二独立園舎以前にも，我が国に出現していたものであるが，配置の方法が少々異なっている。すなわち，拙著において紹介したところの，岡山県岡山市にある旭東幼稚園舎は，中央に八角形の遊戯室を置き，8辺のうちの3方向に保育室を突出させ，残りの一方向に廊下を繋いで出入口へと連結するスタイルであった。この平面計画であると，平面図が四角でなくなり，建築の外壁に凸凹ができることになる。すなわち，園舎外部にまとまった外部空間が取りにくいという課題があった。また，この旭東幼稚園の保育室は保育室から外部に直接出る出入口を有しなかったため，各保育室から園舎外部空間に出ようとした場合，必ず中央遊戯室を通過しなければならなかった。

　それに対し，遺愛幼稚園第二独立園舎の平面計画は，中央に遊戯場を有しながらも，保育室から遊戯場を通過せずに正面玄関に出ることができる（図表Ⅱ-6）。すなわち，遊戯場の東西に，南北に並んで配置されている四つの保育室は，南北に並ぶ保育室の間にドアがある。また，廊下に面した保育室には，直接に廊下に出られるドアがある。そのため，この園舎においては，保育室から遊戯場を通過せず，直接に廊下に出ることが可能となっている。ほかの保育室ないしは遊戯場で活動している学級の支障になることなく，子どもが移動することが可能となっている。

この違いを，日本国内における園舎の平面計画の進歩と捉えるべきであろうか。著者の考えるところ，進歩と捉えるよりもむしろ，全く別ものとして設計されたと捉えるのが妥当ではないかと考えられる。

　その理由は，以下のとおりである。上記の岡山市にある旭東幼稚園は，その意匠は和洋折衷様式で，構造は和式のものであった。設計者は江川三郎八といい，文部技手として働き，旭東幼稚園舎のほかにも和洋折衷様式の校舎を設計し，国重要文化財指定を受けたものもある。江川が，何を参考として旭東幼稚園舎を設計したかは種々考察したのだが明確にはわからないままとなっている。

　それに対し，遺愛幼稚園第二独立園舎は，平面計画においても，のちに紹介する意匠計画においても，アメリカン・ハウス・スタイルを継承しているのではないかと考えられる。意匠については後述するが，すなわち，中央に何かを配置し，その東西に独立した部屋を四つ同型で配置するという平面計画は，「「中央広間」型コロニアル様式の典型的な平面図」であるとして，参考文献に紹介されている（参考文献『アメリカン・ハウス・スタイル』p.36）。この園舎が，なんらかの米国の住宅を参考として設計されていると考えるならば，この平面計画は特別に考案されたものというわけではなく，ごく一般的な米国の住宅の様式であったと判断できる。

　とはいえ，旭東幼稚園舎のように，保育室からの出入が不自由な平面計画に対して，この遺愛幼稚園第二独立園舎の平面計画は，移動の自由度がかなり高く，そういった意味においては，進化したものであると考えてもよいであろう。

　ちなみに，遺愛幼稚園第二独立園舎における四つの保育室同士と中央遊戯場との連結部について見ると，遊戯場の東西に，南北に並ぶ保育室の間は物入れになっており，片開き扉1枚で連結している。廊下に面する二つの保育室から廊下へも，同じく片開き扉で廊下に出られるようになっている。一方，各保育室と中央遊戯場の間はスライディングドア（引き扉）で仕切られており，全ての保育室と遊戯場の間の引き扉を開けると，四つの保育室と中央遊戯場は一体になる。各保育室で静かな学級活動を持ちたい時には，引き扉を閉じることにより，閉じられた学級空間を作ることができる。

さて、二階には、一階の東西に延びる廊下の西端から上がる。この階段を上がると、廊下が真っすぐに東西に延び、この廊下から南に向かう廊下が2本、延びている（図表Ⅱ-7）。この廊下は南側壁面にぶつかる。この東西に延びる廊下の中央には、南側に園長室があり、襖で仕切った物入れが連結していて、さらにもう1室、納戸が設けられていた。この物入れと納戸は、平面計画上、窓を全く持たないため、非常に暗く換気も悪く、人間の居住空間には適さない。一方、廊下の外側には、東側に3室、西側に2室、合計5室の「職員室」が設けられている。これら5室は、今の学校にあるような「職員室」ではなく、元来は全て畳敷きの部屋としてつくられており、大正の初めから昭和50年代まで、保姆・教師らが住む居室として機能していたのである。つまり、この園舎は、園舎の東側と西側に、一階では保育室を、二階では保姆の居室を配置していた。園舎の東西の窓に面して、特に優れた居住性の求められる室が設けられていたのであった。園舎の南面の窓は、一階では遊戯場、二階では園長室が所有する配置となっており、最も陽当たりが良好で暖かな部屋を、全園児が使用する遊戯場と、園長が在留する部屋にあてたということになるのも興味深い。

さらに、一階と二階の南側に面した中央部分には、一階にベイ・ウィンドウ（出窓）、二階の同じ場所にもオリエンタル・ウィンドウ（二階以上の階に設けられるベイ・ウィンドウのこと）が設けられており、矩形の基本平面計画をもつ園舎から、ここが飛び出した状態となっている。

以下、幾つかの分析の視点から、この園舎の平面計画について追究してみよう。

(1) 現在の様子から

ところで、この園舎は、繰り返し述べているように現在も保育に使われているため、子どもの動線を見たり、身体寸法と室のサイズのバランスなどについて具体的に見ることができるし、保育者の使用感を聴いたり、実際の様子を体感することが可能である。この利点を生かして、当時の活動の様子を想定してみたい。

①保育室の面積

 まず，保育室の面積について考察する。この園舎は現在，約45名の幼児によって使用されているが，第二独立園舎部分に保育室を持つ組は年中・年長の2クラスのみであり，年少は新築された別棟に保育室を持っている。そのため現在では，遊戯場の東西にある南北の保育室を，それぞれ1クラスが占有するスタイルとなっており，年中・年長ともに南側園庭に面した室を主な保育室として使用し，北隣りの部屋を各々の予備室（通称：サブルームと呼ばれている）として使用している。現在，主保育室は常時，子どもたちの机を固定して配置し，予備室は読書室として各学年に合わせた絵本が置かれ，ソファやビデオデッキなども置いてあって，ちょっとした寛ぎの空間となっている。場所をとる荷物やコートについては，園舎が集中昇降口型であるため，保育室内まで持ち込まず，玄関の廊下に置くスタイルをとっている。こうした荷物類が遊戯場や保育室に置かれないので，玄関に入るなり子どもたちの荷物類が目に入るものの，保育エリア全域は非常にスッキリしており，広く使用することができている。現在は，年中・年長いずれも約15名が在籍しており，それぞれの主保育室には15人程度の幼児が着席できるように机が設定されている。室内の広さは，15人が座ると一杯いっぱいという感じであるが，遊戯場が隣接していること，北側に予備室があること，この園舎では玄関廊下も遊び場として機能することなどを併せて考えると，保育室単体としての狭さは，さほど気にならない。実際，現在の年中・年長を担任する保育者も，そのように述べている。落ち着いて活動がしたいときなどには，遊戯場との間の仕切り戸および予備室との間の扉を敢えて閉め，狭くて濃密な空間をつくるということである。

 大正・昭和期の遺愛幼稚園における幼児の在籍数は，年度により増減があったので一概にはいえないが，およそ4クラス80名の幼児が在籍していたのが平均値であった。このことから想定するに，現在15人が入室して一杯いっぱいの保育室であるから，20人が入室すると，相当に窮屈な空間であったと想定される。つまり，この園舎は各クラスが独立して活動を営むというよりも，幼稚園全体が同じ時間割に基づいた活動を展開するのに適した平面計画であったと判断できる。この幼稚園においてこの園舎が長く使用され

てきたことの背景に，たんなる耐久年数の問題だけではなく，この幼稚園における保育実践のあり方と園舎の形状との間に，良好な関係が築かれていたことも看過できないと考えられる。

②動　線

次に，動線について考察する。現在，子どもたちは，廊下から各保育室への出入りには，主として中央遊戯室（旧称：遊戯場）を経由するという動線を使う。つまり，北側の読書室は通らず，いったん遊戯室へ出てから廊下に出るという動線である。とはいえ，現在は園舎西側の2保育室は年長組が使用しているのであるが，年長にとっては廊下に出る近道は隣接する読書室を通過するルートであるため，北側読書室を通路としている幼児も多く見られる。しかし基本的に，南側の保育室にいる幼児は北側の保育室を通路とせずとも，中央遊戯室を通路として移動するのが常態である。

これを，大正期に置き換えて考えてみよう。当時，基本的な組構成は4クラスであったのだが，時期によっては5クラス編成の時期もあった。その折には中央遊戯場を保育室として使用したこともあったと，ドレーパーは記述している（記録より）。

当時の動線を，現在の子どもの動線から想定する。4クラス編成の場合，遊戯場が使用されていない時間帯であれば，現在と同じく中央遊戯場を通路として活用すればよいわけであるから，特に問題はなかったものと考えられる。しかし，5クラス編成であった時期には，遊戯場を使用している組にとっては，そこを廊下として使用する組がどうしても出てくるわけであり，相当に落ち着かない保育空間であったということが容易に想定できる。そもそもこの園舎は，学級数の上限4クラスとして設計されたものであるから，5クラス編成を収容しようとすること自体に無理があったといえよう。

ちなみに現在この幼稚園では，3学年全員が集まって活動する時間が毎日必ずある。週5日の保育のうち全ての日に，遊戯室内にて全体で集まり歌を歌い体操をする。北国の気候もあり，この幼稚園では体操そのほかの全ての集会を園庭では行なわず，基本的に遊戯室において行なっている。そして，週に2日のみ，全学年の幼児が遊戯室に集合し，「礼拝」を行なう。現在，活動名称は「礼拝」となっているが，たんなる礼拝のみならず，そのあとに

保育者による簡単な素話やゲームが行なわれる。時間にして20～30分程度であるが，この「礼拝」の際には幼児らは，各保育室から自分たちの椅子を運んできて，それを用いて着席する。現在，45名の幼児らは，遊戯室に大きな半円を描いて着席しているが，遊戯室は，45人が半円を描いて座れば部屋が一杯になってしまうくらいの大きさである。

大正～昭和期，もし5クラス編成で園児が100名程度在籍していたとすれば，四つの保育室に20人ずつおり，さらに中央遊戯場にも20人がいたことになり，人口密度は非常に高かったことが，現状を見れば想像できる。遊戯場に全園児で着席しようとすれば，二重円になる必要もあったと，現在の状況から判断できる。

ここで歴史的考察からは離れるが，この園舎本館一階の中央遊戯室と，これを囲む保育室の配置が生み出す動線の教育的意義の現況について少し述べたい。この園舎一階の中央遊戯室と各保育室は直に隣接し，遊戯室と各保育室との間の引き扉はほとんどの時間，開放されている。こうした園舎で過ごす園児は，活動的な子どもは広く開放的な中央遊戯室に出て学級の枠を越えて多くの仲間たちとの遊びに興じる。その一方，各保育室は，中央遊戯室とは対照的に小じんまりと落ち着いた雰囲気を醸し出しており，自分の保育室で製作や描画をしたり，サブルームで読書や語らいを楽しんだりすることができる。子どもたちは気分に応じて自由に，開放的な中央遊戯室と，落ち着ける保育室とを往来することができるとともに，幼稚園全体の園児たちと自由に交流することもできる。こうした園舎の在り方が，他者との交わりを大切にする保育理念とも相まって，園児の豊かな人間関係の創造に寄与している。

ところで，この園舎は，保育室から直接園庭に出られる動線計画になっていない。内部空間と外部空間は完全に分けられている。現在，園児は，登園児には，全員が，園舎北側の正面玄関，一カ所から出入りする（以前は運動場前の出入り口も登降園に使用されていたそうである）。そのため，屋外で自由遊びをする時間は，園児が全員登園してから一斉に，保育者とともに園庭に出ることになっている。同時に園舎には，室内運動場の前にも扉があり，ここからも出入りすることは可能である。登園・降園時にはここは使用しないが，外遊びの時には室内運動場に近い保育室を使用している年少組のみは，この

室内運動場前の扉からも，正面玄関から靴を持参してきて出入りしている。なお，現在の園庭は園舎南側のみであるが，大正期の園庭は南側のみならず，現在は駐車場になっている園舎北側正面，すなわち出入り口前も園庭になっていた。これは JKU 年報や米国メソジスト監督派教会海外婦人伝道協会年会報告書に収録されている写真から確認できる。本書においては表紙カバー写真に使用しているので，参照願いたい。なお，この北側園庭は，昭和の戦後にも使用され，10年くらい前に通園バスを導入するまでは芝と砂利敷きになっていたことが，卒園児であるとともに永年勤務している現副園長・吉田真理子の証言から明らかである。なお，このような集中昇降式の園舎は，北国では，気候の点から多く見られると副園長は言う。出入り口が多くあり，各保育室から直接園庭に出られる開放型の園舎では，冬期の気候に耐えられないということである。

　この集中式の出入り口について，現副園長の見解を掲載する。現在，遺愛幼稚園では，この集中式の出入り口で，朝の登園時と午後の降園時，バスに乗らない全部の保育者が揃って，全園児たちの出迎えと見送りを行なっている。その時間帯，保育者たちは，登園してきた園児たち全員に対して朝の挨拶をし，一方，登園してきた園児は，玄関に立って迎える保育者たち一人ずつに，朝の挨拶を行なっている。そのために，登園時の玄関は，園児たちが全保育者に対していう朝の挨拶と，保育者たちが園児たちに対していう朝の挨拶とで，非常に賑やかな空間となる。現副園長は，こういった挨拶を引き出すのに，この集中式の出入り口が一役買っているのではないかと考えている。現在の日本の幼稚園に一般的に見られるような，各保育室が廊下で連結し全ての保育室から廊下を横切って園庭に出られる出入り方法だと，園児は保育室にはクラス単位で出入りするため，そこで迎える保育者は担任のみであり，もし担任が通園バスなどの担当になって留守であれば，保育室前の出入り口で園児を迎える保育者は誰もいないということになる。幼稚園舎を意識し，内外空間の連結を図って，どの保育室からも他の保育室と影響を与えあうことなく出入りできるように計画をすると，それが保育者集団と園児たちの関係を希薄にするというマイナス要因も連動して生じてくるのではないか，というのが，副園長の見解である。全員が一カ所から出入りし，その出

入りが園児の自由にはならず，大きな一つのドアで園児の動きが拘束されるという園舎の物的環境は，逆に，保育者と園児，あるいは園児同士が，その昇降口，「家の玄関」的な場所において必ず顔を合わせななければならない状況を生みだす。その状況が，人間同士の対面を余儀なくし，そこから人間対人間の挨拶が自ずと引き出されやすくなるのではないかと副園長は言うのである。この副園長の意見は，物的環境が人間の社会関係にまで影響を及ぼすものであることを示しているもので，長年にわたってこの園舎で実践に関わってきた副園長が，各保育室から直接，園庭に出入りできる形態の園舎を参観して感じたことであるという。著者には，現在の遺愛幼稚園の朝の登園時間の挨拶が非常に印象的である。これだけ多くの朝の挨拶の言葉が交わされる幼稚園を，著者は他に知らない。

②で考察してきた，中央遊戯室を囲んで配置された保育室や，全園児が一カ所から出入りする昇降口などの本園舎一階の動線は，保育理念や方法とも協働し，園児と保育者の豊かな交流を生み出す強力な教育財となっている。

(2) 文部省が示していた，学校建築関係の法令との関係は

さて，この時期の幼稚園舎・園庭に関する法的基準は，いかなるものであったのだろうか。

明治30年代以降，我が国では，多くの独立園舎が出現した。すなわち，それまで代用園舎での保育を行なってきた幼稚園が独立園舎を建てるようになってきたことや，明治時代の保育内容・方法から，新たなそれらへと変化を遂げた幼稚園で，新しい保育実践に適した園舎を求めるようになったことなど，様々な要因が相まって，独立園舎が多く出現するようになってきたのであった。それらの事例は『幼稚園教育百年史』や，拙著などに掲載されている。

この時期の幼稚園舎に関する法的基準は，明治32 (1899) 年に定められた，「幼稚園保育及設備規程」第7条があったが，ここでの記述は，保育室と遊戯室を備えることと，それぞれの坪数が示されたに留まり，その他の敷地・飲料水・採光窓については「小学校例ニ寄ルヘシ」(第7条4) と示された。「小学校ノ例ニ寄ルヘシ」とは，同じく明治32 (1899) 年7月に示された文部省

令第 37 号「小学校設備準則再改正」の記述を参照せよとのことであるが，この「小学校設備準則再改正」は，明治 24（1891）年の「小学校設備準則改正」を基に，明治 28（1895）年の三島通庸の手による「学校建築図説明及設計大要」の衛生に関する記述を加えたものであった。この「幼稚園保育及設備規程」に「小学校ノ例ニ寄ルヘシ」という記述がなされたのに加え，翌明治 33（1900）年の第三次「小学校令施行規則」において「小学校令」で初めて幼稚園教育・園舎に関する記述が収められたことは，幼稚園教育の社会的承認の獲得と，その社会的定着への前哨としての意味があると考えられる。これと同時に，幼稚園教育も小学校教育に続き，小学校と比較すれば微々たるものではあるが，国家的教育実現のための機関へと取りこまれていったことを示してもいる。とはいえ，当時の幼稚園舎および幼稚園教育に関する規定は，小学校のそれらに関する規定に比較すれば遥かに自由度が高かったので，明治末期から大正期の幼稚園教育やその園舎形態は，その幼稚園を取り巻く社会的環境や背景により，実に様々なあり方が見られた。その全体像に関しては，既刊の幼稚園教育通史書や，拙著のなかで知ることができるので，参照されたい。

　ちなみに，明治 30 年代以降の日本の小学校舎に見られた潮流として，大きく次の 2 点を挙げることができる。これらの点については，幼稚園舎の潮流の分析にも求められる視点であるので，ここに挙げておくが，第一は，今日，俗にいう「質朴堅牢主義」といわれるものの隆盛で，第二は，北側片側廊下の主流化である。これらについて簡略に説明しておきたい。

　第一の「質朴堅牢主義」というものは，明治 15（1882）年に文部省より示された「文部省示諭」における「小学校ノ建築」に書かれていた，「其構造ハ素朴ニシテ堅牢ナルヘシ」という記述に端を発するものである。これは，明治初期に建てられた独立校舎が華美に走りがちであり多額の経費を要したこと，いっぽう費用の工面がつかない地域ではなかなか独立校舎新築に踏み切れなかったことなどを問題として文部省が示した方針であったが，これ以降，この主義は，広く一般の小学校舎のあり方を「質朴堅牢」なものへと変容させることとなり，昭和復興期にいたるまで，この「質朴堅牢主義」は我が国の公立学校舎のあり方に強い影響を与えることになるのである。もっと

も,「質朴堅牢主義」が示されて以降, 全ての校舎が「質朴堅牢」なものに変化してしまったわけではなく, いつの時代にあっても, 莫大な資金をもって建てられた勇壮荘厳な校舎は出現していたのではある。ちなみに, この「質朴堅牢主義」は, 幼稚園舎に大きな影響を与えたものではない。幼稚園の場合, その設立母体も多様であり, 小学校舎内に創られた公立幼稚園があったり, 独立園舎を建てたとしても民家を少し大きくした程度の規模で済んでいたものがあったりして, 小学校舎を新築するほどの大事ではなかったのかも知れない。幼稚園舎は明治末期から大正, 昭和期に至るまで, 独創的で興味深いものが全国に出現し続けたのである。

　第二の「北側片側廊下」について説明しよう。これは, 明治28 (1895) 年に三島通庸がまとめて文部省より示された「学校建築図説明及設計大要」に示された, 中廊下の否定, 教室を南・西南・東南に配置すること, という内容のことを意味する。これは, 衛生の面から, 廊下は片側廊下, 教室はその片側に南方向に向けて並べて配置し, 校舎は敷地の北側に建てよ, ということを示していた。これは, 廊下を建物の中央に配置する洋式住宅の平面計画や, 廊下を縁側のように見立てて南側に配置する日本的平面計画などの平面計画を全面的に否定するものであったため, 多くの論議を醸し出すこととなった。しかし最終的に北側片側廊下に軍配が上がり, 明治34 (1901) 年の官報第5325号に提示された「校舎衛生上ノ利害調査」によって再度主張された北側廊下が, 以後の学校舎の基本型となったのである。

　もっとも, これに関しても, 幼稚園舎の場合は全く異なる道を歩むこととなる。幼稚園では大正期において, 戸外活動, 自然の動植物の観察などが重視される保育内容が発展した。おりしも昭和7 (1932) 年に新築された, 東京女子高等師範学校附属幼稚園の新築独立園舎は中廊下形式で, 東西に延びる園舎の中央に東西に長い廊下を配置し, 廊下の北側を管理エリアとし, 廊下の南側に各保育室を並べて配置するという, 一見すると北側片側廊下・南側保育室という学校式の平面計画が導入されたかのように見えた。しかし, この園舎は, 南側に並ぶ保育室から直接, 園庭に出られるようにし, 保育室の南側の園庭に面した部分に, 内部とも外部とも俄かには判別できない空間 (現在, お茶の水女子大学附属幼稚園では, ここを「たたき」と呼んでいる) を設置

した。これにより子どもたちは，南側に面した保育室の外側に，さらに上靴で歩ける空間を経験できるようになったのであった。この園舎が新築されてからは，この空間を模倣し，おりからの保育内容の変化とも相まって，我が国の幼稚園舎は，南側保育室の南側に，園庭に降りるための土間のようなものが設けられる形が一般化する。やがてこの空間は発展し，省スペースの目的もあり，保育室の南側に，園庭に降りられるような長い廊下が設けられるスタイルが主流となっていくのである。この平面計画は，おそらく多くの日本人が「幼稚園」と聴いて容易に想像できるような，ごく一般的な幼稚園舎のイメージの基盤となっていったのであった。

　上記2点は，我が国の小学校舎の特徴である。それぞれにおける幼稚園舎のあり方は，上に示したように，小学校舎のそれとは発展過程において相当に異なる道を歩んできているのである。これらの流れの詳細については，拙著をご覧願いたい。

（3）園舎の平面積，各室の面積を，当時の他の園と比較して

　さて，ここで，遺愛幼稚園第二独立園舎の平面積，各室の面積を，当時の他の園と比較して見てみよう。

　遺愛幼稚園第二独立園舎の平面計画における面積を，以下に示す。遺愛幼稚園第二独立園舎の本棟は，ほぼ正方形の平面である。南北は8間（14.4 m），東西が9間（16.2 m）で，一部にベイ・ウィンドウを持つため，平面積は約75.5坪（249㎡）であった。遊戯場は正方形で，縦横ともに9.1 m，面積は27.5坪（約90㎡），各保育室は5坪（約16.5㎡）であった。なお，正方形の遊戯場の一辺が9.1 mということは，もしこの部屋で円形になって座ったり遊戯をしたりした場合，最大での円の直径は約9 mということになる。平均的な在園児数であったころの，1クラスあたり20名で一人あたりの専有面積を計算すると，保育室の広さは一人あたり約0.8㎡，遊戯場は一人あたり1㎡という計算になる。

　これを，著者が把握している，ほぼ同時代のほかの幼稚園舎の面積と比較してみる。

　著者が以前に調査した，旭東尋常小学校附属幼稚園（旭東幼稚園）第二独

立園舎（明治41（1908）年新築）と比較しよう。この園舎では，中央遊戯室は約42.5坪（約140.12㎡），三つの保育室は全て同面積で，1室あたり約11.7坪（約38.88㎡）であった。旭東幼稚園の場合，この園舎面積で収容予定幼児数は80人のところ実際の在園児数は160名程度もいたが，これを午前と午後の二部に分けて保育していたというから，園舎に同時にいる園児数は80人程度であったと判断できる。そこで，ここでは在園舎園児数80人として考えよう。1保育室に20人ずつ入室し，中央遊戯室を20人1クラスが保育室の替わりに使用していたと想定すると，20人で38.88㎡すなわち約40㎡を使用したことになるので，一人あたりの保育室の空間は約2㎡あったということになる。ちなみに遊戯室は，一人あたり1.7㎡と計算できる。

こうして考えると，遺愛幼稚園の第二独立園舎における子ども一人あたりの面積は，旭東幼稚園第二独立園舎に比較して，遊戯室も保育室も約半分以下ということになる。保育室と遊戯場に限ってみれば，遺愛幼稚園第二独立園舎は，かなり狭い空間しかなかったことがわかる。遊戯場も一辺9.1mしかないため，円形になると直径9m以下の円形しか取れないという計算になり，現在の朝の礼拝における円形着席状況から想定しても，円形になって行なう一斉活動型の「遊戯」は一度に80人は無理であったと考えられる。ただし，現在，45人が半円になって着席することは可能となっているから，少し詰めたり二重になったりすれば，80人が同時に遊戯場で円く着席することは可能であっただろう。

ところで，ここで興味深い数値を見たい。それは，一階の敷地における廊下の占める割合である。

遺愛幼稚園第二独立園舎は，一階の総建地は，75.5坪（249㎡）の本棟に加え，「室内運動場」と呼ばれる，離れのようなものを持っていた（図表Ⅱ-6）。これは，外遊びが難しい気候風土のなかにある遺愛幼稚園において園庭の替わりにもなる空間であったが，この室の面積は4間×8間，約24坪（約80㎡）であった。これに加えて，本棟から室内運動場までの廊下は約15坪（約49.6㎡）程度で，幅広の，ちょっとした遊び空間であったと想定できる。よって，一階の総面積は，本棟249㎡＋運動場80㎡＋本棟と運動場を繋ぐ廊下49.6㎡，合計で約115坪（約380㎡）弱はあったという計算になる。ちなみにこの総

面積には，便所は含んでいない。

　一方，旭東幼稚園舎の総建坪は約112坪（約370㎡）であるから，総面積で比較すると，遺愛幼稚園舎は旭東幼稚園舎と比較して狭いという単純計算にはならないことが明らかとなる。しかも，園舎の総建坪において「廊下」が占める割合が，旭東に比して遺愛では高いということが確認できる。旭東幼稚園舎では，総建坪約112坪（約370㎡）のうち廊下は僅か約13㎡，割合にして僅か3.5%であった。それに対して遺愛では，本棟と室内運動場を併せた総建坪のうち本棟廊下が約23㎡，本棟と室内運動場を繋ぐ廊下が約49.6㎡あるので，合計約22坪（約72.6㎡）が廊下面積という計算になり，一階の総床面積約115坪（約380㎡）のうち約19%が廊下という計算になる。廊下が広いということは，自由遊びに使われる空間が広いということになり，遺愛幼稚園舎では遊戯場と保育室が狭くても，そのほかの遊びに自由に使える共用空間が充分にある園舎であるといえるのである。

　また，こういった分析方法もある。それは，子どもが実際に使うスペースの広さを総合的に考えるという方法である。旭東幼稚園は平屋建てであったため，一階に，保育スペース以外の全ての室が配置されていた。すなわち，保姆室，応接室，使丁室といった部屋も全て一階にあった。それに対して遺愛幼稚園では，園長室，保姆室，当直室といった室は全て二階にあった。遺愛幼稚園の一階の空間のうち，子どもが使わない場所は，玄関脇の付添い人控え所と炊事室，台所など，ごく限られた面積だけであった。そこで，一階総床面積のなかで子どもが使う場所の総面積を計算してみると，以下のようになる。すなわち旭東幼稚園では，総面積約111坪（約368㎡）から使丁室19.4㎡，応接室13㎡，保姆室13㎡を差し引くと，約97.5坪（約322㎡）が子どもの使用する面積として残る。これに対して遺愛幼稚園の場合，先に出した一階総面積約115坪（約380㎡）から付添い人控え所16.6㎡，炊事室と台所あわせて14.9㎡を差し引くと，約105坪（約348㎡）が残る。こうして見ると，一階総面積のうち，子どもが使用する面積の総計，すなわち，［遊戯室と保育室］だけでなく廊下や玄関その他全て含めてみると，遺愛幼稚園第二独立園舎は，旭東幼稚園第二独立園舎よりも，子どもが使用できる面積の割合が広いという計算になるのである。ちなみに，玄関は，旭東が19.44

m²であるのに対し遺愛は 26.5m² あり，玄関の広さも遺愛のほうが広い。また，便所は，大正という時代であることから，両幼稚園とも園舎本体から飛び出した状態で設けられており，床面積には含まれていない。

　こうして考えると，遺愛幼稚園舎は，狭い保育室と遊戯場ではあったけれども，子どもが自由に遊べる広い玄関に広い廊下をもち，別に設けられた室内運動場があるなど，全体を一個の「家」というような構造で見た場合には，狭くてどうしようもない環境ではなかったと判断できる。現在の保育者に尋ねても，保育室は確かに狭いけれども，保育室で全ての活動をするわけではないし，保育室が狭いからこそ自然と落ち着き，小じんまりとまとまったクラス運営ができたり，保育室で活動するときや昼食時などに目が行き届きやすいといった利点もあるという。もちろん，園舎の形態を単体で分析するのではなく，実際の日案や活動形態をもとに分析することが必要であるのだが，それはほかの章に送ろう。

（4）珍しい室内運動場の設置

　この幼稚園舎には，本棟から廊下を通っていくところに，「室内運動場」といわれる室を持っている。現在，この部屋には窓があり明るいが，以前は窓はなく暗い部屋であった。内部は約 24 坪（約 80m²）あり，これは遊戯場とほぼ同じ面積であるから，かなり広く，運動量の多い活動も可能である。中には砂場，ブランコ，木馬などが設置されていた。また，この室内運動場は，引き扉を開ければ廊下を経て園庭に直接出られるようにもなっており，屋内と屋外の運動遊びを自然と連結させることができるように計画されてもいた。

　この室内運動場の，遊戯室と別の設置や，室内に砂場をしつらえることなどは，日本ではあまりみかけない環境設定であるが，米国の北部，積雪の多い地域などではしばしば見られるものである。我が国においても，昭和 6（1931）年に，滋賀県近江八幡市に開園した，旧：近江兄弟社幼稚園舎（旧：清友園幼稚園）にも，似たような室内運動場が設けられていた。これは，米国で幼児教育を学び，ヴォーリズ（Vories, W. M.：1880～1964）と結婚した一柳満喜子（ひとつやなぎ まきこ：1884～1969）が，米国で見聞してきた知識を

もとに，夫とともに設計したものであった。こうした屋内運動施設が，米国の影響を強く受けた日本の幼稚園に出現していたのである。

　現在も，この室内運動場は，幅広く活用されている。函館の気候は，寒い時期が長く，また春〜夏でも天気は変わりやすく，函館山の裾野にあるこの幼稚園一帯は霧も出やすく，太陽のもと園庭で遊べる日は充分ではない。そんな屋外遊びの制限を，この室内遊戯場が補っている。大正期におけるこの運動場の活用状況は，当時の実践における日案を確認し，室内遊戯ないし自由遊戯がどの程度展開していたかを確認する必要があるものの，函館の気象条件を考えると，この遺愛幼稚園の室内運動場は大いに活用されていたことが想定される。

　また，この園舎の平面計画からすると，各保育室と遊戯場が隣接しているため，保育時間中に保護者の集会を行なったりすることができない。現在は保育時間中に保護者会などが開催されることがあり，その際にも運動場は，遊戯室や保育室から離れているので，この室内運動場は大いに活用されている。大正期に，こうした用途において室内運動場が活用されていたかは，第4節における日誌などの分析考察を待たなければならないが，平面計画的には室内運動場は，保育時間中の保育以外の活動に活用できる空間としても便利であったと判断できる。

（5）遊戯場の中央柱がなくなった

　また，これは構造的なことであるが，旭東幼稚園舎では，広い遊戯室の中央に柱を立てて天井を支えていた一方，遺愛幼稚園舎における遊戯場には中央に柱がない。柱を立てずに天井を支えられるだけの技術が，大正2（1913）年当時の木造建築において，既に見られていたということである。平屋の旭東幼稚園舎が建てられた明治41（1908）年とは僅か5年の違いながら，二階建ての遺愛幼稚園舎において中央柱がなかったことは注目に値する。とはいえ，遊戯場の面積も旭東幼稚園の遊戯室に比較して約6割と狭いことも，構造的に中央柱が不要であったことの一因であったかも知れない。遊戯場の中央柱が除かれたということは，様々な活動の幅を大きく広げたものであるといえよう。

なお，一階の北西の角には，台所，兼，職員室があった。現在は台所として活用されている。

3. 意匠計画

次に，意匠の特徴を見てみよう。

意匠に関しては，幾つかの特徴から，1880年頃〜1900年代初頭において，米国内で人気を博していた，いわゆる「クイーン・アン様式」といわれるスタイルの一つではないかと考えられる。すなわち，遺愛幼稚園第二独立園舎の意匠上の特徴として挙げられる点として，基本的には矩形の平面に突出した個所，寄棟の屋根，玄関ポーティコに切妻つきの屋根，下見板貼りの外壁，規則正しいダブルハング・ウィンドウ（上げ下げ窓），窓周囲の額縁，特に強調された煙突など，クイーン・アン様式の特徴を，全てではないが非常に多く有している。英国におけるクイーン・アン様式は煉瓦造であったが，米国ではこれを木造で実現したのが一般的である。また，意匠上ではなく平面計画上の特徴であるが，自由な動線を可能とするオープン・プランニングや，主な部屋にドアを二つ設けることなども，クイーン・アン様式に典型的な特徴であり，これらもまた遺愛幼稚園第二独立園舎において導入されている。

なお，屋根構造は和式ではなく，クイーン・ポスト・トラス（Queen post truss）式が導入されており（写真II-9），園舎は和洋折衷様式ではなく完全な洋風であり，クイーン・アン様式を木造で建造していることとも併せて，この園舎は，とりわけアメリカン・スタイルの洋式建築であることが確認される。

まず，玄関ポーティコについて述べる。ポーティコは，北側正面に櫛型のペディメントを持つ，曲線状の独特な屋根を抱く。屋根中央には飾りがついていて，洋風の意匠を見せる。ポーティ

写真II-9 遺愛幼稚園舎 屋根裏（現在の様子，著者撮影）

コは正面側がガラスの引き違い窓になっている。下部は園舎壁面と同様，縦長の羽目板の上に，×状の板を貼って，園舎壁面との意匠上の統一感を生みだすように，工夫されている。園舎への出入は，ポーティコ左右から行なうようになっている。ポーティコは北側に面しており，玄関扉を開けた時に正面から風雪が吹き込まないように考えられたと判断できる。昇降口に階段が3段ほど設けられているのも，土地の降雪を考慮してのものである。左右の昇降口部分には，冬季には雪よけが仮設される。玄関扉は内側に開く観音開き扉である。軒下の垂れ飾りはシンプルなものであるが，その形状は完全な洋式である。

次に，外観について分析する。布基礎は煉瓦造りで，そこに床下換気口が設けられている。換気口の上部には煉瓦で扇状のデザインが施されている。その上の窓下部分は，縦長の羽目板を貼り，その上にハーフティンバー風に板を×状に貼っている。この×状の板と，窓枠と扉は，壁面とは異なる色で，やや白っぽく塗ってある。一階，二階ともに壁面は下見板貼りである。窓は全て同じ寸法で設置され，縦長のダブルハングである。先に述べたように，窓の内側には，場所によっては，内側に開くケイスメント（観音開き）窓が付いている。防寒のためと思われる。外壁の色は薄いピンク色であるが，保育者の話によれば，外壁の色はしばしば塗り替えられており，これは昔の色とは異なるそうである。窓には窓上破風や装飾はなく，軒下飾りもなくシンプルである。

屋根は，園舎の脇の坂の上から見ると，寄棟づくりであり，二重になっている。本棟は正方形のため，屋根も方形屋根となっている。屋根からは，煉瓦の煙突が2本，突き出している。屋根は瓦ではなくスレート葺きである。

続いて，内部の意匠を少し述べる。ドアと窓の額縁は，全て縦の3本ラインが彫ってあり美しい。ドア，ドアの額縁，廊下，階段，階段の手摺と手摺子と親柱など，非常に美しい木で製作してあり，今でも光を放ち美しい。

階段の親柱（ニューウェル）およびギボシ（ニューウェルキャップ）も手の込んだ装飾が施されており，特にギボシは四角の上に半球が載り，洒落ている（写真Ⅱ-10）。階段は下が物置きになっており，ランディング（踊り場）は一つ。一階からランディングまでのフレイヤー（段）は12，ランディングから

二階までのフレイヤーは7である。

続いて，建築内部のドアについて述べる。内部は，殆どの扉が，片開きの扉になっており，木製の6パネルのドアである。パネルの縦寸法は，下2段が長く，最上段が短めになっている。この寸法やドアの形状は，殆ど全て，同型が用いられている。

幾つかの扉のみ，ガラスが用いられている。それらは，一階の各保育室と遊戯場を仕切る引き扉と，一階の現在は台所となっている部屋と廊下との間の扉で，これらは上半分がガラスになっている。このガラスが模様のある独特なもので，厚みがあり，強化ガラスのように丈夫にできているものと思われる。このガラス扉が，いつから使用されているかは確かではない。

写真Ⅱ-10　遺愛幼稚園舎　二階への階段（現在の様子，著者撮影）

また，扉の上部は，換気窓になっている個所もある。一階の各保育室と遊戯場との間の扉の上部は，全て換気窓になっている。また，二階の園長室隣室は窓がないが，ここにも高窓が設けられている。この園舎における換気窓，高窓の全ては，横軸の回転式になっている。

第3節　大正期キリスト教主義幼稚園における保育

本節では，第Ⅲ部において遺愛幼稚園の大正期の実践内容・方法を分析するに際し，まずは大正当時の日本におけるキリスト教主義幼稚園の実践内容・方法の傾向を，『日本キリスト教保育百年史』その他の資料から整理しておく。

第1章において著者は，明治期日本の幼稚園教育界と，キリスト教主義幼稚園における教育実践内容・方法の，二つの大きな潮流について紹介した。簡略に繰り返すと，継続的に発展し今日も運営が続く幼稚園として日本最古の東京女子高等師範学校附属幼稚園および同保姆実習科（明治38（1905）年～）

に繋がる系譜と，ハウにより明治20（1887）年に興された頌栄幼稚園および頌栄保姆伝習所に繋がる系譜の2派である。前者はフレーベル恩物を用いた実践を身上として開始され，日本の幼稚園教育の中心的流派として発展，明治20～30年代においてその実践内容・方法に疑問を抱き始め，米国進歩主義教育に歩調を揃えるように恩物中心，課業中心，座業中心の実践から脱却していった派で，大正期には倉橋惣三をリーダーとして一層の拡大を見せた派。一方の後者は，フレーベルの教育思想そのものを中核とした幼稚園教育を創造・展開し，進歩主義教育の中心地ともいえるシカゴ出身でありながらも，進歩主義教育への盲信的な傾倒には忠言を呈したハウを中心に成長していった派であった。キリスト教主義幼稚園でない日本の幼稚園は，大正期においては多くは上記のうち前者の，倉橋惣三を牽引者とする新教育主義に拠る幼稚園教育実践に変容していった一方，キリスト教主義幼稚園においては，新教育主義的実践内容・方法に変化していった幼稚園群と，伝統的な恩物主義を重んじた幼稚園群に分かれていった。この分析は，第Ⅱ部第1章第5節において，黒田成子の論を紹介して確認したところである。

　本節においては，第4節において遺愛幼稚園の大正期の実践を分析するための，当時のキリスト教主義幼稚園において行なわれていた一般的な実践内容・方法について確認する。

　大正期には，日本の教育界では，大きな変化が起きていたことは周知のとおりである。すなわち，いわゆる新教育運動，「児童中心主義」教育運動などといった名称のもとに展開した，数々の革新的な挑戦が，教育現場において試験的に導入されていた。「八大教育主張」なるものも誕生し，国家が運営する学校とは全く異なる独自の根本思想に基づいた実践を行なう私立学校も多く創立された時代である。

　その動きは勿論，幼稚園教育界にも顕著に見られていた。既に述べたように，明治32（1899）年に幼稚園教育では日本で初めての国家レベルでの規程である「幼稚園保育及設備規程」が示され，そこにおいて幼稚園における教育内容が大きく四つの項目に整理されて，フレーベル二十恩物が全体の4分の1を占めるに過ぎないものとされたことは周知のことである。

　この潮流の端緒が明治30年代の米国における幼稚園教育実践内容・方法

論争に端を発したものであったことは第1章において見てきたところであるが，この潮流はますます発展し，米国では明治43 (1910) 年をもって新教育主義者らの勝利に終わったことも第1章第5節にて触れたところである。そのようなわけで，日本の大正期にあっては，米国における幼稚園教育論争は既に終結していたわけである。

　大正初期の米国における幼稚園教育実践内容・方法論争の結果的状況について，大正6 (1917) 年3月の『婦人と子ども』第17号第3号掲載の久保良英の論文「北米合衆国に於ける幼稚園教育の理論及び実際」[10] は，当時の米国幼稚園界の状況を整理して紹介している。小見出し「幼稚園教育に関する原理」において久保は，まず大きく「尚保守的にフレーベルそのままの思想を宣伝しつつある教育者（中略）それは独乙の理想主義の影響を受けた，つまりカントやフィヒテやヘーゲルあたりから脈を引いてゐるブロー女史及び女史の後進等」と，「フレーベルとは多少異った方法を採用して居る所謂新教育なるもの」との2派に分けた[11]。そのうえで久保は，後者の派についてさらに4派に分けており，①中心主義，②自由遊戯主義，③産業主義，④自動主義（ママ）としていて，第1章にて引用したスタンレー・ホールは②の派，ジョン・デューイと彼の率いるコロンビア・ティーチャーズ・カレッジは③の派であるとする。久保はデューイの産業主義的教育論を，「餘まりプラグマチックに傾き過ぎて居る」[12] と評している。また，当時流行中だったモンテッソーリについても触れている[13]。

　日本の明治30年代以降に展開し明治43 (1910) 年に一応の終結を見た米国の幼稚園教育実践内容・方法論争であったが，日本の大正期に入ると，米国の論争は凡そ上の久保による整理に見られるようなスタイルに落ち着いた。同時に日本においても，大正期の幼稚園教育のリーダーとなった倉橋惣三が強力に新教育を支持し，大正期の日本の幼稚園教育も米国と同様の思想が中心となっていったのである。

　本書においては，この日本全体の幼稚園教育実践内容・方法の変革の流れについて深く述べることは割愛し，大正期のキリスト教主義幼稚園の実践に論究を進めて行きたいので，大正期の日本全体の幼稚園教育実践については，拙著あるいは他の参考図書を参照されたい。

本節に続く第4節では，遺愛幼稚園の大正期の実践を具体的に描写していきたいが，その前に，この第3節において，大正期のキリスト教主義幼稚園の全体的な流れを見ていこう。

本節においては，大正期のキリスト教主義幼稚園における実践内容・方法の大枠を紹介していくわけであるが，その際に，大きく二つの柱に分けて紹介したい。一つには，明確な宗教教育的色彩をもって実践された諸活動について紹介する。わかりやすい例を挙げるなら，クリスマス行事や収穫感謝祭，母の会や日曜学校の運営などである。もう一つには，一般的な活動に見られる教育実践活動について紹介する。これは，キリスト教主義幼稚園であっても，日本にある幼稚園として，形式上は「幼稚園保育及設備規程」に示されたような実践内容・方法にそくしたかたちで行なわれていた教育実践である。こちらに属する活動には，あからさまに宗教教育が押し出されていたわけではなかった。

ただし，キリスト教主義幼稚園における実践を分析する際に忘れてはならない重要な点がある。本節においては，わかりやすいかたちで実践内容・方法を見るために，便宜上，上記のように大きく二つに分類して紹介するわけであるが，キリスト教主義幼稚園においては，幼稚園において展開する活動の全てが，本質的には宗教的であり，かつ同時に教育的でもあった。全ての活動が宗教教育とそれ以外の教育に分けられるものではなく，全ての活動のなかに宗教的側面と教育的側面とが同時的に存在していたということである。その理由は，本節において中心的に参照するところの，キリスト教保育連盟が編纂した『日本キリスト教保育百年史』の序章において分担執筆者の奥田和弘が述べているように，そもそも日本の幼稚園教育の導入と発展に直接的な影響を与えた米国における幼稚園教育運動はキリスト教信仰をもつ女性たちを中心に展開され，米国における幼稚園教育の半数は教会と関係したものであったということに，その端緒を探らなければならない。教会によって建てられた，あるいは積極的に支えられた米国における初期の幼稚園には，教会として3つの意図があったと奥田は述べる[14]。その三つの意図とは，①慈善的・博愛主義的・福祉的発想，②幼児への教育，③伝道であった。すなわち，①は貧困地区に住む幼児への福祉的発想から開始された幼稚園，②は

中流階層以上の居住地域に建てられた有料幼稚園，③は子どもの福祉・教育をとおして地域への伝道を目指した幼稚園の3種があったというのである。③においては，当時は著しく社会的に弱い立場にあった女性・子どもの人間性獲得のために意図されたと奥田は述べている。そして重要なことは，奥田はこれら三つのパターンを示したうえで，「個々の幼稚園がこの三つのいずれかに類型化されることを意味するものではない」¹⁵⁾と明言し，教会が幼稚園に関わった背景には，福祉・教育・伝道の三つが混然一体となっていたと総括している。ちなみに，本書が研究対象としている遺愛幼稚園は，上記3分類のなかで最も相応しい分類としては，②に属するものであると判断できるが，同時に③の伝道の意図も併せ持っていたし，①の慈善的発想も，シャルロット・ドレーパー（Draper, C. P.：1832～1899　ウィニフレッド（遺愛幼稚園長奉職者）の祖母）による函館訓盲院や，大縄町に創られた清花園などの実現に見ることができよう。遺愛女学校は教会附属ではなかったが，函館教会を創立したハリスによって始められた日日学校を源初として開校した学校組織であったし，米国メソジスト監督派教会海外婦人伝道協会宣教師の派遣によって維持発展したのであるから，教会との関わりは非常に強いものであったことはいうまでもない。遺愛は，女子のための日日学校，および女学校の創立が学校運営としてはスタートであったが，そののちに小学校・幼稚園教育，さらに福祉分野にも拡大していったことが，奥田の述べるところの「福祉・教育・伝道が一蓮托生のものとして展開していた」という分析を，具体的事実として裏づけるものである。

　このような運営の背景を踏まえたうえで，大正期のキリスト教主義幼稚園の教育実践内容・方法について考察するとき，考察の便宜上，宗教色の強いものと，そうでないものとを分けるというだけであって，両者は厳密に区分された別ものではないということを，ここに述べておきたい。そもそも，両者を分けてとらえることは，キリスト教主義幼稚園にあっては不可能なことなのである。そのことを認識したうえで，当時の実践を見ていきたい。

1. 明確な宗教教育的色彩をもって実践された諸活動

　では，最初に，大正期のキリスト教主義幼稚園における活動のなかで，宗

教色が前面に出された活動について，見てみよう。

　奥田は，前掲書の「第2章　キリスト教保育の普及」「第4節　草創期の宗教教育」において，大正期のキリスト教主義幼稚園における教育実践を構成していた大きな柱を紹介している。この節では，節の題も示しているように，大正期の具体的な実践内容・方法を総括するというよりも，大正期のキリスト教主義幼稚園において，どちらかというと宗教教育の目的のもとに行なわれていた活動を整理し紹介しているといえる。ただし，「草創期の宗教教育」冒頭部分で分担執筆者の奥田和弘が述べているように，当時の婦人宣教師たちにとって「伝道，博愛，教育は不可分離であり，この三つの想いは彼女たちの信仰によって統合されていた」[16]ため，宗教的色彩を強く帯びた活動といっても，そこに教育的効果も十分に期待できる活動でもあった。ちなみに「草創期の宗教教育」となっているが，内容を読むと大正期の記事からの総括であり，ちょうど大正期のことが書いてあって，次節において遺愛幼稚園の大正期の第二独立園舎時代の実践を考察するのに有効であるから，ここに参照する。

　奥田は，大正期のキリスト教主義幼稚園における宗教教育について，次の(1)〜(5)のように整理している（pp. 147〜157）。

（1）会集（モーニング・サークル）での礼拝と，そこでの話

　奥田によれば，「園児に対する宗教教育が最も明瞭なしかも一般的な仕方で行なわれていた。一日の保育の最初に行なわれたのは会集（モーニング・サークル）での礼拝と，そこでのお話（モーニング・トーク）」[17]であったという。話には「週間主題」があり，多くは聖書のなかから選ばれたという。この朝の会集は，たんに「会集」という活動で見れば，大正期のあらゆる幼稚園で広く一般的に行なわれていた活動であり，特にキリスト教主義幼稚園だけで行なわれていたものでは全くない。しかし，その内容や，目的などに，キリスト教主義幼稚園の独自性があった。このことを説明するために奥田は，JKU年報（1915）に掲載されたドーソン（Dawson, E.）の文 "The Use of Materials and the Activities of the Kindergarten"（「幼稚園における教材と活動の使用」）を引用し，そこにおけるドーソンの主張を要約しているのであるが，

ドーソンは以下のようにいう。すなわち奥田の和訳によると、ドーソンは次のようにいう[18]。

「朝の会集で話される話は、聖書の物語というだけの理由で用いてはならない。話の選択は保育全体のなかで考慮され、子どもたちのニーズや理解への配慮によってなされることが必要。話は聖書のなかからに限定される必要はなく、昔から伝わる物語、童話、偉人伝、自然の営みに関するものなどからも選ばれてよい。しかし、聖書のメッセージは、他の物語や話にまさるものを多く含むので、できるだけ聖書の物語が選択されることが望ましい。」

以下、ドーソンによる英文の原文を部分的に引用し概訳する。なお、上記の奥田の和訳以外の箇所で、著者が重要だと考える箇所を引用する。

"The morning circle is the most important and the least appreciated and understood by parents and often teachers. As some writer of child nurture has said "I care not who makes your laws – if I may write your ballads." What we learn in song and rhythm; story and picture; tells most in our ideals and standards of life. We say we can tell a man by his friends, we also can say we can tell a man by the stories he tells and the pictures he enjoys. There are many beautiful and pleasing songs and stories which would be nice to know but we only have the little folks for three hours a day and in that time we must give them the most important things; the things that are necessary for their nurture and development at the age when we have them." [19]

「朝の会集は最も大切であるが、両親たちや時々教師たちにも殆ど喜ばれず理解されない。子どもの養育について、ある作家が言っているように、私はあなたの物語を書くかも知れないが、あなたの掟を作ろうとは思わない。歌やリズムや物語や絵画を通して学ぶことは、我々の生きる基準や信念の中に最もあるのだ。我々が素晴らしいと思う美しく快い歌や物語が沢山あるの

だが，我々は一日に僅か3時間だけ子どもたちを預かる。その時間の中でその年齢の時に子どもたちの養育と成長のために必要なこと，最も大切なことを彼等に与えなければならない。」（著者概訳）

　このドーソンの報告は，"Education from a Fröbelian standpoint…"と冒頭に書かれており，ドーソンが自らをフレーベリアンとし，またJKUの参加者が総体的にフレーベリアン主義であると認識していると考えられる。フレーベリアン自体をどうとらえるかもまた議論が求められるところではあるが，JKUという団体としての位置は，この報告がなされた大正4（1915）年段階においても，フレーベルの幼児教育論に根ざす幼稚園教育理論をもち，フレーベル教育論に思想的に根ざしたうえでの教育内容・方法を実践していこうとしていたと見做すことが可能であろう。

　このドーソンの文章は，大正4（1915）年の年会での発表のあと，会員の対論を経て，日本人の幼稚園保姆らに和訳して読めるようにしようとの結論に至った。そして，この報告が掲載されたのと同じ号のJKU年報（1915）に，そのように掲載された[20]。これを実際に確認すると，"Some did not agree with Miss Dawson in every point, but as a whole the paper seemed to express the general opinion of the members. Miss Howe hoped that it might be translated and given to the Japanese teachers for their use, and this was agreed, too." と記載されており[21]，ドーソンの上記の報告が，それほど重視されたものであったということである。JKU年報によれば，「このドーソンの報告は，全員が完全に意見が一致したわけではないものの，殆どの内容において，JKUメンバーの考えを総括しているものとされ，ハウが，これを日本人保姆らに見せたいと希望した」と書いてある[22]。このドーソンの報告がなされた大正4（1915）年は，遺愛幼稚園が開園した2年後であり，この年のJKU夏期大会には遺愛幼稚園からはドレーパーが出席し，遺愛幼稚園の1年間の活動を報告するとともに，この年報には園舎北側園庭（現在の門を入って右手の駐車場あたり）の写真を併せて掲載している。よって，このドーソンによる大会での報告は，ドレーパーが聞いて函館に持ち帰っていると判断できる。

奥田は，上記のドーソンの報告を掲載すると同時に，「事柄の結果よりも動機に重点を置いて」[23] 話をすることが大切だとする報告を，要約して掲載している。それは大正2（1913）年の同報告書に掲載された聖公会系の大久保幼稚園なる園の報告で，「友だちと仲良くすることや勇気を教えるのに，金太郎や桃太郎を例にひくのと，イエスの働きを例にひくのと，いずれが適切かを問うている」[24] 文章である。その答えとして，大久保幼稚園が，「子どもが成長してからも彼等の判断を支え，よき行為へと導く根拠となる存在をしらせ，そのことから仲良くすることや勇気のあり方を学ぶことが，より意味があり，子どもの将来に益するものであるとしている」[25] と報告しているとして，奥田は引用している。これに対して奥田は，自身の見解は述べていないが，この大久保幼稚園の報告を読むと，次のようなことが理解できるのではないだろうか。すなわち，幼児にわかりやすいようにと身近な英雄伝や訓話をとおして結果論的な道徳を話すのではなく，たとえ幼児であっても，生涯にわたる道標となる霊的な神の存在を伝え，そこを根拠として自らの行ないを考えることが重要であると，大久保幼稚園は考えていたのではないかと思われる。

これに関しては，先のドーソンの文章にも，同様の説が見られる。それは，以下のような記述である。

"If we have a choice of two stories equally suited to our needs, I would certainly use the Bible one. I would do in America, but I would not use a Bible story just because it is a Bible story in the lesson if that story was not that I wanted at that particular time.（中略）The Bible is full of beautiful stories and I have no doubt if some of you would go through the Bible and select and adapt the stories to the children's age, you could find a story for almost every week of the school year." [26]

「もし我々が我々のニーズに同レベルで適合する二つの物語があったなら，私は確かに聖書の物語のほうを使う。特に私は米国ではそうするだろう。もし，その物語がその特別な時に私が望むのでなければ，私はたんに聖書の話

だからと言って聖書の話を使いはしない。聖書は美しい物語に満ち溢れていて，私は疑う余地がない。もし，あなたや，誰かが聖書を吟味し，選んで，子どもの年齢に合せて脚色するならば，あなたは，学校の年間の全ての週の物語を聖書の中から見つけることができるだろう。」（著者概訳）

　若干のニュアンスは異なるものの，趣旨としてはドーソンも奥田も，殆ど同系列のことを述べているのが興味深い。それほどまでに，聖書の話は，説話の題材として望ましいと，キリスト教主義の幼稚園では考えられていたということがわかる。
　ちなみに，遺愛幼稚園には，多くのキリスト教関係の紙芝居や参考図書が残っているが，この記述から考えるに，それらのキリスト教関係書物は，日曜学校（第Ⅲ部で触れるが遺愛幼稚園の宣教師らは日曜学校も運営していた）で使っていただけでなく，普段の日常保育でも活用されていた可能性もあろう。これについては第Ⅲ部で確認できれば興味深いものである。

（2）自然の特別な取り扱い

　保育全体をとおしての宗教的な取り組みは，自然環境を保育のなかに取りこむことにも明らかに表れると奥田は指摘する[27]。日常の保育のなかでの自然への感謝の気持ちを育てることを重視する。自然をとおして，驚きや，自然の不思議を知ることは，その背後にある神の働きをも知ることになる。自然は神の秩序を教える。したがって，自然観察や自然の営みを知ることは宗教教育と密接に関係していた。
　奥田は，JKU年報（1914）に掲載された明治43～44（1910～1911）年の頌栄幼稚園における年間モーニング・トーク一覧を和訳して引用し，そのなかにおける自然物の扱いについて解説している。また，ほかの幼稚園の自然物の扱いについても言及しているのであるが，いずれにも共通した点として奥田が注目しているのは，感謝祭や復活祭といった宗教行事を目標に据えたうえで，それに向かう動植物とのふれあいを事前に経験しておくカリキュラムを組むという形式であった[28]。
　さらに奥田は，頌栄の和久山きそのJKU年報掲載論文"Nature Study in

the Kindergarten"に注目し，次のように述べている．少し長文になるが，以下に奥田の見解を紹介する．

「自然のなかに神の働きをみるフレーベルに拠りつつ，自然にみられるさまざまな色彩，例えば岩石や植物，昆虫の色をとおして子どもたちに不思議さの念を起こさせることの重要さをカリキュラムの展開を通じて論じている．自然を通して不思議さや驚きを感じることは，その背後にある神の働きを知ることになり，神への信仰をもつことに通じる．自然は神の力を讃えており，自然を通して神の秩序を知ることが求められている．したがって，自然観察や自然の営みを知ることは宗教教育と密接に関係するものと考えられていた．」[29]

　もっとも，大正期の日本の幼稚園では，特にキリスト教主義幼稚園に限定されることなく，広く多くの幼稚園で自然との関わりを重視する課程を組んでいた．その取り組みの結果，明治32（1899）年の「幼稚園保育及設備規程」では「遊嬉」「唱歌」「談話」「手技」の4項目だけであった教育内容が，大正15（1926）年の「幼稚園令」（勅令第74号）においては「遊戯」「唱歌」「談話」「手技」に「観察」（等）が加えられ，自然観察，とりわけ屋外での自然観察が重視されるに至った．この動向は，「幼稚園保育及設備規程」が示されて以降の明治末期から大正期にかけて，倉橋惣三そのほかの研究者による室内活動・恩物中心主義の幼稚園教育に対する疑問が提示され，それと同時に幼稚園保姆ら実践者によって，屋外活動を重視した活動の模索が行なわれた結果として生じたものであった．この動向については，膨大な先行文献があるので，それらを参照されたい．

　はからずも時代の流れに同調し，キリスト教主義幼稚園でも大正期には動植物その他の自然との交わりは重視されたのであったが，その根源に神があるかないかといった原点においては，キリスト教主義幼稚園とそれ以外の幼稚園では大きな違いがあったことは確かである．キリスト教主義幼稚園教育実践における自然物へのさまざまなかたちでの接近は，本節の2．あるいは次節の遺愛幼稚園の実践のなかにも多く見ることができ，奥田の分析を確認

することができる。

（3）年間行事

上記(2)で見てきたように，自然物との関わりを保育内容に持っていた大正期のキリスト教主義幼稚園では，自然物との関わりの着地点としての行事を多く持っていた。それは，収穫感謝祭や復活祭といった活動である。それと同時に，誕生会やクリスマスも重視した。誕生会は，子ども一人ひとりを個別化して見るという，神の前の人格存在を認めるということに端を発する。

（4）母の会

母の会も非常に重視されていた。会合を霊的なものとすることが，求められていた。だいたい月一回の開催。働きかけを子どもに対してだけでなく母親に対しても行なおうとしていた婦人宣教師たちであった。

（5）日曜学校

キリスト教主義幼稚園を卒園した子どもたちは，小学校にあがり，キリスト教への反感や敵意にさらされることも多かった。社会に出たあと，キリスト教と離れてしまう子どもも多かった。そのため，一部のキリスト教主義幼稚園では，日曜学校を開き，卒園生を招いていた。

2. 日々の活動に見られる保育実践活動

大正期におけるキリスト教主義幼稚園の日々の実践の内容と方法について，『日本キリスト教保育百年史』第3章第2節に示された事例を幾つか紹介する。この節の分担執筆者は黒田成子である。

黒田は，『日本幼児保育史』（1968～75）が編纂されたときに，大正10（1921）年以前に開園した全国の幼稚園231園に対して調査を行なっている。そのなかから黒田が幾つかの園を選んで，『日本キリスト教保育百年史』に引用し解説を加えている。

黒田は，東洋英和女学校附属幼稚園師範科出身の保姆が運営している，金沢市の川上幼稚園，静岡市の賤機幼稚園の例を挙げ，「テーマを決めて会集

や話や歌が行なわれている」「恩物や手技も行なうが、リズムや感覚の訓練にも力が注がれている」のを特徴としていると述べている。一日の活動の流れについては、これらの幼稚園保姆の実習園であった東洋英和女学校附属幼稚園の日案を掲載していて、その流れは以下のようであったという[30]。

　　9:30 〜 9:50　　礼拝を中心とした朝の輪
　　9:50 〜 10:10　組で話し合い、歌を歌う
　10:10 〜 10:40　自由遊び、リズム活動
　10:40 〜 11:00　牛乳（を飲む）
　11:00 〜 11:45　自由製作

これを提示して黒田は、上記の2幼稚園もおそらくこういった日案であっただろうと推測している。

同時に黒田は、もう一つのスタイルについて提示している。すなわち、東京の渋谷同胞幼稚園と、名古屋の柳城女子短期大学附属柳城幼稚園の例である。渋谷同胞幼稚園では、婦人宣教師の指導監督の下、養成所で修得した教育理念、技術によった、フレーベルの『人間の教育』と「恩物」による教育を行なっていたという。柳城幼稚園は、礼拝をもって開始、聖句に讃美歌、聖書の話がなされ、歌は英語の和訳、フレーベル恩物を中心とした手技活動を行ない、遊戯も外国の和訳であったという。これら2園の事例を紹介して黒田は、「フレーベル主義に固く立ち、二〇恩物を中心に保育をすすめている姿がよくみられる」[31]と述べる。そして、上記4園の報告を総括して、「恩物の比重を減らして行く進歩主義教育的立場の園と、フレーベル理解の上での保守派の幼児教育の幼稚園とは、保育形態の上で乖離を始めている」[32]と述べている。

そのほか、キリスト教主義幼稚園でも、自由保育中心の実践も開始されていたそうであり、例として黒田は広島英和女学校（昭和7（1932）年、広島女学院に改称）附属幼稚園の大正3（1914）年の「保育綱目」を掲載している[33]。自由といっても保育案が全くないわけでは勿論なく、家庭・社会・自然界という3つの柱を立て、その柱のもとに単元を立てるという、単元学習的なプランを立てている。広島英和女学校保姆養成科は明治28（1895）年、キリスト教主義の保姆養成機関として発足したが（明治41（1908）年、保姆師範科と

改称），保姆養成に当たったゲーンズ（Gaines, N. B.：1860～1932）が，親友であったコロンビア・ティーチャーズ・カレッジ教授パティ・ヒル（Hill, P. S.：1868～1946）に助言を求め，ヒルのもとに女学校の教頭を派遣して，ヒルが中心的となって推進していた進歩主義教育の内容と方法とを学ばせた。また明治34（1901）年には，ヒルの推薦によりマコーレー（Macoulay, F. C.）が広島英和女学校に招聘されたし，進歩主義教育が広島英和女学校に浸透するに至ったのであった[34]。この進歩主義スタイルは広島英和女学校および同附属幼稚園のほかにも，ランバス女学院保育専修部（大正10（1921）年，広島英和女学校保姆養成科より移る。のちの聖和大学）も同系列の実践を推奨していると黒田は述べているが，それでも黒田は「一般的に大正期は明治期の引き続きで，恩物を使い保母（ママ）が中心となって一斉保育をする幼稚園が多かった」[35]と総括している。

さて，この，『日本幼児保育史』が編纂されたときに，全国の大正10（1921）年以前に開園した幼稚園231園に対して行なった調査は，遺愛幼稚園にも依頼が来ており，その際に提出した書類の下書きか，あるいは提出しないままだった提出物それ本体かは不明であるが，書き込みした書類が遺愛幼稚園に遺されている（著者の見るところ，現物ではないかと思われる）。そこで，ここでこの書類を紹介して第Ⅱ部を閉じ，第Ⅲ部における，遺愛幼稚園の大正期の本格的な実践分析に入りたい。

この書類は，「基督教保育連盟」の名前で昭和37（1962）年に配布されたもので，題名は「キリスト教保育史編集資料に関する調査」となっている[36]。

内容は多岐にわたるが，ここに引用する意味のある箇所のみとり上げる。

「当時の遺愛幼稚園における保育時間は9:00～12:00。土日休みの他，春，夏，冬の休みがあった。行事は，クリスマス，収穫感謝祭，卒業式。園舎は新築。子どもは町の上流家庭で，旧家が多かった。組は3組編成で，組名は1, 2, 3。
「一番中心にした保育内容は何でしたか。」：「神様」と「自然界」と「社界」（ママ）
「遊戯・団体遊びではどんなものをしましたか。」：「フレーベルの遊戯」
「唱歌ではどんなものを扱いましたか。」：「フレーベル唱歌集ほんやくもの」

（ママ）
「談話ではどんなものを扱いましたか。」：「聖話，グリム，イソップ，アンデルセン，日本昔噺なんでも」
「手技の方面ではどんなことをしましたか。」：「切り紙，貼紙，ぬい取り，ウィーヴィング，粘土，豆細工」
「上にあげた保育内容についてそれぞれどのような方法で扱いましたか。」
　：朝の礼拝と其週の題によって観察遊び（当時レッスンと称した）あとは自由遊びを間に時間割によって
「保育技術の面ではどんな工夫をしなければなりませんでしたか。」
　：朝のレッスンではなるべく実物を用いる事。どうしてもない時は，それを作らなければならない事。各児（ママ）にもたせる事。
「保育材料についてどのような苦心をなさいましたか。」
　：動植物採集とつくる事　考えること
「保育用具にはどんなものがありましたか。」
　：フレーベルの恩物，机，椅子，オルガン，砂場，ブランコ，絵本
「時間割がありましたか。」：あった
「時間割があった場合，その編成にあたって特に注意したり考慮したことはどんなことでしたか。」：必ず午前中。
「時間割があった場合，その内容がわかれば書いてください。」
　：午前9時より朝の集会，40分より恩物，10時20分―自由運動，10時50分―手技，11時20分―遊戯，11時50分―帰へりの集り
「後援会がありましたか。」：ない
「母の会をしていた場合はそのことについて書いて下さい。」
　：母の会をした　毎月1回した　会費の事は不明
「家庭訪問をしておりましたか。」：した
「家庭訪問をした場合の目的や話題について書いて下さい。」
　：園長（外人）と主任保姆と共に。幼稚園の話し（ママ）が主であった。
「その効果はあがったと思いますか」：喜ばれた。
「その会はどんな名前で呼ばれていましたか。」：水曜日に決まっていた。訪問日。

「母の会の他にこれに似たような会があった場合はその名前と内容を書いて下さい。」

：明治時代は不明。大正11年より女中会を毎月2回した。

其頃各家庭2人以上4～5人もいた時代」

（著者注：漢数字は洋数字に置換した）

　以上のことが，大正期の遺愛幼稚園における実践に関する記載事項であった。ほかにもハンプトンや大和田ふみのことなども書かれていたが，それは別章別節にて記載したところである。

注
1) （25th Annual Report 1907-1908）　明治40～41年
　（Dickerson, Principal, Hampton, Singer p. 11）
2) （29th Annual Report 1911-1912）　明治44～大正1年
　（Dickerson, Principal, Hampton, Treasurer and City Evangelistic Work, Singer, Music Department. pp. 16～17）
3) この間の報告書を見るには，米国本部に行くしかないとの，青山学院資料センター職員の判断である。
4) 遺愛幼稚園保存史料
5) 同上
6) 同上
7) 遺愛学院本部保存史料
8) 遺愛幼稚園保存史料　「ドレーパーの手記」（「補」2（16）所収）
9) 現在は「遊戯室」と呼ぶ。以下，文脈の時期に応じて「遊戯場」と「遊戯室」を使い分ける。
10) 『婦人と子ども』第17巻第3号　1917年3月　pp. 90～107
11) 同上，p. 98
12) 同上　p. 104
13) 同上　pp. 105～106
14) キリスト教保育連盟百年史編纂委員会編集『日本キリスト教保育百年史』キリスト教保育連盟発行　1986　pp. 9～13
15) 同上　p. 11
16) 同上　p. 148
17) 同上　p. 148
18) 同上　p. 149
19) "Ninth Annual Report of the Kindergarten Union of Japan" 1915 p. 2
　'Paper by Miss Dawson.'　"The Use of Materials and the Activities of the Kindergarten." pp. 1～11
20) 同上　p. 149
21) "Ninth Annual Report of the Kindergarten Union of Japan" 1915 p. 68
　'Paper by Miss Dawson.'

22) 同上
23) キリスト教保育連盟百年史編纂委員会編集『日本キリスト教保育百年史』キリスト教保育連盟発行　1986
24) 同上　p.149
25) 同上　p.149
26) 同上　pp.4～5
27) 同上　p.150
28) 同上　p.150
29) 同上　pp.150～151
30) 同上　pp.186～187
31) 同上　p.187
32) 同上　p.187
33) 同上　pp.189～190
34) 同上　p.74
35) 同上　p.192
36) 遺愛幼稚園保存史料「キリスト教保育史編集資料に関する調査（キリスト教保育連盟）」1962

第Ⅲ部
確立：大正～昭和初期の遺愛幼稚園における保育

　遺愛幼稚園は，明治40（1907）年の大火で園舎を失い，明治期の保育を記録した全ての史料も焼失してしまった。大火後の混乱により，幼稚園は，やむなく休園の事態となったのであった。在園児の家庭のみならず，主任保姆として明治32（1899）年より保育の責任者の立場にあった大和田ふみ（第Ⅱ部にて詳述した）の宅も被災し，職と家を失った大和田は，出身学校である頌栄保姆伝習所の講師として乞われ，神戸へ転居していった。

　しかし，幼稚園再建の願いも篤く，幼稚園は大正2（1913）年9月10日に再開の許可が道庁から下りることとなり，再開に向けて準備した第二独立園舎も竣工，同年9月29日には献堂式が行なわれ，10月2日に保育が再開されたのは前述のとおりである。

　第Ⅲ部では，大正2（1913）年に再開された遺愛幼稚園における大正期保育実践の展開を，主として当時の日誌を用いて描出する。描き出していきたいのは，米国メソジスト監督派教会が日本に開設した諸学校のなかで，最も早く幼稚園を開設した遺愛幼稚園の，日々の保育の展開の実際である。この第Ⅲ部が，本書における最も重要な分析考察の部となる。

　第Ⅱ部第1章第4,5節で述べてきたように，大正期の我が国の幼稚園教育実践は，明治の幼稚園草創期以来展開してきたフレーベル恩物中心主義的実践内容・方法と，明治中期以降に台頭してきた米国進歩主義系統の実践内容・方法とが並行して展開していた時期であった。その時期に，キリスト教主義幼稚園の中心的位置にあった遺愛幼稚園は，どのような実践内容・方法を選択していたのか，非常に興味が湧くところである。

　遺愛幼稚園における大正期の教育実践の内容と方法の分析については，次の2つの視点で考察を行なう。

第1章においては，当時のキリスト教主義幼稚園で多く採り入れられていた特別活動や行事を分析する。これには，大正2 (1913) 年に再開してから二人目の園長であったドレーパーが書き残した手記を，柱として用いる。この手記には，当時のキリスト教主義幼稚園で重点的に行なわれていた様々な活動が満遍なく記載されている。よって，この手記に記載されている諸活動の一つひとつを，遺愛幼稚園の背景のなかで意味づけてみたい。

　第2章では，日々の日常的な活動を分析するためには，膨大な日誌のなかから適宜，日誌記録を選択し，その構造を緻密に分析する。この手だてにより，当時の日本の幼稚園教育界にあって，遺愛幼稚園の実践がどのような位置にいたのかを明らかにしたい。

　上記，二つの視点をもって大正期の遺愛幼稚園における実践を分析するために使用する具体的史料は，主として以下に挙げるものである。遺愛幼稚園では，大正2年の保育再開時から，ほぼ全ての日誌が保存されている。この日誌が，最も重要な基本史料となる。

　加えて，この日誌の記述を確証するべく，その他の多く保存されている各種文書も利用する。活用できるものを活用しつつ，日誌の記述を確認していく。さらに，数は限られているが，大正期からの保育の様子を撮影した写真も残存する。また，購入年月日は明確でないものが多いものの，フレーベル恩物は勿論のこと，恩物机，人形，絵あわせ，ままごと道具など，具体的な遊具・教具も数多く保管されている。これも，保育実践を描出するのに役立つ。

　そして，これが著者の研究課題にとって最も重要な点であるのだが，大正2 (1913) 年に新築された第二独立園舎が，築97年を経て今なお実際の保育に使用されているということである。現在も実際に使用されていることにより，幼児の活動の様子を想定することが非常に容易となり，園舎の機能を具体的に目にしながら考察を深められる。

　日本における明治～大正～昭和期の全国の幼稚園での保育実践の様子や，保姆らの研究活動を知るためには，一般に東京女子高等師範学校附属幼稚園内フレーベル会発行『幼児の教育』(明治34 (1901) 年～。創刊当初は『婦人と子ども』といった)，ないしは京阪神連合保育会発行『京阪神連合保育会雑誌』

（明治31（1898）年〜）が有効に役立つものである。これらの雑誌に登場する幼稚園の実践報告などの殆どは，当時の日本の幼稚園教育の一つの中核であった東京女子高等師範学校附属幼稚園での実践を模したもの，あるいはその系列に繋がる内容と方法によるものであった。

それに対して遺愛幼稚園は，米国メソジスト監督派教会海外婦人伝道協会から派遣された婦人宣教師らによって運営されていたため，上記の雑誌のなかに，殆ど直接的な関連記事を見出すことができない。無論，『幼児の教育』には，文部省通達や各種法令に対する記事などの総括的に重要な意味を持つ記事も多いし，一方の『京阪神連合保育会雑誌』には，日本におけるキリスト教系の保姆養成の中核となっていたハウの運営する頌栄保姆伝習所およびその附属頌栄幼稚園に関する記事も少しは掲載されているので，全く無関係ということではない。しかし，上記2種の雑誌には，基本的には当時の非キリスト教系の幼稚園の活動記録が多く掲載されており，遺愛幼稚園の具体的な活動報告は，上記2種の雑誌には掲載されていないのである。

幼稚園に残されている史料からだけでなく，それを裏づける資料として，外部資料に遺された記事は非常に有効に活用できるものである。遺愛幼稚園の場合は，上記2種の雑誌よりも，以下の主として2種の雑誌に，具体的な活動記録を見出すことができる。

すなわち第一は，米国メソジスト監督派教会海外婦人伝道協会日本支部が年に一回発行している活動報告書がある。ここにも，毎号，遺愛女学校ないし遺愛幼稚園における活動報告が掲載されている。

第二に，Japan Kindergarten Union（JKU：日本幼稚園連盟と訳される）が発行している年報"Annual Report of the Japan Kindergarten Union"である。この連盟は明治39（1906）年に創立され，昭和15（1940）年に解散している。年報も，明治40（1907）年以降，昭和10（1935）年までは毎年発行され，1937〜39年の報告を最後に終了した。この会は日本全国各地に点在していたキリスト教主義幼稚園，保育所，保姆養成機関の連絡会であり，ハウの提唱で開始された。創立年から毎夏，軽井沢で集会を持ち，たがいの活動を報告しあっていたのである。連盟は，この活動報告を年一回，年報として発刊していた。ここにも遺愛幼稚園から園長が毎年のように参加して報告を行な

っている。殆どが婦人宣教師からなる会であり，報告書も英文で書かれたため，日本人の一般保姆からは遠い世界であった。そこで，一般の幼稚園保育所保姆を対象としたキリスト教保育連盟が，のちに発足するのである。

以上，二つの資料が，当時の遺愛幼稚園における具体的な活動を外部資料から読み取るのに有効な資料である。もちろん，遺愛幼稚園に関する記事は数限られたものではあるが，関連記事を丁寧に検索し，収集したのち，保育実践の描写に役立てる。

第1章
キリスト教主義幼稚園としての多様な活動の展開

　本章では，キリスト教主義幼稚園として特徴的な遺愛幼稚園の保育活動の展開を見ていきたい。ドレーパーによる手記（「補」2（16）所収）の分析を基本とし，その事実を示す保育日誌（幼稚園保存）を適宜引用して考察を進める。原文は全て巻末の「補」に掲載してある。また，ドレーパーの手記と保育日誌のみならず，これまでも本書のなかで多用してきた各種の年会報告書（英文）も用いることもある。

　なお，本章で紹介する各種活動は，日々の保育とは異なる特殊な活動である。ここから学級ごとの実践を考察することはできず，著者の主たる研究関心とは直接的に関わりがないのであるが，キリスト教主義幼稚園において第1章で挙げる各種の活動はいずれも重要であって，幼稚園史を考察する際に看過や割愛はできないものであるので，ここで一応，紹介することとする。

第1節　行　事

　行事と一言でいっても様々な種類の活動がある。ここでは，多様な活動を一括して掲載していくことにする。

　基本となるのはドレーパー手記と英文記事で，それらをもとにしながら，幼稚園の保存史料である日誌によって，その事実を裏づけていくというスタイルを取っていく。

（1）献堂式
　大正2（1913）年9月23日（月）午後2時より開催された献堂式の様子である。これには特に考察する要素はないが，献堂式であるため，いちおう掲載しておこう。

幼稚園保存のドレーパーの手記によれば，実際の保育が始まる前に，まずは建築が完成したので，「献堂式」が開催されている。建築を献ずるという式典で，宗教行事として不可欠なものである。

これを日誌で確認すると，次のような記事がある。

「大正2年9月29日（日）　献堂式挙行
午後二時開会
式順
一，献堂式の讃美歌
一，荻原墨子の聖書朗読及遺愛幼稚園史の朗読
一，北守区長の祝辞朗読
一，山鹿牧師及三戸幹事の宗教幼稚園につきての演説
一，献堂式記念の菓子を茶菓に饗す
　　午後五時閉式
　　本日の実況を写真に撮る
　　来客六十五名の外遺愛女学校の四五名の生徒　　　」
（幼稚園保存の日誌より）

出席者は皆，宗教関係者ばかりであり，非常に宗教色の強い行事であった。「山鹿牧師」とは山鹿元次郎のことで，青森県弘前市の弘前教会の牧師であった。遺愛幼稚園は教会附属の幼稚園ではないものの，米国メソジスト監督派教会海外婦人伝道協会から派遣された婦人宣教師らによって創立運営された遺愛女学校の附属であるので，学校としての色合いよりも，教会の伝道としての色合いのほうが強いことが，この献堂式の来賓などから理解できる。

（2）開園式

続いて10月1日（木）に，開園式が開催されている。それも，ドレーパーの手記に記録があるので，日誌で確認する。

この日の日誌は非常に簡潔なものである。

「大正2年10月1日（水）晴
午前九時始業
一，朝礼及祈祷，朝の歌（いつくしむ）練習
　注意事項
一，児童入園後の心得
一，付添人に対する注意を話す
一，一同　写真撮影」
（日誌より）

特記する事項は特にない。

（3）クリスマス
①大正2（1913）年/12/22（月）
　大正2（1913）年12月22日（月），幼稚園開設以来初のクリスマス会が開催された。その様子は，以下のように書かれている。

　ドレーパーの手記によると，最初のクリスマスは非常に興味深かったという。来客は凡そ70名にも及び，子どもたちにはケーキしかあげなかったけれども，逆に子どもたちの家から沢山の贈物が届けられたそうだ。14箱の蜜柑，ケーキが何箱も，それに11円が現金で届いた。これらのいくらかは貧しい家庭に配布された。子どもたちは，母親に製作物の贈物をした。

　これを日誌で確認してみよう。

「クリスマス祝賀会報記事
大正2年12月22日（月）午後2時開会
児童出席数六十一名
同　欠席数　六名
順序
　1，着席
　2，挨拶の歌　　園児一同
　3，聖書　　　　園児

4．祈ノ歌　　園児一同
5．祈　　　　萩原牧師
6．祈ノ歌　　園児一同
7．クリスマス祝歌　　同
8．遊戯　(1)音楽師　(2)小鳥　(3)汽船　(4)汽車　(5)我毬　(6)家族
9．クリスマスノ歌　　園児一同
10．話　　保姆
11．歌　　園児一同
12．祝祷　　萩原牧師
13．贈物
14．挨拶　園児
　来会者数
一，父兄凡そ五十名程
一，遺愛女学校ノ先生方凡そ十名
一，其他主なる来賓者
　　渡辺健＊氏夫人，高木夫人，藤田夫人，黄金井夫人，函館幼稚園ノ先生，萩原夫人，坂入氏等の方々なり
　　終わって来会者一同茶菓を饗す
　　本日園児への贈物
　　　1．父母への贈物として児童ノ製作物，柱かけ及状さし，
　　　2．クリスマスカード，
　　　3．菓子と蜜柑
寄贈物及寄付金
　田村こう子より菓子一折ずつ
　原田けい子より饅頭2個ずつ
　伊豫田氏より蜜柑五箱
　櫛谷氏より煎餅若干
　田中氏より金壱円と蜜柑壱箱
　渡辺氏より金五円
　亀井氏より蜜柑二箱

桂あい子氏より蜜柑
伊月氏より絵本壱包
平野氏より金参円
渡辺健＊氏より蜜柑二箱
小林氏より金壱円
住谷氏より金壱円

会場は色も＊＊数多の星を以て装飾せられ室の一隅には種々なるおもちゃを以て美しくかざり立てたるクリスマスツリーを安置し或は紅白に華やかなること目もさむるごとくなり愛らしき園児の歌や遊戯もそれぞれ楽しく遺憾なくありて四時頃一同散会せり
本日の贈物の残り物を慈恵院に寄贈せり
本日より大正三年一月十一日迄休業とす」
（注：＊箇所は解読不可能。日誌より）

　この日誌でも，園児60名に対して来客が70名程度いたというほど大変に盛況だった様子がうかがえる。祈りが何度も行なわれているほか，園児たちによる遊戯が披露され，来客を想定してのプログラム構成であることがわかる。来客者の大半は保護者であるから必ずしも外部向けということではないが，保護者に対しても，宗教的な効果を期待してのプログラムであることは明白である。こういった行事の場合，必ず牧師が呼ばれていることも興味深い。教会と非常に密着した関係であったことがうかがわれる。
　遊戯に関しては，「音楽師」「小鳥」「汽船」「汽車」「我毯」「家族」の6種が行なわれている。これらのうち「小鳥」「汽船」「汽車」は唱歌遊戯として名を遺すものであるから，唱歌に振りをつけたものと想定される。唱歌遊戯に関しては，第2章に項目を挙げて分析するので，上記のものに関しても，そちらで詳述しよう。
　ちなみに，大正新教育運動の潮流のなかで一世を風靡することになる土川五郎（1871～1947）の律動遊戯・表情遊戯の類は，大正6（1917）年の文部省主催の保育講習会にて公開されたものであるから，この大正3（1914）年12

月のクリスマス時点では全く行われてはいなかった。大正初期のこの頃においては、遺愛幼稚園のみならず、いずれの幼稚園も、唱歌遊戯の遊戯は各園の保姆らが創作していたものと判断できる。一方、幼稚園教諭らが考案していたであろうと思われる、童謡や唱歌に振りをつけて踊るといった種類の遊戯は、「童謡舞踊」といった名前で大正中期頃から流行するようになり、舞踊の専門家が殆どの童謡や唱歌に振りをつけるようになっていく。例えば、島田豊によって確立された島田児童舞踊などがその例であり、遺愛幼稚園には、この島田児童舞踊関係の書物が多数、保存されていた。このことから、遺愛幼稚園では、保姆らが考案した舞踊を童謡や唱歌に合せて踊ったり、島田児童舞踊を踊ったりといった活動が行なわれていたものと想定される。

いずれにせよ、この詳細は第2章で改めて論及する。

② 1914（T3）/12/26　第二回目のクリスマス

ドレーパーの手記には、第二独立園舎新築後2回目のクリスマスの様子も記されている。

今回のクリスマスも、美しい装飾が施されたとある。クリスマスの頂きもの（家庭から幼稚園へ）は、感謝祭でも沢山の頂戴ものをし、それからまだ時間が経っていないため、今回は家庭からのプレゼントは一切、受け取らずに開催したと書いてある。一方、子どもたちは菓子と蜜柑を貰い、女子は保姆が作成した紙人形を、男子も保姆が作成した小さな玩具を受け取って帰宅したとある。

日誌を見ると、同日の日誌には以下のように書いてある。

「12月26日（水）
当園に於ける第二回クリスマス祝賀会執行されたり事前より或は装飾また或は賜物を準備怠り無く成りし式場には夜来の嵐あと無く赤赤たる旭日窓ガラス飾り立てられたる室内少し＊＊＊＊＊＊栄えたり児童及び来会者の歓喜の色面にあふれ殊にも児童の遊戯唱歌などめでたく遊ぶ　幼子の友なる主の御降誕を讃美する満満歓喜に閉会せりに十二時十分八十の児童は手布に包みきれぬ賜物を御菓子など携えて帰途に就けり」

(注：＊箇所は解読不可能。日誌より)

　クリスマス会は，やはり非常に大きな行事として計画・運営されていたことが，この日誌からも判断できる。ただし，この年度のクリスマス会の遊戯唱歌については，具体的な題名や全体プログラムが記載されていないので，クリスマス会の内容までは分析できないのが惜しい。

③ 1915（T4）/12/23（木）

　3回目のクリスマスが開催された。この時の様子は，幼稚園保存のドレーパーの手記のみならず米国メソジスト監督派教会海外婦人伝道協会日本支部年会報告書における報告にも記述が見られる（33rd Annual Report 1915～1916 大正4～5年 Draper, pp.17～18）。いずれも原文は巻末にあるので参照されたい。これらによると，この年にはアメリカの関係者から大量の人形が送られてきたようで，それを女子のみならず男子も全員，貰って帰ったと書いてある。しかも，全園児が貰ってもなお余りがあったので，保姆も貰ったと書いてある。園児よりも保姆が喜んだようである。

　この日の日誌を見ると，園児74名が出席し，来客者もあって，歓声に包まれた会であった。「七十四名の児童，手に手に賜物（オクリモノ）菓子を携へて帰途につきし　十二時十五分」と日誌に書いてある。この年は幸いにして，日誌にプログラムが記載されているので，下に転載する。

「順序
1　着席
2　讃美（愛深きエス（ママ））
3　聖句　田中エミ子
4　祈　萩原牧師
5　讃美　（神様有難う）
6　歌（雪みち）
7　遊嬉　1スキップ　2（解読不明）　3ロンドン橋　4（解読不明）
8　歌　（チンチロリン）

9　お話
　10　歌　（天地こぞりて）
　11　祝祈
　12　母さんに贈物
　13　挨拶　　水古一郎」
（日誌より）

　「聖句」と「祈り」，それにおそらく「お話」の内容はクリスマスに関する説教であったと考えられ，これらは宗教的な活動として導入されている。「お話」が，荻原牧師による説教か，保姆による証しであるかは記録がない。第1回のプログラムでも同様であったが，この当時には，今のキリスト教系幼稚園で多く行われている，いわゆるクリスマス・ページェント（聖誕劇，聖劇の類）は行われていない。これが開始されるのは後年のことであり，遺愛幼稚園においては，大正11 (1922) 年12月撮影の幼稚園保存写真の付記に「クリスマス祝会の折ツリーの下で劇をしている園児」と書かれているのが見受けられる。この写真は，人形を抱いた女子8名が保姆1名とともに遊戯場の黒板の前に立っている様子を写したものであるが，幼児たちは「劇」をしているようには全く見えない。それに加え，この日の日誌を見ても，特に「劇」という記述はなく，プログラムのなかで敢えてこの写真に関係する活動を探すとすれば，「人形の披露」というものがあるくらいである。この点から，我々がイメージするところのいわゆる「聖劇」的なものの出現は，これよりのちであろうかと考えられる。このあとの日誌を経年的に見ていくと，昭和20 (1945) 年12月の日誌に「劇（星，博士，ラクダ）」という記述が出現するが，これが「聖劇」らしきものの最初である。そのあとに「聖劇」の記録が見られるのは昭和25 (1950) 年12月であるから，昭和10年代までは，いわゆる「聖劇」は行なわれていなかったものと判断できる。クリスマス・ページェント，いわゆる聖劇が，いつごろ，どのようなかたちで，日本のキリスト教系幼稚園に多く導入されるようになったのか，興味深いところであり，その専門の研究者による成果が期待される。

　歌と遊戯については，もう少し筆記が読みやすいとよいのであるが，なん

第1章　キリスト教主義幼稚園としての多様な活動の展開　　199

とか読み取れる記録から考察すると，クリスマスだからといって全てのものが完全にクリスマス仕様，宗教仕様というわけでもなく，おそらく宗教的でなくクリスマス的でもない，たんなる「スキップ」や「ロンドン橋」「チンチロリン」といった類のものも見ることができる。

④ **1916（T5）/12/22（金）**
　この年のクリスマスは例年と趣向を変え，午後3時からの開始とされた。その様子が，ドレーパーの手記と，米国メソジスト監督派教会海外婦人伝道協会日本支部年会報告書（34th Annual Report 1916～1917　大正5～6年　Draper, pp.14～16）の双方に記されている（原文は巻末「補」2（16）（18）を参照）。
　これらの英文記事を見ると，この年はこれまでと趣向を変え，「in the late afternoon」（ドレーパー手記）に開催したと書いてある。それにより，蝋燭に火を灯してクリスマスを行なうことができたという。また，この年はクリスマスの装飾が素晴らしく，例年と若干の趣向の変化があり，緑のロープやリースに白いポップコーンを飾り，銀色の星がぶら下がっていたという。そして，部屋の隅には，銀色のベルもつけたという。いかにもアメリカらしい，それも家庭的なクリスマスの装飾であったことがうかがわれる。西欧文化が入っていた函館であったけれども，幼児らの各家庭では，こういったクリスマスの装飾や祝会は行なわれていなかったであろうから，幼児はもとより，参加した保護者にも目新しいものとして写ったであろうことは想像にかたくない。
　また，クリスマスプレゼントとしては，女子にはアメリカの関係者から送られた小さな袋があり，その中に小さなものを詰めて渡している。一方の男子にはアメリカからの届きものがなかったため，それは保姆が購入して準備したとある。また，園児らは，この年も製作をして，母親にプレゼントとして持ち帰ったとある。毎年，園児からプレゼントをもらうのは父親ではなく母親ばかりである。特に意味はないものと思われるが，なかなか興味深い。
　この日の日誌の記述文字は，筆記の読み取りが難しいのであるが，およその要点を掴むと，前夜からの吹雪が昼過ぎに収まり，76名の園児が参加，楽しくすごして午後4時半には降園したと書いてある。降園時間が4時半と

記録されており，これが「late afternoon」に該当するのか，また，蝋燭を灯して明かりを楽しむのに十分な夕闇が訪れる時間帯なのかが判断が難しいところである。日誌に記録されている時間が正確でないのではないかと想像される。

（4）卒園式
①大正2年度

　大正2年度の卒園式は，大正3（1914）年3月24日（火）に挙行された。この日についてドレーパーは，以下のように述べている（「補」2（16）参照）。

　ドレーパーの英文を見ると，"The children were relatively skilful when you consider that they had only been in the kindergarten 6 months, and so the teachers were not a bit ashamed of their work." という表現がみられる。すなわち，第一回の卒園児は，幼稚園が9月開園だったため，在園期間は半年だけだったわけだが，その半年の間にも，子どもたちは非常に成長したことを述べている。ここに，遺愛幼稚園が，たんに伝道の業だけではなく，幼児教育機関としての成果を目指していたことが読み取れる。キリスト教主義の幼稚園が伝道や福祉的な目的だけで運営されていなかったことが，この記録から確認できよう。

　この日の日誌は以下のとおりである。

「大正3年3月24（火）雨
午前10時より第一回保育証書授与式を挙行
出席児童数五十五名
静かにしとしとと降りそそぐ春雨の中を冒かして晴着の園児の愛らしき姿はやくよりつめかけたり。いづれも其包みきれぬ喜びは莞爾として互に僕は弥生だよ私は住吉よと得意然として小さき胸の希望を語り合うも愛らしき。
先ず挙式に先立ちて卒業生一同の撮影あり
やがて定刻を告ぐる鐘の音と共に園児一同着席次いで父兄及来客の着席に及ぶ
執行順序

1. 挨拶　卒業生
2. さんびか（夜すがら）
3. 聖書
4. 君が代
5. 祈
6. 讃美歌（凡て美し）
7. 歌（たんぽぽ）
8. 遊戯
    1. 家畜小舎　2. 鳥　3. 毛虫　4. 色あて　5. スキップ
9. 歌（オ馬，手を回せ動作）
10. 保育証書授与
11. 告別のとき
12. 挨拶　卒業生

一，右了って父兄及来客一同に卒業生の成績の閲覧を請ひ園児一同に祝の菓子を与ふ。
一，本日の来会者七拾名程にて盛会なり
一，本日卒業すべき児童
　石川澄，岡崎官太郎，渡辺ふく，会津三樹男，会津忠世，田中一郎，田中ヒデ，田中榮，高嶋さち，辻元司，根本梅，近藤照雄，小林京子，海老名英太郎，湯川盛史，宮川省三，平野武男，住谷英治，鈴木とみ
一，本日の第一回の卒業生の保育証書授与式の執行を祝いて
一，区内函館幼稚園より祝辞（遺愛の松）を贈与せられたり
一，本日25日より四月十日春季休業」
（日誌より）

　式次第を見ると，讃美歌や祈りは勿論あるけれども，それだけではなく一般の唱歌遊戯も含まれていることに気づく。「君が代」まで歌われており，当時の遺愛幼稚園が，当時の社会環境のなかで，また幼稚園教育の世界のなかにあって，宗教を重視しながらもそれに偏重しない運営を目指していたことが読み取れる。キリスト教系幼稚園の進む道は，その土地によって異なる

風土や文化に応じ，かつ日本の幼稚園教育界のなかにあってのスタンスなども考慮しつつ，それぞれの幼稚園が選択して進んでいたものと判断できる。地域の民間立の幼稚園などのように，在園児の親がそのまま運営しているといった形式の幼稚園とは異なり，とりわけ外国人宣教師が中心となって運営するキリスト教主義幼稚園では，その幼稚園の目的を果たしつつも地域との関係をも重視しなければならず，その二重構造のなかにあって保姆らが苦心したことが，この日のプログラムからも垣間見れるのである。

②大正3年度　1915（T4）/3/23

ドレーパーの手記によれば，この年の卒園式には，二階の大きな部屋で卒園児の作品展をしたと書いてある。大きな部屋とは，おそらく，今の園長室のことであろう。

（5）花の日
① 1914（T3）/6/21

「花の日」は，キリスト教主義幼稚園において，重要な活動である。キリスト教では6月の第2週の日曜日を「子どもの日」「花の日」と定めており，病院や施設へ花を届ける。遺愛幼稚園でも，大正3（1914）年6月21日（日）に行なわれたとの記録が，ドレーパーによって残されている。

"The Flower Sunday was held in the kindergarten S. S. on June 21st. The children brought many beautiful flowers so that they filled the large bay window. One of the older boys took charge of the program and did very well indeed. Afterwards some of the teachers took seven or eight great by bunches of flowers to the poor house and the hospital for infectious diseases."
（ドレーパー手記より）

これを見ると，幼稚園の日曜学校において，6月21日に行なわれている。日曜学校に関しては出欠簿しか史料がなく実践記録がないため活動内容につ

いては詳しく確認できないのであるが，上記の文章から読み取ると，幼児らが持ってきた花が遊戯場の出窓を一杯に埋め尽くし，一人の年長男児がリードをとって活動が運営され，子どもたちは貧民の住む家や伝染病患者の入院している病院へ，花を届けに行ったと書いてある。

② 1915（T4）/6/22

　この年の「花の日」の活動については，ドレーパーは記述しているものの，なぜか日誌には全く記述がない。簡単に行なわれたため記録が割愛されたのであろうか。昨年の「花の日」に比較して，非常に簡単な特別活動になっているようである。

（6）健診　1914（T3）/6

　ドレーパーの記事には，健診の様子も描写されている。日誌で確認すると，大正3（1914）年6月10日（水）に，斎藤与一郎医師が来園して検査を行なっている。史料として『体格検査帳』が保存されている。

"Dr. Saito conducted the physical examination of the children in June. Many of the children have eye trouble."
（ドレーパー手記より）

　この日の日誌には，以下のように書いてある。

「午前九時より斎藤医師より園児体格検査を受けたり十一時に終りその後遊戯し定刻に帰宅せり」
（日誌より）

　上記のドレーパーの手記には，眼病を患っている幼児が多いと書いてある。保存史料『体格検査帳』を用いて確認すると，トラホームが15人，結膜カタルが5人である。驚かされるのは，殆ど全ての幼児が10本以上の虫歯を持っていたことである。

(7) 収穫感謝祭

① 1914（T3）/11/25（水）

　秋の収穫感謝祭も行なわれている。ドレーパーは，内部文書およびJKU年報（Annual Report of the Kindergarten Union of Japan 1915, 9th pp. 21～22）で，この日のことを報告している。感謝祭に向けて園児の家庭に，穀物，野菜，果物，豆を持ってくるように依頼したところ，長いほうの恩物机に8台分もが集まった。上記それぞれ机2台分ずつもあり，それを市内の貧しい人々のところへ届けたと書いてある。当日は園児の母70名と遺愛女学校の生徒が集まった。これらの来てくれた人々が，キリスト教の，「ものを他者に与える」という精神を学んでくれることを期待していると，ドレーパーは述べている。

　この日の日誌には，次のように書いてある。

「11月25日（水）
出席数　男児四十一名，女児四十二名，総数八十名
欠席数　四名
此日は本園に於ける最初の収穫感謝祭執行せられたり前日より招待状を添えて感謝祭の意味を説いた　これが賛成を請ひしところ園児の家庭いづれも大いに同情もて賛成し寄附せられたる五穀野菜果物は早くも山を成し室内の装飾に對興して目覚むるものとなりし
開会は午前十時，来会者凡そ六十名，遺愛女学校の五年生を伴ひて列して順序
　1，着席　2，讃美（美しき朝も）3，聖句　4，祈　5，讃美（小とりはよろこび）
　6，話　7，歌（父に感謝す）　8，遊嬉（木の葉　ボート　小とり）　9，歌（大きなカボチャ）　10，伽噺　11，歌（照る日ふるあめ）　12，終り

　天地を創り自然を＊しめ給う天父の鴻恵の無＊なると人を憐れむを仁心のよろこびなり　満場の面＊＊＊感謝と歓喜とに溢れたりき＊＊＊＊＊11時40分閉会　式後かねて＊＊＊＊＊＊＊を寄附せんため報じおきつし滋恵院滋恵より荷車二台持ち出しこれら件の五穀野菜果物を積みて園児の同情と共に満腔の感謝以て受けしたり

第 1 章　キリスト教主義幼稚園としての多様な活動の展開　　205

寄附品目録
一，白米三升余
一，麦　五升
一，豆類　若干
一，薩摩芋　三俵
一，大根　人参　芋　牛蒡，其の他野菜　沢山
一，電甘　二十箱
一，柿　三箱
一，林檎　百三十個位
一，梨　少々　　　」
(注：＊箇所は解読不可能。日誌より)

　収穫感謝祭には，60 ないし 70 名の来訪者があったという。母親のほか，遺愛女学校の最終学年の生徒が来たとある。園児の家庭には，野菜，果物，穀物を持参するように依頼がなされ，とても多くの成果を得られた。
　届いたものは式典ののちに子どもたちによって慈恵院に持参された。式典の時間は 1 時間 40 分と，非常に長い。この集会のなかに，朝の会集，説話，唱歌遊戯が含まれており，恩物活動はないものの，ほかの活動はひととおり実施されていることが明らかである。収穫感謝祭という主題のもとに，祈り，説話，唱歌，遊戯などが系統的に組織化されていることが読み取れる。唱歌遊戯は，必ずしも宗教関係の題材ではなく，一般的なものも多く導入されている。
　さて，この日の活動のなかに見られる唱歌遊戯は，この感謝祭の前の保育のなかで導入されているのを見ることができる。この 11 月 25 日の前 3 週間の日誌を見てみよう。

「11 月 3 日（火）　歌　武士，風車，虫の楽隊，藤紫，鳩小舎，さやかなる国，終りのうた
4 日（水）　鳩小舎，終りのうた，小とりはよろこび，感謝祭
5 日（木）　美しきあさ，御神を仰ぐ日，鳩小舎，小とりはよろこび

6日（金）　お早う太陽，さ雪の降る日，天の父，小鳥ハよろこび（ママ），
　　　　　今日もおはりぬ（ママ），慈愛の母
9日（月）　歌　感謝祭の歌，鳩小舎，今こそ秋よ，熟せし果物
　　　　　学課　りんご
10日（火）　歌　ささめの降る日，今日も終わりぬ，鳩小舎，時計，ボート
　　　　　学課　柿
11日（水）　熟せし果物，感謝祭のうた，ボート
　　　　　課業　みかん
12日（木）　今日もおはりぬ，鳩小舎，感謝す，ボート
　　　　　課業　梨
13日（金）　歌　小とりはよろこび，ボート，家畜小屋の門
　　　　　課業　ぶどう
16日（月）　感謝祭，ボート，いそしみつとめて，鳩舎，小とりはよろこび
17日（火）　お早う太陽，ボート，収穫の歌，
　　　　　学課　豆腐
18日（水）　小とりはよろこび，ボート，今日も終りぬ，
　　　　　学課　ゆば
19日（木）　小とりはよろこび，父に謝す　収穫の歌，天の父，輝くあさひ，
　　　　　お早う太陽，父に謝す
　　　　　感謝祭，いそしみつとめて
20日（金）　お早う太陽，小とりはよろこび，美しき朝も，大きなかぼちゃ，
　　　　　ボート
　　　　　園丁，父に謝す，収穫，鳩小舎
23日（月）　新嘗祭
　　　　　今こそ秋よ，小とりはよろこび，
24日（火）　記録なし」

　この一か月弱の保育内容を見ると，収穫感謝祭に向けて，収穫に関わる歌や主題が選択されているのが確認できる。繰り返し歌われている歌もあり，計画的な保育が汲まれていたことを明らかにしている。また，「学課」「課業」

などと記された活動は，主題が野菜になっており，秋の収穫を念頭に置いた計画が行なわれていることもわかる。

この活動内容を見ると，本書の第Ⅱ部で紹介したところの，キリスト教系幼稚園に大正期に多く見られた，主題に基づく系統的な保育計画が組まれていたことが明らかである。形而上的で実生活に即さないとして批判する新教育系の保育内容構成ではなく，課題中心型の日案が組まれていたことが読み取れる。

なお，収穫感謝祭については，この後も例年恒例で行なわれるようになるが，大正10（1921）年の感謝祭に就いては写真があり，かつ日誌も確認することができる。活動内容的には大きな違いはなく，基本構成は同様である。幼児期のころに豊かな実りに感謝し，その恵みに預かることの困難な他者にも分け与えて，喜びを共有する経験をさせようという，当時の保姆らの思いがある。

② 1916（T5）/11/22（水）

大正5（1916）年度の収穫感謝祭は，11月22日（水）と23日（木）に開催された。ドレーパーの手記には In November と記されているが，実際に日誌で確認すると，11月22日（水）および23日（木・祝）と書いてある。大正4年度は開催しなかったので，2年ぶりの開催であった。ドレーパーの手記と "Annual Report of the Session of the Woman's Annual Comferencde of the Methodist Episcopal Church in Japan" 米国メソジスト監督派教会海外婦人伝道協会日本支部年会報告書（34th Annual Report 1916〜1917　大正5〜6年　pp.14〜16）の記事を併せて見ると，この年の非常に興味深い感謝祭の活動が読み取れる。

大正5年度は，2日間に亘る感謝祭であった。22日（水）は，各自が自宅から例年のように沢山の果物，穀物，野菜，木の実などを持参した。23日（木）は，これを幼稚園で料理し，幼稚園から2名の保姆が毎週土曜に通っている慈恵院のなかで遺愛園児と同じ年齢層の子どもを幼稚園に招いて会食をしたそうである。椅子が中央の「サークルルーム」（遊戯場）に運び込まれ，そこに遺愛幼稚園児と慈恵院児，それに来客とが一緒に着席し，総勢110名であ

ったという。慈恵院の子どもたちは，風呂に入り，髪を梳かし，できるだけの洒落た服を着て，やってきた。土産も持たせて帰したという。

この企画を，日誌も見て，さらにその内容を明らかにしよう。

「大正5年（1916）11月22日（水）
午前十時開会。室内の装飾は凡そ一昨年のそれと似て葡萄棚あり，（解読不能），野菜，果物　木種々　壁，黒板にも飾られ中央には園児の家々より寄附せられし五穀，野菜，果実等机上に美しく陳列せられ，或は籠に盛られて見事に飾られたり。来会者五十名余。高村主任司会のもとに次の序順に従いて饗開きぬ。」
（序順と寄附品目は割愛。日誌より）

「大正5年（1916）11月23日（木）
一昨年は感謝祭寄贈品を式後直ちに函館慈恵院に寄送せしが本年は趣を異にし寄附品の幾部分をもって粗飯をこしらへ，園児をして天父の愛に対し感謝の念を深かうし且つ憐れなる児童に対する同情心を尚一層増さん為，可の慈恵院孤児廿二名を招き当園にて共に昼飯を饗し互に隔なき親睦を持たしめたり。遺愛女学校長及び慈恵院保姆二人と席にありき。昼飯は，＊＊＊めし，煮豆，お漬物（大根，玉菜），そして食後　柿，蜜柑，林檎他の果実ものそれぞれ与えたり。園児も院児と互に語り互に笑ひ喜びて食せり。食後約卅分程運動場にて楽しく遊び，それより一同遊戯室に於いて，落葉，梯渡り，手の遊戯をなして，其々満顔の喜びと満足と感謝をもって午後三時頃帰途につけり。」
（注：＊箇所は解読不可能，以下同じ。日誌より）

これを読むと，ドレーパーの報告を補足することが書かれている。この日，招待された慈恵院の幼児は22名で，それに遺愛女学校長と，慈恵院の保姆2名も招かれた。昼食に出たものは，炊き込みご飯のようなもの，煮豆，大根と玉葱の漬物，食後には柿と蜜柑と林檎などの果物が出たという。食後は30分くらい一緒に遊び，遊戯場にて「落葉」「梯渡り」，手遊びをして，午

後3時に解散したとある。ドレーパーの報告には総勢110名であったと書かれているので，それだけの人数の食事を料理する手間は相当なものであったといえるが，この時に，幼稚園で食事を提供するという発想が生まれたものと判断できる。この活動が，のちに，収穫感謝祭にて自分たちで育てた素材を一部用い，自分たちで調理したものを食べるという活動に繋がったものと考えられる。

時は飛ぶが，現在の遺愛幼稚園では，自分たちで育て収穫した野菜を一部使用して，10月の最終週に感謝祭をする保育活動を実践しているが，大正5（1916）年当時から一世紀余りのちの現在も，かたちは変われど基本精神は変わらず，また活動の内容も変化はしても継続されているところもあることは，非常に興味深い。

③**大正9年（1919年）**

大正9（1920）年のグードウィンの報告書に，前年の大正8年（1919）の秋の感謝祭の記事が掲載されているが，非常に少ない分量しか書かれていないので，日誌を見る。

「本日は感謝祭執行す朝来雨降り風烈しかりしが園児の父兄十数多欠之園児も殊の他うれしげにて美しく装飾せられし遊戯室に集いなば午前十時なりき　室の中央には秋の収穫を想起せしむる如き穀物野菜果実並べられたり高村先生司会の下に開会せられぬ　プログラム次の如し

1，着席
2，讃美歌（天の父）
3，聖句
4，お祈り
5，神は常に
6，歌（今こそ秋よ）
7，遊戯
　　1犬　2あてもの　3我毬つかまん　4＊＊＊＊
8，歌（大きな南瓜）

9．お話し（桃太郎さん）
10．歌（同）
11．伽噺（金の川）
12．終りの歌
13．終り
而して進行せられしプログラム終りて一同感謝の中に散会しめ十一時なりき
寄附せられしものはみな　函館慈恵院に寄附しぬ
出席児童　男児三六名　女児三七名　合計　七三名
欠席児童　一一名」
（注：＊箇所は解読不可能。日誌より）

　この行事の日，行事だからといって，ことさらに日々の朝の集会と異なることを行なっているわけではないのであるが，「大きな南瓜」は恒例のように収穫感謝祭には歌われていた歌で，日誌を確認すると，この年においても，10月13日（月）から繰り返し毎日のように歌われていたことが記されている。
　大正5（1916）年に行なわれた，幼稚園で料理を作って慈恵院の幼児を招いて会食するという企画は，その後，継続的に行なわれてはいなかった。

　④大正10年（1921）11月23日（水）　雪
　この日に，この年度の感謝祭が開催されている。
日誌には以下のように記されている。

「出席児　77名　男40名　女37名
　　欠席児11名
待ちに待った感謝祭は来たれり。外は晴れたり吹雪になったり　流石に北国は雪に埋もれてしまった。されども子供達も父兄達も雪を冒して来らる
一同の前に捧げられし収穫物は美しく教師らの手に依って陳列されてあった。午前十時に始めて二十分過ぎに終った。
プログラム
一．着席

第1章　キリスト教主義幼稚園としての多様な活動の展開　　*211*

写真Ⅲ-1　収穫感謝祭　大正10（1921）年11月（遺愛幼稚園蔵）

二，花を守り
三，祈り
四，ワレラの如き
五，旗貼り
六，小鳥
七，お話（金の川の王様）
八，遊戯（お米，野菜は如何して生へますか　魚屋　五管（ママ）の遊び）
九，歌
十，挨拶
来客者は殆ど50名」
（日誌より）

　ところがこの日については，これ以外は何も記述がない。しかし写真が残されていて，収穫物が遊戯場の黒板前に綺麗に陳列されていたことが確認できる。会は僅か20分，ごく簡単なものであったことがうかがえる（写真Ⅲ-1）。

　写真の時計はよく見ると12時15分を指しており，おそらく園児が降園したあとに撮影されている。大量の穀物，林檎，大根や白菜，玉葱などが山積みになっている。幼稚園の遊戯場で撮影されており，左の写真には野菜や果物，右の写真には当時の保姆らが撮影されている。
　収穫感謝祭については，昭和の戦後まで同様の形式で行なわれていたよう

である。それを裏づける証言として，2010年度の副園長である吉田真理子は，自身が幼稚園に在園していたころにも大量の野菜を持参した記憶があるといっている。すなわち，昭和の戦後まで，この習慣は継続されていたということである。

⑤昭和6年（1931）11月24日（火）雨のち晴
　この年の感謝祭は11月24日（火）に開催された。その日の日誌を見てみよう。

「少し雨が降っていたけれども時間迄にはすっかり晴れてしまった。
待ってた感謝祭の日だっただけに皆幸せにして集まる
小枝には銀杏の坊ちゃんキツツキの坊ちゃんを飾り子供の喜ぶ飾り付けまほうのりんごも野菜も今日ばかりは我々の天下と奇麗にもられて嬉しそう。父兄の方々を加へ更にアメリカの御客様を加えて十時十分始まる左のプログラム通り
入場
静粛
御挨拶
さんびか
祈り
聖句
さんびか
御話　芋毛先生
うた
虫がはねた　動物園　花咲爺さん　進軍ごっこ　僕のうた　雁　どんぐり　百姓さん
時間も早く一時間後にはすっかり終り家路に着いた」
（日誌より）

　翌11月25日（水）の日誌には次のように書いてある。

「今日もまだ昨日の様に飾っていたので大喜び
朝は静かに礼拝をすまし　飾ってた野菜を使って手に持つや名をあてさす　なかなか面白い
しばらく遊んで写真を写す　りんごや野菜を背景に全生写す　其の後も大きい児は外に出て荷物を持って運ぶ所を写す　リヤカーや金井さんの馬や自動車（おもちゃ）を出してつんで今出発せんとするところを写す
午後は慈恵院の人が来て運んで行った」
（日誌より）

　これに対して11月25日付で㈳慈恵院の理事長・寺井力蔵より「謝状」が届けられ，日誌に貼付されている。
　また，日誌の同じページには，同日のことを報告した新聞記事が貼られていた。その記事の内容は以下のようであるが，著者が函館新聞，函館日日新聞，函館毎日新聞を調べたものの，それらのなかに記事は見つけることができなかった。

「収穫感謝祭
市内遺愛幼稚園にては去る二十五日例年の通収穫感謝祭を執行したるが各児童の持ち寄りたる果物蔬菜雑穀類一切はこれ等児童の同情心を貧窮者のそれに分たんとのうるはしき発露として毎年これを慈恵院に寄贈し来りしが客月もまた元町本園より
　白米五斗五升，雑穀三斗四升，野菜九種，百七十一個，果物五種類五百二十九個，馬鈴薯一俵，其他芋類澤山
を慈恵院に寄贈したり折角の好意を意義あらしたるがかく多数の果物蔬菜等を見たる収容者一同の喜びは一方ならざりしといふ」
（日誌貼付の新聞記事より）

　この写真Ⅲ-2は，昭和6（1931）年の収穫感謝祭の写真であるが，写真を見ると，穀物，野菜，果物などが，長い恩物机4台と，短くて脚の高い机2台とに盛り上げられ，天井からも林檎が下げられている。室内で写っている

写真Ⅲ-2　収穫感謝祭　昭和6（1931）年（遺愛幼稚園蔵）

幼児は62人で、玄関前にいる幼児は27人くらいであると思われる。人数から察して、日誌にもあるように、慈恵院に出掛けたのは年長児のみであったということであろう。

　玄関前で撮影された写真に写る幼児らの、嬉しそうな表情が印象的である。こういったことを行なうことの意義を保姆から聞かされ、誇りとともに出掛けるところなのであろう。

　この時は昭和6（1931）年であるから、幼稚園が再開して最初の収穫感謝祭であった大正3（1914）年の時から18年にわたり、継続的に行なわれてきた重要な行事であったと判断できる。

（8）大正天皇即位大禮　　1915（T4）/11/10（火）
　この日、大正天皇の即位記念式を行なっていることを、ドレーパーは報告書に残している。これについて日誌には、以下のように記されている。

「11月10日　火曜日　晴
一　朝礼　二　君が代　三　祈　四　美しき朝　五　話　六　歌　七　旗渡し　八　万歳
当日は御大典にて当園　でも午後二時より祝賀式挙行せり　児童一同紅白餅及び旗を與へ午後三時帰途につけり」
（日誌より）

この記事を見ると,「君が代」が歌われ「万歳」が唱えられているが, 当時の遺愛幼稚園では,「君が代」を歌ったり「万歳」を唱えるのは通常保育においては行なわれておらず, この日だけの特別な内容であった。英文報告書のほうには松の植樹について記されているが日誌には特記がない。英文のほうで a short ceremony とされているとおり, 日誌を見ても園児たちは午後2時に登園して3時には降園してしまったことが示されている。こういった皇室関係行事は, 大正初期においても遺愛幼稚園では重視されていなかったことが確認できる。ちなみに, 植樹された松は2011年現在もその場所で元気である。

(9) 同窓会
①第1回　1916（T5）/3
　大正5（1916）年3月, 遺愛幼稚園は, 三回生を送り出したこの年に初めて同窓会を開催した。

　当時のキリスト教主義幼稚園・諸学校において同窓会は, 卒業後の学校や社会生活でキリスト教のある環境に触れる機会が少ない卒業生や家庭をキリスト教に繋ぐために必要不可欠とされていたが, 遺愛幼稚園においては, 初回の実施までには実に3年の時が必要であった。ちなみに, 遺愛女学校では, 明治44（1911）年に同窓会が創立されている。女学校のほうでも, 同窓会の発足までには長い時間がかかっているのであるが, これと比すれば幼稚園では, 卒業生の集いを比較的早い時期に開催するに至ったといえる。

"In March we graduated 35 children. The exercises went off very well indeed. During the vacation we held our first alumni meeting. Most of the graduates came back and had a good time playing etc. One of the teachers gave the talk."
（ドレーパー手記より）

　殆どの卒業生が出席したと書いてあるが, 春休み期間中のことであり正規の保育活動ではないため, 日誌の記録は残存していない。

同窓会は，現在の遺愛幼稚園においても開催されており，幼稚園で遊んだり食事をしたりして過ごす。キリスト教主義の学校では，卒業生の成長を，神に感謝しながら喜ぶという行事が同窓会であり，ただ懐かしい顔と出会って群れるということを目標にしているわけではない。また，大正期も現在も，キリスト教の浸透率が決して高くない日本社会，クリスチャン・ホームが非常に少ない日本にあって，同窓会は，神との再会をも意味するものでもあり，キリスト教主義学校においては，伝道の道筋を継続していくという重要な意味をも持っているのである。

　遺愛幼稚園が，再開後わずか3年で同窓会を持ったのも，上記のような背景と契機があってのものといえよう。

②大正6年（1917）/3/22（木）　曇

　この年も同窓会が開催されているが，なぜか日誌に記録されていない。同窓会は正規の保育ではないからと思われる。この年までの創立以来の卒業生総数は，大正6（1915）年3月22日（木）の日誌によると，男児53名，女児63名，合計116名という計算になる。これらの卒業生のうち88名が同窓会に来園したとあるので，非常に出席率が高い。これだけの出席率を上げた背景には，卒業生らが遺愛幼稚園で過ごした日々を思い出深い大切なものとして扱っていると考えられる。

　遺愛幼稚園の行事としては，同窓会も成功のうちに入るものであったと判断できる。

(10)　運動会　1917（T6）/6/5（火）

　この日が遺愛幼稚園の第1回の運動会であり，開催は大正6（1917）年6月で，場所は遺愛女学校であった。ドレーパーの手記には，この日の活動が詳細に記録されており，ドレーパーがこの運動会を大変に興味深く見ていたことが明らかである。

　ここでは，この日の日誌を見よう。なお，解読が困難な字体であるため，内容をかいつまんで要約して紹介したい。

　当日は天気が悪く，開催問い合わせの電話が続いた。それでも午前9時に

集合して幼稚園を出た。十字街より路面電車に乗り，遺愛女学校に10時過ぎに到着した。12時まで構内を散策し，12時から昼食，午後1時から競技を開始した。2時に運動会終了，褒美を渡し，3時半に電車に乗って帰路に着いた。

順序は次のように書いてある。

一，色まり
二，ロンドン橋
三，縄とび
四，スプーンレース
五，皮むき
六，（解読不能）
七，大玉送り
八，？拾ひ
九，兎飛び
十，色あて
十一，毛虫
十二，蛙
十三，スプーンレース（母）
十四，旗とり
十五，家造り遊戯

これだけのプログラムを1時間で終えたとは全く考えにくく，記述が違っているものと思われるが，基本的に日々の保育のなかで行なわれている活動を屋外で行なっているといった程度のものである。具体的な活動の内容は書かれていない。

第2節　母の会

母の会は，キリスト教主義幼稚園においては重要なものと考えられていたことは，既に述べたところであるが，遺愛幼稚園にとっても非常に重要な位置を占めていた。

母の会の集会は繰り返し開催され，その様子は克明に記録されている。

(1) 第1回 母の会 大正3年 (1914)/2/25 (水)

初回の母の会は，大正3 (1914) 年2月25日 (水) に開催されている。これについてはドレーパーは，手記と報告書の両方に記述をしている。ここでは，日誌を見よう。

「大正3年 (1914) 2月25日 (水) 晴なれど午後より雨となる
出席児童数　五十四名
欠席児童数　十四名
説話　宝石類 (ダイヤモンド)
伽話　とり＊
歌及遊戯　練習
　1の組　織紙
　2の組　貼紙
　3の組　剪紙
　4の組　貼紙
参観人2名
ミス・ネゴールス (ニコルス) 他1名
本日午後1時半より母の会親睦会執行
執行順序
　1　着席
　2　開会ノ挨拶
　3　讃美歌　322
　4　聖書　箴言31章1
　5　祈
　6　講話　小児の衛生ドクトル斎藤與一郎
　7　獨吟　藤田先生
　8　印度の夫人の話　ミス・ネゴールス (ミス・ニコルス)
　9　相談

10　余興
　　会報記事
朝より空うち曇りて吹く風に雪をや誘ふならんと思ひ居りしに午後よりつひに雨と変じたり　（あと，読めず）
やがて定刻に及びて会場を開きつつ開会の辞に次ぎて予定の順序を進行せられたり中でもドクトル斎藤先生の御講話小児の衛生につきていと御親切に御話し下され又藤田先生の美しき獨吟あり次ぎて本日の来賓者ミスネゴールス氏の印度の婦人につきて興味ある御話いづれも我等にとりて有益にして興味深く来会の方々にも満足せしむるを得たり
さて余興に及びて一同に粗菓を饗し松平氏及小川令嬢の琴の合奏つづいて園部氏の琵琶等ありてその麗しきしらべを　本日の集りをして限りなくうれしかりき
本日在園児の母を始め各教会につらなる主立ちたる令婦人等出席くだされ全ての椅子に殆ど空席なきまでにて凡そ七拾名ばかりの来会者なりき最後の閉会の辞終わりて一同午後四時散会せり」
（注：＊箇所は解読不可能。日誌より）

　母の会は盛況だったようである。出席者は70名であったと報告書に書いてあるが，70名といえば，ほぼ在園児の親の全てであった。その開催の意義などについては特記されていないが，医者の講話，独唱，来賓の話などがあり，楽しいプログラムが組まれていたようである。必ずしも教育・保育関係，あるいはキリスト教関係の話題というわけではなく，この回は医療と海外の状況が書かれていて，多様な知識を親に伝えようとする幼稚園の意向がうかがわれる。聖書と讃美歌と祈祷は行なわれている。報告書によれば，母の会は毎月行なうようにされたというが，参加人数は初回ほどは多くはなかったと書いてある。それにしても，活動としては非常に有意義であったと，ドレーパーは報告書のなかに書いている。
　以後，母の会に関する報告書記事などが多く出現する。

(2) 母の会　1914 (T3)/4/28（火），5/28, 6/23

この年の春の母の会については，ドレーパーが，3回を一括して記載している。

"Three mother's meetings have been held this spring. The dentist, Doctor Tanaka, speaking on April 28, Mr. Ogihara speaking on the value of childhood on May 28, and a discussion concerning the punishment of children led by Takamura san on June 23rd. The average attendance was about thirty five."
（ドレーパー手記より）

すなわち，4月28日（火），5月28日（木），6月23日（火）の3回，開催されている。
これらの開催について，日誌を確認しよう。

① 4月28日（火）晴天　戸外運動
「出席児童数
欠席児童数
一，朝礼
一，祈祷
一，朝歌（師よお早う，お神のため，園丁エスよ）
一，旗はり
一，歌（電棟，お早う太陽，春の風吹きぬ）
一，説話（衣服の清潔）
一，伽話
一，遊戯
　　恩物
　　1の組　板並　剪紙
　　2の組　環並　貼紙
　　3の組　　　　縫取

第1章 キリスト教主義幼稚園としての多様な活動の展開　*221*

　　4の組　一恩物　摺紙
　　5の組　視覚の練習　織紙
本日午後一時半より母の会執行せらる
執行順序
　　1，着席
　　2，奏楽
　　3，讃美歌　200
　　4，聖書（馬可　十章十三〜十六）
　　5，祈
　　6，讃美歌　409番
　　7，話　（小児ノ歯）田中医師
　　8，休憩
　　9，相談
　　10，讃美歌　462
　　会報記事
　　四方の野山緑乃髪も増し東風暖かに吹いて梅の花は芳香を送り桃は紅を漂わせる＊＊いと長閑なる今日も当園に於いて第二回母の会は催されぬ。心地よき東風の誘いにてか来会者殊の外多く会場に殆ど空席なき迄になりぬ。やがて定刻に及びミス・ドレパーの奏楽を以て予定の順序は終られたり。田中医師の御懇切なる講話（小児の歯につきて）あり午後三時閉会せり。休憩に及び一同茶菓を饗し種々母の会に付きての相談ありて午後三時半一同散会せり
　　平素懇意の者のみ当たり草々＊＊＊談話を＊＊＊＊＊手塚令夫人の独唱を承わり＊＊＊＊覚えれば四時十五分各自帰途に着きぬ来会者数＊＊＊名＊＊」
　　　　　　　　　　　　　　　（注：＊箇所は解読不可能。日誌より）

②5月28日（木）晴天　戸外運動
「出席児童数　七十三名
欠席児童数　二十一名
一，朝礼
一，歌（師よお早う，園丁エスよ，花をまつり，春の風吹きぬ，武士，小鳥の歌）

一．祈（輝く旭）
一．旗はり
一．学科（武士乃働）
一．伽話（フィリップ）
一．遊戯

	恩物	手芸
1の組	粘土	摺紙
2の組	粘土	織紙
3の組	自由	剪紙
4の組	板並	織紙
5の組	自由畫	貼紙

本日午後1時半より母乃会挙行せられたり
執行順序
1．着席
2．讃美歌　二百三十五番
3．聖書　（馬太十八章一―十八）
4．祈
5．讃美歌　二百四十二番
6．話　（子供の価値）萩原牧師
7．合唱　高松つ可子　正田つや子
8．休憩
9．讃美歌　四百六十二番

会報記事
　ひと日ひと日に若葉乃緑いやまして初夏乃幕屋の＊＊今日二十八日となりうるに当園にては第三回母乃会は催されぬ。定めの時刻となり讃美歌第二百三十五番を以てプログラムは始まりぬ。萩原牧師乃子供乃価値乃付きてご熱弁される御説話は来賓を満足せしむにたるもの如し。略記すれば一般に今の婦人は女子の天職なる子供乃教育＊＊乃注意を払わず御責任を軽視して真乃子供乃価値を＊＊只子供をお我鬼として女中や僕小子に任せ自らの教養を＊＊らざるを名誉と＊＊されど其の子供乃価値を知るに至り＊＊を重視し

「＊＊ざるをべからざるを語る。　先づ子供乃第一に喜こぶ處の＊＊は自由及び＊＊なる子供をして自由を束縛され盆栽的教育を受くれば充分な心身乃発達を妨げられ尚生涯通し一時乃労練＊＊悪弊を来らせるものなり。ゆえによろしく子供乃自由本領を充分発達せし＊＊ならば，＊＊第一に歌第二に子供乃宗教乃心を興する事が必要なる事など細々御話されたり殊に終りに臨んで師乃小学生時代に於ける実験談は非常に来賓を感動せしむるとの如し。

　話終り二令婦乃合唱又＊＊を興たり。休憩時に至り粗菓を饗し又氏対母乃会に賛成たる人数を選択せり賛成者二十七名

　賛美四百六十二番を以て閉会せしが後尚令夫人等乃問に応じ萩原牧師乃懇ろなる御言葉ありき。来賓廿七名　人数は少なかりしが至極有益なる＊＊なりき　四時半散会せり」　　　　　　　　（注：＊箇所は解読不可能。日誌より）

③ 6 月 23 日（火）　晴　戸外運動
「出席児童数　男児 32 名，女児 43 名，総数 75 名　欠席児童数 17 名
一．朝礼
一．歌（いつくしむ，朝乃来る時は，夜と晝と鷽，米，蛙，武士）
一．祈
一．旗はり
一．学課（鷽）
一．伽話（虹の衣）
一．遊戯

	恩物	手芸
1の組	板並	剪紙
2の組	鐶並	貼紙
3の組	三恩物	縫取
4の組	一恩物	榴紙
5の組	視覚練習	織紙

本日午後一時より母の会挙行せらる
執行順序
　一，着席

二，奏楽　澤和枝
三，讃美歌
四，聖書
五，祈
六，御話（神乃保護）
七，日本全国母乃会記事朗読

会報記事
第四回母乃会は麗はしいクローバー乃香四乃空気に満ちて初夏乃心地六月廿三日午後一時半より当園遊戯室に於いて開催されぬ。澤先生が奏楽し定刻の順序は守られたり（後略）」

話は，園長および高村田鶴主任が行なっている。

（3）母の会　1914（T3）/10/1

この開園一周年の日であった大正3（1914）年10月1日（木）曇の日には，午前中は通常保育が行なわれ，保護者の参観も行なわれた。弁当持参可だったため，ドレーパーの手記および報告書（いずれも巻末「補」参照のこと）では，14名の母親が弁当を持参し，二階の，今の園長室で食事をしたと書いてある。午後は母の会が開催されている。母の会の出席者は約50名であった。

この日の様子も日誌に書かれているが，文字の解読が困難なため，全文写しではなく解読して整理してみよう。

午前中は男児38名，女子40名が出席し（欠席11名），通常保育が行なわれて公開されている。活動は，朝礼，歌，旗はり，誕生の歌その他。その後に誕生日の幼児12名を祝い，恩物をして（内容については未記入），祈りをして解散。幼稚園の絵葉書と菓子を配布した。

二階で昼食（弁当持参）をしたあとに母の会が開催された。洋琴の弾奏ののちに，次のようなプログラムが行なわれた。

着席，奏楽，讃美歌162，聖書（可5章←著者注：ルカか？），祈り，講話（ドクトル横山），讃美歌287，講話（萩原牧師），休憩，遊嬉（ママ），讃美歌462

横山氏が、「小児の皮膚」と題して、子どもの皮膚病と皮膚の役割について講話した。荻原牧師の話も非常に心を惹いたと書いてあり、主題は、「何人も子女の教育を犠牲にしてはならない」というものであったと書かれている。

この母の会の活動内容を見ると、午前中の保育についての解説は全く行なわれていないのが目に止まる。無論、二つの講話のうちの一方は子どもの皮膚病についてであるから、プログラムの全てが宗教関係であるとはいえないが、全体のなかで宗教的色彩を明白に呈している活動は非常に多い。このプログラムを見る限り、母の会が、保育・教育活動の具体的な内容・方法に関わることを話し合う或いは伝える会というよりも、とりわけ宗教的意味合いの強いものであったことが確認できる。

(4) 母の会　1914 (T3)/11/2 (月)

11月2日（月）の母の会には、古田とみ（「あとがき」文中に経歴紹介あり）が東京より来訪して講演、高村田鶴も幼稚園における手技について語っている。

「11月2日（月）
出席数　男児四十一名、女児二十七名、総数七十八名
欠席数　九名

一，朝礼
一，祈
一，天の父
一，旗はり
一，歌（よすじの＊　　羊の朝　藤＊　　おおきなかぼちゃ）
一，学課（大根）
　　　　　恩物　　　手芸
　　1の組　五恩物　　貼紙
　　2の組　置物　　　ぬひとり

3の組　　板並　　　　織紙
4の組　　二恩物　　　貼紙
5の組　　一恩物　　　摺紙

　午後一時半より母の会を催す　来会者三十九名　当日　遥々東京より古田とみ子女史来函せられあれば一場の講話を請ひしが，女史快くこれを承諾ありて先づ先年女史の渡米中に於いて親しく見聞きし彼の国の家庭の状況及び家庭の子女がおよぼす他愛心こそが産み出す種々なる慈善事業など多くの実例を引きて語られ次いで人生の最幸福は何なるか巨万の富それも可なり。深究なる学識それも可なる身体の健康それも可なる然れど是等も猶＊＊＊足らず然らばこれらをおきて何あり乎然りこふ金を最も幸福ならざむる唯一のものあり即ち自己中心を離れたる生活これぞ吾人をして最も人生を幸福ならざむるものなり。他人の為に吾人を用ふる人こそ更の最大幸福者ならむ。然り乍ら言葉が易しく行ふは難し＊＊＊＊＊＊己は弱き人間のよく堪えるところならむや必ずそは神の威力を仰がざるべからず若し誠意をもて＊＊＊＊＊こと忠言を俟たず。故に己れ先づ神を認めて能力を得，以て愛子を教養せざるべからざることはあらぬのと語られる。女史の言葉の常に明瞭にして語勢の強き思想さの豊富なる，以て幸福の心瞳をして遺憾なく覚醒せしむ少々場となり高村先生は又＊＊就て幼稚園の始祖フレーベルの＊＊＊を述べしが幼児喜びし木材の片々を基として恩物手工の成れたるこれらによりて児童は朧気ながら実物及び是か就きての知識を得る事など話され，ついで児童の幼稚園にて造りし細工物など家庭に帰って＊も母御のこれに対して注意即ち彼らの幼き手もて成せる一日の仕事＊＊して視＊＊せず今日はよく出来た或いは誤りなど一言ありと批評を与えて＊＊＊児童の為に＊＊＊＊とはいと快く＊つぜられるなり役員選挙は園長ミス・ドレーパー母の会会頭に上げらる
副会頭　　稲垣夫人
会計　　　佐藤夫人
書記　　　高村先生
母の会順序
　1．着席　2．奏楽　3．讃美歌　4．聖書（詩．121）　5．祈　6．講話　7．

讃美歌　8，話　9，唱歌（一の組）　10，役員選挙　11，遊嬉　12，讃美歌　午後四時閉会せり」
（注：＊箇所は解読不可能。日誌より）

（5）母の会　1915（T4）/2/2

　ドレーパーの手記によると，この時の母の会は，児玉医師が眼のケアについて語り，匹田さんが「ルカによる福音書」に関する短い話をした。寒い日であったためか参加者は僅か19名であったが，「大変に良い会が持てた」と書いてある。

「大正4年2月2日（火）晴
出席児童数男児三十四名　女児三十名　総数六十四名
欠席児童数二十三名
一，朝礼　二，輝く旭（祈）　三，御神　造りたり　四，旗ふり　五，月　六，指のうた　七，時計　八，星　九，海　十，学課（月の場所）　十一，伽話（俊雄さん）

	恩物	手芸
一ノ組	板並	剪紙
二ノ組	環並	貼紙
三ノ組	四恩物	織紙
四ノ組	箸並	縫取
五ノ組	二恩物	織紙

　新しき年に於ける第一回の母の会は午後一時半より催されぬ晴＊＊高まらぬ寒き冬の日＊＊＊＊幸い晴天にてあつまりし来客十九名
　世界に於ける最善の美とは何なるかといふ題のごとく匹田姉御感話せられたり＊＊月も美なり花も美なり＊＊世に美なる＊＊あまたあれど＊＊の心の美こそ＊＊まさる＊＊云々と一同ふかき教訓を受けぬ　次いで児玉院長（著者注：児玉医師）が眼につきて御話せられたり＊＊日本をして盲者七万五百余人ありて眼病中最も恐るべき＊＊風眼及びトラホームにて病原に主に小児に対する母の御注意＊＊御講話せられぬ

プログラム終り高木先生より十二月三日　母の会記事及報告ありては各々＊
＊＊茶菓小味に一同にて幼稚園遊戯など　　三時半散会せり
順序
　一，着席　二，讃美（二四九）　三，聖書（詩百）四，祈　五，感話（匹田姉）
六，讃美（一六二）　七，講話（眼ノ注意，児玉氏）　八，幼稚園唱歌練習　九，
休憩　十，讃美（四六二）」
（注：＊箇所は解読不可能。日誌より）

　この日誌を見ると，眼病についての児玉医師の話が非常に興味深いものであったようである。7万5000人もがこれにて失明している眼病に「風眼」[1]と「トラホーム」があると書いてあるが，これへの対策について話があった。讃美歌と聖書だけでなく，誰もが興味を持てそうな講話を入れたり，時には余興が入ったりして，参加意欲を鼓舞していたようである。

（6）母の会　1915（T4）/5，6，7
　ドレーパーの手記に書かれている，この年の5，6，7月の母の会では，いずれも講師として，医者や牧師が招かれて話をしている。また最終回には親睦会が開催され，30名の母親が参加，荻原牧師の話を聞いてからゲームをし，寿司を食べた。

（7）母の会　1915（T4）/5
　この日は，役員を決めたのみ。

（8）母の会　1915（T4）/10/5（火）　晴
　これについても，ドレーパーの手記および報告書の双方に書かれている。秋の母の会の日には，約50名の母親が参加した。午前中から保育を参観しに来ていた母もいた。昼食を提供したが，費用がかかり，運営上としては，よくなかったようである。
　特に，報告書（Annual Report of the Session of the Woman's Annual Conference of the Methodist Episcopal Church in Japan. 米国メソジスト監督派教会海外婦人伝道

協会日本支部年会報告書（33rd Annual Report 1915～1916　大正4～5年　Draper, pp. 17～18）のほうのドレーパーの記事を読むと，ドレーパーが母の会を，重要な伝道の機会ととらえていることが明白である。母の会は常に，宗教に関する話，聖書，讃美歌をもって開催していると書いてあるが，確かにそのとおりである。幼児の教育は家庭教育の影響が強いため，幼児に直接行なう保育のみならず，家庭での影響をも考えてのことであるのは勿論，婦人への伝道という目的も同時に内包されていたと考えられよう。

さて，この日の日誌を見ると，以下のような点がわかる。すなわち，この日は，午前中は通常保育が行なわれており，これを「父兄保育参観」と称し，午前11時に終了している。午後の母の会は1時半に開始されている。この日の流れは，以下のように記されている。

午前の保育
「一，朝礼　二，美しき朝　三，輝く旭　四，御早う太陽　五，旗　六，にはとり　七，汽船　八，干草に千草　九，学課両　十，伽話編成
　一ノ組　五恩物
　二ノ組　自由
　三ノ組　貼紙
　四ノ組　二恩物
　五ノ組　貼紙
当日は当園開園記念として父兄保育参観なさし，一同，十一時帰途につけり」

母の会の流れ
　「順序
　1　着席
　2　讃美歌　246
　3　聖書
　4　祈
　5　お話　ミス・ドレーパル
　6　讃美歌　196

7　講演　医学生　木内幹氏
 8　報告
 9　讃美歌
10　休憩
11　終り」
(日誌より)

　これを見てもわかるように，前回と比べて今回は，非常に宗教色の強い会となっている。説教が講演に変わっているだけで，基本的には礼拝の式次第に酷似していることがわかる。母の会の運営が，少しずつ教会の婦人会のような傾向を示すようになってきた。

(9) 母の会　1915 (T4)/11/12 (木)　晴

　幼稚園も開設されて2年目の初冬の母の会の様子である。これについては，ドレーパーの手記，ドレーパーによる米国メソジスト監督派教会海外婦人伝道協会日本支部年会報告書，JKU年報，そして日誌の全てに記述がなされている。ここでは日誌のみ掲載する。

「午後一時御大典記念祝賀式挙行せり全員みな　つつしみて大君の御祝いことほぎ喜ぶ。当日西村院長から母の衛生といふ題の下実比的に誠に有益な話ありて一同面白く伺ひぬ　いとおごそかなる式然り二時興余も入り耳新しき皆様御満足な様なりき
母の会より御大典記念オルガン御寄附ありき
　幼稚園児童一同より記念として女男松当園に寄附あり植付につき宮本氏の御尽力あづかる又同氏より記念として当園に桜一本御寄附せらる

順序
　1　着席
　2　奏楽
　3　君が代

4　聖書　荻原先生
5　祈　同氏
6　祝辞
7　大礼奉祝歌　保姆一同
8　講話（母の衛生）函館病院長西村安敬氏
9　讃美歌　373
10　祈　萩原先生
11　休憩　（茶菓）
12　独唱　手塚夫人
13　琵琶　紫門小波
14　三曲合奏　尺八　三絃　琴　」
（日誌より）

　現在も門の脇にある松の木2本と，入口正面にあり今なお見事な花を咲かせる桜が，この時に寄贈されていることがわかる。松は園児らからの，桜は松を植えた植木職人からの贈呈であったことがわかる。

(10) 母の会　1916（T5）/1
　この回は，ゲームをしたりして親睦を深める目的だったようであるが，リードしなければならない立場の保姆らが恥ずかしがり，結局，高村田鶴とドレーパーが二人で全体をリードしなければならなくなったようであり，皆の変化を求める，とドレーパーは書いている。

(11) 開園日記念　母の会　1916（T5）/10
　手記によれば，今回は昼食のサービスをしなかったけれども，それでも35名の母親が集まり，よい会が持てた。

(12) 母の会の親睦会　1917（T6）/1
　この回も講演はなしで，保姆の話と，ゲームで終了している。

(13) 大きな母の会　1917（T6）/2/3（土）　JKU 北海道大会に続けて開催された

この母の会は，2月1,2日と遺愛幼稚園にて開催されたJKU北海道大会で東京より講師に招いた久留島武彦を，母の会の講師としても招くことを主目的として開催されたものであった。

当時の在園児数は90名であったが，そのうち80名の母親が出席したと書いてある。日誌には82名と記録があり，大変な出席率である。日誌には，久留島武彦の講演内容が記述してあるだけで，この会の次第については記述がなかった。

(14) 母の会　1917（T6）/5

この日は，大掃除を行なった。それに，荻原牧師と高村田鶴主任保姆が，講話を行なっている。

(15) 母の会　1917（T6）/7/2

ドレーパーは，この母の会の一週間後，帰米した。その帰米の時にも母の会が開催され，送別を行なっている。

ここでは，日誌より，その送別会の様子を紹介しておきたい。

「大正6年7月10日（火）晴
母の会　送別会記事　午後1時半
会長ドレーパル姉御帰米につき送別会を開催す。
来会者四十二名なりき。田中夫人の司会のもと。

　一，讃美歌　322
　二，聖書
　三，祈祷
　四，送別辞　板垣夫人
　五，贈物
　六，会長の挨拶
　七，讃美　391

八，終り
九，写真
十，懇談

の右の順序で行われし後，ただちに戸外にて一同記念の撮影をなす。それから再度室内に集まりて茶菓を喫し贈物見なりし。懇談の時をすごせり。大方は四時半頃家路につき給へど，四五名の方らは会長とのお話に花を咲かせるうち興せられ，また後のなどなされ皆皆様のおかへりなされしは五時頃なりき。」
（日誌より）

　ドレーパーの送別会であるから，主たる目的はそれに終始している。出席者は45名，当時の在園児数は約90名なので，特に講話や余興があったわけでもないにも拘らず，全園児数の半数の母親が出席したということである。午後1時半に開始し，終了が4時半，遅い人は5時までいたというから，ドレーパーの人気が偲ばれる。

(16) 母の会の1918年度の活動の全体像
　大正8（1919）年，グードウィンが書いたJKU年報の報告書を見ると，1918（大正7）年度の遺愛幼稚園では，母の会を毎月開催することを目指してきたが，出席率は非常によかったとある。バザーを前年度から開始したけれども首尾は上々で，今後の恒例にしたいとグードウィンは報告している。
　そして，なによりも喜ばしかったこととして，昨冬は，幼稚園あるいは日曜学校の活動を通してキリスト教に触れ，キリスト教にもっと近づきたいと思ってくれた母親，またその知人が多く現れたということであったとグードウィンは述べている。

(17) 母の会バザー
"The mothers' meetings have been well attended and the interest seems to be increasing. The mothers had a fine bazaar last fall and are working hard now preparing for another this fall.

Lora Goodwin."
(Annual Report of the Kindergarten Union of Japan 1920, 14th pp. 56 〜 57)

　(16)の翌年のJKU年報報告書に，次の年のバザーも大成功であったと書いてある。そして母の会は，早くも次年度のバザーに向けて動き始めたと書いてある。バザーの成功は，運営している人々の情熱が如実に結果に結びつく。こうしてバザーが毎年大盛況であったということは，この頃の遺愛幼稚園が，母の会の応援と協力を得て，よき方向に運営されていたということを暗示していると解釈できよう。

(18) 母の会関連の活動　1921年度

　母の会では，大正10（1921）年，料理教室と裁縫教室を開催し，いずれも成功していたことが，JKU年報（1922）に記載されている。同時に遺愛幼稚園では，園児を幼稚園に連れてくる家事手伝の少女のための集会を，月一回の間隔で開催していた。幼児教育のみならず女子教育にも力を入れていたのである。遺愛女学校に通ってきている女子らと同世代の，子守りをしている女子らにも，幼稚園という場をとおして，いくらかの知識と教養を習得させようという，幼稚園保姆らの取り組みであった。

　また，母の会も，バザーで熱心に資金集めをしていた。その資金とは，清花園が手狭になってきたので，より広い敷地を購入し移転するための資金であったという。

　この年の報告担当者も，グードウィンであった。

(19) 総　括

　以上，何回も開催されている「母の会」の活動の様子について，婦人宣教師らの報告書における記述を見てきた。これらのほかにも，日誌を見れば，宣教師らによって報告されていない「母の会」も開催されている。「母の会」は何回も重ねて開催されていたとともに，宣教師らが積極的に報告書にて広く報告しようと試みたことが読み取れる。

　ここに，当時の遺愛幼稚園において，幼児に対する直接的な教育の働きか

第1章　キリスト教主義幼稚園としての多様な活動の展開　　235

けが重要だったことは述べるまでもないが，それだけではなく母親への感化や教育をも非常に重要であると考えられていたことが確認できる。

「母の会」の構成は凡そ毎回固定したものであり，聖書・讃美歌が用いられ，牧師による説教のような話も毎回行なわれていた。しかし，そうした宗教色の強い内容のみに留まらず，医者や職業婦人などを招き，よろず多様な社会的知識を母親に与えようという試みもなされていた。ここに，遺愛幼稚園の保姆ら，主として園長や主任，特に米国人婦人宣教師らが，当時の函館の女性らの地位向上を目指していたことが読み取れる。

明治期の米国人婦人宣教師らは，日本女性の地位向上のためにも力を尽くした。遺愛幼稚園においては，大正期にあってもなお，「母の会」をとおして，幼児の母親として，また女性としての多様な知識や文化の修得の援助を，意識的に行なっていたのであった。

第3節　日曜学校

（1）日曜学校の開始　大正2年（1913）

遺愛幼稚園にとっても日曜学校は，非常に重要な位置を占めていた。

ドレーパーの記事の，幼稚園舎の献堂式，始業式に続いて，非常に早いうちに日曜学校開校についての記述が見られる。

最初のドレーパーの手記の前半は，幼稚園が始業して数週間のうちに日曜学校が組織され，200名が来たと書いてある。12月23日（火）に開催された，日曜学校のためのクリスマス会について書いてある。100名にも及ぶ子どもが来てくれたと書いてあるが，外部の訪問者は殆どいなかったらしい。

2番目のドレーパーによるJKU年報報告書（Annual Report of the Kindergarten Union of Japan 1914, 8th report　pp. 40～41）を見ても，日曜学校は盛況だった様子が描かれている。大正初期の時代に，函館の地において，なぜこれだけ日曜学校が盛況だったかは，非常に興味深いところである。その理由については，さらなる詳細な，宗教学の方向からの考察が必要であると思われるが，今回の研究においては割愛する。

いずれにしても，遺愛女学校・幼稚園を運営していた宣教師らにとって，

日曜学校は母の会と並んで，学校教育の業と同等に，非常に重要なものであったと判断できる。

（2）日曜学校　1914（T6）

ドレーパーの手記によると，遺愛幼稚園は大正6（1914）年時点で，合計三つの日曜学校を外部で運営していたという。海岸町（かいがんちょう）と山背泊（やませどまり）と八地頭（やちがしら）の3カ所である。そのほかにも，教会と幼稚園においても日曜学校を運営していたので，合計四つの日曜学校が開催されていたのであった。日曜学校のスタートは快調で，最初は50名だったのが，150名にまで増えてしまったが，その後，徐々に安定してきたと書いてある。

（3）日曜学校　クリスマス　1914（T3）/12

ドレーパー手記によると，この年の日曜学校クリスマスは，200名も集まった。海岸町と山背泊の生徒が一緒になって行なった。子どもたちが運営し，荻原牧師が話をした。最も上級の女子たちが担当していた。

（4）日曜学校　1916（T5）/6

ドレーパー手記によると，この年の6月，日曜学校のための子どもの日が開催された（キリスト教会における「子どもの日」は，6月である）。場所は遺愛幼稚園において，幼稚園，清花園，海岸町，山背泊の各日曜学校の生徒らが集合し，プログラムを行なった。花の日と関わらせての行事とされ（「子どもの日」と「花の日」は，キリスト教会では同日に行なわれる），幾つかの小さな病院に花を届けた。ちなみに，函館教会は，函館市立病院に花を届けたと書いてある。

（5）日曜学校　1917（T6）

海岸町の日曜学校が閉鎖され，清花園と合併される。この日曜学校は教師らにも遠すぎたので，閉鎖してよかったとドレーパーは手記で述べている。

（6）総 括

　日曜学校の活動については，さほど多くの報告がなされているわけではない。また，幼稚園の日誌にも，日曜学校の活動に関する記録は一切ない。日曜学校の活動については，別途それ専門の記録ノートが付けられているし，出席簿も用意され出欠も取られているのであるが，活動内容などに関する詳細な記録は全く行なわれていないため，その記録史料から当時の日曜学校の活動を読み取ることは不可能である。よって，日曜学校の活動については，ここに挙げた報告書の記事が，読み取るのに最も有効な史料となる。

　日曜学校は，普段は，遺愛幼稚園，清花園，海岸町と山背泊など，幾つかの場所に分かれて行なわれていたと記録されており，特別な行事の日には，全ての生徒が集合して日曜学校が開催されたりもしていたのであった。

　活動内容が明白ではないため，詳細について述べることは不可能であるのだが，いずれにしても遺愛幼稚園，遺愛女学校の婦人宣教師らにとって，幼児期の子どもを対象とした日曜学校は非常に重要なものとして意識されていたことは言を俟たない。

　のちの第2章で，遺愛幼稚園における日々の保育実践について詳細に紹介・分析するが，そこでも出てくるように，遺愛幼稚園における「話」その他の活動においては，意外なほどに宗教色が強く打ち出されていない。遺愛幼稚園は米国人宣教師らによって建てられ運営されているものの，教会附属の幼稚園・学校ではない。そのため，教育活動はそのまま宗教教育活動となっていたわけではなく，幼稚園の保育のなかで歌う歌は讃美歌が多かったわけでもないし，話される話が聖書をそのまま語るようなものでもなかった様子が，第2章で明らかにされる。

第4節　清花園

　続いて見るのは，「清花園」といわれる，遺愛女学校が運営していた，もう一つの幼稚園である。

　この幼稚園は，大正4（1915）年9月に，ドレーパーが園長を務めて開園した。設置された場所は若松町で，遺愛幼稚園の園児に比較すると経済的に

裕福でない家庭の子どもたちを対象にした，慈善的色彩の濃い幼稚園であった。そのような幼稚園ではあったが，ドレーパーを中心とした当時の遺愛女学校の宣教師らは，この清花園を福祉施設として開設するのではなく，あくまで幼稚園として開設を行なった。とはいえ，遺愛幼稚園とは家庭の条件が全く異なる子どもたちが入園していたことは事実であった。

まず見るのは，この幼稚園舎となる建物を探していることに関する記事である。この清花園に関する記事を読むと明らかなことは，遺愛女学校は清花園を開設するに当たり，新築園舎を建てる予定はなく，最初から賃貸で開設することが前提とされていたように見受けられる。そのうちに園児が集まるようになり，より大きな建築への引っ越しを考え始めたようであるが，かといって新築するという意識はなく，既存建築を購入する方向で考えていたようである。

(1) 清花園の建築を探している記事　1915 (T4)

大正 4 (1915) 年のドレーパーの手記には，新しく開く幼稚園の家屋を永らく探していることが書かれている。このことから遺愛女学校は，大正 4 年の清花園の開始直前に開始を決めたのではなく，一定の構想期間を経ての開園であったと判断できる。遺愛幼稚園の開園が大正 2 (1913) 年 10 月であるから，その頃から既に清花園の構想はあったのかも知れない。

山背泊には見つからず，若松町に，「とても奇麗で新築の小さな家」を見つけた。園児 25 ～ 30 人を入れることができそうな大きさだとドレーパーは手記で書いている。大正 4 (1915) 年の秋には開園することを目指すと書いてある。とても小さくてシンプルな幼稚園で，保姆としては「菊池さん」と「中込さん」が清花園に勤務することになったとある。この 2 名の保姆は，もと遺愛幼稚園の保姆だったのではなく，清花園の保姆として採用されたようである。遺愛幼稚園の大正 2 (1913) 年以降の保姆に，菊池・中込という名前はない。ドレーパーは，清花園に対して「Kindergarten」としているけれども，法的な登録は「adgukarisho（預かり所）」(「補」2 (16)) として行なったと書いてある。

（2）清花園の開園　1915（T4)/9/15 と，年度内の活動

　清花園の開園については，①ドレーパーの手記，②米国メソジスト監督派教会海外婦人伝道協会年会報告書（Annual Report of the Session of the Woman's Annual Conference of the Methodist Episcopal Church in Japan, 33rd Annual Report 1915〜1916　大正 4〜5年　Draper, pp.17〜18），③ JKU 年報報告書（Annual Report of the Kindergarten Union of Japan 1916 10th　pp.39〜40）の三つにおいて詳細に記載されている。書いているのは全てドレーパーである。

　ここでは，上記の三つの全ての英文を総合して和訳して，開設当時の運営の様子を明らかにする。以下，ドレーパーの報告である。

　清花園は，大正 4（1915）年 9月15日に，二人の保姆で開園した。幼児は，開園 2〜3日で，30名の定員がいっぱいになり，この地域の幼児教育への関心を感じ取れるものだった。ドレーパーの記事では「branch kindergarten」と記されているが，法的に幼稚園として登記されたものではなく，「預かり所」として扱われた。そのため，清花園の卒園児は，幼稚園の卒園証書を受け取ることができなかった。

　幼稚園は開園から好調な滑り出しを見せ，地域の評判になった。キリスト教には全くなじみのない地域であったけれども，幼児教育機関が必要とされている地域であったには違いなく，清花園を契機として，これがこの地域の伝道の中心となればよいと，ドレーパーは考えていた。

　開設した幼稚園は小さな日本風の家屋で，床にマット（畳のことではないかと思われる）を敷いてあり，ドアはスライド式（引き違いの障子のようなもののことか）で，室内は満杯であった。地域の人々は知識や教養が充分ではなかったが，清花園を中心として，地域の教育が進むことを目指したいとしていた。日曜学校も即座に開始され，こちらは50名の生徒が集まる盛況ぶりであった。母の会も年間 4回ほど開催したが，4月は 9名，6月は 16名の母親が参加した。もっと来てほしいとドレーパーは考えていたようであるが，全園児で30名しかいないところを 6月には 16名，すなわち過半数の親が出席している。この当時の地域の状況を考えれば，初回は僅か 9名だったものが，6月には半数以上の親が出たことは，悪くない数字であると判断できる。すなわち，4月から 2カ月ちょっとの期間の幼稚園のあり方が，保護者の母親

にとって，よいものとして受け入れられていたと考えられよう。
　クリスマスの行事は，子どもたちにとって全く初めてのものだったので，子どもたちは目を丸くして，何を期待し何に感動したらいいのかさえわからない様子であったという。子どもたちはクリスマスの話を聞き，小さなプレゼントを貰って帰った。ドレーパーは，子どもたちの腕一杯を，プレゼントだけでなくキリストの慈愛で満たしてやりたいと思ったという。
　園舎は既に窮屈で，より大きく，園庭を持つ園舎を探していると書いてある。園舎にピッタリの建物はなかなか見つからず，自分たちで建てるお金があればいいのにと思うのであるが，運営費だけでも賄えていることに感謝したいとしている。
　以上，ドレーパーの手記をまとめてみた。これを読むと，遺愛幼稚園の支園というつもりではあるものの，設立された地域も異なり，また第一・第二園舎ともに新築して遺愛女学校が建てた園舎をもつ遺愛幼稚園とは異なって，清花園の園舎は既存の民家（しかも和式）の代用であったのがわかる。母の会への出席率も，約半数までは増えたものの，遺愛幼稚園のように殆どの親が参加するのとは全く異なる状況で，遺愛女学校としても，遺愛幼稚園と清花園の間の様々な開きに，多くの試行錯誤を求められたことであろう。

（3）清花園の大正5年度の活動　1916（T5）/4～1917（T6）/3

　大正5（1916）年度の活動が，ドレーパーによって書かれている。この年になると2年目となり，子どもたちもクリスマスに慣れてきて，沢山の母親も参加してプログラムが組まれた。母の会が一学期に2～3回，開催されたが，最高人数で16名であった。やはりドレーパーとしては，もう少し集まってほしいようだが，過半数の母親が来園したというのは素晴らしいのではないか。それでも，平均は4～5名の母親しか参加しないらしく，やはり遺愛幼稚園の親の教育に対する興味関心とは比較にならないことがわかる。
　この年も，卒園児に，卒園証明書を出せなかったという。それでも式典は行なわれ，子どもたちは楽しくプログラムを行なったと書いてある。

(4) 清花園の大正6年度7月までの活動　1917 (T6)/4〜7

"運動会（1917（T6）/6中旬の月曜）　On a Monday near the middle of June we held an "Undoukwai" in the grounds of the big kindergarten. They came up first to the upper lot and after the children had played a bit, we went down to the lawn lot and ate our lunch in the shadow of the kindergarten. Then the games and races were held on our front lawn. There were about 60 present.

母の会（1917（T6）/7/5）　On July 5th a mothers' meeting was held and 17 mothers gathered for it. It was the biggest mothers' meeting we have had down there. Yokoyama San gave a short Bible talk, Shikiba San spoke ontract concerning the bringing up of children and I spoke about what women in America were doing for the man. It was a very interesting meeting. The spring meeting seems to be the largest of the year."
（ドレーパー手記より）

　大正6（1917）年には，運動会を開催するために，清花園の園児と母親たちが遺愛幼稚園に来ている。遺愛幼稚園の庭で運動会をしたそうだ。
　この報告書には，母の会についても記述がある。母の会は，過去最高の17名が集まったという。講話の内容も，聖書の話は短くし，子育て，米国婦人の毎日など，幾つかの幅広い内容を用意し，楽しみに来られるように工夫されている。

(5) 清花園の1918年度の活動
　この年は園長が変わりグードウィンが報告を書いている。ドレーパーは清花園を「kindergarten」ではなく「adgukarisho」としたが，グードウィンは「charity kindergarten」と記述している。母の会の集会は，今や，母親の楽しみともなっていると書いてある。

(6) 清花園の1919年の様子
　グードウィンは，いまだに清花園が小さな日本式の借家で保育をしている

ことを課題としており，これをどうにかしたいと書いている。

また，母の会に関しては同様で，清花園の母の会活動，講演会なども含めて，いまや彼女たちの生活の中心に位置しているのが清花園であると述べている。

清花園が，その地域の女性たちにとって，非常に大きな位置を占めるものになりつつあったことが示されている。当初，母の会へは参加する母親が非常に少ないのが悩みの種であった，清花園を，まさしく託児所として認識していただけの母親が多かったのであろう。しかし，清花園の地道な努力により，清花園が，やがて少しずつ，母親らの生活のなかで中心的な位置を占めるようになってきた。母の会に出席する母親は，たんに子育てのために有効な話を聞きにくるというのではなく，自分自身にとって興味関心を喚起させられるプログラムが載っていたことも作用していたのであろう。

（7）総　括

清花園は，その立地する環境が遺愛幼稚園とは異なり，また開設の目的も全く異なっていたので，活動報告を見ても色彩が全く異なることに気づかされる。本書においても第Ⅱ部第1章第3節2で述べたように，一般にキリスト教主義幼稚園には幾つかの開設の目的があるが，遺愛女学校においても，遺愛幼稚園と清花園とで当初から目的を別に持っていた。母の会も積極的に開催しているが，遺愛幼稚園とは異なり，清花園では母親の出席も安定しておらず，母親の学習意欲にも随分と違いがあったようである。そうでありながらも，宣教師たちは，清花園の運営を喜びをもって行なっていた様子がうかがえる。

史料としては，清花園の日誌などは残存していないので，研究対象として清花園を詳細に分析することはできない。大正期の慈善的色彩をもった幼稚園の実例として興味の持てる対象であるだけに，史料が充分でないことが惜しまれる。

第5節　保姆の研修活動

（1）JKU 北海道大会 at 遺愛幼稚園　1917/2/1 〜 2（木〜金）

　大正6（1917）年2月1〜2日，遺愛幼稚園を会場にして，全道のJKU加盟幼稚園の合同研修会が開催された。この活動は，非常に大規模なものであったようであり，2月1日は保育が休止されて大会のみが開催された。2日の午前中は通常保育が行なわれ，他園の保姆や講演者が参観に来園した。2日の大会は午後1時半よりの開催であった。この大会のために東京から久留島武彦を招聘したため，せっかくなので3日（土）には母の会を開催し，母親に向けて講演をしてもらっている。

　この二日間についての報告を，ドレーパーの手記と，米国メソジスト監督派教会海外婦人伝道協会日本支部年会報告書（34th Annual Report 1916 〜 1917　大正5〜6年　Draper, pp. 14〜16）から見てみよう（英文は巻末「補」2 (16) (18) 参照）。

　この二つの文章を見ると，同じドレーパーが書いた文であるにも拘わらず，表記に若干の違いが見られるのが興味深い。例えば，講師として東京から招いた久留島武彦についての意見も，両者で全く異なっているのが目に止まる。報告書では "Mr. Kurushima is a fascinating tireless speaker and we listened to him for three full days with great enjoyment."，すなわち素晴らしい講演で偉大だと書かれている一方で，内部の手記には "Mr. Kurushima – a well known kindergartener in Tokyo – came up especially for these meetings and helped us a great deal – He was a very interesting speaker but perhaps everybody who had had a training more in accord with the kindergarten teachers would be good to have next time. He was not good at answering questions and problems. I had thought of asking Miss Garst or Miss Correll up or perhaps Mrs. Tapping or Miss Garst." と書かれており，久留島武彦では完全に望ましくはなかったといった趣旨のことが書かれている。

　この研修については詳細な記事が残されているが，筆記が読みにくいため，

解読可能な箇所から幾つか，プログラムその他について読み解いてみよう。

　2月1日（木）は午前9時半に開会した。司会者は会長のドレーパーであった。当日のプログラムは以下のとおりであった。

「1 讃美歌　288
　2 聖書　馬太　18章1〜6節，10〜14節
　3 祈
　4 歓迎の辞　澤和枝姉
　5 讃美歌　281
　6 講話　久留島武彦先生
出席者　札幌聖公会幼稚園高津姉，函館私立幼稚園，遺愛幼稚園七名，清花園二名」
（日誌より）

　久留島武彦の講演内容について概略が書かれている。大きく三つの柱から成っていて，①幼稚園教育と小学校教育との関係について，②家庭の延長である「個性保育」と社会の延長なる「共同保育」と双方相俟って円満に発達させること，③現代の我が国中流以上の家庭の果して中流以上の素質を持てるものとしての慣性あるか否か，から構成されていた。「総合すれば幼稚園教育は小学校教育の予備教育に非ず，より以上，広き意見の預ける一般人間の予備教育たる事」と書かれている。

　午後1時半より報告及び質問会が開催されている。司会者は高村田鶴であった。

「1 讃美歌 420
　2 報告　1 札幌聖公会幼稚園（高津姉）
　　　　　2 函館私立幼稚園
　　　　　3 小樽ロース幼稚園　文面報告
　　　　　4 遺愛幼稚園（藤田姉）
　　　　　5 清花園（高松姉）

3質問」
（日誌より）

　続いて2月2日（金）は，以下のような内容であった。

「午前9時半〜当園実地教授
同日午後一時半〜遊嬉歌
唱歌遊嬉の交換
親睦会　司会者　高松ちか姉
　1 讃美歌 322
　2 祈
　3 独唱
　4 お話（久留島先生）
　5 親睦講話
　6 茶菓
　7 送別の歌　391
　8 閉会ノ挨拶　高松姉　　　」
（日誌より）

　久留島武彦は二日間にわたり講師を務めているが，ドレーパーの記事によれば，二日目の講師については，より現場の質問に応えうる講演者を立てたほうがよかったということになっている。

（2）総 括
　この研究会は，JKUの北海道支部の大会であった。こういった研究会が継続的に開催されるようになるとよかったのであるが，残念ながら，この会は，大正期においては単発で終了してしまったようである。保育活動報告も行なわれており，情報交換がなされたことであろう。継続不可能であった理由は明らかではないが，広大な北海道において離れた都市から集合すること自体も難儀であったと思われる。全国のJKU大会も夏期に軽井沢で開催さ

れていたので,それとは別個に道内で集合して研究会を行なうことは,経済的にも負担の大きいことであっただろうとも推測される。

注
1)　淋（りん）菌のために起こる結膜炎の通称（金田一京助編集代表『明解国語辞典（改訂版）』三省堂　1971 年 9 月）。

第2章
日々の保育

　第1章では，大正期の遺愛幼稚園における，キリスト教主義幼稚園としての多様な活動の展開を見てきた。続くこの第2章では，大正期の遺愛幼稚園の日々の実践について考察したい。

　いうまでもなく本章および次章は，本書のなかで最も興味深い箇所である。著者が明らかにしたいと考えている，大正2（1913）年新築園舎における日々の実践について，可能な範囲で明らかにするのが，本章の目的である。

　本章では，具体的な日案や，各種の記録をもとに，遺愛幼稚園の第二独立園舎における日々の実践の姿を描出してみよう。

　日々の具体的な実践に関する記述に入る前に，開園時の遺愛幼稚園を取り巻く社会的状況について書かれている記事があるので，それを見てみたい。記事は，JKU 年報 "Annual Report of the Kindergarten Union of Japan" 1914 に書かれたものである（8th report　pp. 40～41.）。

　これによると，大正3（1912）年10月の第一期の入園児数は，ここには67名であったと書かれており，翌年3月に23名が卒園したのであるが，大正4年度には結果的に90名が在園することになり，収容可能人数の上限に達していたことが記されている。その理由として，著者であるドレーパーは，この地域に幼稚園がなく，社会的な要望が高かったためと述べている。園舎・園庭については「広々としている」と表現されているが，もともとは女学校の全てがあった敷地に幼稚園だけ造られたため，当時の幼稚園としては広々としたものであると判断できる。園舎・園庭ともに現在のそれらは当時のままであるが，現在の基準と照合すれば不充分な点はあるものの，現在においても園庭は広々としており，当時の様子をうかがい知ることができる。こうした環境が函館市民の豊かな階層に受け入れられたとあり，そのような家庭の母親は遺愛幼稚園を喜んで受け入れたと書いてある。こうして遺愛幼稚園

は，社会的に豊かな支えを受けて，日々の保育を開始した。

　続いて，日誌に不定期に見られる，大正年代の在園児数などの運営状況について転載する。なお，この記録は区役所に提出された内容であると記録されているが，日誌の余りページなどに書かれており，定期的に毎年きちんと記録されているものではない。また，執筆者も複数によるものでもある。そのため，記述の仕方もまちまちで一貫性がないことと，全ての年度を網羅できないことを，始めに述べておく。

大正4年（1915）
3歳　男子10　女子3　　13
4歳　　　　4　　　0　　　4
5歳　　　13　　　11　　24
6歳　　　12　　　　9　　21
7歳　　　17　　　14　　31
合計　　　56　　　37　計93
創立以来ノ卒業幼児　男子42　女子43　計85
備考　幼児ノ年齢ハ数へ年ニ依ル
保姆数4名　見習い保姆数3名
保育料総額　1039.8円　雑収入1181円　計2220.8円
経費総額　2220.8円

大正7年（1918）
4歳児　男2　女4　5歳児　男9　女11
6歳児　男20　女14　7歳児　男17　女8
合計　男子　48　女子37　合計85
創立以来卒業幼児　男97　女85　合計182
保姆2　見習保姆2
収入　保育料1231円60銭　雑収入1264円　合計2495円60銭
経費総額　2795円60銭

大正8年4月

一の組　男子9　女子9　　計18
二の組　　　9　　　9　　　18
三の組　　　6　　　12　　18
四の組　　　12　　　4　　16
五の組　　　10　　　8　　18
合計　　　　46　　　42　　88

大正8年（1919）7月
一の組　男子9　女子8　　計17
二　　　　10　　　8　　　18
三　　　　　5　　　12　　17
四　　　　12　　　　5　　17
五　　　　　7　　　　8　　15
総計　　　43　　　41　　84

大正9年（1920）3月
組数5
在園児総数　男児46名　女児40名
1919年4月1日から1920年3月31日までの入園児数
男子29名　女子17名
大正9年4月にて卒園する幼児数
男児18名　女児17名
保姆数
外国人園長1　保姆2　見習保姆4

大正9年（1920）4月現在在園児数

3歳男児　8　女児　5
4歳男児　17　女児　17
5歳男児　27　女児　15
合計男児　52　女児 37　　総計　89

大正 10 年度在籍（大正 11 年 5 月報告。
　大正 11 年 5 月 26 日（金）日誌に書い
　てある）
在籍数 90
7 歳　男 21　女 15
6 歳　男 15　女 13

5 歳　男 11　女 13
4 歳　男 0　女 2

大正 11 年度在籍（大正 11 年 5 月報告。
　大正 11 年 5 月 30 日（火）日誌に記載）
保姆　正規 2　補助 4
組数　5
幼児数　男 44　女 46　計 90
一人一カ月授業料　200 円
大正 11 年度経費予算　5400 円

第 1 節　宣教師の記録に見られる日々の保育の全体像

　まず第 1 節では，第 1 章でも用いてきた，宣教師による手記や報告書，その他の外部文書などをもとに，そこに示されているところの，日々の保育実践の概要を見てみよう。そのうえで，第 2 節以降では，大正年間の日誌のなかから，それぞれ注目したい箇所を選び，大正期の遺愛幼稚園における実践の具体的な様子を描出する。

（1）大正 2（1913）年 10 月の実践の流れ　〜新聞記事から〜

　最初に，大正 2（1913）年 10 月，第二独立園舎での実践が開始された直後の様子について見てみよう。
　ここで引用するのは，本書の第Ⅱ部第 2 章第 2 節において冒頭部分を一部分析考察した，大正 2（1913）年 10 月 23 日（木）の函館新聞，第 6581 号に掲載された取材記事である。取材は前日の 22 日（水）午後に行なわれたことが日誌から確認できる。すでに園児は降園したあとであり，誰か保姆が話をしたようである。その記事を部分的に抜粋してみよう。

「●神様と神の子と　▼一所に遊ぶ遺愛幼稚園
　（前略）児童は定員の男女六十四名と外に補欠三名居ります，満三歳から

学齢に達する迄のお子さんを扱ふので月謝の一圓二十銭は区内幼稚園の中で一番高いのですがそれでも尚ほ▲此の外に二十余名からの申込みがありますけれども，這入り切れぬので一時欠員の出来るまでお断りを言って居ると云ふ盛況です。保姆は神戸のミッション女学校を卒業して其處の幼稚園に大分経験のある方が二人と遺愛女学校の先生と外に今一人小学校の先生をされてゐた方との四人で園長さんはミス・スプロールズです，校舎の立派なこと採光通気の完全なこと其の外設備の充分なこと等は区内には勿論全国にも之れ位ゐ行き届いた處はさう沢山ありません▲一番偉いと思ふのは此處では信仰と結び付けて子供の頭脳を正しく開発し導いて往く事です，一体日本の家庭でも，学校でも兎角何の神様に拘らず信心の乏しいことは決して褒めた事では無いと思ひます，園では必ずしもクリスト主義なんてソンナ六ツカ敷い事を押し付ける譯ではありません括るめて『神様』として教えてあります朝の九時に始業の時は悉な一所に圓い輪に並んで『お早うの唱歌』を歌ひ，それから昨夜眠つてる間に守って戴いた神様に有難うムますとお禮を述べ今日も怪我や悪い事の無い様にとお願の歌を謳ひます恰度昔し猶太の民が知らぬ神に祭壇を築いてお祈りをしたことと同じ如なものです，そして自然と神様を覚えさせるのです　▲年齢智恵の程度に従って全員を四組に分け一の組は年齢も多く，且つ比較的智恵も発達した児童を取り扱ひ授ける積木や折紙も其れに準じて他の組よりも高いものを教えて居り他は順次其の方法で教えてあります幼稚園を出た子供は小学校就学の際，妙に高慢チキでそして悪擦れがするなどといふ，非難もありますが園では成可此のコマチャックレぬ様にと注意して居ります其の外教具の完備椅子なども立派なスプリング付の本物で，遐がに少しの遺憾もありません。目新しいものも大分ありました，園児は大抵中流以上の家庭の坊ちゃん達ですと」

(『函館新聞』 大正2年10月23日(木) 第6581号)

この記事では，以下のとおり幾つかのことが明らかにされている。
①当時の園児数は64名で，非正規が3名ほどいた。組編成は4組で，「積木」や「折紙」をさせていた。内容は年齢段階に応じて変えていた。
②保姆は合計4名で，うち2名は「神戸のミッション女学校」すなわち頌栄

保姆伝習所の出身と判断できる。保姆のうち1名は高村田鶴と確認できるが、ほかは確認できない。
③この記者は、特にキリスト教を高く評価しているわけではないが、宗教心を持つということには意義があると考えていて、遺愛幼稚園のキリスト教主義教育を肯定的に捉えている。
④当時の一日の流れは、朝9時に始業、全員で丸い輪に並んで朝の歌を歌い、感謝の祈祷を捧げると書いてある。
⑤在園児の家庭は中流以上で、月謝も1円20銭と、当時の函館においては最高であったにも拘わらず、入園待機児がいた。

（2）大正3（1914）年度開始時の学級編成 〜ドレーパーの手記から〜

大正3年度の4月当初、幼稚園在園児数は増え、それに伴い保姆数も増えた。学級数も4クラスから5クラスに増え、園舎には保育室が4室しかないため、中央の遊戯場も1保育室として使用することとなった。

この当時の様子は、ドレーパーの手記に見ることができる（巻末「補」2 (16) 参照）。

この手記には、大正3年度は、在園児が合計90名（正規80名＋非正規10名）となったと書かれている。保姆は、高村田鶴のみは残り、斎藤たけは退任、金沢しげ、斎藤たね、式場ひで、藤田千代、高松ちか、沢和枝の6名が新任として就職した。彼女らは全て遺愛女学校の卒業生であったが、高松ちか以外は全て未経験者であったため、頌栄保姆伝習所卒の高村田鶴が、午後に2時間、幼稚園教育の基礎について講義をしたと書いてある。高村田鶴は担任をせずに補助をしていた。園舎内は大変に混雑していたとあり、90名の園児を5組に分けて、1クラスは中央遊戯場で保育を行なっていたようである。すなわち、1クラスあたりの園児数は約15〜20名で、各組に担任が1名ないし2名だったと計算できる。

参考までに、現在の遺愛幼稚園は、1クラス15名弱で構成されているが、この人数でも机に着席すると、かなり手狭である。入室可能な園児数は、上限15人であろうと思われる。この計算をすると、20人の園児が保育室に入るのは、相当窮屈であったと想定できる。しかしながら、日誌の出欠を確認

すると、大正期は少し天気が悪いと途端に登園児数が減少していたので、なんとか1保育室に収まる程度の園児数であったのだろうと推察できる。

上記の手記には、当時の日案も記録されている。およそ次のような流れだったようである。

　9：00 ～ 9：45　朝の開始の集まり。歌と祈り、レッスンと話
　9：45 ～ 10：15　学級活動
　10：15 ～ 10：45　自由遊び
　10：45 ～ 11：15　学級活動
　11：15 ～ 11：45　ゲームと降園活動

日案構成は非常に単純である。その内容は、朝の集まりについては、前述の函館新聞の記事から、全体で集まり丸くなって行なっていたことが確認できる。それ以降の活動については、第Ⅱ部第2章第3節における考察から凡そのところは想定できるが、日誌に記述されている事実からのちほど確認していくことにしよう。

（3）大正 4 ～ 5（1915 ～ 1916）年の園舎内外での活動の様子（具体的な日時は不明）
　　　　～米国メソジスト監督派教会海外婦人伝道協会日本支部年会報告書から～

次に見るのは、ドレーパーの報告書記事に見られる、大正4～5年の頃の遺愛幼稚園における子どもたちの遊びの様子である（Annual Report of the Session of the Woman's Annual Conference of the Methodist Episcopal Church in Japan. 米国メソジスト監督派教会海外婦人伝道協会日本支部年会報告書　33rd Annual Report　1915 ～ 1916　大正4～5年　Draper, pp. 17 ～ 18．全文は「補」2（18）④を参照のこと）。

下に、冒頭部分を少し掲載しよう。

　" "Sensei, sensei, please pick us some more pink clover," was the cry as the foreign sensei came down to the sandpile one morning, so, because she was tall and could stretch way up to where the clover grew on the bank, she gave them each a few. What fun it was to pile up sand mountains and decorate them with leaves and clover, all the while listening to the chatter of the children at their play!"

「先生，先生，どうぞもっとピンクのクローバーを私たちに取って下さい！外国人の先生が，ある朝，砂場に来られた時に，子どもたちが叫んだ。なぜなら彼女は背が高く，土手の上に咲いているクローバーに手が届くからである。彼女は子どもたち一人ひとりに，2，3，取って与えた。砂場で山を作り，葉と花で飾って，その間，彼らの遊んでいる時のお喋りに耳を傾けることは，どんなに楽しいことだったろう。」（著者概訳）

　ここには，宣教師が園児に呼ばれ，園庭でピンクのクローバーの花を採っている様子が描かれている。園庭には現在も砂場があるが，この砂場において園児らが砂の山を作っていたようであり，それを葉やクローバーで装飾していた。豊かな遺愛幼稚園の園庭の自然環境は，開園当初からのものであったことが明らかにされている。
　続いて，同報告書の続きを見てみよう（pp. 17～18　Draper）。
　ここには，遅い春が来たあとは園庭で遊ぶのがよろしいのであるが，長く寒い数カ月にも及ぶ冬や，春の雨降り（函館にある蝦夷梅雨）などには，室内運動場があることが非常にありがたいと書いてある。室内運動場は現在もあるものであるが，大正2（1913）年の開園時からあったものではなく，大正3（1914）年の増築によって設けられたものであった。スキーアなる人物が開園以来，遺愛幼稚園を援助してきていたと書かれているが，彼女が大正3（1914）年の秋に，子どもたちが制限されることなく遊ぶことのできる快適な室内運動場を設けてくれたとある。
　ここで注目したいのは，この室内運動場が造られる前は，園児らはhalls and the circle room，すなわち遊戯場や保育室で遊び，その際に，the children liked to displace the chairs in the circle，すなわち，円形に並べられた椅子を片付けたがった，と記述されている。ここでわかるのは，大正5（1916）年当時，遺愛幼稚園の遊戯場や保育室には常時，椅子が丸く配置されており，集会や活動以外の時間は基本的に片付けておくという方法ではなかったこと

が明らかにされる。幼児らは，天候上の理由で外遊びができない日には，遊戯場や保育室に円形に並べられた椅子を取り払って遊びたがったけれども，それを禁止されていたと書かれている。当時の椅子の基本的な配置状況が読み取れる。続いて，ドレーパーは，この室内運動場の内部の様子について記述する（pp.17～18）。

新しく完成した室内運動場では，幼児らは自由に走ったり跳んだりでき，暖かだった室内にあったブランコや船，砂場などで遊んだと書かれている。何人かの幼児はこの運動場を非常に楽しんだため，朝は9時からの登園になっているにも拘わらず，7時から登園してきた子どももいたと書かれている。

この室内運動場は，現在においても，冬が長く蝦夷梅雨も続く函館にあって，非常に有効に活用されている。外遊びのできない日に，園児らが運動場で遊ぶすがたは，現在もしばしば見ることができる。

（4）大正期の保姆の担任　1916（T5）/4　～ドレーパー手記から～

さて続いて，ドレーパーの手記から，大正5（1916）年当時の担任の配置について見てみよう。

大正5年度，1組は澤和枝，2組は加藤きみ，3組は「ほり　ひで」（卒業アルバムから氏名を検索できず），4組は渡邊ゆき，5組は高村田鶴と市川くにが担任していると書いてある。

（5）園児の増加を報告する文　1919年頃

次に見るのは，大正9（1920）年のJKU年報報告書に記された，この時点での園長だったグードウィンによる報告文で，園児が非常に増えたことを示している（Annual Report of the Kindergarten Union of Japan 1920, 14th pp.56～57）。

この報告書が示されたのは大正9（1920）年の夏であるから，この報告書に見られる内容は同年4月の時点での在園児数を表したものと判断できる。この記事のなかでグードウィンは，収容可能人数の上限を5名ほど超えていると書いており，同時に，在園児数は85名ともあるので，この園舎における収容可能人数は80人，保育室は4室あるので各室に20人ずつが妥当であ

ると考えていたことがわかる。

（6）子どもの弁当についての見解　昭和初期　ベーレー園長
～米国メソジスト監督派教会海外婦人伝道協会日本支部年会報告書より～

　これは，まだ就任したばかりのベーレー園長が，園児の弁当を見て書いた記事である（Annual Report of the Session of the Woman's Annual Conference of the Methodist Episcopal Church in Japan. 米国メソジスト監督派教会海外婦人伝道協会日本支部年会報告書 Year Book 1927　昭和2年　pp. 46～47 Barbara M. Bailey）。

　この報告記事によると昭和初期の遺愛幼稚園では，月～木曜は9～12時までの午前保育であったが，金曜だけは弁当持参で午後1時までの保育であった。弁当のある金曜は幼児たちにとって最も幸せな日であり，毎日の出勤ではなかったベーレーも特に金曜を選んで出勤していたようである。園児の弁当は当時のものとしては普通の弁当で，冷たいご飯と，いくらかの魚と卵か野菜といった内容であったようである。ベーレーは，いつか幼稚園で，暖かな昼食を食べさせたいと考えていたことも記されている。

　この報告は，我々に，弁当と給食のいずれが望ましいかという現代の私立幼稚園の大きな課題についての，一つの答えを示してくれる。すなわち，現代日本における幼稚園では一般に，幼児期の昼食は親の愛情がこもり，子ども一人ひとりの嗜好や食事量に合せた準備ができる弁当のほうが望ましいという，いわゆる弁当至上主義のような通念がある。その一方で，親の便宜のためや，小学校給食の準備段階としての給食が良いという考えも根強く流布している。この報告書におけるベーレーは，そんな現代幼稚園社会の風潮のなかで読むと，そこには全く違った視点があるように思われる。当時の弁当は冷えていた。また，当時の子どもたちの弁当は，その内容にも，ベーレーが納得しかねる点があったのであろう。

　現代においても，弁当が冷たいというのは，幼児の場合は保温弁当箱を持参するわけにも行かないので，確かな事実である。現代は弁当を温める機器に弁当を入れる園もあるが，保温しておいたものと，作りたてのものの味は，また別である。幼稚園その場所で調理できるのならば，給食は暖かな作りたての状態で提供される。また，弁当の中身についても，現代の幼児の弁当の

実態については，冷凍食品の多用や市販弁当を詰め替えるだけの弁当など，様々な課題が叫ばれている。この点を考えると，大正期の弁当に比較して，現代日本の幼児の弁当が優れた栄養価のものであるという保障もない。

こういった点を考えると，幼稚園で用意する給食の質や提供方法なども大いに関与するものとはいえ，弁当至上主義の考えは，伝統的な幼児教育観の観点から見ても，必ずしもベストなものとは言い切れないとも判断できる。

昭和初期に記されたベーレー園長の見解は，平成の現代においても，我々に今一度，弁当と給食の優れた点と課題点とを考えさせてくれるものである。

(7) 昭和2 (1927) 年6月に来日し園長となったピートによる，主として室内運動場の改装に関する記事　1927〜1928 (昭和2〜3) 年頃の様子

～米国メソジスト監督派教会海外婦人伝道協会日本支部年会報告書より～

以下の文は，ベーレーによって書かれた，ピート園長来日・園長就任時の幼稚園の様子を報告した記事である。ピートは来日し，幼稚園の二階に居を構えたと書いてある（Annual Report of the Session of the Woman's Annual Conference of the Methodist Episcopal Church in Japan. 米国メソジスト監督派教会海外婦人伝道協会日本支部年会報告書 1928 Year book p. 52 Barbara M. Bailey　昭和3年）。

ここには，室内運動場の改装と，ピートが開始した新たな幾つもの活動の試みについて，その種類だけが記されている。詳細については不明であるが，ピートが，母の会，教会の婦人会，青年婦人クラブ，料理教室，幼稚園卒園生のための英語教室，高校生のクラスなどを開始したことが明らかにされている。

室内運動場の改装については，以下のように書かれている。すなわち，室内運動場は改装が行なわれたが，その資金は遺愛幼稚園児の母親たちが提供したものであったという。窓が大きくなり，そのまえに座るところができ，カーテンもモスリンのものに変更された。砂箱，揺れる舟，壁が塗りなおされ，またピートが室内運動場にて料理教室を始めるために，台所に流しと机が設置されたという。ピートが非常に精力的に，あらたな昭和の実践に向け

て動いたことが示されている。

　以上，ここまでは，宣教師の報告書その他の公的な史料から，大正期の遺愛幼稚園の，主として行事などの特別活動を中心に見てきた。続く第2節では，日々の実践を，日誌のなかから分析しよう。

第2節　日誌に見られる大正期の実践

　第1節では，記事や報告書に見られる実践をもとに見てきたが，第2節以降では，日誌を中心軸として，大正期の日々の保育実践の全体像を見ていく。なお，行事に関係する日の日誌は，第Ⅲ部の第1章に掲載してあるため，ここに載せるのは特に行事のない平常保育の日に限った日誌である。この第2節において，大正2～昭和2（1913～1927）年までの日誌のなかから，幾つかの箇所を抜粋して掲載する（どこを抜粋するかの選択理由は，それぞれに異なる。また，表記については原文のママであるため，形式や漢数字の用法に一貫性がないことを断っておく）。その後，続く第3節以降では，当時の遺愛幼稚園の日々の保育で柱となっていた，朝の集会，恩物手技，唱歌遊戯，戸外活動に注目し，節に分けて分析していくことにする。

　日誌は大正2（1913）年9月29日から開始されている。なお，今回の引用では，解読可能な筆記箇所については可能な限りそのまま転載しており，その際には漢数字はそのままにし，旧字体は新字体になおしてある個所もある。その一方で，筆記が読みにくく完全な転載が難しい日誌については，読めるところを再編して掲載する。

（1）日誌に示された日々の活動

　本節においては，まずは，日誌のなかから，幾つかの日誌を抜き出し，当時の日々の保育を分析する史料を用意する。

①開園から大正2（1913）年度末（大正3年3月）まで

あ）大正2（1913）年10月3日（金）晴　|　一，朝礼及祈祷　歌いつくしむ練習

一，遊戯　金太郎
一，例話　正直なるきこりの話
一，恩物　1の組　四恩物　2の組　三恩物
一，手技　3の組　4の組　ともに摺紙（本）

い）大正2（1913）年10月10日（金）晴
一，朝礼及祈り　家族の歌よもすがらのうた練習
一，例話　豚の話
一，1の組　織紙　2の組　箸並べ　3，4の組　恩物

う）大正2（1913）年10月16日（木）晴
北西の風強し
一，戸内遊戯
一，出席児童数六十一名
一，欠席児童数六名
一，教授事項
　　1　例話　馬の話
　　遊戯　汽車遊び
　　手技　1の組　摺紙　2の組　織紙のつづき　3の組　織紙　4の組　自由画

え）大正2（1913）年10月20日（月）晴
一，戸外遊戯
一，出席児童数　六十二名
一，欠席児童数　五名
教授事項
一，説話　みみずの話
一，太郎と馬の話
　　手技　1ノ組　鋏の使用法　2ノ組　摺紙　3ノ組　織紙のつづき　4ノ組　はり紙

お）大正2（1913）年10月21日（火）晴
一，戸外遊戯
一，出席児童数　六十名
一，欠席児童数　七名
一，説話　蜂ノ話及太郎と馬の話つづき
一，歌　母　夜もすがら練習
<u>本日より時間割通り実行す</u>
　　　　　　　手技
1の組　　　　貼紙
2の組　　　　鋏の使用法
3の組　　　　織紙のつづき
4の組　　　　貼紙

か）大正2（1913）年10月22日（水）晴
少雨
一，戸外遊戯及戸内遊戯
一，出席児童数　六十名
一，欠席児童数　七名
一，歌　前日のつづき練習

　　　　恩物　　　　手技
1ノ組　　箸並　　　織紙
2ノ組　　環並　　　縫取
3ノ組　　三恩物　　剪紙
4ノ組　　板並　　　織紙
<u>本日参観人三人ありたり</u>
<u>午後より函館新聞記者の訪問ありたり</u>

き）大正2（1913）年10月23日（木）晴
一，戸内及戸外遊戯
一，出席児童数　五十九名
一，欠席児童数　八名
一，説話　かまきり虫の話
一，歌　汽車のうたを教へ始む
　　　　恩物　　　　手技
1の組　　環並　　　縫取

第2章 日々の保育

　　2の組　　箸並　　　織紙
　　3の組　　板並　　　貼紙
　　4の組　　箸並　　　組紙

く）大正2（1913）年10月29日（水）晴
　一，戸外遊戯
　一，出席児童数　五十八名
　一，欠席児童数　九名
　一，説話　落葉及紅葉につきて
　一，おとぎ話　臼物語
　一，天長節の祝歌練習
　　　　　　恩物　　手技
　　1の組　　箸並　　織紙
　　2の組　　環並　　縫取
　　3の組　　三恩物　剪紙
　　4の組　　板並　　織紙

け）大正2（1913）年10月31日（金）晴
　天長節
　一，出席児童数　六十名
　一，欠席児童数　七名
　　　祝賀式挙行
　　　式順
　一，祝礼
　一，君が代
　一，十月誕生の子の祝ひ（五名ありたり）
　一，天長節の祝歌
　一，閉会
　閉会後，菓子を与へ遊戯をなさしめて帰らしむ

（※冬場，だいたい11月以降は専ら「戸内遊戯」ばかりである。）

こ）大正3（1914）年2月27日（金）雪
　出席児童数　三十四名
　欠席児童数　三十四名
　説話　鐵をつきて
　伽話　蟻
　歌　新教材　たんぽぽ
　恩物及手技
　　1の組　剪紙と自由画
　　2の組　剪紙と自由画
　　3の組　自由画と貼紙
　　4の組　環並　貼紙
　本日誕生の児童を祝いて組紙細工の柱かけを贈与
　五名ありたり　（お菓子を出したようだ→出納簿より）

さ）大正3（1914）年3月4日（水）晴
　出席児童数　四十八名
　欠席児童数　二十名
　説話　師の恩
　歌　新教材　卒業式のうた
　本日より三組に改む
　　1の組　織紙
　　2の組　環並と縫取
　　3の組　貼紙と剪紙

②**大正3年度（大正3年4月～大正4年3月）　1914～**
　※主任保姆の高村田鶴が書いていると判断できる

あ）大正3（1914）年4月10日（金）晴
　第一学期始業式挙行

　出席児童数　七十六名
　欠席児童数　十八名

新入園数　四十七名
始業式順序
　一，朝礼及び祈涛
　一，朝の歌（いつくしむ）その他練習
　　　注意事項
　一，児童入園後心得
　一，付添人に対する注意
　　　級を五組に別れ各自教室に入り
　一，二の級　蕎麦細工
　　　三，四，五の級　豆細工
　　　を成し各製作品を持参させ午前十一
　　　時頃帰宅せしむ
　　　今日よりミス・ドレパー園長となら
　　　れし也　六名の新教師来られたり

い）大正3（1914）年4月14日（火）雨
後雪
　出席児童数　四十四名　（※天気が
　　悪いと子どもは来ないのか？）
　欠席児童数　五十名
　一，朝礼祈祷
　一，歌（いつくしむ）（輝く朝日）
　一，伽話（時計）
　一，遊戯　前の練習　体操
　　　恩物及手芸
　　1の組　四恩物と貼紙
　　2の組　三恩物　縫取
　　3の組　板並　　織紙
　　4の組　二恩物　貼紙
　　5の組　一恩物　摺紙

う）大正3（1914）年4月27日（月）晴
　　天　戸外運動
　出席児童数　六十九名
　欠席児童数　二十五名
　　一，朝礼
　　一，朝歌（師よお早う）

　一，祈祷
　一，歌（旭輝く，園丁エスよ（新））
　一，旗はり
　一，歌（時計，お早う太陽，鳥はカァ
　　　カァ）
　一，説話（身体乃清潔）
　一，伽話（豚と友達）
　一，遊戯
　　　　　　恩物　　　手芸
　　1の組　四恩物　　貼紙
　　2の組　三恩物　　縫取
　　3の組　板並　　　織紙
　　4の組　二恩物　　貼紙
　　5の組　一恩物　　摺紙

え）大正3（1914）年5月7日（木）晴
戸外運動
　出席児童数　七十四名
　欠席児童数　二十名
　一，朝礼
　一，歌（師よお早う，園丁エスよ，御
　　　神のため，春の風吹きぬ，小蟲）
　一，祈
　一，旗はり
　一，説話（木の芽）
　一，伽話（前日乃続）←猿可に（ママ）
　　　合戦
　一，遊戯
　　　　　　恩物　　　手芸
　　1の組　粘土　　　摺紙
　　2の組　粘土　　　織紙
　　3の組　貼紙（草の芽，種子）摺紙
　　4の組　板並　　　織紙
　　5の組　自由畫　　貼紙
　二の組乃湯川歌子胃痙攣を起こし授業
　　中俄か帰宅せり（→「授業」と言っ
　　ている）

お）大正3（1914）年5月18日（月）晴
天　戸外運動
出席児童数七十四名
欠席児童数　二十名
一，朝礼
一，歌（師よお早う，お早う太陽，種子播，小鳥の歌，小鳥）
一，祈
一，旗はり
一，説話（空中を飛ぶ鳥）
一，伽話（腰折雀）
一，遊戯

	恩物	手芸
1の組	四恩物	貼紙
2の組	三恩物	縫取
3の組	四恩物	織紙
4の組	二恩物	貼紙

上天気なる気候にして5の組は朝礼後二時間乃授業を休み裏乃船玉山小運動に行きぬ

か）大正3（1914）年6月8日（月）雨
戸内運動
出席児童数七十三名
欠席児童数十七名
一，朝礼
一，歌（師よお早う，雨乃歌，武士，小さいお庭，夜も畫も，音平師）
一，祈
一，旗はり
一，学課（毛虫乃種類）
一，伽話（黄金乃斧）
一，遊戯
本日午前十時より当園に於いて園児体格検査相催する予定ありしが医師乃都合により中止し例日乃如く授業せり

	恩物	手芸
1の組	四恩物	貼紙
2の組	三恩物	縫取
3の組	板並	織紙
4の組	二恩物	貼紙
5の組	一恩物	摺紙

き）大正3（1914）年6月11日（木）
札幌乃ミス・ドーデー及桜井姉来観せる

く）大正3（1914）年6月17日（水）晴
戸外運動
出席児童数　七十二名内男児三十三名，女児三十九名
欠席児童数　二十名
一，朝礼
一，歌（師よお早う，園丁エスよ，光はいつも，小さいお庭，小鳥，米）
一，祈
一，旗はり
一，学課（水入）
一，伽話（規則を重んじるお百姓）
一，遊戯

	恩物	手芸
一の級	環並	織紙
二の級	板並	摺紙
三の級	粘土	摺紙
四の級	粘土	自由畫
五の級	二恩物	剪紙

け）大正3（1914）年6月18日（木）雨
室内運動
出席児童数　男児二十二名，女児二十五名，総数四十七名
欠席児童数　四十五名
一，朝礼

一，歌（師よお早う，夜＊，お早う太
　陽，春の風吹きぬ，米，御　のたね）
一，祈（輝く旭）
一，旗はり
一，学課（苗植）
一，伽話（質素なる王様）
一，遊戯

	恩物	手芸
1の組	粘土	摺紙
2の組	箸並	織紙
3の組	自由	剪紙
4の組	板並	織紙
5の組	自由畫	貼紙

（注：＊は解読不能）

こ）大正3（1914）年6月19日（金）
　ミス・グレー，及同御令息御令嬢参観
　せる
　（※心身の発達調査が行なわれているが，
　　日誌には記録されていない。

理由は不明。）

さ）大正4（1913）年1月
　（※この頃，雪が降ると途端に登園児童
　　が減る。天気が悪いと幼稚園には来
　　ないようだ。）

た）大正5（1914）年9月8日（金）曇
　今日より朝の集会各々の椅子を教室に
　　持ち運びする事となせり。
　出席児童数　男子31名，女子28名
　合計59名
　欠席児童数　16名

	恩物	手技
一の級	自由	縫取
二の級	箸並	剪紙
三の級	環並	摺紙
四の級	自由	摺紙
五の級	自由	剪紙

③大正6年度　大正6（1917）年4月〜大正7（1918）年3月

　この年度は，興味深いことに，各週ごとの活動の主題が記されている。この主題を示す方法は，前年度も次年度も行なわれておらず，この大正6（1917）年度の1年のみの記録方法となっている。このような方法を採用することになった経緯や目的は，4月の年度当初の日誌にも見られず，その意図は明らかではない。

　この年については，各週の主題と関連があると見られる保育内容について特に抽出してみる。よって，この年度に限り，連日の活動を全てここに記録するという，ほかの年度の方法とは異なる記録起こしになっている。

大正6（1917）年4月2日（月）晴
4月　復活
第一週（雪氷）

（前略）
今日は四十余名の新しき御友達と共に
　渡辺先生，市川先生，堀先生との四

人の（ママ）新しき先生をお迎へ致し一同喜びて第一学期の始業式を挙行せり。
出席児童数男児四十八名　女児二十九名　合計七十七名
欠席児童数十名
新入園児　男児　二十六名　女児十九名　合計四十五名
一，お早う先生　二，おべべも　三，祈　四，旗はり　五，解読不能　六，訓話
集会後ただちに各組に別れ十時半頃各自藁よりなる製作品をたづさえて帰途につく
一の組　摺紙
二の組　剪紙
三の組　貼紙
四，五の組　麦わら細工

各組受持保姆
一の組　澤和枝
二の組　加藤きみ
三の組　堀　秀
四の組　渡辺ゆき
五の組　高村たづ子，市川とみ

4月4日（水）晴
　学課（雪）
4月5日（木）晴
　歌　春が来た
　学課　氷
6日（金）雨天
　学課　春の光

第二週（植物の＊＊＊＊の準備）
4月9日（月）晴
　歌　春の風吹きぬ
　学課（冬と草木）
4月10日（火）曇
　学課（木の芽）
4月11日（水）晴
　イースター
　春の風吹きぬ
　学課（草の芽）
4月12日（木）
　歌　春が来た
4月13日（金）
　春の風吹きぬ
　学課（人と植物）
　　（注：＊箇所は解読不能）

第三週（フレーベル）
4月16日（月）雨天
　イースター
　学課（幼稚園）
4月17日（火）
　学課（フレーベルの幼時）
4月18日（水）曇天
　学課（幼稚園設立）
4月19日（木）
　学課（フレーベルの苦心）

第4週（人）
4月23日（月）
　学課（百姓の冬の仕事）
4月24日（火）
　学課（わらぢ作り）
4月25日（水）
　学課（魚師）
4月27日（金）
　歌　小さな鯉
　洗濯をしませう
　学課（家庭の仕事）

5月　武士
第一週　昔の武士と今の武士
4月30日（月）
　学課　昔の武士
5月1日（火）
　端午の節句
　学課（昔の武士の風俗）
5月2日（水）
　神武天皇
　学課（昔の武器）
5月3日（木）
　端午の節句
　学課（今の武士　信仰と風俗）
5月4日（金）
　端午の節句
　学課（今の武器）

第二週（武士の必要）
5月7日（月）
　兵隊さん
　学課（世界各国）
5月8日（火）
　兵隊さん
　学課（世界の王様と戦時）
5月9日（水）
　兵隊さん
　学課（日本の兵役）
5月10日（木）
　学課（兵士の務）

第三週（武士の服従）
5月14日（月）
　兵隊さん
　学課（上官の命及軍則に対する外部の
　　服従）
5月15日（火）
　兵隊さん
　飛行船
　学課（内部よりの服従）
5月16日（水）
　兵隊さん
　学課（忍耐）
5月17日（木）
　兵隊さん
　学課（忍耐）
5月18日（金）
　兵隊さん
　学課（勝利のよろこび）

第四週（真の武士（主の武士））
5月21日（月）
　兵隊さん
　学課（キリストの武士）
5月22日（火）
　武士
　御馬
　学課（外児の服従）
5月23日（水）
　学課（訓練所）
5月24日（木）
　お船　兵隊さん
　学課（武具の相違）
5月25日（金）
　お船　武士　学課（ダビデ）

6月　工業
第一週（大工）
5月28日（月）
　船　大工　家造り
　学課（大工の種類）
5月29日（火）
　家造り　大工
　学課（大工の働き）
5月30日（水）

お舟（ママ）大工
学課（大工の働き）
5月31日（木）
　家造り
　学課（大工の必要）
6月1日（金）
　大工
　学課（家庭の真の価値）

第二週（鉄工場）
6月4日（月）
　かじや　鉱夫
　学課（鉄器の種類）
6月5日（火）
　運動会

第三週（電気応用）
6月11日（月）
　電車
　学課（電気発明）
6月12日（火）曇
　歌　電車
　学課（電信）
6月13日（水）雨
　電車
　学課（電話）
6月14日（木）雨
　電車

第四週（鉱山）
6月18日（月）晴
　鉄夫
　学課（鉱山）
6月20日（水）雨
　鉄夫
　学課（鉄夫）
6月22日（金）晴

鉄夫
学課（用途）

7月　第一週（呉服屋）
6月25日（月）雨
　学課（織物の種類）
6月26日（火）曇
　学課（呉服問屋）
6月28日（木）晴
　学課（店）
6月29日（金）晴
　学課（買う人）

第二週（菓子屋）
7月2日（月）晴
　学課（お菓子の種類）
7月3日（火）雨
　学課（製造）
　　　　恩物
　一ノ組　お菓子の製造
7月4日（水）雨
　学課（材料）
7月5日（木）雨
　学課（用途）

第三週（陶器）
7月9日（月）晴
　学課（陶器ノ種類）
7月10日（火）晴
　学課（原料採取）
　午後　会長ドレーパル姉帰米につき送
　　別会をもよおす
7月11日（水）晴
　学課（製造）
7月12日（木）雨
　学課（出来上がり）
7月13日（金）晴

学課（必要）

第四週（炭屋）
7月16日（月）
　炭焼
　学課（炭焼）
7月17日（火）曇
　炭焼
　学課（炭屋）

7月18日（水）曇
　炭焼
　学課（炭の用途）
7月19日（木）晴
　炭焼
　学課（炭の用途）
7月20日（金）晴
　労働の価値と慰労

④大正7（1918）年度

担任：（大正7年4月1日（月）晴の日誌記事より

　一ノ組　澤和枝　二ノ組　石川文　三ノ組　渡辺ゆき　四ノ組　堀川みち　五ノ組　高村たづ，飯沼なみ

あ）大正7年7月15日（月）曇
　出席児童男児三十五名　女児二十八名
　　合計六十三名
　欠席児童二十二名
　一，いつくしむ　二，天の父　三，祈
　　四，蚕　五，電車　六，はたはり
　　七，夏こそ来たれ　八，蟻　九，学
　　課（天来の音）　十，話　毒蛇退治
　　　　　恩物　　　手芸
　一の組　五恩物　　貼紙
　二の組　四恩物　　織紙
　三の組　板並べ　　縫取
　四の組　二恩物　　貼紙
　五の組　一恩物　　織紙

い）大正7年7月16日（火）晴
　出席児童男児三十四名　女児二十八名
　　合計六十二名
　欠席児童二十三名
　一，お早う先生　二，園丁　三，祈　四，
　　御神をあふぐ目　五，電車　六，は

　　たはり　七，昔々大昔　鬼が島をば
　　八，蟻　九，学課（人来の音）　十，
　　話（キツネとラクダ）
　　　　　恩物　　　手芸
　一の組　板並
　二の組　環並
　三の組　　　　　　織紙
　四の組　　　　　　縫取
　五の組　　　　　　貼紙
　天気なるにより二時間目より戸外散歩

う）大正7年7月17日（水）晴
　出席児童　男児三十四名　女児三十三
　　名　合計六十七名
　欠席児童十八名
　一，お早う先生　二，神様神様　三，
　　お祈（輝く旭）　四，御客様　五，
　　夏こそ来たれ　六，旗はり　七，電
　　車　八，蟻　九，学課（楽器）　十，
　　話（狂馬）
　　　　　恩物　　　手芸

一の組	環並	織紙
二の組	板並	摺紙
三の組	三恩物	貼紙
四の組	五管	剪紙
五の組	箸並	豆細工

え）大正7年7月18日（木）曇
　出席児童男児三十六名　女児三十二名
　　合計六十八名
　欠席児童十七名
　一，お早う先生　二，神様神様　三，お祈　四，電車　五，夏こそ来たれ　六，はたはり　七，虹　八，蟻　九，学課（音楽師）　十，御話（空中飛行）

	恩物	手芸
一の組	箸並	摺紙
二の組	自由	貼紙
三の組	環並	摺紙
四の組	豆細工	摺紙
五の組	板並	摺紙

お）大正7年7月19日（金）曇
　出席児童男児三十六名　女児三十二名
　　合計六十八名
　欠席児童十七名
　一，お早う先生　二，神様神様　三，祈　四，蟻　五，旗　六，夏こそ来たれ
　学課に基き音楽会を開く

一，石川先生	奏楽
二，田中千恵子	我子は小さく
三，花ふる鉄雄	走るは汽船
四，武藤英子	旗
五，折原，林，岩谷	お馬
六，今先生	雀
七，新政一	桃太郎
八，佐々木，小山，伊勢田	兵隊さん
九，金津仁造	菫
十，長岡暉	雲鳥
十一，三の組	合唱
十二，渡辺先生	浦島太郎
十三，大下政子	お客様
十四，新勇＊	飛行船
十五，服部先生	マンドリン
十六，亀井正明	私のオトシ
十七，萩原美香	神の光が
十八，二の組	音楽師の歌

以上
其の後は有志者のお話しがあり十時退園。

か）大正7年9月2日（月）晴
　暑中休暇もはや過ぎて，今日は楽しき子供等と慈愛にみてる姆達のたのしき集ひの始なり。
　澤先生は帰られず渡辺先生は清花園に参られしも，仙台市自助学館の教師，常野文子姉　三の組を見られ高村先生は一の組を見られし為すべてとどこほりなく成し終れり。亦　思ひかけなき黒田さんの御来観あり姉は本園姆澤和枝姉と共に神戸を卒業せられし方なりと高村姉と親しく語られ亦よく本園を見られたり
　出席児童男児三十五名　女児三十六名
　　合計七十一名
　欠席児童十四名
　一，お早う先生　二，うるはしき朝も　三，祈　四，＊＊＊＊　五，私の花だん　六，お客様　七，お話（目と手と心臓）組々に分かれ各々摺紙にて今日課業を終りぬ

き）大正7年9月3日（火）晴
　出席児童男児四十名　女児　三十七名

合計七十七名
欠席児童八名
一，お早う先生　二，神様神様　三，祈　四，輝く旭　五，旗はり　六，これは私の　七，とんぼ　八，学課（正直）　九，お話　正直な靴屋

　　　　恩物　　　　手芸
一の組　五恩物　　　貼紙
二の組　四恩物　　　織紙
三の組　三恩物　　　自由画
四の組　二恩物　　　貼紙
五の組　一恩物　　　織紙

く）大正7年9月4日（水）晴
出席児童男児四十二名　女児三十四名　合計七十六名
欠席児童九名
一，お早う先生　二，神様神様　三，祈　四，輝く旭　五，旗はり　六，蠶　七，とんぼ　八，学課（忍耐）　九，お話　大人國
澤先生，昨日午後帰園されたるにより，一の組は同姉受け持たれ，三の組を高村姉　受持たる

　　　　恩物　　　　手芸
一の組　環並　　　　織紙
二の組　板並　　　　摺紙
三の組　板並　　　　剪紙
四の組　五管　　　　剪紙
五の組　箸並　　　　自由

け）大正7年9月5日（木）晴
出席児童男児四十二名　女児　三十六名　合計七十八名
欠席児童　七名
一，いつくしむ　二，静かなる呼吸　三，祈　四，御神の＊＊＊＊　五，旗はり　六，鬼が嶋（ママ）　七，とんぼ　八，学課（慈悲）　九，お話　犬殺し

　　　　恩物　　　　手芸
一の組　箸並　　　　摺紙
二の組　自由　　　　縫取
三の組　自由　　　　箸並
四の組　豆細工　　　織紙
五の組　板並　　　　摺紙

こ）大正7年9月6日（金）雨
出席児童男児三十六名　女児　三十五名　合計　七十一名
欠席児童　十四名
一，お早う先生　二，うるはしき朝も　三，祈　四，神ハ常に近くゐて　五，旗はり　六，とんぼ　七，虫の楽隊　八，学課（親切）　九，お話　親切なる皇帝

　　　　恩物　　　　手芸
一の組　自由　　　　縫取
二の組　箸並　　　　剪紙
三の組　環並　　　　摺紙
四の組　自由　　　　摺紙
五の組　自由　　　　剪紙

さ）大正7年9月9日（月）雨
出席児童男児三十八名　女児三十二名　合計七十名
欠席児童十五名
一，オハヤウ先生　二，園丁　三，お祈　四，神様神様　五，旗はり　六，虫の楽隊　七，蜜蜂　八，学課　同上　九，話はなし

　　　　恩物　　　　手芸
一の組　五恩物　　　貼紙
二の組　四恩物　　　織紙

三の組	箸並	縫取
四の組	二恩物	貼紙
五の組	一恩物	織紙

し）大正7年9月13日（金）晴
　出席児童男児四十三名　女児三十二名
　　合計七十五名
　欠席児童十名
　一, いつくしむ　二, 静かなる呼吸　三, お祈　四, 我子は小さく　五, 旗はり　六, トンボトンボ　七, 蜜蜂　八, トンボのすものを　九, 学課　トンボ　十, 子供の歌
　本日は外国人の訪問を受け写真をとるため一時間をつぶしぬ　はじめ遊戯室にてとり, 第二には築山にて師とともに取り（ママ）, 第三, 師のみ築山背景に取り（ママ）荻原師のを写し　しばし遊びて後　園前の草原にて園児の遊戯しつつあるを写しぬ　客去りて一時間授業をなす

一の組	縫取
二の組	剪紙
三の組	摺紙
四の組	摺紙
五の組	剪紙

す）大正7年9月16日（月）風雨
　出席児童男児三十七名　女児三十三名
　　合計七十名
　欠席児童　十五名
　一, オハヤウ先生　二, 園丁　三, お祈　四, 静かなる呼吸　五, 旗はり　六, 蜜蜂　七, 蟲の楽隊　八, 学課　いなご　九, お話　エジプトの七つの話

　　　　　　恩物　　　手芸

一の組　五恩物　　　貼紙
二の組　四恩物　　　織紙
三の組　箸並　　　　摺紙
四の組　二恩物　　　貼紙
五の組　一恩物　　　織紙

せ）大正7年9月17日（火）晴
　出席児童男児三十八名　女児三十六名
　　合計七十四名
　欠席児童十一名
　一, いつくしむ師　お早う　二, 我子は小さく　三, 祈（旭の祈）四, 神様あふぐ日　五, 旗はり　六, 虫の楽隊　七, 大きな南瓜　八, 学課（ばった）九, 話　きりぎりすと蟻

　　　　　　恩物　　　手芸
一の組　板並　　　　剪紙
二の組　環並　　　　貼紙
三の組　三恩物　　　織紙
四の組　一恩物　　　縫取
五の組　二恩物　　　貼紙

そ）大正7年9月18日（水）晴
　出席児童男児三十九名　女児三十六名
　　合計七十五名
　欠席児童　十名
　一, オハヤウ先生　二, 園丁　三, お祈　四, 庭すがら静か　五, 旗はり　六, 蜜蜂　七, 大きな南瓜　八, 学課　はい　九, 話　（はいの作話）

　　　　　　恩物　　　手芸
一の組　環並
二の組　板並
三の組　　　　　　　剪紙
四の組　麦藁細工
五の組　　　　　　　縫取

遊ぶ時間よりひきつづき裏のあき地に

て遊ぶ

た）大正7年9月19日（木）雨
　出席児童男児三十一名　女児　三十名
　　合計　六十一名
　欠席児童　二十四名
　一，いつくしむ　二，静かなる呼吸　三，お祈　四，見る見る降り出す大雨は　五，旗はり　六，小川の流　七，大きな南瓜　八，学課　蚊　九，話　九色の鹿

	恩物	手芸
一の組	箸並	摺紙
二の組	自由	縫取
三の組	自由	貼紙
四の組	箸並	織紙
五の組	板並	摺紙

ち）大正7年9月20日（金）晴
　出席児童男児三十九名　女児三十六名
　　合計七十五名
　欠席児童十名
　一，オハヤウ先生　二，神様神様　三，お祈　旭　四，園丁　五，旗はり　六，蜜蜂　七，大きな南瓜　八，学課（寄生虫）

	恩物	手芸
一の組	自由	縫取
二の組	箸並	剪紙
三の組	環並	摺紙
四の組	自由	摺紙
五の組	自由	剪紙

つ）大正7年9月30日（月）雨
　出席児童男児三十九名　女児三十六名
　　合計七十五名
　欠席児童　十名なり
　一，オハヤウ先生　二，我手は小さく　三，祈　四，天の父　五，旗はり　六，虫の楽隊　七，紅葉はだんだん　八，学課　幼児に亜米利加の旗を作らしむ

	恩物	手芸
一の組	五恩物	貼紙
二の組	四恩物	織紙
三の組	箸並	縫取
四の組	二恩物	貼紙
五の組	一恩物	織紙

て）大正7年10月1日（火）晴
　出席児童男児四十一名　女児三十七名
　　合計七十八名
　欠席児童七名
　一，お早う先生　二，うるはしき朝も　三，お祈　四，ちちなる神　五，はたはり　六，大きな南瓜　七，冬の初め　八，学課（ベルギーの子供におもちゃを送る）

	恩物	手芸
一の組	板並	剪紙
二の組	環並	貼紙
三の組	三恩物	織紙
四の組	一恩物	縫取
五の組	二恩物	貼紙

と）大正7年10月3日（木）晴
　出席児童男児四十一名　女児三十八名
　　合計七十九名
　欠席児童　六名　五の組（著者注：最下級クラス）に二人入園せしも退園児の補欠なり
　一，お早う先生　二，うるはしき朝も　三，祈（かがやく旭）四，解読不能　五，大きな南瓜　六，はたはり　七，

鬼がしま　八，冬にはじめ　九，学
課　仏國　白國，以國に衣服を送る
　　　　恩物　　　手芸
一の組　　箸並　　　摺紙
二の組　　自由　　　縫取
三の組　　自由　　　貼紙
四の組　　豆細工　　縫取
五の組　　板並　　　摺紙

な）大正7年10月4日（金）晴
　出席児童男児四十二名　女児三十七名
　　合計七十九名
　欠席児童　六名
　一，いつくしむ　二，静かなる呼吸　三，
　　祈　四，園丁　五，汽船　六，はた
　　はり　七，虫の楽隊　八，冬の初め
　　九，学課　米國の幼児等は如何に聯
　　合軍を援けつつあるか
　　　　恩物　　　手芸
一の組　　自由
二の組　　　　　　　剪紙
三の組　　　　　　　摺紙
四の組　　　　　　　摺紙
五の組　　自由
　二時間目より公園に遊びにゆく。

に）大正7年10月8日（火）晴
　出席児童男児四十四名　女児三十七名
　　合計八十一名
　欠席児童　四名
　一，いつくしむ　二，園丁　三，お祈
　　（旭の祈）四，神様神様　五，旗は
　　り　六，冬の初め　七，飛行器（マ
　　マ）八，学課　英國の学童と獨飛
　　行器（ママ）
　　　　恩物　　　手芸
一の組　　板並　　　剪紙

二の組　　環並　　　貼紙
三の組　　三恩物　　織紙
四の組　　一恩物　　縫取
五の組　　二恩物　　貼紙

ぬ）大正7年10月29日（火）
　出席児童男児四十一名　女児三十四名
　　合計七十五名
　欠席児童十名
　一，いつくしむ　二，我手は小さく　三，
　　祈　輝く旭　四，おべべも　五，冬
　　の初め　六，はたはり　七，天長節
　　八，おふね　九，学課　毒よけかぶ
　　ととフランスの子供
　　　　恩物　　　手芸
一の組　　板並　　　剪紙のかはりに
　　　　　　　　　　日本の旗作り
二の組　　環並　　　作旗
三の組　　三恩物　　織紙
四の組　　一恩物　　縫取
五の組　　二恩物　　日の丸の旗はり

ね）大正7年11月1日（金）晴
　主席児童男児三十九名　女児三十三名
　　合計七十二名
　欠席児童十三名
　一，お早う先生　二，うるはしき　三，
　　お祈　四，園丁　五，飛行機　六，
　　はたはり　七，大きな南瓜　八，御
　　客様　九，落葉　十，赤十字社病院
　　　　恩物　　　手芸
一の組　　自由　　　縫取
二の組　　箸並　　　剪紙
三の組　　環並　　　摺紙
四の組　　豆細工　　織紙
五の組　　自由　　　剪紙

の）大正7年11月5日（火）晴
　出席児童男児四十三名　女児三十六名
　　合計　七十九名
　欠席児童六名
　一，いつくしむ　二，神さま神さま　三，
　　お祈　輝く旭　四，我手は小さく
　　五，はたはり　六，軍艦　七，山景
　　色　八，飛行機　九，学課　赤十字
　　社の起原

	恩物	手芸
一の組	板並	剪紙
二の組	環並	貼紙
三の組	四恩物	織紙
四の組	一恩物	縫取
五の組	二恩物	貼紙

は）大正8年（1919）11月20日（木）雪
感謝祭の翌日
　出席児童三十名　女児三十五名　合計
　　六五名
　欠席児童　一九名
　一，おはやう先生　二，神様ありがた
　　う　三，祈り　四，イユス様　五，
　　旗はり　六，大きな南瓜　七，学課
　　（穀物野菜果実）

	恩物	手芸
一の組	箸ならべ	摺紙
二の組	自由	縫取
三の組	自由	貼紙
四の組	五管練習	摺紙
五の組	同	同

　本日は米国バルチモル大学万国教育会
　　長ガウチャー博士，令嬢，及び米国
　　メソヂスト派監督ウィルチ夫妻の参
　　観ありて，子供らの遊戯手芸等を楽
　　しげに御観察なりき。写真をうつし
　　たり

⑤**大正10（1919）年度　大正10～11（1919～1920）年**

あ）大正10年11月8日（火）曇
　出席児　五十六名　男三十二名，女廿
　　四名
　欠席児　三十二名
　一，オハヤウ　二，愛深きイエス　三，
　　祈り　四，我等の如き　五，旗　六，
　　聖書　七，小鳥はサヘヅリ　八，話
　　九，学課（大根洗ヒ）一〇，感謝
　　祭　十一，大きな南瓜　風

一ノ組	貼紙	第五恩物
二ノ組	環ならべ	手芸
三ノ組	自由（恩物）	
四ノ組	剪紙	貼紙
五ノ組	自由（恩物）	

い）大正10年11月9日（水）曇
　出席児　七十五名　男四十名　女
　　三十五名
　欠席児　十三名
　一，オハヤウ　二，麗しき朝も　三，
　　祈り　四，ワレラノ如キ　五，旗　六，
　　感謝祭ノ歌　七，小鳥ハサヘヅリ
　　八，話　九，レッスン（大根のツル）
　　一〇，大きな南瓜

一ノ組	摺紙	環ならべ
二ノ組	剪紙	環ならべ
三ノ組	環ならべ	自由
四ノ組	恩物	手芸
五ノ組	環ならべ	自由

う）大正 10 年 11 月 10 日（木）晴
出席児　七十五名　男四十名　女三十五名
欠席児　十三名
一．オハヤウ　二．神は常に　三．祈り　四．ワレラノ如キ　五．旗　六．聖書　七．小トリハサヘヅリ　八．話　九．ウタ
一同を伴ひ，公園散歩す　遊戯なし　常の如くならしむ

え）大正 10 年 11 月 11 日（金）雨
出席児　七十八名　女三十九名　男三十九名
欠席児　十名
一．オハヤウ　二．神は常に　三．祈り　四．ワレラの如き　五．旗　六．感謝のうた　七．小鳥ハ　八．話　九．学課（干し大根）　一〇．赤きリンゴ
一の組　縫取り
二の組　剪紙
三の組　箸ならべ
四の組　第三，四恩物
五の組　板ならべ

お）大正 10 年 11 月 14 日（月）晴
出席児　七十一名　男三十五名　女三十六名
欠席児　一七名
一．着席　二．花　三．祈り　四．我等の如き　五．聖句　六．旗貼り　七．小鳥　八．照る日　九．学課（豆）　一〇．話（お婆さんと豚）
一ノ組　第六
二ノ組　第五
三ノ組　第四，三，連合

四ノ組　摺紙
五ノ組　第一

か）大正 10 年 11 月 15 日（火）晴
出席児　七十二名　男　三十七名　女三十五名
欠席児　十六名
一．花を守り，二．祈り　三．ワレラノ如キ　四．聖句　五．旗貼り　六．小鳥　（著者注：七が抜けている）八．照る日　九．学課　一〇．お話
一ノ組　貼紙
二ノ組　環ならべ
三ノ組　板ならべ
四ノ組　恩物
五ノ組　粘土

き）大正 10 年 11 月 16 日（水）晴
出席児　八十名　男四十五名　女三十五名
欠席児　八名
一．着席　二．花を守り　三．祈り　四．ワレラノ如キ　五．聖句　六．旗　七．小鳥ハサヘヅリ　八．照る日　九．遊戯
一の組　摺紙
二の組　剪紙
三の組　環ならべ
四の組　恩物
五の組　自由

く）大正 10 年 11 月 17 日（木）曇晴
出席児　七十一名　男三十八名　女三十三名
欠席児　十七名
一．着席　二．花を守り　三．祈り　四．我等の如き　五．聖句　六．旗　七．

小トリ　八，てる日　九，遊戯
一の組　板ならべ　織紙
二の組　剪紙　　　恩物
三の組　絵　　　　自由
四の組　恩物　　　自由
五の組　手芸　　　自由

け）大正 10 年 11 月 18 日（金）晴
出席児　七十五名　男四十名　女三十五名
欠席児　十五名
一，着席　二，花を守り　三，祈り　四，ワレラノ如き　五，聖句　六，旗貼り　七，小鳥　八，輝く日　九，遊戯　一〇，レッスン（豆の展覧会）　一一，話
一ノ組　絵
二ノ組　第五，織紙
三ノ組　箸ならべ
四ノ組　第三，四
五ノ組　自由

こ）大正 10 年 11 月 21 日（月）雪
出席児　六十七名　男四十名　女二十七名
欠席児　二十一名
一，着席　二，花を守り　三，祈り　四，ワレラノ如き　五，聖句　六，小鳥　七，旗貼り　八，話　九，遊戯　一〇，照る日
一同はまづ教室に椅子を運び後，自由運動をなして各自が持ち来たりし感謝祭の穀物を中央に運ばず　授業なし。

さ）大正 10 年 11 月 22 日（火）雪
出席児　七十二名　男四十名　女三十二名
欠席児　十六名
本日も感謝祭の稽古をなす
今日は果実，野菜を持ち来る

し）大正 10 年 11 月 23 日（水）雪
出席児　七十七名　男四十名　女三十四名
欠席児十一名
待ちに待った感謝祭は来たれり。外は晴れたり吹雪になったり流石に北国は雪に埋もれてしまった。けれども子供等も父兄達も雪を冒して来らる一同の前に捧げられし収穫物は美しく教師等の手に依って陳列せられてあった。
午前十時（解読不能）。二十分過ぎに始った。
プログラム
一，着席
二，花を守り
三，祈り
四，ワレラノ如き
五，旗貼り
六，小鳥
七，御話（金の川の王様）
八，遊戯（お米，野菜は如何して生へますか，果実屋，五管（ママ）遊び）
九，歌
一〇，挨拶
来客者は殆ど五十名

す）大正 10 年 11 月 24 日（木）雪
出席児　七十二名　男　四十名　女三十二名
欠席児　十六名
一，オハヤウ　二，父なる神　三，祈

り　四，さやかなる　五，旗　六，好きな歌　七，四，五人，話す
一の組　剪紙
二の組　縫取
三の組　恩物
四の組　手芸
五の組　自由

せ）大正10年11月25日（金）雪
出席児　六十一名　男三十名　女三十一名
欠席児　二十七名
一，オハヤウ　二，父なる神　三，主の祈　四，ささやかなる　五，旗貼り　六，各自に独唱させた　教師も　七，クリスマスの歌
一の組　第六
二の組　手芸

三の組　板ならべ
四の組　第三，四
五の組　自由

そ）大正10年11月28日（月）晴
出席児　七十六名　男四十七名　女二十九名
欠席児　十二名
一，マーチ　二，輝く朝日　三，小さき星　四，旗　五，獣のうた　六，クリスマスの　七，星　八，雪やこんこん　九，話（ヨハネの誕生）
一の組　第六
二の組　第五
三の組　恩物
四の組　摺紙
五の組　第三

⑥**大正11（1922）年度　大正11年4月〜**

あ）大正11年6月9日（金）晴
一，天にまします父の　二，小さい子供　三，祈り　四，あほ空あほ空　五，旗　六，学課（総括）七，おべんとう
合併

⑦**大正13（1924）年1月（大正12年度1月）〜**

　大正12年度の12月からスタートする日誌の分冊では，記録の方法がそれまでと変化した。その変化とは，活動に対する名称が変化したり，日々の活動の内容や場所までを記録に遺してある日が散見されるようになったことである。しかし，この記録の変化も，日々欠かさず出現しているわけではないため，特に著者の研究関心に関連する日や，広くここに記録を残す意味があ

ると思われる日を抜粋して掲載することとする。

あ）大正13年1月10日（ねずみ）　吹雪
　出席児　11名　男子 7　女子 4
　欠席児　　　　男子31　女子33
　当日は非常な吹雪で僅か十一名，十時前始める。ピアノなしで蓄音機に合はせて席につく。礼拝後，二三のレコードをききマーチをす。再びテーブルを中にして席につき児玉先生から面白い　ねずみの忠子さんのお話を聞き＊＊＊＊のねずみ色をつけ持たせて帰らす。

い）大正13年1月11日（金）雪
　出席児　29名　男16　女13
　欠席児　　　　男22　女24
　礼拝後，一ノ組より二人，二ノ組より二人を選びて先生とし，四組に別ちて各好みの恩物をさす。なかなか面白い。遊戯を致して帰る。
　（※恩物が自由選択になっている。細かなスケジュールは，著者が写さなかったのではなく，全く記載なし。）

う）大正13年1月15日（火）曇
　出席児　49名　男25　女24
　欠席児　　　　男13　女13
　一，さんび　二，おいのり　三，さんび　四，暗誦　五，さんび
　一ノ組　摺紙
　二ノ組　絵
　三ノ組　絵
　四ノ組　絵
　五ノ組　絵
　お話　忠ちゃんと忠二郎さん　二，旗貼り　三，遊戯
　保育料の袋を渡せり。

え）大正13年2月11日（月）雪
　出席児　35名　男21　女14
　欠席児　　　　男19　女26
　当日は紀元節なり　一日　喜びのうちに一日を終ふ。
　一，蓄音機にて着席す　一，奏楽（蓄音機ニテコーラス）
　一，さんびか　花を守り蜂を（解読不能）
　一，お祈り　一，君が代　二唱　一，聖句暗誦　一，さんびか　森の木の枝に
　一，お話　一，紀元節の歌　むかし神武天皇が
　第二部
　蓄音機に合せてマーチ　旗貼りをす。
　進め進め
　一恩物あそびの遊戯をす
　静かなレコード（トレミライ）（著者注：トロイメライか？）をききながら一人でさようならをして製作作品（弓ととんび）をもって帰宅す

お）大正13年2月26日（火）晴
　出席児　63名　男36　女27
　欠席児　　　　男 4　女13
　一，夜＊＊＊＊静かに　二，お祈り　三，めでたき　四，暗誦　五，春の光のどかにさし
　一ノ組　貼紙
　二ノ組　貼紙

三ノ組　摺紙
四ノ組　絵
五ノ組　剪紙
歌　雪の歌　お話　旗貼り　遊戯　雪だるま　たこ

か）大正 13 年 3 月 3 日（月）晴
出席児　66 名　男 34　女 32
欠席児　　　　男 4　女 10
二名入園す
一，神はつねに近くにいて　二，お祈り　三，天の父　四，暗誦　五，森の木の枝に
各組とも少しの間お仕事をし　遊戯室に集る
美しく飾られた御雛様の前に皆で行儀よくおすはり（ママ）して　おひなまつりの歌を唄ひ　子供等の望みによりジャムパンを　おいしくいただき　ひいなまつり（ママ）を共に祝ふ

大正 13 年度
き）大正 13 年 4 月 23 日（水）
出席　男 33　女 43　76 名
欠席　男 11　女 12　23
礼拝　天の父　うるはしき朝も
各組のおしごと
　一の組　五恩物　縫取り
　二の組　貼紙　かんなクズ
　三の組　板並べ
　四の組　二恩物　切紙
　五の組　むぎわら
おはなし　なし
御遊戯　ラララ　友達　ロンドン橋　手を叩きませう
遺愛女学校から二人の西洋人参観に来る
（※恩物手技は１種類である。）

く）大正 13 年 4 月 25 日（金）曇
　　　　男 33　女 47　合計 80 名
欠席　男 11　女 8　19 名
礼拝　天の父　うるはしき朝も　聖句暗誦
各組のおしごと
　一の組　切り紙　二の組　三恩物
　三の組　はしならべ　四の組　はしならべ
　五の組　はりかみ
おはなし　三匹の熊の昨日の続き　小さな組も共にお話を聞いている　たんぽぽの歌を歌う
御遊戯　手を叩きませう
　先週末までは九時から大きな組だけ先に礼拝し後　小さな組が礼拝をした。　小さな組は礼拝をし　おしごとをしている時は大きな組は運動場にて遊んでる　そして小さな組がすんで帰る時に大きな組が部屋に入りおしごとなした。
　今週からは小さい組もともに礼拝をした　礼拝後　大きな組は四つに分れ部屋にておしごとをなす　小さな組は一旦運動場に行き二十分位遊んでから再び遊戯室に来りおしごとをしてすぐに帰る。その後で大きな組は御遊戯して帰ったのである。

け）大正 13 年 4 月 28 日（月）晴
（活動の記録は割愛）
今日は御遊戯の時に小さな組も一所（ママ）でした。

こ）大正13年7月7日（月）晴
　出席　男30　女51　計81名
　欠席　男5名　女4名　計9名
　礼拝　天にます（ママ），祈り，神はい
　　つも，暗誦　そらのとりは
　おしごと
　　一ノ組　摺紙・歌
　　二ノ組　五恩物・貼紙
　　三ノ組　貼紙・五恩物
　　四ノ組　摺紙・シャボン玉
　　五ノ組　一恩物・シャボン玉
　はなし　わしのはなし
　遊戯　夕陽の歌けいこす　メーポル

さ）大正13年7月19日（土）
　礼拝　うるはしき朝　祈り　そらのと
　　りは　暗誦　神の慈愛
　今日は終業式を致しました
　非常なる暑さにも拘らず多数のお母
　　さまがたが参りました。
　はじめはいつもの如く礼拝をなし　そ
　　の後　皆　椅子をたづさへて体操場
　　へ行き　そこに椅子をおいて来まし
　　た　そしてマーチにあはせ遊戯室に
　　来りうつさん　或は遊戯をなした。
　それから飲物を戴き十時半頃散会す。

秋
し）大正13年9月8日（月）雨
　全62名　出席　男2　女37
　　　　　欠席　男11　　12
　礼拝　そらの鳥は　ささやかなる　祈
　　祷　暗誦　朝の祈
　おしごと
　　一ノ組　六恩物　剪紙
　　二ノ組　五恩物　剪紙
　　三ノ組　板並べ　剪紙
　　四ノ組　三恩物　塗り
　　五ノ組　箸並べ
　お話　なし
　遊戯　夕日　かけそら　雀の学校　フ
　　ットボール

す）大正13年9月22日（月）雨
　雨の為か子供達は少なかった。わずか
　　27名でした。
　礼拝後　各自の好きな物をさせました。
　二時間目は西洋の雑誌の絵を切り取り
　　布の帳面にはりつけました。
　欠席　70名　男32名　女38名
　出席　27名　男14名　女13名

せ）大正13年9月25日（木）晴
　男　32名　女　39名　合計　71名
　欠席　男4名　女12名　計16名
　礼拝　朝の祈　祈り　幼児の祈り　暗
　　誦　空のとりは
　おしごと
　　一ノ組　剪紙
　　二ノ組　絵
　　三ノ組　絵
　　四ノ組　箸ならべ
　　五ノ組　絵
　今日は礼拝後　公園に出かけました
　　十時半まで楽しく遊び十一時園に帰
　　りました
　皆　教室に入りお仕事をいたし帰りま
　　した。

そ）大正13年（1925）1月〜
　（※また，もとのような記録方式に戻っ
　　ている。）

⑧ 大正14年度

あ）大正14年4月
（※大正14年4月～、「礼拝」は「会集」に名称が変更されている。）

い）大正14年5月18日（月）　晴
出席者　男41名　女37名
欠席者　男8名　女10名
退園3名
会集　春の歌　祈り　花を守り　暗誦
おしごと　プログラムの通り致しました
御遊戯　一・二と　三・四・五・六と二組に分け　一方は体操場，一方は遊戯室でやりました。
これは人数が多くてやることができないので，そう致しました．先週から致しておりました。
お話　西洋の人形
おしごとのプログラムを左の通り定めました
然し時によって変更あることもございますでしょう。

一ノ組　月　五・六恩物　織紙
　　　　火　箸並べ　貼紙
　　　　水　粘土（自由）　摺紙
　　　　木　環並べ　縫取
　　　　金　板ならべ（絵）　剪紙
二ノ組　月　三・四恩物　貼紙
　　　　火　粘土（自由）　摺紙
　　　　水　板並べ　縫取
　　　　木　箸並べ　絵画
　　　　金　環並べ　織紙
三ノ組　月　環並べ　縫取
　　　　火　板並べ　織紙
　　　　水　四恩物　貼紙
　　　　木　画　剪紙
　　　　金　箸並べ　粘土（摺紙）
四ノ組　月　板並べ　剪紙
　　　　火　貼紙（摺紙）
　　　　水　箸並べ　織紙
　　　　木　環並べ　画
　　　　金　三恩物　縫取
五ノ組　月　二恩物　麦ワラ
　　　　火　絵　三恩物
　　　　水　環並べ　剪紙
　　　　木　縫取　箸並べ
　　　　金　一恩物　貼紙
六ノ組　月　麦ワラ　二恩物
　　　　火　三恩物　画
　　　　水　剪紙　環並べ
　　　　木　箸並べ　縫取
　　　　金　貼紙　一恩物

（※こういう内容で「おしごと」すなわち恩物手技は行なうことに決めたようである。以後，「おしごと」は「プログラムとおり」と書かれるようになる。）

う）大正14年6月1日（月）晴
出席者　男39名　女45名
欠席者　男8名　　女4名
会集　愛深きイエス　祈り　子供の友　暗誦　空鳥。
おしごと　一時間より致しませんでした
お遊戯をして再び全部　遊戯室に集りお誕生日のお祝ひを致しました。6名でございました。三角の色紙と，

凡ての子供に桜草をあげました。喜び勇んで皆は家路に着きました。
入園者4名　退園1名　休園2名

え）大正14年7月17日（金）雨
出席者　男40名　女41名
欠席者　男7名　女7名
会集　愛深きイエス　祈り　一ノ組ノ歌　パラパラ　二ノ組ノ歌　独りなる　三ノ組　花を守り　四・五・六組　そらのとりは　暗誦
礼拝が済んでからマーチで廊下に出し再びマーチにてお話の時の様にならび児玉先生からお話を伺いました。それからお遊戯をしました。
一ノ組　ブランコ　二ノ組　御門　三ノ組　椅子とり　四・五・六ノ組　東の御山，大きなお月様
お遊戯が済んでから園の提灯のさがっているところに並び一ツ＊＊を戴き帰りました。
この日は大雨降りでしたが沢山の子供が集まりました。

日付けなし記事
9月7日より二学期が始まりました。1日からでしたがミス・グードウィン（園長）の御永眠の為　7日に延びたのでありました。）

お）大正14年9月8日（火）曇
今度園長になりしミス・スターテバンド（ママ）と，弘前の幼稚園長ミス・ガードが参観に来りました。

⑨ 大正15（1926）年度　大正15（昭和元，1926年）1月〜昭和2（1927）年3月

あ）大正15年4月29日（木）晴
礼拝　花になりたや　祈り　静かなる　ぱらぱら
組分けをなす　各組二十人位にして卒業児を三組となす。そしてこんどは一ノ組　二ノ組と云わないで花の名前を子供達に選ばせて＊＊＊＊。
一ノ組　すみれの組　二ノ組　ばらの組　三ノ組　チューリップの組　四ノ組　梅　五ノ組　櫻の組
おしごと　環並べ（すみれ）　絵（ばら）　一恩物（梅）　板並べ（チューリップ）　自由（櫻）
御遊戯　体操場でなす

い）大正15年6月22日（火）晴
出席者91名　男49　女42
欠席者11名　男7　女4
礼拝を　美はしき朝　静かなる　祈り　庭守イエス　暗誦
おしごと　すみれ（六恩物）　ばら（縫取織紙）　チューリップ（箸ならべ）　梅（貼紙）　櫻（剪紙）　おはなし　ラギラグ
お遊戯　つばめ

⑩ 昭和2（1927）年度
本書の研究において,日誌から当時の日々の保育を見る最後に,昭和2（1927

～1928) 年度の日誌を分析考察する。

あ) 昭和2年4月13日（水）晴　強風
一，礼拝　小さき星　お祈り　美はしき朝　暗誦　空の鳥　お早うスキップ
　一の教室　貼紙　二の教室　貼紙　三の教室　麥蕎　四の教室　麥蕎
お遊戯　手を叩きませう。大きなお日様。お話。

い) 昭和2年4月14日（木）曇
礼拝　小さき星　祈り。　美はしき朝　暗誦　空の鳥
お早うの歌　二つ歌ってから各教室に分れました。
　一の教室　粘土　二の教室　箸並べ　三の教室　切紙　四の教室　板並べ
遊戯室　画
新しい子の一部分は先に帰りました。
お天気の旗。
お話（蟻が鳩に恩返しをした話）
もしもしどなた。名当て。
泣く子供も無く，本当によう御座いました。

う) 昭和2年4月15日（金）　曇後雨
一，小さき星　祈り　パラパラ落ちる暗誦
一，お早うスキップ　お人形の歌
　一の教室　箸並べ　二の教室　粘土　三の教室　箸並べ　四の教室　貼紙

え) 昭和2年4月18日（月）晴
礼拝　小さき星　祈り　美はしき朝　暗誦　空の鳥

お仕事
　一の教室では積木　二の教室では積木　三の教室では粘土　四の教室では粘土
遊戯室では箸並べ。
先生お早う。春が来た。チョコレート電信線に。
話　（イエスと小児）
今日初めて，外遊びをしましたが，大変，子供たちも喜んで，元気に遊んで帰りました。
まだ花らしいものもありませんが。

お) 昭和2年4月19日（火）　晴
礼拝　にはもりイエスよ　祈祷　美はしき朝　眠れる夜の間も　暗誦
お仕事　一の教室　画　二の教室　画　三の教室　織紙　四の教室　箸並べ
遊戯室　板並べ
外遊び
コケコッコー　マーチ　手をたたきませう。ポッポのお家

か) 昭和2年4月20日（水）　曇（司会児玉満先生）
礼拝　美はしき朝　祈り。眠れる夜の間も　庭守イエスよ　暗誦
お仕事
　一　縫取り　二　貼紙　三　縫取り　四　貼紙　遊戯室　画
お早うスキップ　人形の歌　ポッポのお家　名宛（ママ）　手を叩きませう
進めや進め
今日はお話の前に外遊びに用ひます道

具の使用法について，ご注意があり
ました。
園長先生がお見えになりました。

き）昭和2年4月21日（木）雨
礼拝
お仕事　一，箸並べ　二，縫取　三，
　切紙　四，織紙　遊戯室　切紙
梅が咲いた。手まり。お山のお猿。電
　信線に。私のからだはまんまるい。
外遊が出来ずに残念でした。

く）昭和2年4月22日（金）晴
礼拝。美はしき朝。祈り。にはもりイ
　エス。暗誦。
お仕事　一，切紙　二，箸並べ　三，
　疊み紙
児玉先生がお休みでしたので，二組一
　緒にお遊戯室で「橋掛け」をして遊
　びました。
外遊び。
各教室にはいって，母の会のすり物を
　くばりました。

け）昭和2年4月25日（月）晴
礼拝。
お仕事。一，積木　二，積木　三，貼
　紙　四，貼紙
名宛て。犬遊び。手を叩きませう。
総出席数　八十三人　欠席数　九人
　男　欠三人　出四十一人
　女　欠六人　出四十二人

こ）昭和2年4月26日（火）晴
総出席数　八十四人　欠席数八人
　男　欠四人　出四十人
　女　欠四人　出四十四人

礼拝　美はしき朝　祈り。にはもりイ
　エス。暗誦。パラパラ落ちる。
お仕事。
一，画　二，画　三，板ならべ　遊戯
　室で麥蕎細工。
手を叩きませう。スキップ。友達いら
　っしゃい。

さ）昭和2年4月27日（水）
記録なし

し）昭和2年4月28日（木）晴
礼拝　空の鳥　祈り　パラパラ落ちる
　暗誦・にはもりイエス。
お仕事
　一，二　疊紙　三，疊紙　遊戯室
　貼紙
チョコレート，お山のお猿。春が来た。
砂場の歌。ニコニコピンピン。
男欠四人　出四十人
女欠七人　出四十一人

す）昭和2年5月2日（月）雨
礼拝。空の鳥は。祈り。眠れる夜の間
　も。暗誦。パラパラ落ちる。
お仕事
　一，二　切紙　三，四　貼紙　遊戯室
　画
お早うスキップ　梅が咲いた。赤い花
　咲いた。

せ）昭和2年5月3日（火）雨及風
礼拝　お仕事　一，二　画　三，箸並
　べ　四，疊紙　遊戯室　切紙
ニコニコピンピン。コケコッコー。犬遊
　び。ポッポのお家。大きなお日様。
春の歌。お人形の歌。

そ）昭和2年5月4日（水）曇
　お仕事　一，積木　二，箸並べ　三，画　四，画　遊戯室　疊紙
　春の歌。チョコレート。野の鳥小鳥。お人形の歌。大きなお日様。

た）昭和2年5月5日（木）曇
　待っていたお節句でしたが生憎の御天気で外で面白く遊ぶ事もできませんでしたが，家路に就く園児達は皆，お仕事でした鯉のぼりやら風車をもって喜々として居ました。見て居る者に，幸福感を与える迄に。

ち）昭和2年5月6日（金）晴
　最初のお弁当の日でした。園児の顔は皆々，ひるのたのしさに満たされて居る様でした。仲良く，語り合いながら食べる御飯の味は，どんなに美味しく感じられた事でせう。
　ニコニコピンピン。春が来た。チョコレート。野の鳥小鳥。汽車の歌。

つ）5月9日（月）曇
　礼拝　空の鳥は。祈り。パラパラ落ちる。暗誦。にはもりイエスよ。
　お仕事　三，疊。
　今日は午後一時から市民館に於いて開催されます「米国人形の歓迎会」に出席（園児二十名をつれまして）致しますのでまいります児童は仕度もありませぬと十時半にかへし，他の児童は十一時半にかへしましたので，別に，お仕事も致しませんでした。

て）昭和2年5月10日（火）曇後晴
　礼拝　美はしき朝。祈り。にはもりイエス。暗誦。空の鳥。
　お仕事
　　一，積木　二，板並べ　三，環並べ　四，箸並べ　遊戯室　恩物

と）昭和2年5月11日（水）雨
　今日は招魂祭でお休みでした。

な）昭和2年5月12日（木）晴
　礼拝　にはもりイエス　祈り。パラパラ落ちる。暗誦。お早うスキップ。元気に外遊びをしました。少し風がありましたが。
　お仕事　一，環ならべ　二，貼紙　三，疊紙　四，積木　遊戯室，積木
　右の手出せ　梅が咲いた　まりの歌　赤い花咲いた　春の歌　赤い玉つなごう。

に）昭和2年5月13日（金）曇
　礼拝　美はしき朝，祈祷，ねむれる夜の間も。
　お仕事
　　一，自由畫　二，貼紙　三，疊紙　四，疊紙　遊戯室，画
　園長先生がおみえになりました。園児はお弁当に大喜びでした。

ぬ）昭和2年5月16日（月）晴
　お仕事　一，積木　二，積木　三，箸並べ　四，画　柚木室，貼紙
　美しい花の陰に児童は遊に夢中になって居ます。いかに彼等の姿のうるはしい事でせう。すべてを忘却して，唯，彼等のもっとも美点であると云はれる純真さをいかんなく発揮したいと毎日，たどたどしいながらも歩を進

めて居ります。

ね）昭和2年5月17日（火）　晴
　礼拝
　お仕事
　　一，貼紙　二，環ならべ　三，切紙
　　四，積木　遊戯室　貼紙
　少し風がありましたが皆の元気に変りなく，喜々として一日を過ごしました。

の）昭和2年5月18日（水）　晴後雨
　礼拝　パラパラ落ちる　祈り　エス様子供を　暗誦　にはもりイエス
　お仕事　一，切紙　二，貼紙　三，画　四，積木　遊戯室　積木
　たんぽぽ　お早うスキップ　手を叩きませう　ポッポのお家　大きなお日様
　チョコレート

は）昭和2年5月19日（木）　晴
　礼拝
　お仕事　一，画　二，切紙　三，疊紙　四，切紙　遊戯室　六色三体

ひ）昭和2年5月20日（金）　晴但風あり。
　礼拝を，すませてのち，児童を二分して乗合自動車にて大縄町第二幼稚園まで遊に行きました。"赤い自動車"に乗れたので園児は大喜びで，面白く行って来ました。かへって来て，お弁当をいただいてから，夫々家路につきました。本当に愉快に過ごせた今日を感謝しました。

ふ）昭和2年5月23日（月）　晴後強風
　礼拝　エス様子供を愛し給ふ　祈りにはもりイエスよ。暗誦。
　お仕事
　　一，積木　二，貼紙　三，切紙　四，箸並べ　遊戯室　積木
　今日はかなりの寒さに風まであますので室内で遊びました。皆は元気にはね廻って居りました。風邪や，ハシカでお休みの方が少なくありません。早く，おなほりになればいいと思います。

へ）昭和2年5月24日（火）　曇
　礼拝　み前に伏し祈る時。祈り。エス様子供を愛したもう。暗誦。かたつむりの歌
　今日は太陽が直射しないのを幸に，児童を引率して公園に行きました。一重は大方　散ってしまて居りましたが，わずかの八重櫻があたりの葉櫻のバックでよけいにきれいに見えました。恵まれた日でした。

ほ）昭和2年5月25日（水）　曇り
　礼拝　み前に伏し。祈り。パラパラ落ちる。暗誦。にはもりイエスよ。
　お仕事　一，疊紙　二，環ならべ　三，石板画　四，切紙　遊戯室　画
　たんぽぽ。チョンチョンからり。おたまじゃくし。しゃぼん玉。まり。

ま）昭和2年5月26日（木）　曇
　礼拝　エス様子供を愛し給ふ。祈り。空の島　暗誦。み前に伏し祈る時。
　お仕事　一，恩物　二，積木　三，ボール　四，疊紙　遊戯室　切紙

兵隊さん。チョンチョンからり。春が来た。しゃぼん玉。たんぽぽ。手を叩きませう。スキップ，けんけん。

み）昭和2年5月28日（金）　晴
礼拝
お仕事　一，環並べ　二，箸ならべ　三，切紙　四，板ならべ　遊戯室　貼紙
先週から今週にかけて非常に風邪やハシカの流行のために園児の数が大層へりました。それで病んで居られる園児達に外国の絵葉書で御見舞をし

ました。少しでもお慰められたことならばうれしふございます。
一日も早くみんなそろって元気で遊ぶ日の来るのを待って居ります。

む）昭和2年5月30日（月）　晴
礼拝
お仕事　一，六色三体　二，貼紙　三，板並べ　四，畳紙　遊戯室　ひご細工

（以上）

第3節　基本的な日案

　第1節で宣教師その他の手による，日々の保育実践の全体像について書かれたものを紹介し，続く第2節では大正期の日誌のなかから数カ所を引用してきた。
　本節以降では，幾つかの保育内容ごとに区分して，大正期の約15年間の日々の保育活動の様子を描出する。
　最初に，本節においては，基本的な日案の構成について明らかにしよう。

（1）大正初期の日案

　遺愛幼稚園における大正初期の日案構成は，次のようなものであった。
　保育時間は基本的に午前中のみで，朝9時～11時の2時間である。弁当は，最初の記録は大正11年6月9日（金）であるが，この日の日誌に弁当に関する特別な但し書きは添えられておらず，唐突に弁当が開始されている。以降，毎週金曜日だけ，週一回の弁当が行なわれている。
　大正2年度の開園当初は，園児数は総数64名であったと，本章第1節で紹介した函館新聞記事に記載されていたが，翌大正3年度には園児数は90名であったとドレーパーの手記に記載されており，それを5クラス編成で保

育していた。ドレーパーは，四つの保育室に入り切らなかったため，中央の遊戯場も保育室として使用していたと書いている。以後，在園児数は，常時80名を上回り，80から90の間を概ね往復している。毎年およそ同数であることから，人数調節を行なっていたものと判断できる。

大正2年の開園時頃の日案は，函館新聞記事とドレーパーの手記によると，およそ次のようになっていたと考えられる。

　9：00～　　　　　　登園。朝の集まり。歌，祈り，レッスンと話
　9：45～10：15　　学級活動1
　10：15～10：45　　自由遊び
　10：45～11：15　　学級活動2
　11：15～11：45　　ゲームと降園活動

構成は単純である。朝，登園するとまず全体集会がある。それから，少しの中間の自由遊びを挟み，学級活動が2回，組まれている。降園前にも全体集会があったように記されている。なお，それぞれの活動の名称は，日誌の時期によって異なっているので，その詳細は，これから日誌を見るなかで確認していきたい。

①大正2～3（1913～1914）年頃の日案（①，②）

この頃は，朝，登園すると，「戸内遊戯」「戸外遊戯」といった活動が行なわれている。日誌①―う），え）などを見ると，天気により室内室外で遊びを分けている。ちなみに，現在でも雨天時に活用されている室内運動場は，大正3年の秋に増築されたため，それまでは遊戯場と保育室で「戸内遊戯」が行なわれていたと判断できる。

この戸内遊戯の遊び場については，大正4～5年のドレーパーが記した報告書（第1節(3)で示したもの，「補」2（18）参照のこと）に記述が見られる。大正4年に室内運動場ができるまでは，幼児は屋内で遊ぶ場合，遊戯場や保育室しか場所がなく，円形に置いてあった椅子を片付けたがったとドレーパーは書いている。すなわち，大正期の遺愛幼稚園では，円形に椅子が置かれていたということであるが，これはおそらく，遊戯場で行なわれた毎朝の集会のための椅子であったと判断できる。これは文字どおりの"Morning Circle"（モーニング・サークル）であったわけである。なお，各保育室については，連日2回も行なわれていたフレーベル恩物・手技活動（以後，恩物手技と記す）のために，恩物机が常時おかれていたものと見るのが妥当である。当時の一般的な活動形態から，また幼稚園に遺されている後年の写真からも，遺愛幼稚園児らは恩物机に着席して恩物手技を行なっていたと見られるが，この机は大変に重く，むろん折りたたむことも不可能であるため，これを簡便に廊下に出し入れしたり二階に移したりすることはあり得ない。また，この園舎は，保育室と遊戯場が直に連結している計画であるため，戸内遊戯の場として機能する場所がない。すなわち，大正2年10月の園舎新築時から大正4年秋の室内運動場が設けられるまでの間，園児たちは非常に限られた空間でしか戸内遊戯が行なえなかったことになる。そういったなかでの室内運動場の増築は，園児らにとって格好の遊び場となったことであろう。

　戸内遊戯が終ると，「朝礼」が行なわれている。「朝礼」と書いていない日もある。この「朝礼」のなかでは，「祈り」「祈祷」が行なわれ，ほかに「説話」「歌」「伽話」「遊戯」「学課」「旗はり」などが行なわれている。記述の方法が日によってまちまちであるため，一様に連日どのような日案が繰り返されていたかが正しく確認できないのであるが，大正初期の日本の幼稚園教育における保育項目として広く基本的な柱とされていた保育内容4項目「遊嬉」「唱歌」「談話」「手技」（明治32（1899）年「幼稚園保育及設備規程」）を網羅する保育内容が，遺愛幼稚園でも導入されていたと，当時の日誌に記載されている保育内容から判断することができる。すなわち，朝の「朝礼」において，「説話」「伽話」などの「談話」，「歌」とされる「唱歌」，自由遊戯ではない共同遊戯系列の遊戯も「遊戯」として行なわれ，当時の日本の保育規程に準拠したかたちでの，保育内容構成が目指されていたことがわかる。

　とはいえ，「祈り」「祈祷」は，キリスト教主義幼稚園ならではの活動であり，これは必ず毎日，日誌に記されていることから，絶対に欠かせない毎日の活動であったことが確認される。これは，キリスト教主義幼稚園であれば，検討の余地がないものである。

　なお，「説話」「伽話」「歌」と記録されている保育内容については，その具体的な歌や遊戯の内容を確認すると，そこに，キリスト教主義幼稚園なら

ではのものと，そうでない一般的なものとが共存していることが確認できる。それについては，第4節にて検討する。

②大正6年度（1917～1918）頃の保育の特徴

大正6年度は，非常に特異な特徴が日誌に見られる。すなわち，月ごと，週ごとに主題が設けられ，それに合せた課題（「学課」と称されていた）が連日，保育のなかで実践されていた。この，課題を決めて子どもたちに教えていくという方法は，明治末期の頌栄幼稚園で行なわれていたことであり，それは，第Ⅱ部第1章第5節で見た，和田實の参観記録に記されていた方法である。大正6年度の遺愛幼稚園では，園長がドレーパーからカウチに変わり，新しい試みとして，この頌栄方式が採用されたのかも知れないが，この課題設定方式は長続きすることなく，翌大正7年度には早くも日誌から消えた。

③大正7～10年度（1918～1921）頃の日案

この年度は，朝の集まりについての固有名詞がつけられておらず，朝の全体活動の個別的な内容について並記してある。すなわち，「幼稚園保育及設備規程」にしめされているところの「唱歌」もしくは「遊嬉」の範疇であるもの，例えば「いつくしむ師」「オハヤウ先生」「輝く旭」「とんぼ」「蜜蜂」「蟲の楽隊」「大きな南瓜」といった名称が記載されていたり，「説話」に該当するものとして「お話」や「学課」があったりしている。また，「祈り」「お祈」は，やはり欠かさず毎日，記録されている。歌と見られる保育内容のなかにも，「愛深きイエス」「麗しき朝も」（「うるわしき」の文字綴りには，多様な種類がある）などは，讃美歌系列の歌であり，こういった宗教色の強い歌も多く歌われている。

「手技」については，大正7～10（1918～1921）年の間に若干の変化が見られる。すなわち，大正7年においては，特に外出した日以外は必ず2種が行なわれているが，大正10年になると，必ずしも2種は行なわれていない。むしろ，殆どの日は1種しか行なわれておらず，手技活動中心の日案から脱却してきていることが明らかに読み取れる。内容の詳細については第4節にて述べよう。

④大正13～14年度（1924～1926）頃の保育実践

大正13年度になると，朝の集会に「礼拝」という名称が付けられるよう

になっている。そして、この「礼拝」のなかで行なわれる活動は、「祈り」「歌」「暗誦」であり、「説話」「遊嬉」にあたる「お話」「御遊戯」は「礼拝」の枠から出て別個の項目が立てられるようになっている。「お話」については、聖書のなかから取られた題材に固執することなく、幅広い内容が選択されている。

活動場所や時間構成も、この時期には全園児が一斉に行なうばかりではなく、学年ごとに分れて活動し、空間を順番に使用するような工夫もなされ始めている。大正13年4月25日（金）の日誌には、以下のような記述がある。

「先週末までは九時から大きな組だけ先に礼拝し後　小さな組が礼拝をした。　小さな組は礼拝し　おしごとしている時は大きな組は運動場にて遊んでる。そして小さな組がすんで帰る時に大きな組が部屋に入りおしごとなした。

今週からは小さい組もともに礼拝をした　礼拝後　大きな組は四つに分れ部屋にておしごとをなす。小さな組は一旦運動場に行き二十分位遊んでから再び遊戯室に来りおしごとをしてすぐに帰る。その後で大きな組は御遊戯して帰ったのである。」

（本章第2節記載の日誌より）

この記録は4月25日（金）のものであるが、一週間前の4月18日（金）までは礼拝を2回に分け、「大きい組」と「小さい組」が別に礼拝を持っていた。察するに、入園当初は年少児には、在園児と同じ礼拝に出席することは種々の点で難しいと判断したからであろうか。しかし、21日（月）からは、朝の礼拝は全体で行ない、それから年長児は四つの保育室に分れて恩物手技をする。その間、年少児は先に外遊びをし、それから遊戯場に戻って恩物手技をしたと考えられる。一方の年長児は恩物手技が終わったあとに遊戯を行なって帰宅している。ここでいうところの「御遊戯」は、いわゆる自由遊戯ではなく共同遊戯の類ではないかと推測される。そう判断する理由は、もし自由遊戯であったならば年少児の自由な外遊びに関する記述と同様に「運動場に行き二十分位遊んでから」といった云いまわし表現が用いられるのが自

然だからである。わざわざ異なる表現が用いられたということは，これは共同遊戯の系列のものではないかと判断できよう。

　大正14（1921）年度になると，「礼拝」が「会集」という名称に改められた。「会集」とは明治期の幼稚園において使用されていた朝の集会の名称であり，非常に古風な印象である。この時期に「礼拝」という名称をやめて「会集」へと変更した背景には，社会的な情勢の変化があったことも影響しているかとも考えられる。

　さらに，大正14年5月になると，「おしごと」すなわち恩物手技の行なう内容を，曜日によって予め設定するという方法が採用されている。その意図は不明であるが，連日2種が設定されている。ただし「時によって変更あり」との但し書きも付いており，必ずしも毎日2種を厳密に行なっていたかどうかは定かではない。

　この時期になると「御遊戯」に関しては，全園児が一斉に行なうのではなく，年齢ごとに分けて行なう日もあったようで，そのために行なう場所も遊戯場のみでなく室内運動場も利用していたようだ。大正14年5月18日（月）の日誌には，「御遊戯　一・二と三・四・五・六と二組に分け　一方は体操場，一方は遊戯室でやりました」と書いてある。この日の総出席児数は78名である。クラスごとの正確な出席児数は不明であるが，総数とクラス数から概算すると，室内運動場では25人程度，遊戯場では50人強が遊戯をしたものと想定される。詳細については続く第4節にて考察しよう。恩物手技については「おしごと」という名称が用いられるようになっている。種類は1種の日も2種の日もある。

　なお，大正14年7月17日（金）の記事を見ると，「礼拝が済んでからマーチで廊下に出し再びマーチにてお話の時の様にならび児玉先生からお話を伺いました。それからお遊戯をしました」とある（本章第2節参照）。この記述を見ると，礼拝が行なわれていた遊戯場から一たん廊下に出，それから改めて児玉満の話を聴くために，遊戯場に戻ったと判断できる。また，上記の記述から，入退室の際には随意にではなく行進していたものと判断できる。これは，明治期の幼稚園では広く行われていた入退室の方法であった。特に恩物活動に重点を置いていた幼稚園では，恩物保護の観点からも，入退室を

一斉に行進していた幼稚園が多く見られた。しかし，大正期ともなると，保育活動も厳密な恩物中心主義ではなくなる幼稚園も増え，これに伴いマーチ式の入退室方法を導入する幼稚園ばかりではなくなった。このころの詳細な状況については，拙著において詳細に分析が行なわれているので，さらなる考察については，そちらをご覧いただきたい。

いずれにしても，遺愛幼稚園においては，大正末期になっても，このマーチ式の入退室方法が導入されていたことが，日誌から確認できる。

⑤大正15～昭和2（1926～1927）年度

大正15年4月末，それまでは数で呼ばれていたクラス名が，花の名前に変更される。それは，開園以来のクラス名称の変更であった。なお，花の名前でクラスを呼ぶ方法は，現在まで引き継がれている。

昭和2年度に入ると，「おしごと」すなわち恩物手技は一日1種となった。また，唱歌遊戯の内容に，宗教色のないものも多く導入されるようになったのも興味深い。

なお，昭和2年4月18日（月）には，「遊戯室で箸並べ」の記述があり，1～4の「教室」も全て使用されている。このことから，全体を5クラスに分け，うち1クラスは遊戯場を使っていたことが明らかである。

以上，大正2～昭和2年までのおおよその日案の傾向を見てきた。総合してみると，恩物手技は一貫して行なわれているが，この15年の間に活動時間が少なくなったのが特徴的である。しかし，少なくなったとはいえ，なくなることはなかった。本来ならば，昭和10年代までの恩物手技の実施状況までも検討したいものである。またの機会に，ぜひ考察してみたい。

第4節　朝の集会，恩物手技，唱歌遊戯，各種の話，自由遊戯，戸外活動など

第3節では，大正期の日案の大枠について見たが，この第4節では，「幼稚園保育及設備規程」（明治32（1899）年）における保育4項目「遊嬉」「唱歌」「談話」「手技」および当時一般的に行なわれていた「集会」の計5種に該当する活動が，遺愛幼稚園ではどのように行なわれていたのかを見てみよう。

また，これら4項目に含まれない活動として，自由遊戯や園外保育などがあるが，それらの保育4項目に含まれない活動は，続く第5節において触れることとする。

(1) 朝の集会

大正期には，毎日かならず，朝の集会が行なわれている。
この，朝の集会は，時期によって名称が変化している。すなわち，大正2〜3年は「朝礼」とされ，「祈祷」が別に記されている。
　一例として大正2 (1913) 年10月3日（金）および10日（金）の記録を見ると，次のようになっている。

「10月3日
一，朝礼及祈祷　歌いつくしむ練習
一，遊戯　金太郎
一，例話　正直なるきこりの話
一，恩物　1の組　四恩物　2の組　三恩物
一，手技　3の組　4の組　ともに摺紙

10月10日
一，朝礼及び祈り（ママ）家族の歌　よもすがらのうた練習
一，例話　豚の話
一，1の組　織紙　2の組　箸並べ　3，4の組　恩物」

　これらの記録を見ると，明治32 (1899) 年「幼稚園保育及設備規程」に示された保育内容4項目である「遊嬉」「唱歌」「談話」「手技」に相当程度，則るように保育運営がされ，記録も，ある程度は正確に保育4項目に倣うものとなるように意識して記録されているように読み取れる。すなわち，毎日4項目の全てが行なわれていたわけではないけれども，日によって多少の保育内容の変更を加えつつ，「遊嬉」「唱歌」「談話」「手技」が満遍なく行なわれるように配慮されているのが理解できる。

この当時は，記録の形式から判断するに「歌」は「朝礼」のなかで行なわれていたようであるが，「遊戯」と「例話」は「朝礼」とは別立てで記録されている。第3節で見た大正14 (1924) 年の記録記事のように，礼拝後は一たん廊下に出て，「遊戯」や「例話」のために改めて遊戯場に入室していたとも考えられるが，残念ながらこの時期の日誌には入退室方法に関する記述は見られない。

　興味深いのは，「祈り」あるいは「祈祷」が，「朝礼」とは別に書かれていることである。別に書かれてはいても，「一，朝礼及祈祷」といった形式で記されていることから，「朝礼」の枠のなかで「祈り」が行なわれていたと判断できる。「祈り」という活動が，当時の日本の一般的な幼稚園教育の枠組には収まらないことを考慮しての記録方法かと推測される。

　少しして大正7 (1918) 年度の日誌を見ると，「集会」に該当する記述がなくなっている。そうではなく，いきなり通し番号を振り，約10の活動が並列的に記述されている。その10の項目のなかに，恩物手技以外の，歌，遊戯，話が全て記述されている。この記録形式から想定して，これら10の活動が全て一度に1カ所で，全園児が集合したかたちで行なわれていたのではないかと想定される。日誌以外の史料がないので想定するしかないのであるが，クラスごとに分れて行なった場合には，こういった記録方式は採用しないと考えられる。なぜなら恩物手技活動に関しては，クラスごとに分けて記録されているので，もしほかの活動もクラスごとに分けて活動されていれば，恩物手技と同様に分けて記録されたであろうと考えるのが妥当だからである。

　この記録どおり，10の活動を集会のなかで行なったとすれば，相当の長時間にわたる集会が行なわれていたと考えられる。集会を2部に分け，礼拝的活動と，そうでない活動とに分けて行なっていた可能性もあるが，記録上は特に区別されていないため，おそらく全てを一括して行なっていたのではないかと判断するのが自然である。

　大正13 (1924) 年頃になると，朝の集会に「礼拝」という表現が再び用いられるようになってきている。しかし大正初期と異なるのは，この「礼拝」のなかに「祈り」が内包されるようになっていることである。理由は明らかではない。また，礼拝のなかに歌が数曲，含まれているのであるが，その歌

の題名に讃美歌が増えている。一方の「遊戯」「はなし」は，礼拝の枠から外され，別立てで活動として記されている。ここで，ある一日の記録を本章第2節より紹介する。

「大正13（1924）年4月25日（金）
礼拝　天の父　うるはしき朝も　聖句暗誦
各組のおしごと　一の組　切り紙　二の組　三恩物　三の組　はしならべ
四の組　はしならべ　五の組　はりかみ
おはなし　三匹の熊の昨日の続き　小さな組も共にお話を聞いている
たんぽぽの歌をうたう
御遊戯　手を叩きませう」

　この記録を見ると，朝の集会は「礼拝」として行なわれ，「説話」「遊戯」といったものは全て集会の外に出されている。「唱歌」に関しては，讃美歌は礼拝のなかで，そうでない一般の歌は礼拝の枠の外で歌われていると判断できる。朝の集会が，いっそう宗教色を強めたものへと変化してきたことが示されている。

　大正14（1925）年度になると，朝の集会の表現は，また変化している。朝の集会は「会集」となっている。「会集」とは古典的な表現であり，明治初期の表現が再興されている。大正期の遺愛幼稚園においては初めて使用される表現である。この「会集」が，一体どこから出てきたのかは不明であるが，ともかくも今年度に限り「礼拝」という表現は消えている。しかし，かといって本文のなかで「礼拝」という表現が全く使用されていないわけでもなく，加えて大正15年度からは再び「礼拝」という表現が復活するので，たんに大正14年度に日誌記入を担当した保姆の意向であったにすぎないのかも知れない。

　昭和2年ともなると，礼拝の内容は讃美歌と聖句暗誦と祈りの三つに整理されるようになり，遊戯や，讃美歌以外の歌については礼拝枠の外に挙げられるようになった。以下，一例を示す。

「昭和2 (1927) 年4月26日 (火)
礼拝　美はしき朝　祈り。　にはもりイエス。暗誦。パラパラ落ちる。
お仕事。一，画　二，画　三，板ならべ　遊戯室で麥藁細工。
手を叩きませう。スキップ。友達いらっしゃい。」

　これを見ると，1行目は全て礼拝の内容を示しており，2行目は恩物手技活動が記されている。わざわざ「遊戯室で」と書いてあるところがあることを見ると，そうでない「お仕事」は遊戯場ではなく保育室で行なわれていたと考えられる。
　以上，見てきたように，朝の集会は，比較的に短い時期区分で，その呼びかたが変化していたことが明らかである。また，内容構成を見ても，純粋に礼拝のみで構成されていた時期もあれば，礼拝のみならず他の諸活動も含み込んだかたちで，朝の集会を総括的な呼称で読んでいた時期もあった。多様な認識のなかで，キリスト教教育的な色彩をどの程度もり込んでいくか，大正期の遺愛幼稚園の保姆らは，自らの信念や目標と，幼稚園を取り巻く函館社会や，日本のほかの幼稚園の動向などとの折り合いをつけるために，相当な苦労をし，試行し続けたのであろうと考えられる。

(2)「手技」：恩物

　大正期の遺愛幼稚園においては，フレーベル恩物を用いた保育が一日のなかで非常に重要な位置を占めていたことが，日誌から読み取ることができる。
　大正期の我が国の幼稚園教育界では，大きく二つの流れがあったことは，既に第Ⅱ部第1章・2章において充分にみてきたところである。簡単に述べるならば，米国進歩主義教育の流れを受け，恩物中心の保育内容から脱却を図った派と，いまだフレーベル恩物を重視していた派の2派である。一般に，大正期の非キリスト教系幼稚園においては，この時期に勢力を伸ばし台頭してきた倉橋惣三を中心とした進歩主義教育派系の保育内容・方法が多くを占めるようになりつつあったが，キリスト教主義幼稚園においては，この2派は未だに拮抗した勢力を保っていた。その背景には，キリスト教主義幼稚園の実践関係者らが，そもそもフレーベルの思想及びフレーベル恩物の意味の

根幹をなすキリスト教的思想を抜きにして方法のみを導入した，明治初期の我が国の幼稚園教育のあり方に対する課題意識を持っていたということがある。大正期のキリスト教主義幼稚園は，フレーベル恩物の厳密な使用方法から離れて自由保育を主体とした進歩主義教育方法の道を選択した園と，従来のフレーベル恩物の使用法を継続し，そのなかにあらためてフレーベルの真の意図を探究しようとする道を選択した幼稚園とに分れていたのであったのは，既に第Ⅱ部で述べたところである。

　そのような時代の流れのなかにあって，遺愛幼稚園は，フレーベル恩物活動を保育の中心に据える従来の方法を継承する道を選んでいたことが，日誌から明らかになる。

　大正2（1913）年10月から開始された遺愛幼稚園の第二独立園舎における保育実践は，恩物とともに開始された。日誌を見ると，幼稚園の開始から3週間は，恩物手技は1日に1種目のみが行なわれていたが，3週間目を過ぎてから，恩物は日に2種，行なわれるようになっている。

　さて，フレーベル恩物について，ここで簡単に紹介しておく。フレーベル恩物は全部で二十種類ある。

第一恩物	六球法	第十一恩物	刺紙法
第二恩物	三体法	第十二恩物	縫紙法
第三恩物	第一積体法	第十三恩物	剪紙法
第四恩物	第二積体法	第十四恩物	織紙法
第五恩物	第三積体法	第十五恩物	組板法（貼紙法）
第六恩物	第四積体法	第十六恩物	連板法
第七恩物	置板法	第十七恩物	組紙法
第八恩物	置箸法	第十八恩物	摺紙法
第九恩物	置環法	第十九恩物	豆工法
第十恩物	図画法	第二十恩物	模型法（粘土細工）

　なお，恩物名称は時期や翻訳者によって様々であるが，ここでは明治12（1879）年『幼稚園法二十遊嬉』（関信三纂輯）における名称を引用した。

　大正期の遺愛幼稚園の日誌を見ると，「恩物」と「手技」と分けて書かれ

ているのであるが,「手技」のなかに含まれているものも全て,フレーベル恩物である。第一〜第六までを「恩物」という枠にくくり,第七以降が「手技」として整理してある。遺愛幼稚園を明治の開園時より一貫して牽引してきた頌栄保姆伝習所卒の保姆らが,頌栄で学んできた何らかの理由において第七恩物以降を「手技」と表現したのかも知れないが,著者には,その意図は不明である。その理由はひとまずおいておき,ここでは,大正期の遺愛幼稚園で行なわれていた恩物の種類を見てみよう。

先に挙げた日誌を見ると,大正初期の幼稚園再開以降,第六・第七恩物以外は全て行われている。日誌に,その記録を見ることができる。

第六(第四積体法)恩物については記録が見られないのであるが,恩物それ自体は幼稚園に保存されており,相当に使い込まれてもいるように見える。よって,ほかの積体と混合させて使用させたか,記録の際に他の恩物と混同して記録が行なわれたかの可能性もある。

一日に2種の恩物を行なう場合には,紙を使用するものを「手技」とし,板や直方体などを置いたり並べたりする活動を「恩物」として区分けし,両者が重ならないように留意したのではないかと想定される。

恩物活動は,回数こそ1回に減れども,大正末期まで継続的に行なわれていた。恩物活動は,遺愛幼稚園における活動のなかで,欠かすことのできない重要な位置を占め続けていたのであった。ここに,遺愛幼稚園が,明治・大正期の頌栄保姆伝習所の系譜に則り,伝統的なフレーベル恩物中心の保育実践を行なっていたことが明らかにされる。

ここで我々が明確に意識しておかなければならないことは,大正期においてフレーベル恩物中心の保育実践を行なっていた幼稚園に対して,端的に時代遅れであるとか,旧態依然としていた,などといった評価を安易にしてはならないということである。既に見たように遺愛幼稚園は,明治の創立時より一貫してハウのリードする頌栄保姆伝習所卒の保姆が保育を行なっていた。あらためて述べるまでもなく,頌栄保姆伝習所は,日本で初めて外国人婦人宣教師によって創立され,正統的なフレーベルの教育思想の継承を目指していた伝習所であった。この頌栄の系譜につながる遺愛幼稚園が,大正期にあっても尚フレーベル恩物を中心に実践を展開していた事実は,フレーベルの

写真Ⅲ-3　恩物をする冬の幼児たち　大正13（1924）年（現在の年長組サブルーム，遺愛幼稚園蔵）

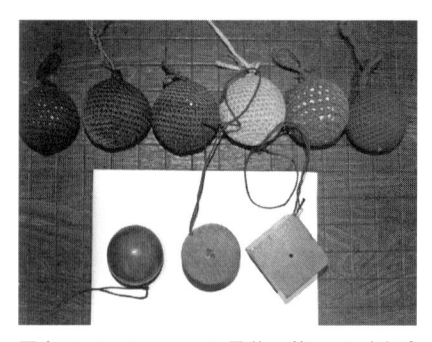

写真Ⅲ-4　フレーベル恩物　第1,2（遺愛幼稚園蔵）　※写真Ⅲ-4〜6は全て恩物机に乗っている

写真Ⅲ-5　フレーベル恩物　第3〜6（遺愛幼稚園蔵）

写真Ⅲ-6　フレーベル恩物　第7〜9（遺愛幼稚園蔵）

教育理論と，フレーベルが創造した恩物に対する深い敬意と信頼の念に支えられてのものであったと解釈したい。幼稚園教育を慈善的指向でとらえることなく教育の一環として認識し，遠く大阪の蔡倫社からフレーベル恩物を購入，一日わずか2時間の保育時間のなかに一時期は2種もの恩物活動を導入していた大正年間の遺愛幼稚園の保姆らの精力を，ここに見る。大正初期の保育料は，本章第1節で紹介した新聞記者の評によれば函館一の高価であったとされている遺愛幼稚園であるが，地域の期待に応えるべく，市内で初の本格的な保育を継続して行なっていた遺愛幼稚園の自負を見ることができよう。

さて，当時の恩物活動の様子を写した写真史料が，僅かながら残されている（写真Ⅲ-3）。これは，現在の「ふじ組」の保育室の手前にあるサブルームと呼ばれる部屋でフレーベル恩物を行なう幼児の様子を撮影したもので，大正13（1924）年冬と記録がある。恩物机を用い，積体を行なう幼児らの様子を見ることができる。よく見たところ，積体の種類に違いがあるように見受けられる。

遺愛幼稚園には，当時より使用されていたフレーベル恩物と机・椅子が大量に保存されているので，それらの写真も掲載する（写真Ⅲ-4～6）。

（3）唱歌遊戯

大正期の幼稚園における唱歌遊戯は，日誌において唱歌か遊戯か明確に区分されていない場合が多い。昭和期になると判別可能な題材が多くなるのであるが，大正期にあっては寧ろ，区分されているほうが少ないくらいであり，どちらの活動と捉えることができるのかが判断できない。唱歌遊戯の範疇に関しては，それに特化した研究が求められるところである。ここではひとまず，唱歌遊戯のいずれかであると考えられる題材名を挙げ，それらについて分析可能なものに限って紹介するに留める。

大正期において，今回の記録起こしのなかに所収されているものには，次のような題材がある。なお，各種の下線引きには意味があるが，それは，のちほど述べる。

☆「歌」と記載があるもの
「いつくしむ」「家族の歌」「よもすがら」「母」「汽車の歌」「天長節の祝歌」「たんぽぽ」「卒業式」「輝く朝日」「師よお早う」「園丁エスよ」「時計」「烏はカァカァ」「御神のため」「春の風吹きぬ」「小鳥」「種子播」「お早う太陽」「雨乃歌」（よく知られる「雨」「アメフリ」ではない）「小さいお庭」「夜も畫も」「音平師」「米」「うるはしき朝も」「春が来た」「春の風吹きぬ」「小さな鯉」「洗濯をしませう」「兵隊さん」「天の父」「蚕」「神は近くにゐて」「オハヨウ先生」「感謝祭ノ歌」「獣のうた」「雪やこんこん」「森の木の枝に」（讃美歌）「雪の歌」「春の歌」「パラパラ」「独りなる」「花を守り」「そらのと

りは」「お人形の歌」「まりの歌」「かたつむりの歌」「ニコニコピンピン」
☆「遊戯」と記載があるもの
「金太郎」「汽車遊び」「お米」「野菜は如何して生へますか」「果実屋」「五管遊び」「雪だるま」「たこ」「ラララ」「友達」「ロンドン橋」「手を叩きませう」「夕陽の歌」「メーポル」「かけそら」「雀の学校」「フットボール」「つばめ」「大きなお日様」「チョコレート」「電信線に」「砂場の歌」「御山のお猿」
☆記載がないもので唱歌遊戯のいずれかと想定されるもの
「電車」「夏こそ来たれ」「御神をあふぐ目」「昔々大昔　鬼が島をば」「蟻」「虹」「これは私の」「とんぼ」「神様神様」「静かなる呼吸」「鬼が嶋」「虫の楽隊」「蜜蜂」「我手は小さく」「トンボトンボ」「トンボのすむのを」「大きな南瓜」「庭すがら静か」「見る見る降り出す大雨は」「小川の流」「紅葉はだんだん」「ちちなる神」「冬の初め」「汽船」「飛行器（ママ）」「おふね」「御客様」「軍艦」「山景色」「神様ありがたう」「イエス様」「小鳥ハサヘヅリ」「ワレラノ如キ」「照る日」「花を守り」「輝く日」「さやかなる」「星」「ポッポのお家」「梅が咲いた」「手まり」「赤い花咲いた」「コケココー」「犬遊び」「大きなお日様」「野の鳥小鳥」「兵隊さん」「チョンチョンからり」「しゃぼん玉」

　こうして一覧にすると，下記の点に気づく。
　第一に，歌のなかには宗教歌が相当数を占めていたということである。宗教歌である可能性が相当に濃厚なものには，二重下線を引いてある。歌か遊戯かが不明なもののなかにも宗教歌らしきものが多くあるが，一般に宗教歌に振りを付けて踊ることはきわめて稀であるから，おそらくこれらは遊戯ではなく歌であろうと思われる。
　第二に，幼稚園に保存されている大正期に出された音楽譜面関係史料を全て調べたが，上記の唱歌遊戯のなかで，幼稚園保存史料の音楽譜面と一致するものは，『大正幼年唱歌』（小松耕輔・梁田貞・葛原䐉　共編著　目黒書店発行　全12集，写真Ⅲ-7　右）のなかにある楽曲が殆どであり，その他の遺愛幼稚園保存の童謡唱歌歌集（薄いもので，なかに童謡が4～5曲程度おさめられている

もの）に，楽曲が見つかったものは，きわめて僅かであった。『大正幼年唱歌』に収められている曲には，点線の下線が引いてある。それを図表Ⅲ-1に一覧にした。

第三に，『大正幼年唱歌』以外の譜面が幼稚園に保管されていた曲がある。一本下線が引いてあるものが，それである。

図表Ⅲ-1　遺愛幼稚園日誌記載の歌曲（『大正幼年唱歌』所収）

集番号	曲　名
第1集	「三　飛行機」「八　お人形」
第2集	「四　汽車」「五　シャボン玉」「七　小さな鯉」
第3集	「四　天長節」
第5集	「三　菫たんぽぽ」
第6集	「二　お猿」「三　虹」「六　とんぼ」
第7集	「一　お星様」「四　電車」「八　お客様」
第8集	「三　お日様」「九　軍艦」
第9集	「四　時計」
第10集	「五　蟻」

（著者作成）

なかでも「ニコニコピンピン」（写真Ⅲ-7　左）は，かなり繰り返して歌われている。『日本童謡事典』（上笙一郎編，東京堂出版，2005）によると，この歌は大正期に非常に流行した歌であるが，「ニコピン童謡」などと呼ばれ，必ずしも評価が高い歌ということではないようだ。

では，上記の一覧のなかで，下線が引かれていて曲が明らかなもののみ，その作品の解説を『日本童謡辞典』より抜粋して紹介する。

・「かたつむり」：「でんでん虫々かたつむり，お前のあたまはどこにある〜」
　文部省唱歌。『尋常小学唱歌（1）』（1911）に発表された曲。作詞・作曲者不詳。
・「汽車」：「今は山中，今は浜〜」
　文部省唱歌。『尋常小学唱歌（3）』（1911）に発表された曲。作詞者不詳・大和田愛羅作曲。
　※「汽車」については，このほかにも複数の楽曲があり，どれであるか確定することは困難である。
・「雀の学校」：「ちいちいぱっぱ，ちいぱっぱ」清水かつら作詩，弘田龍太郎作曲。詩の発表は大正10（1921）年『少女号』。12月号。曲のついたものの公表は，『朝の雪道』昭和4（1929）年。
・「電車」：「ちんちん電車が動きます〜」（作年から，文部省唱歌の「電車ごっこ」

写真Ⅲ-7　遺愛幼稚園保存音楽教材（遺愛幼稚園蔵）

ではない）葛原しげる作詩・小松耕輔作曲。作詩作曲年不明。
※作詩作曲年について『日本童謡辞典』には「詩句内容から見て，大都市に路面電車の敷設され出した1920（大正9）年前後と推定される」と記されているが，函館に路面電車が敷かれたのは大正2（1913）年であったので，この曲は，もっと早く作られた可能性もあろう。この曲名も，複数の異なる曲がある。

・「ニコニコピンピン」：「お日が照る照る街に照る～」
　葛原しげる作詩・弘田龍太郎作曲。大正9（1920）年2月12日作曲，大正11年（1922）末に出版。意味的な深みはないが明るい題名と，曲調が明快で歌いやすかったため大流行。「ニコピン童謡」なる言葉＝概念を生みだす。
・「春が来た」：文部省唱歌。高野辰之・岡野貞一作曲。
　『尋常小学唱歌』（1910（明治43）年）で曲が施された歌。
・「雪」：作詩・作曲者不詳。『尋常小学唱歌　第二学年用』（明治44（1911）年）所収

遊戯については，上記に述べたように，実際に行なわれていた遊戯がどのような振付であったのかを照合する史料が発見できなかった。しかし，写真Ⅲ-8が幼稚園に保存されており，大正13（1924）年に行なったと記述があるため，およそこの頃に行なわれた遊戯の様子が写されていると判断できる。
　園児らは，遊戯場にて円形に並び，手を繋いでいる。この時代の遊戯の常

であるように、園児はやはり円形になっている。写真の向こう側に21人の幼児が立っているところから判断すると、遊戯場を一杯に使用して円形に隊列を組めば、在園児80人が一緒に遊戯を行なうことは、不可能ではなかったと想定できる。しかし、80人が立つと殆ど部屋一杯な状態であり、これで遊戯を「踊る」というのは不可能ではなかったかと思われる。

写真Ⅲ-8　冬の遊戯の様子　大正13（1921）年
（遺愛幼稚園蔵）

　思うに、当時の遺愛幼稚園における遊戯は「踊る」ことを目的としたというよりも、仲間とともに歌に合わせて体を動かすといった程度でよしとされていたのではないだろうか。この写真から判断するに、そのように思われる。日々の日案のなかで占めている時間の割合も極端に短く、遊戯のために特定の時間を割いたとは判断できない。

（4）各種の話

　各種の話については、連日、必ず行なわれている。話の内容は様々であるし、どんな種類の話であるかも記載が日によって異なっている。本章第2節で引用した日誌のなかから、話の題名を抜粋してみる。

☆大正2～6（1913～1917）年
　　例話「正直なるきこりの話」　　　説話「師の恩」
　　例話「豚の話」　　　　　　　　　伽話「時計」
　　例話「馬の話」　　　　　　　　　説話「身体乃清潔」
　　説話「みみずの話」　　　　　　　伽話「豚と友達」
　　＊「太郎と馬の話」　　　　　　　説話「木の芽」
　　説話「蜂の話」「太郎と馬の話」　　伽話「猿かに合戦」

説話「かまきり虫の話」　　　　説話「空中を飛ぶ鳥」
説話「落葉」「紅葉につきて」　　伽話「腰折雀」
おとぎ話「臼物語」　　　　　　伽話「黄金乃斧」
説話「鐵をつきて」　　　　　　伽話「規則を重んじるお百姓」
伽話「蟻」　　　　　　　　　　伽話「質素なる王様」
　　　　　　　　　　　　　　（注：＊箇所は解読不可能）

☆大正 7（1918）年～
　話　「毒蛇退治」「キツネとラクダ」「狂馬」
　御話「空中飛行」「正直な靴」「大人國」「犬殺し」「新設なる皇帝」「エジプトの七つの話」「きりぎりすと蟻」「はいの作話」「九色の鹿」「金の川の王様」「ヨハネの誕生」「忠ちゃんと忠二郎さん」「ねずみの忠子さん」「三匹の熊」「わしのはなし」「西洋の人形」「ラギラグ」「蟻が鳩に恩返しをした話」「イエスと小児」

　こうして一覧にするとわかるが，大正 6（1917）年度までは話が「例話」「説話」「伽話」に分れていたが，大正 7（1918）年度以降になると全て「話」「御話」となり，話の内容による区分けが行なわれなくなる。
　予想に反し，聖書に関連する話題が殆どないのに気付かされる。聖書関係の話は，朝の集会の枠内で行なうのみで済ませていたのであろうか。話の時間枠のなかでは聖書を離れた話が行なわれており，内容的には，お伽話（物語），教訓を含む話，自然に関する話，動植物に関する話などが主軸となっている。

（5）自由遊戯，戸外活動

　大正期の日誌には，自由遊戯，戸外活動，戸外遊びといった記述が非常に少ない。土地の気候から，そもそも戸外で活動できる日が少ないということもあるが，外で遊ぶということが殆ど重視されていないような記録である。
　現副園長は太平洋戦争後の園児であった。時期的に大正期とは離れているので史実として確証はできないが，参考として話を聞くと，戸外，園庭で遊んだ記憶は殆どないとのことである。また，現在においても，函館では天候

第 2 章 日々の保育　　305

写真Ⅲ-9　園庭にてシーソーで遊ぶ幼児　昭和 5（1930）年（遺愛幼稚園蔵）

写真Ⅲ-10　園庭にて遊ぶ幼児　昭和 5（1930）年（米国メソジスト監督派教会海外婦人伝道協会日本支部報告書 1930 所収　口絵　青山学院資料センター蔵）

の影響が強く，園庭に出て遊べる日が大変に限られていることを実感する。
　そういった気候的条件に加え，今まで日誌から検討してきたように，幼稚園における活動が室内でのフレーベル恩物活動や各種の話，朝の集会の内外における遊戯や唱歌といった活動に集約されていたため，戸外遊びが少なかったと判断できる。
　なお，自由遊びはないわけではなく，ある程度の時間は毎日かならず保障されていたが，既に確認したところの基本的な日案のなかでの自由遊びの枠は非常に限定された時間だけであった。
　大正期の我が国の幼稚園では，既に時間割方式ではない保育実践方法を採っていた幼稚園もあったが，遺愛幼稚園においては大正期になっても，確実に保育 4 項目を実践することが優先され，その合間に自由遊びの時間が挟まれており，時間はかなり厳密に守られていたと判断できる。
　写真Ⅲ-9 は，遺愛幼稚園の昭和初期における，戸外遊びをする幼児の姿を写す稀少な写真である。シーソーに乗っている子どもたちを写した写真は幼稚園に保存され「昭和 5 年」と説明書きがされている。一方の，大勢で遊ぶ子どもたちを写した写真Ⅲ-10 は，昭和 5（1930）年の JKU 年報に掲載されていた写真である。偶然にも，どちらの写真も昭和 5 年のものである。いずれも，当時は「裏庭」と呼ばれていた，園舎の入口の反対側，すなわち南側の広い園庭で撮影されたもので，写真Ⅲ-9 は室内運動場の出入り口の前

にて撮影され，写真Ⅲ-10 はやや東よりの広い場所で撮影されている。

　写真Ⅲ-9 は，園庭での遊びとはいっても，普段の遊びの場で撮影されたものではないと判断できるが，このシーソーは 1950 年代頃まで，この写真の場所に置かれていたと，現副園長は記憶しているとのことである。相当，使い込まれた様子であったので，処分したとのことであった。ゆえに，この遊具は，園児らによって活用されていたのかもしれないと考えられよう。この日は特別な日だったようで，園児たちは和装の正装をしている。

　写真Ⅲ-10 は，幼児らが自由遊びをしていたり，集団で遊戯をしているような様子が写っている。保姆がいるのも見えるが，画質が悪く，詳細に判断できないのが残念である。写っている幼児数が多く，当時は園庭が手狭であった様子が汲みとれる。

結
～遺愛幼稚園史が語るもの～

　全3部・6章に亘る本書における叙述によって，遺愛幼稚園の創立から明治末の大火による休園を経て大正初期に再開し今日に至る道程の，およそ昭和初期までの経緯が整理された。それと共に，明治・大正・昭和初期の遺愛幼稚園における保育実践の内容・方法についても，限られた範囲ではあるが，その特色と傾向を描出することができた。さらに，これまで未整理のままであった，幼稚園に保存される実践関係史資料を整理して収納し，閲覧可能な状態にしたことも，今回の研究・執筆における一つの成果である。

　これまで単独で叙述されることのなかった遺愛幼稚園の創立・運営の歴史を紐解き，整理して叙述したことによって，幾つかの点が確認できた。

　すなわち，遺愛幼稚園の創立と運営は，米国メソジスト監督派教会海外婦人伝道協会から遺愛女学校に派遣された婦人宣教師らの渾身の働きと祈りのうえに実現してきた。それは，婦人宣教師らによって書かれた英文の報告書のなかに記されている幼稚園関係の記事を抜粋して丁寧に読み込むことにより，疑うべくもない事実となった。本書における研究の範囲であった明治・大正・昭和初期の報告書記事を読めば，これは紛れもない事実であり，遺愛女学校と遺愛幼稚園とは，女子教育と幼児教育という，対象年齢を異にする教育であっても，ともに婦人宣教師らにとっては優劣・甲乙つけがたい重要な教育・宣教の場として考えられていたことが明らかである。

　明治～大正～昭和前期の遺愛幼稚園は，遺愛女学校でも重要な働きをなした婦人宣教師が園長になったり，しばしば幼稚園を訪問して保育を参観したりと，遺愛女学校との強い連携のもとに保育実践が行なわれていた。遺愛女学校・遺愛幼稚園は，米国メソジスト監督派教会海外婦人伝道協会が日本において開設したキリスト教主義学校のなかでも特に力を入れて教育・伝道にあたった学校であった。本書においても登場したデカルソン，ハンプトンの両氏は，函館に生活の土台を据え，遺愛女学校と幼稚園のために生涯を投じ

たし，遺愛幼稚園第一期生として育ち，のちに弘前に異動して優れた業績を遺すことになったドレーパーや，遺愛女学校と青山女学校を往復しながら活躍したチニーなど，いずれも優れた学歴・能力・人格を兼ね備えた婦人宣教師らが，この遺愛女学校・遺愛幼稚園に派遣されていたのであった。遺愛幼稚園にも，遺愛女学校となんら違いのない教育の情熱が傾けられていたことが，報告書，日誌，保存手記などの史料を詳細に解読する作業をとおして，改めて明らかとなった。我々は今，この史実が確かに示すところの，遺愛女学校・幼稚園において婦人宣教師らが命をかけて注いできた教育・伝道への情熱をはっきりと認識し，これからの将来に進む道を正しく選択する知恵の源とすべきであろう。

また，明治～大正期の遺愛幼稚園の保育実践の内容・方法は，遺愛女学校の卒業生を神戸の頌栄保姆伝習所に派遣し，当時の私立の保姆養成機関の中心的位置にあった伝習所において，そのリーダーであったハウの薫陶を受けた者の指導により展開していたことも明らかになった。よって，遺愛幼稚園の保育実践の内容と方法は，フレーベル主義を正統的に受け継ぎ，フレーベル恩物を日々採り入れて構成されたものであったことも，史料の分析により確認できた。遺愛幼稚園に遺される幼稚園保育の一次史料は，それを解明するのに中心的な手立てとなり，たいへん有効に活用された。

大正2 (1913) 年の再開時より一貫して現役園舎として機能してきた現園舎は，寒冷・積雪地である函館の環境にあって，暖かで落ち着いた空間を演出してきた。西洋的かつ美的な内部空間は，園児らの多様な活動を可能にし，園児らの豊かな情操をはぐくむに大いに寄与してきた。この園舎は今なお変わらず落ち着きのある雰囲気を漂わせ，日々の保育実践を支えている。無論，約100年の使用期間を経てきた園舎であるから，それなりの老朽化を抱えてはいるものの，強風や地震にも耐えて今なお堅牢であり，その優れた質と共に幼児の成長発達に大きく寄与している。機能的にも，近年の目覚ましい学校建築に関する調査研究の結果として設計された園舎に比すれば幾らかの課題も持っているものの，実践方法の工夫によって，この園舎のもつ個性を長所として活用し続けて欲しいものである。

本書における考察は，もとより充分なものではない。およそ半年の集中的

な調査研究期間内で，まずは幼稚園に保存される膨大な史資料を整理し，そのうえで殆どゼロから開始した研究であるから，時間的に一定の制約もあった。創立以来，今日に至るまで記念誌の類を全く持たない遺愛幼稚園であるため，著者の専門である実践史研究に集約した研究活動に入る前に幼稚園の全体史を整理する必要もあり，おのずと本書の構成も，全体史を内包したものとなった。さらに，遺愛幼稚園には大量の史料が保存されていたものの，著者が目指すところに充分な実践史研究を行なうのに有効な史料が，研究着手当初の見込みに対して若干，限られていた。このことも関係して，著者としては，もう一歩の掘り下げができればよかったという反省も残る。時間的制約から研究が到達せず本書に収録できなかった昭和10年代，戦時下を経て昭和20年代までの実践分析も，今後ぜひ行ないたいと考えている。

　とはいえ，遺愛幼稚園が保存する，大正期から昭和30年代あたりまでの実践関係史料は多岐に亘り量も多く，その整理がひとまず完了したことや，稀少な文献を多々発掘できたのは大きな収穫であった。今後，幼稚園教育史のなかでも特定の領域に関する研究を専門とする研究者による研究が，遺愛幼稚園の保存史料を活用して行なわれる可能性があるものと思う。とりあえずの分類・整理も終了しているので，今後，遺愛幼稚園の史料が永く保存され，これを用いた研究が幅広く行なわれることを期待している。

　遺愛幼稚園の実践史は，我が国の明治～昭和期の幼稚園教育実践史の，ある一つの確かな事実を我々に示すものとして非常に興味深い。過去の歴史を後世において見つめなおす時，我々は，客観的な視点をもって歴史を分析することが可能となる。過去の事実を再検討することをとおして，その当時の研究者や実践者の多様な考えや実践が，それぞれにとっての必然性をもって存在していたのだということに改めて気づくことが，歴史研究を行なう我々に求められることであろう。

　この，遺愛幼稚園史研究から得られた，幼稚園教育史に関する新たな視座を，今後の研究に充分に生かしていきたいものである。

補：遺愛幼稚園所蔵の史料とその活用

1. 幼稚園歴史料の蒐集・整理

　本書で分析考察してきた遺愛幼稚園には，大正2（1913）年の再スタート以降の多数の幼稚園史料が保存されている。それらの史料を用いて，本書（主として第Ⅲ部における幼稚園実践史）の分析考察が行なわれたわけである。

　遺愛幼稚園は，明治期の園歴史料を全て大火によって焼失しているのであるが，大正期以降の史料の保存状態は非常に優れている。大正期〜現在に及ぶ期間に作成・使用・収集された史資料は，おそらく殆ど全てが遺棄されず保存されていると判断できる。

　その背景には，この幼稚園の史資料が，大正期以降の園長によって遺棄されることなく保管されてきたことがある。大正2（1913）年以降，園舎が移転することなく継続使用され，また園舎二階が宣教師宅として設計・計画されて園長その他の保姆・教諭が二階に居住し続けていたことも，史資料の保存を支えてきた要因である。

　昭和59（1984）年に退いた太田嘉受子までの園長は，園舎の二階に居住していた。太田嘉受子が園長を退任，園舎から転出した時，吉田真理子を中心とした教諭メンバーが二階の整理を行なった。その際に，大正2年以来の史資料が多数保存されているのを発見した。

　吉田真理子を中心とした教諭らは，多忙な教務の合間を縫って，それらの史資料の整理を行なったのであるが，このときに史資料を遺棄処分せずに，種類ごとに分類して保管に努めたことが，園歴史料の保存に大きく寄与したといえる。分類された史資料は，種別に，園長室に隣接する室と，南西の一室を中心に保管され，一部収納不可能な恩物机は，また別の部屋に保管されることとなった。

　これらの史資料に著者が出合ったのは，平成20（2008）年夏のことであった。杉並町にある遺愛学院の本館を見学にうかがった折，学院の事務局長の増田宣泰に幼稚園舎の見学を勧められ，その場で幼稚園に連絡を取ってくださり寄らせていただいたのが，園歴史料との出合いであった。初めて幼稚園を訪問した時は夕方の忙しい時間帯であり，予約なしの突然の訪問であったため，当時の園長であった吉田真理子は留守で，教諭の佐々木待子が案内してくださった。

　その後，この史資料を使用しての研究のご許可をいただき，約1年半に亘り大学での教務の合間に数回ほど史料蒐集・調査研究にうかがったのであるが，未整理のまま保管されている史資料を部分的に整理しながら探索し研究を行なうことに限界を感じざるを得なかった。平成21（2009）年度の夏に，当該年度の園長であった野田義成より，長期滞在研究の内諾を得，同年秋に著者の勤務する大学に特別研究休暇取得願を

提出，これが受理され，2010年4月より遺愛幼稚園の史資料の整理と研究に取り掛かった。

特別研究休暇期間は半年であったが，最初の約6週間は，史資料の整理のためだけに費やされた。全ての史資料を一度，空気に晒し，史料室の清掃を行なったのちに分類して，遺愛学院が準備した書棚に整理して収納した。書籍史料に関しては十進法に基づきながらも簡略化した方法でナンバリングとラベル貼りを行ない，今後の史資料の閲覧がしやすいように考慮した。さらに，損傷の程度に応じて補修を行ない，特殊な保存用封筒に収めるなどして，今後の傷みを抑えるようにも努めた。

また，保存史資料だけでは完全に辿りきれない園史については，僅かではあるが外部に保存されている各種報告書の記事も活用することが必要であると判断し，幼稚園における史資料の整理のかたわら，そのような外部保存史料の蒐集にも出向いた。外部保存史料については，幼稚園にも複写を残し，今後の活用に寄与するように配慮してある。

史資料には，のちに一覧するように，各種記録文書，実践に活用されたと思われる教材教具，絵本や楽譜などのほか，米国婦人宣教師らが生活していた際に使用していた古い生活道具などもあり，教育史料館のみならず民俗資料館としても機能しそうなほど多種多様なものがある。生活用具については，今回の一覧からは除外してあるが，今日に至っては外国人宣教師によって開設された伝統あるキリスト教主義学校においても，ここまで多くの生活用具を保存している学校は稀であると聞く。また，今回は一覧に示さなかったレコード盤も，多数，保管されている。

以下に，史資料整理の具体的な進捗状況を示す。なお，これは史資料整理に関する内容のみであり，著者の研究の進行過程については含まれていない。

2010年
- 4月 7日　環境の設定と掃除。恩物机を部屋と廊下に広げ，本，雑誌，史料，玩具を並べる。倉庫部屋の片付け。埃の清掃。
- 4月 8日　雑誌の整理，分類，順番にならべ，PCに入れる。必要なものはスキャンする。
- 4月 9日　紙芝居の整理，PCに入れる。玩具に取り掛かる。きれいに拭いて撮影する。
- 4月12日　和本の整理，半分終了。本の整理方法については聖学院大学図書館司書の指導を受ける。
　　　　　玩具の整理と撮影，ほぼ完了。
- 4月13日　和書の整理とPC入れ完了。恩物の整理，半分終了。
- 4月14日　洋書を整理，PC入れ完了。続いて，音楽教材に着手。既にあったものに段ボールに入っていたものを足して整理し，譜面と合わせて和・洋に分け，和を半分終了。
- 4月15日　和譜面・洋譜面整理，終了。恩物の撮影終了。恩物机を全て片付ける。史料整理に少々着手。園舎二階の天井が一部崩落。
- 4月16日　史料を全てPCに入れる。さらに史料室の大掃除と片付けにより，奥から紙芝居，キンダーブック復刻版，大正時代の大型名入り聖書が発見される。史料室を天

	井から雑巾がけして大掃除。紙芝居や音楽資料を全て収納する。一次史料を全て棚に分類して並べ，いつでもすぐに見られるようにする。
4月19日	写真，図面を全てPCに入れる。これをもって，史資料一覧が完成。
4月23日	史料室にあった『キリスト教保育』を年ごとに整理して結わえ，雑誌棚に移す。
4月26日	午前中，青山学院（以下，青学）の資料センターに，米国メソジスト関係の報告書を見せてもらいに行く。『遺愛百年史』に載っている「報告書」というものが，ここから出ていることを確認。さらに，『メソジスト宣教師事典』なるものがあり，それに，遺愛幼稚園の全ての宣教師園長の履歴が載っていたので複写。加えて，これを作成したクランメル宣教師が調査した原稿史料も保管してあり，それも遺愛幼稚園長のを全てコピー。
4月27日	再び青学資料センターへ。米国メソジスト監督派教会海外婦人伝道協会年会報告書は，米国内版と国際版の二種があり，いずれも一部欠損で青学にマイクロで保存されている。その中から遺愛関係記事を全てコピー。
4月28日	聖学院大学の図書館司書のところに行き，アーカイヴス資料の保管方法を習い，保存道具を聖学院ゼネラルサービスに注文。
5月 6日	青学資料センターにて，残りのコピーを仕上げる。
5月11日	年表の作成に着手。
5月12日	佐々木待子教諭と屋根裏に登る。佐藤史恵教諭が補助をしてくださる。屋根構造はトラス式。中も外も洋式であることを改めて確認。
5月12日	英文史料読みを開始。必要な部分だけを抜粋して史料としてパソコンに入力を開始。
5月14日	引き続き英文史料入力。
5月17日	英文の抜粋のPC入れ終了。
5月18日	ドレーパーの英文手記を和訳してPC入力。
5月19日	園舎の分析。
5月20日	園長から同窓会名簿を拝借。ドレーパーの手記に書いてあった，遺愛幼稚園と清花園の保姆たちのなかで遺愛女学校の出身者を探す。ドレーパーの手記を日誌や出納簿と照合する作業に入る。照合し，日誌を解読してPC入力。ドレーパーの記事の合間に，普段の保育のことで興味ある記事がある日については，これもPCに入れていく。大正3（1914）年3月まで終了。
5月21日	アルバムから保姆の名前と卒園児数をカウントして表にする作業を行なう。
5月24日	保姆の学歴を調べる作業。履歴書を改めて整理。ドレーパー手記の洗い出しに着手。函館市立中央図書館にて，大正2（1913）年9月29日の開園式と，10月22日に記者が来た記事を函館新聞より抜粋。
5月26日	ドレーパーの日誌読みに専念。
5月27日	ドレーパーの記事の照合と清書。
6月 9日	聖学院大学の研究室にてJKU年報を読み，遺愛関係箇所をコピー。国会図書館にて，1900年頃のアメリカの学校建築関係書を複写。
6月14日	図書のラベリングを開始。洋書と和図書から開始，残り20冊くらいまで終了。
6月15日	和書・楽譜ラベリング終了。紙芝居に関しては，そのまま本棚に収納。史料室が片付き，掃除も終了。遺愛学院本部が用意してくださった本棚2棹で全ての

図書が収納完了。
6月16日　資料一覧と早見を作成。
6月17日　米国メソジスト監督派教会海外婦人伝道協会の年報読み開始。
6月18日　伝道協会の重要な箇所のPC打ち込み終了。以上，6月中旬をもって，史資料整理をほぼ完成させた。このののち，本格的な研究に着手。
8月18〜　幼稚園教諭と協力して，未整理の資料の大規模な一斉清掃を行なったところ，
　　19日　貴重な史料を数点あらたに発掘。整理して史料一覧に追記する。園長室の隣室に保管されていた恩物や残存史料を全て史料室に移動させ，史料室を完成させる。
8月23日　天井が崩落した二階の部屋の灯油栓が劣化，灯油が一階に落ち，灯油が揮発するまでの数日にわたり一階保育室が使用不能となる。
8月26日　研究期間中に使用していた一次史料を，保存用封筒および保管箱に収納する。
8月27日　幼稚園の保護者に史料室を初公開する。
9月24日　史料室の全ての整理を完了。所蔵場所がわかるように表示を貼る。閲覧用の要項を作成，史料室に設置。

　史資料の今後であるが，著者は，一次史料のみに限定してでも，なんらかの電子化保存が必要であると考える。一次史料は，大正〜昭和期の保育実践の具体的なすがたを遺す，非常に貴重なものであるため，焼失や紛失，また劣化などによって活用不可能になることがあってはならないと考える。
　また，一次史料以外の史資料のなかにも，稀少本などが多数，散見される。その分野の研究者が見れば垂涎のものが多くある（文中の敬称略）。

2. 保存文書史料一覧

　保存史料は，大別して3種に分けられる。
　第一には，大正期以降の遺愛幼稚園の運営の状況と，日々の保育実践の様子を伝える幼稚園史料である。これらには，日誌・記録関係史料，入学・卒園生関係史料，教職員の任職・退職・履歴書関係史料，健康診断や出席簿などの校務・学務関係史料，通知・通達などの公文書史料，遊具の購入・寄附や園舎の新築などの施設・設備に関する史料，保育に活用された遊具，玩具，絵本や紙芝居やレコードなどの物的史料，保育の様子を伝える写真史料，これらに加えてミッション系幼稚園特有のものとして日曜学校の経営や運営に関する史料などが遺されている。
　第二には，保育に活用されたり，参考とされたであろう，明治末期以降からの各種の書物や音楽譜面，雑誌などの各種資料があり，なかには非常に貴重な，広く日本の近代幼稚園教育実践史研究における有効な稀少書も散見される。また，園長や関係者の所蔵であるサインなども記入されており，この点においても遺愛幼稚園における実践史研究に大いに参考となるものである。
　第三には，遺愛幼稚園の運営に関して記述された，各種の外部資料がある。遺愛幼

稚園の運営や実践に関しては、明治〜大正〜昭和期の日本の保育実践について一般に幅広く紹介された雑誌「婦人と子ども」「幼児の教育」には全く記載がないため、これらの外部資料から遺愛幼稚園の過去の実践史を読む手がかりを得ることはできない。その一方、米国メソジスト監督派教会海外婦人伝道協会から派遣された婦人宣教師らが遺愛女学校および遺愛幼稚園の運営に大きく関与していたことから、この協会が発行していた年会報告書「East Japan Woman's Conference Annual Report」や、日本のキリスト教系幼稚園が教派を超えて連合していた日本幼稚園協会（通称「JKU」）が発行していた年会報告誌「Kindergarten Union of Japan Annual Report」などには例年かかさず遺愛幼稚園関係者が報告を提出していた。そのため、これらの外部資料から、当時の遺愛幼稚園の実践や運営の様子の一部を知ることができる。これらの年報については、遺愛幼稚園に関連した個所のみを複写し、幼稚園にも資料として保存した。なお、複写の原本は、前者については青山学院資料センター所蔵のマイクロフィルム、後者については聖学院大学総合図書館所蔵の復刻版（日本らいぶらり発行）である。なお、前者については青山学院が原史料を保存しており、それをマイクロ化して閲覧に提供している。

これらの史資料の全てが遺愛幼稚園の管理下におかれて保管されており、実物を直接に手にとって見ることができるようになっている。

1．史資料の種類と保存場所について
　一部の恩物机などを除いた殆ど全ての史資料は、遺愛幼稚園二階の史料室に保管されている。本書には、全ての史資料（レコード盤を除く）を一覧にし、またそれぞれの保存場所について記してある。史料を検索する際の参考としてほしい。
2．史資料の閲覧に関して
　遺愛幼稚園の史資料は、実物を直接に見ることができる点において非常に貴重なものである。閲覧に際しては、この点を心に留め置いて閲覧を願いたい。また、遺愛幼稚園には、史資料の整理保存専門の職員がいない。このため、貴重な史資料の永年保存のためにも、史資料の閲覧後の戻し作業は幼稚園教諭に依頼することなく閲覧者自身の責任において元の場所に戻すことを徹底するように願いたい。
　以下、史料の目録と、一部その内容と保存場所を列挙する。

目　次
　（1）一次史料
　（2）写真史料、設計図面
　（3）遺愛学院保存　公文書
　（4）和書
　（5）薄い冊子類
　（6）児童書

（7）楽譜および音楽教材，舞踊など（和物）
（8）洋　書
（9）楽譜　外国製
（10）紙芝居および大型絵本など
（11）雑誌系絵本
（12）和雑誌
（13）月刊絵本
（14）玩具類
（15）手書きの文書
（16）史料　Iai Kindergarten
（17）英文メモ　　執筆者：一色ウメ(旧姓：中野)
（18）Methodist Episcopal Church the Woman's Conference Report（青山学院資料センター所蔵，遺愛関係記事）
（19）幼稚園に遺されている，幼稚園史を整理しようとした草稿
（20）「遺愛幼稚園職員」（大正 2 ～昭和 57 年）
（21）保姆氏名と卒園児数　アルバムより
（22）遺愛幼稚園を中心とした年表―遺愛女学校・函館市・キリスト教学校・近代教育・近代建築―

（1）一次史料

保存場所：史料室　入って正面の本棚　上部

日誌　全 21 冊（※各記載年月日の西暦表記）
　① 1913 年 9 月 29 日～1914 年 10 月 31 日
　② 1914 年 11 月 2 日～1916 年 12 月 22 日
　③ 1917 年 1 月 11 日～1918 年 5 月 6 日
　④ 1918 年 5 月 7 日～1921 年 5 月 3 日
　⑤ 1921 年 5 月 4 日～1923 年 11 月 30 日
　⑥ 1923 年 12 月 3 日～1927 年 11 月 18 日
　⑦ 1927 年 11 月 22 日～1929 年 7 月 9 日
　⑧ 1931 年 10 月 13 日～1934 年 11 月 30 日
　⑨ 1934 年 12 月 1 日～1936 年 7 月 30 日
　⑩ 1936 年 9 月 1 日～1937 年 9 月 29 日
　⑪ 1938 年 1 月 11 日～1938 年 4 月 19 日
　⑫ 1940 年 1 月 30 日～1941 年 4 月 23 日
　⑬ 1941 年 8 月 10 日～1942 年 3 月 10 日
　⑭ 1942 年 8 月 24 日～1943 年 3 月 20 日
　⑮ 1943 年 4 月 28 日～1944 年 4 月 11 日
　⑯ 1945 年 4 月～1946 年 8 月
　⑰ 1949 年 8 月 20 日～1950 年 3 月
　⑱ 1950 年 4 月 5 日～1951 年 3 月 20 日
　⑲ 1951 年 4 月 5 日～1951 年 12 月 19 日
　⑳ 1951 年 12 月 20 日～1952 年 11 月 30 日
　㉑ 1952 年 12 月 1 日～1953 年 3 月 20 日

公文書綴
　① 昭和 14（1939）年度
　② 昭和 15（1940）年度
　③ 昭和 16（1941）年度

カリキュラム　年不明

手技要目　年不明

「遺愛幼稚園ピアノ之記　大正拾年七月」1921 年 7 月

「遺愛幼稚園　備品台帳　第二号　昭和二十七年より」1952 年～

英文による遺愛幼稚園史

體格檢査簿
　　大正 3（1914）年 6 月 1 日検査
　　大正 3（1914）年 7 月 1 日検査
　　大正 15（1926）年 5 月 26 日～昭和 5（1930）年 10 月 14 日検査
　　昭和 18（1943）年 7 月 16 日
　　昭和 18（1943）年
　　昭和 31（1956）年度

口腔調査簿
　　昭和 7（1932）年度
　　昭和 10（1935）年度
　　昭和 15（1940）年度

出席簿
年不明
　　昭和 6（1931）年 4～9 月
　　昭和 6（1931）年 10 月～
　　昭和 17（1942）年度
　　昭和 18（1943）年度
　　昭和 19（1944）年 4 月～昭和 20（1945）年 3 月
　　昭和 20（1945）年 4 月～21（1946）年 3 月
　　昭和 22（1947）年度
　　昭和 22（1947）年 10 月より
　　昭和 23（1948）年 4 月より
　　自昭和 25（1950）年 12 月　至昭和 26（1951）年

卒業記念金帳　昭和 4（1929）年～44（1969）年

卒業式一覧　式次第　大正 3（1914）年 3 月 24 日～昭和 19（1944）年 3 月 20 日

同窓生名簿
　　大正 3（1914）～12（1923）年度　名前一覧と，大正 13（1924）年 7 月 19 日の同窓会出席
者などが書いてある

同窓会記録　大正 11（1922）年〜
同窓会員名簿　第 3 回より　大正 3（1914）年〜
同窓会員名簿　第 15 回より　昭和 3（1928）年〜
同窓会　年不明

日曜学校記録　大正 11（1922）年 9 月〜大正 12（1923）年 12 月

日曜学校出欠　大正 3（1914）年〜

幼稚園日曜学校記録　大正 2（1913）年度〜
　大正 3（1914）年 12 月 25 日から，きちんと書いてある
　大正 3（1914）年 3 月 25 日〜大正 11（1922）年 6 月 18 日

遺愛幼稚園日曜学校　大正 11（1922）年 6 月 25 日〜昭和 2（1927）年 12 月 18 日

寄付金
　昭和 5（1930）年度卒業記念
　昭和 2 年 6 月　遺愛幼稚園室内遊び場（ママ）改築資金寄附帳　遺愛幼稚園

出納簿
　1913 年 9 月 16 日〜 1917 年 12 月　出納簿
　1913 年 9 月 29 日〜 1922 年 12 月
　1914 年 2 月〜 1922 年 12 月 9 日　月給表
　清花園のもの　1915 年 9 月〜 1922 年 12 月
　1914 年 1 月〜 1922 年 12 月
　1917 年 3 月 7 日〜 1923 年 12 月 5 日
　1918 年 1 月 30 日〜 1921 年 3 月 24 日
　出納　1921 年 5 月〜 1926 年 7 月 21 日
　1930 年 9 月〜　＊ A. Cheney Oct. 2. 1930 のサイン入り
　＊以上は米国人園長による記述。以下は日本人園長。
　昭和 9（1934）年 11 月〜 16（1941）年 3 月
　昭和 16（1941）年 4 月〜 19（1944）年 3 月
　昭和 19（1944）年 10 月〜 25（1950）年 3 月
　昭和 20（1945）年 4 月〜 22（1947）年 3 月　出納簿
　昭和 25（1950）年 4 月〜昭和 33（1958）年 6 月
　昭和 33（1958）年 7 月〜昭和 38（1963）年 3 月（昭和 37 年度）
　別な昭和 32 〜 37 年度（1957 〜 1962）のもの
　何の出納簿か不明　昭和 11（1936）年 9 月〜昭和 14（1939）年 9 月

保育料帳
　保育料　大正 2（1913）年 9 月 16 日〜 12（1923）年 7 月

保育料帳　大正12（1923）年9月〜昭和6（1931）年3月
保育入納者　昭和6（1931）年4月〜昭和22（1947）年3月

在園児台帳
　英文のもの1913〜1917年
　大正2（1913）〜11（1922）年
　大正11（1922）〜昭和23（1948）年
　昭和23（1948）〜38（1963）年

保育修了児姓名
　大正3（1914）年〜昭和16（1941）年
　昭和17（1942）〜50（1975）年

太田嘉受子関係
　ノート　フレーベル傳　手記　1927年10月
　音楽帖　手記　年不明
　講義ノート　手芸　年不明
　講義ノート　Gifts　年不明

女中会記録　大正10〜15（1921〜1926）年　1冊

理事会議事録　昭和15（1940）年11月〜昭和37（1962）年9月

その他
　本の貸し出し，寄付，出欠，子どもの体調など

日本語の遺愛幼稚園史をまとめたもの数種
　いずれも昭和30年代に当時の園長であった児玉満によって書かれたものと思われる。
　① 昭和32（1957〜1958）年度中に書かれたと判断できる歴史草稿
　② 昭和41（1966〜1967）年度中に書かれたと判断できる歴史草稿
　③ いつのものか不明な草稿
　④ キリスト教保育史編集資料に関する調査（キリスト教保育連盟）1962年
　⑤ 昭和30（1955）年に書かれた歴史草稿
　⑥ 昭和38年度（1963〜1964）内に書かれたと判断できる歴史草稿
　⑦ 歴代園長名を書いたもの（英文綴りは著者が加えた）
　⑧ 大正新築園舎　契約書　大正2（1913）年

（2）写真史料，設計図面
所蔵場所：史料室　正面本棚　下から2段目

アルバム

① 林純一氏から寄贈のアルバム『遺愛幼稚園と林（旧姓兵頭）八重』
　兵頭八重：大正8（1919）年3月　遺愛女学校卒業
　大正10（1921）年感謝祭　大正11年3月卒業式と会食
　大正11（1922）年11月21日　の感謝祭
　大正12（1923）年12月のクリスマス（お人形の遊戯）
　大正12（1923）年3月卒業式
　大正12（1923）年6月　同窓会晩さん会
　大正13（1924）年8月　軽井沢の幼稚園保姆大会の様子
　大正13（1924）年冬　元町遺愛幼稚園「遊戯と作業（積み木）」
　その他
② 横長の緑のアルバム　昭和27年5月～
　昭和27（1952）年5月「幼稚園後庭にてジャングルジム砂場で遊戯せる園児　後方に見えるのは運動場」
　昭和27（1952）年5月「幼稚園後庭ジャングルジム，椅子ブランコにて遊戯せる園児」
　昭和5（1930）年「シーソーで仲良くお遊びしている所」
　その他

③ 縦長の茶色のアルバム　表紙にラクダとお城の絵
　卒業写真集。大正3年（第1回）～昭和46年（第58回）まで

④ 縦長の茶色のアルバム（鹿の模様）
　昭和47年（第59回）～平成21年（第96回）

アルバムではないもの
　① 歴代園長などの肖像写真
　　初代　デカルソン，2～4代目　ハンプトン，5代目　スプロールズ，
　　6代目　ドレーパー，7代目　カウチ，8代目　グードウィン，
　　9代目　スタテーバント，10代目　ベーレー，11代目　バイラー，
　　12代目　ワグナー，13代目　児玉満，14代目　太田嘉受子，15代目　赤城泰，
　　16代目　吉田真理子，17代目　野田義成，その他：チーニー，ピート

その他いろいろ
　開園式（大正2年，1913）の写真
　図面史料

　読めないほど汚いもの　年不明
　新しく描き直したもの　年不明
　おそらく竣工当時のものと思われるもの1セット
　　平面図，立面図などいろいろ

(3) 遺愛学院保存　公文書
保存場所：史料室正面本棚上から２段目左（複写物。原本は遺愛学院本部所蔵）

①遺愛幼稚園の現園舎工事契約書
「玉館遺愛女学校附属幼稚園建築工事契約書

一　金壱萬貳千圓也　諸請負高金
　　内　壱千七百弐拾圓七拾銭　北形幷石＊＊＊・
　　全　壱萬弐百九拾七圓三拾銭　今回請負金高
　　但シ下渡金左之通リ定メ
　　　金参千圓也　現場諸材運搬シタル際
　　　金参千圓也　建物屋根葺上ノ際
　　　金貳千圓也　外下見板幷内壁二ノ塗ノ上
　　　金弐千弐百九拾七圓三拾銭　落成受渡シリタルトキ
右金ヲ以テ図面幷設計書訂正之通リ請負契約致シ候事確実也落成
期限ハ大正二年八月三拾一日迄トス若シ能ハサル時ハ
保証人引受契約通リ履行致候後日金
為差入置候也

大正弐年二月五日

　　　　　　　　　　　　　　　　　　　函館区青柳町三拾五番地
　　　　　　　　　　　　　　　　　　　　　契約人　小林安次
　　　　　　　　　　　　　　　　　　　当区東雲町
　　　　　　　　　　　　　　　　　　　　　保証人　＊﨑初三郎
　　　　　　　　　　　　　　　　　　　青森市鍛冶町二拾九番地
　　　　　　　　　　　　　　　　　　　　　保証人　小林安太郎
ハフムトン様」（注：＊は解読不可能。）

②地所貸渡書　明治7（1874）年に現在の幼稚園のある土地を借りた時の証書
「地所貸渡書
当函館港第一大区四小区上汐見町二於テ米國市民エム・ハルリス氏地所借用致度旨同國領事
ヂヨン・エチ・ハウス貴下ヨリ申立ルニ付別紙繪圖面赤線ノ通百拾三番地ト記ス坪数
千七百九拾三坪七分六厘地租百坪ニ付洋銀拾貳弗或ハ壹圓銀拾貳圓ノ割合ヲ以地租高壱ケ年
洋銀貳百拾貳弗拾五セント壱厘貳毛或ハ壱圓銀貳百拾五圓貳拾五銭壱厘貳毛ヲ両度ニ割合
壱度分洋銀百六弗六拾貳セント五厘六毛或ハ壱圓銀百七圓六拾貳銭五厘六毛六月三十日并
十二月二十七日ヲ限リ右地租ヲ相拂フベシ若シ地租拂方惰ルニ於テハ比證書無用ニ属ス
一エム，ハルリス氏此地ヲ去リ又ハ他人エ譲渡セントスルトキハ其段同國領事ノ手ヲ経テ函
館支廳エ申立許可ヲ得ベシ
一同所ハ定メタル居留地ニモ無之雑居ノ場所ニ付四隣人民ノ商業故障有ル可カラス
一同文三通相認メ壱通ハ米國領事舘エ留置壱通ハエム，ハルリス氏エ相渡壱通ハ扣トシテ函
館支廳エ備置可シ

右之通約定セシフヲ茲ニ證ス
紀元明治七年第九月十八日
西暦一千八百七十四年第九月十八日

　　　　　　　　　　　　　　　　　　　　　　　開拓使九等出仕長岡照止
　　　　　　　　　　　　　　　　　　　　　　　　　　　　　M. C. Harris

右約定之趣相違無之者也

　　　　　　　　　　　　　　　　　　　　　　　開拓中判官杉浦誠
　　　　　　　　　　　　　　　　　　　　　　　Witness J. H. Hawes
　　　　　　　　　　　　　　　　　　　　　　　　　　　U. S. Counsil」

③明治40（1907）年遺愛女学校新築校舎建築の際の費用の出納についての報告
　Woman's Annual Conference of the Methodist Episcopal Church 記事（青山学院資料センター所蔵）　明治42（1909）年夏号　Japan Woman's Conference Reports of Committees

「Caroline Wright Memorial Girls' School, Hakodate Building Account CR.
1903-1909

By Purchase of Land	5,950yen 39sen
By Transfer to Shadan	110yen 00sen
By Building Contract	85,806yen02sen
By Heating Plant	6,231yen70sen
By Superintendent	1,480yen 00sen
By Lawyer's Fees	89yen 43sen
By Architect	2,000yen00sen
By Insurance	2,215yen66sen
By Incidentals	101yen10sen
By North-Western to Hirosaki	1,158yen 52sen
By Loan	8,000yen00sen
By Interest on Loan	480yen00sen
By Home Furniture	1,060yen00sen
By Fixed Deposit for Kindergarten	6,000yen00sen
By Balance, Due Heating Plant	1,615yen38sen
Total	122,298yen20sen

　　　　　　　　　　　　　　　　　　　　　　Alberta B. Sprowles,
　　　　　　　　　　　　　　　　　　　　　　　　　Treasurer.　」

（4）和　書（※出版年は西暦表記）
保存場所：史料室　左奥の本棚　上のガラス窓のところ　上中下段，全て
　　　　　日本十進分類法による番号順に並べ，そのなかにアルファベット順にラベリングして収納してある。

分類番号は113から498で，主として190番台（キリスト教関係），280番台（伝記関係），370番台（各種の教育関係）に集中している。

ここには一冊ごとのラベル番号は記載しないが，全体量が限られているので，探す際には著者名のアルファベットで追うと探しやすい。もし見つからない場合や薄いものは入口左の本棚の上のガラス棚の中段の冊子のところにある可能性あり。

A

American Scripture Gift Misson, Inc.『神の御言葉による信仰手引』発行年不明

アプタン，E. F. 著　南岡春枝譯『幼児にきかせる美の教』教文館出版部　1927年7月4日

アプタン，E. F. 著　南岡春枝譯『幼稚園用　宗教談　日本基督教興文協会』1920年7月31日

アプタン，E. F. 著　南岡春枝譯『母のちえ　第五部　幼時の世話』川越少年刑務所印刷部　1926年11月1日

ATHEARN, M. A. 著　野本稔尋譯『最近日曜学校論（THE CHURCH SCHOOL）』警醒社　1919年3月25日

B

BARTOW, H. E. 著，赤星仙太譯『わが子の生立の記』日本基督教興文協会　1916年12月15日

米国聖書協会発行『聖書』1912年12月16日　※遺愛幼稚園の刻印が表紙にある

ブレーク・H. W. 著　岩村清四郎譯『フレーベル傳』エー・エル・ハウ発行　神戸頌栄保姆傳習所　1918年12月25日

Brookes, J. H. 著　千葉勇五郎譯『救の解説（The Way Made Plain.）』日本基督教興文協会　1916年4月15日

Brookes, J. H. 著　森明譯『苦痛の秘義（The Mystery of Suffering）』日本基督教興文協会　1915年3月10日　※W. F. Draper の印あり

BUXTON 講述　堀内文一筆記『利未記講義（NOTES ON THE BOOK OF LEVITICUS by Rev. Barclay F. BUXTON）』基督教書類会社　1917年5月1日

C

Conner, R., 著『司令官（THE SKY PILOT）』福音書店　1920年5月25日

Corradeni, R. E. 著　中村獅雄譯『生命・酒・麻薬』教文館　1936年3月28日　※バイブルクラスの記述あり

D

同文館編輯部編纂『家庭娯楽　図画と子供』同文館　1912年6月20日

E

海老澤亮著『教会学校教授法概要（師範科教案）』警醒社　1917年10月4日

圓地與四松著『偉人伝全集　第三巻　グラッドストン傳』改造社　1934年6月20日

F

FOSDICK, H. E. 著　栗原基譯『耶蘇の人格（The Manhood of the Master）』日本基督教興文協会　1915 年 7 月 23 日

FOSDICK, H. E. 著　栗原基譯『霊交録』日本基督教興文協会　1916 年 7 月 18 日

フレーベル著　ハウ，A. L. 譯・発行『母の遊戯及育児歌　上下』頌栄幼稚園出版　1916 年 10 月 12 日　※ 2 セットあり　和紙版（→写真）

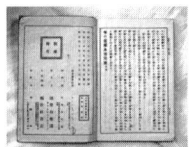

福田吉蔵著『童話と伝説　神さまと英雄の話』一鷗堂書店　1917 年 11 月 1 日

福島ハマ著『子供と母親の製作玩具』片井商会出版部　1948 年 12 月 25 日

福澤諭吉口述　矢野由次郎速記『福翁自傳』時事新報社　1916 年 6 月 3 日

古谷新太郎編『はなしの園丁』教文館　1906 年 12 月 22 日

G

ギブソン，M. 著林源十郎編纂『馬太傳講義』石井十次氏記念出版　同人社書店　1925 年 4 月 10 日　※山室軍平の巻頭言つき

グリム原著　和田垣謙三・星野久成共譯述『家庭お伽噺』小川尚栄堂　1909 年 4 月 15 日

GOEDON, S. D. 著　千葉勇五郎譯『人を導く人』日本基督教興文協会　1914 年 7 月 3 日

H

萩原清次郎著『基督教と近世思潮』教文館　1917 年 5 月 28 日　※贈呈サイン入り「June 21st To my dear friend Miss Lora Goodwin, from the author, S. Hagiwara

HALL, R. 著　千葉勇五郎譯『現代無宗教主義（Modern Infidelity Considered）』基督教思想叢書　日本基督教興文協会　1925 年 4 月 9 日

函館市高盛尋常高等小学校編『高盛小学校研究叢書第三集　個性教育実践ノ基礎タルベキ教科並ニ訓育成績ノ診断的考査法』函館市宮武亀栄堂謄寫印刷部　発行年不明

函館市高盛尋常高等小学校編『高盛小学校研究叢書第四集　個性教育実践ノ基礎タルベキ教科並ニ訓育成績ノ診断的考査法』函館市宮武亀栄堂謄寫印刷部　発行年不明

羽仁もと子編　改訂増補『育児法』婦人之友社　1913 年 6 月 20 日

長谷川みつゑ『お話あそび』廣文社　1938 年 9 月

長谷川初音編『いろは育児漫談』芦屋打出教会出版部　1950 年 3 月 1 日　※ 2 冊あり

日高善一著『美しきジョー』内外出版協会　1912 年 11 月 5 日　※表紙がない

HILL, W. B., D. D 著　森田俊作・オルトマンス譯『基督之生涯（LIFE OF CHRIST）』日本基督教興文協会　1924 年 2 月 15 日　※ 2 冊あり

HILL, W. B., D. D 著　瀬川四郎譯『基督傳緒論（INTORODUCTION TO THE LIFE OF CHRIST）』日本基督教興文協会　1924 年 4 月 15 日　※ 2 冊あり

Hodges, D. G. 著　櫻井成明譯『通俗耶蘇一代記　全』教文館　1914 年 7 月 15 日

北海道教育委員会編集『教職免許法認定講習の手引き』北海道教育文化協会　1950 年 3 月 30 日

本多齋編輯『聖道要義　第二輯』耕道館　1911年8月21日　※2冊あり
堀七蔵著『児童の疑問　日常の化学』同文館　1913年7月10日
報徳居士著『徳報　二宮尊徳』求光閣書店　1907年3月18日

I

今井三郎述『母』日本内國家庭会本部　1925年5月10日
稲村露園著『世界名作お伽噺』富田文陽堂・富文館　1916年1月3日
岩村清四郎著『基督に虜はれし清松』めぐみ出版部　1934年11月23日
巌谷小波編『学校家庭教訓お伽話　西洋之部』博文館　1911年12月31日

J

女子補導会本部　坂西志保子譯『女子補導会』日本基督教興文協会　1922年11月10日
ジャッドソン, E. 著　佐藤清譯『東洋伝道の開拓者ジャドソン傳』教文館　1913年8月7日

K

皆田篤寛著『母の典型』警醒社　1912年7月1日　※W. F. DRAPERの印あり
川村信著『鴬鳥祭』小学生新聞社出版部　1933年11月15日
建国会本部『神武天皇』帝国教育会出版部　1941年1月20日
木村榮爾編『内山左傳』日本メソヂスト博多教会　1935年9月15日
木村蓬伍著『現代青年問題と基督教』共励会パンフレット第十集
KIRKPATRICK, E. A. 著　日田権一翻譯　谷本富校閲『児童研究の原理』目黒書店　1910年7月25日
熊谷鐵太郎著『闇を破って　盲人教師自叙傳』基督教出版社　1931年3月18日　※二冊あり
釘宮辰生著『悲哀より歓喜へ』日本基督教興文協会　1923年4月3日
國井半山著『イエスとその弟子』東洋出版社　1923年12月5日
教文館出版部編『我等の教壇—二十五名の説教—』教文館　1926年3月31日

L

LE FEUVRE, A 著　原戍吉譯『放蕩息子』基督教書類会社　1906年12月27日
LE FEUVRE, A 著　村岡花子譯『少女のねがい（HIS BIRTDAY）』基督教書類会社　1924年8月5日
ルイス, K. 著　森田松栄子譯『エリザベス，フライ』警醒社書店　1914年3月13日　※W. F. DRAPERの印あり
LINCOLN, A. 著　根元正譯『欧米貧児出世美談（Poor Boys Who Became Famous.）』教文館　1913年11月29日

M

MACKINTOSH, H. R., D. D. 著　郷司慥爾譯『神の創業』日本基督教興文協会　1924年9月13日

Matheson, G. 著　鷲山弟三郎譯『わが欽仰（My Aspiration）』日本基督教興文協会　1924年11月25日
牧田忠蔵著『イエスの面影』日本基督教興文協会　1915年3月20日
三木安正著『健民新書　乳幼児の保育』柴山教育出版社　1944年7月20日
MILES, B. N. 夫人著　小泉房子・南岡春枝共譯『育児のしをり（A MOTHER'S GUIDE THE CARE OF YOUNG CHILDREN）』日本基督教興文協会　1918年8月8日　※二冊あり　※裏表紙にHelena Couchとサインあり
MILLER, J. R. D. D. 著，伊藤宗輔譯『穽より［The Story of Joseph］』日本基督教興文協会　1916年5月29日　※2冊あり
三浦徹著『むかし物語』基督教書類社　1913年12月1日
宮川経輝著『動的基督教』教文館　1914年7月7日
宮本喜代蔵著『余は如何にして確信を得しや』警醒社書店　1913年6月30日
文部省『ヨミカタ一』日本書籍　1941年2月10日
文部省『ヨミカタ三』日本書籍　1941年3月7日
村島帰之著『羽をなくした天使　不良少年の研究』日曜世界社　1927年3月1日

N

長竹正春著『小児保健』寧楽書房　1948年10月15日
内務省衛生局編纂『国民と結核』大日本私立衛生会　1922年12月20日
内務省衛生局編纂『医師の来るまで（子供の手当）』1922年8月7日
内務省衛生局編纂『近視の予防』1922年3月20日
中里介山著『偉人研究第十　中江藤樹言行録』内外出版協会　1908年1月20日
日曜世界社編集局編集『評約　聖書読本　マルコ傳』日曜世界社　1929年12月10日
日曜世界社編集部編『日曜学校対話集　第一（1925年10月1日）』『三（1930年11月5日）』『五（1930年9月1日）』『六（表紙のみしかない）集』日本世界社
日曜世界社編集部編『聖書辞典』日曜世界社　1924年7月20日
日本日曜学校協会文学委員編纂『幼稚科教案　優しき神と其善き世界　上巻　第一・二学期分』日本日曜学校協会出版部　1926年4月1日
日本日曜学校協会文学委員編纂『幼稚科教案　優しき神と其善き世界　下巻　第三・四学期分』日本日曜学校協会出版部　1926年9月20日
日本日曜学校協会文学委員編纂『初等科教案　吾等の模範なるイエス　上巻　第一・二学期分』日本日曜学校協会出版部　1925年4月1日
日本日曜学校協会文学委員編纂『中等科教案　旧約建国物語　上巻　第一・二学期分』日本日曜学校協会出版部　1925年5月20日
日本日曜学校協会文学委員編纂『中等科教案　旧約建国物語　第三・四学期分』日本日曜学校協会出版部　1925年11月25日
日本日曜学校協会文学委員編纂『中等科教案　キリスト物語　下巻　第三・四学期分』日本日曜学校協会出版部　1925年10月20日
日本日曜学校協会文学委員編纂『高等科教案　使徒時代　上巻　第一・二学期分』日本日曜学校協会出版部　1925年4月1日
日本両親再教育協会編『子供研究講座　第1～5巻』先進社　1928年11月5日

日本幼稚園協会編『幼稚園お話集　上篇』フレーベル館　1947 年 10 月 10 日
日本幼稚園協会篇『幼稚園お話集　上巻』フレーベル館　1950 年 7 月
野辺地天馬著　『お母さま』丁未出版社　1931 年 5 月 10 日

O

小原國芳著『母のための教育学　上巻』イデア書院　1925 年 7 月 7 日
小川未明著　池田永治装画『星の世界より』岡村書店　1918 年 12 月 1 日
岡　忍著『花子さんの健康相談』日本全国母の会代表者アレキサンダー発行（東京青山学院二番館）　1927 年 11 月 28 日　※2 冊あり
奥野庄太郎編『児童の劇とお話　初一』1941 年 6 月 10 日
大井一郎著『耶蘇基督』日本基督教文協会　1916 年 10 月 28 日　※ Lora. C. Goodwin のサイン入り
大村仁太郎著『我子の悪徳』同文館　1913 年 7 月 23 日
大村仁太郎著『我子の美徳』同文館　1913 年 8 月 18 日
大村仁太郎解説, 大村謙太郎編集『二十世紀は児童の世界』同文館　1913 年 6 月 8 日

P

PANSY 女史著　倒扇樓主人（三浦徹）譯『闇路の燈（Tip Lewis and His Lamp）』基督教書類会社　1908 年 12 月 15 日
Paul, J. 著　松本益吉譯『能力への道（The Way of Power）』日本基督教文協会　1918 年 12 月 18 日
PEEKE, H. V. S., D. D. 編『自修生用　日本語読本　甲』警醒社書店　1914 年 6 月 23 日
ピアソン，C. D. 著　フゥアイオック譯『草原の友』教文館　1913 年 8 月 25 日
ピアソン，G. B. ほか編著『旧新約聖書』1916 年 6 月 24 日
ピヤーズ，M. G. 著　本田増次郎譯『こがねと乳香（GOLD AND INCENSE）』日本基督教興文協会　1896 年 12 月 28 日
ポサンケット・A. C. 著　森田松栄譯『日々の舟路』1917 年 12 月 28 日　※祝御受洗　大正 11 年 12 月 7 日　スターキー　平川たまよ様　と書いてある

R

ラルネデ（京都同志社神学校教頭）著　大宮季貞華録『新約聖書　使徒行伝講解』警醒社書店　1906 年 4 月 5 日
REISCHAUR, D. D. 著（訳者不明）『人格不死論』日本基督教文協会　1911 年 1 月 14 日

S

佐藤在寛著　研友叢書『敗戦の中より』研友社　1946 年 6 月 4 日
佐藤弔花著『驢馬物語（THE STORY OF A DONKEY）』1908 年 12 月 21 日
佐藤定吉著『生命の本流』産業宗教協会刊行　1928 年 8 月 10 日
SEWELL, A. 著　本多益次郎譯述『黒馬物語 [BLACK BEAUTY]』東西出版社　1914 年 12 月 10 日
島崎藤村著『愛子叢書第一編　眼鏡』実業之友社　1913 年 2 月 18 日　※ For Dear miss

Draper, Wishing you a Merry Christmas.
少年通俗教育会編『幼年百譚　お話の扉　夏の巻　大尾』博文館　1919 年 11 月 1 日
主婦の友社編『お母さん文庫①子供とお話』主婦の友社　1956 年 11 月 20 日　※山形孝子のサイン入り
SIMPSON, P. C., M. A. 著　千磐武雄譯『基督の事実（THE FACT OF CHRIST）』日本基督教文協会　1916 年 1 月 28 日　※ W. A. DRAPER の印あり
白井胤禄著『かたみの百合』日本基督教文協会　1916 年 3 月 31 日　※ 2 冊あり
シュトウクル夫人著　井上清恒訳『五人とも』寧楽書房　1946 年 4 月 15 日
SLATTERY, M. 著　山本憲美譯『活ける教師（LIVING TEACHERS）』日本基督教興文協会　1915 年 4 月 29 日
SMITH, D, D. D. 著　宮崎小八郎譯『歴史的耶蘇』日本基督教興文協会　1915 年 7 月 30 日
ストーズ，R. S 著　池田勤之助譯『ベルナアド及其時代』基督教興文協会　1914 年 3 月 28 日　※ W. F. DRAPER の印あり
スペンサー著　竹内元世譯『わらべの友』教文館　1908 年 2 月 10 日
Stalker, j, d. d. 著　宮崎八百吉譯『保羅傳』基督教書類会社　1910 年 11 月 29 日　※ 2 冊あり
ストーナー夫人著　中村八郎譯『どうして小児を育てるか』書店アルス　1918 年 2 月
STRETTON, H. 女史著『ブレストン女史譯　はは心（NO PLACE LIKE HOME）』基督教書類会社　1906 年 5 月 31 日　※ 2 冊あり
杉森孝次郎著『社会人の誕生』隆文館　1922 年 6 月 2 日
鈴木栄吉著『青少年叢書Ⅰの 1　性教育の問題』YMCA 東京基督教青年会　1931 年 3 月 13 日

T

田口省吾編輯『枝彩集　橋谷和枝追憶』非売品　1937 年 10 月 19 日
高木壬太郎著『本多庸一先生遺稿』日本基督教興文協会　1918 年 11 月 12 日
高橋卯三郎著『聖書に現はれたる人物』警醒社書店　1913 年 4 月 5 日
高島平三郎著『児童心理講話』廣文堂書店　1909 年 5 月 18 日
田村直臣著『廿世紀の日曜学校』警醒社書店　1907 年 3 月 25 日　※ 3 冊あり　※ F. W. DRAPER の印あり
田中達著『神道管見（A Bird's-eye View OF SHINTO.）』日本基督教興文協会　1915 年 10 月 15 日
田中達著『日本の仏教』日本基督教興文協会　1917 年 5 月 15 日
Thorn, A. G. 著　高森富士子・伴きみ子譯『幼児の音楽』教文館　1935 年 10 月 15 日
徳富健次郎著『思出の記』民友社　1901 年 5 月 15 日
富田政著『生の望みと死の慰め』日本基督教興文協会　1922 年 11 月 5 日

U

内山憲尚著『家庭及幼稚園　年中行事のお話』日本保育館　1943 年 2 月 15 日
内山憲尚著『家庭で出来る影絵芝居の製作と演り方』自由建設社　1947 年 4 月 5 日
内山憲尚著『幼児の生活と創造の保育』日本保育教材　1953 年 11 月 10 日

内村鑑三著『宗教座談』警醒社書店　1920年7月15日
上澤謙二著『新幼児ばなし三百六十五日　秋の巻』厚生閣　1935年9月26日
上澤謙二著『児童説教第壱集　子供を眞中にして』日曜学校書店　1924年10月10日

W

WALTON, O. F. 著　三浦徹譯『古琴　全（CHRISTIE' SOLD ORGAN）』基督教書類会社　1909年12月15日
WALTON, O. F. 著　鈴鹿正一譯『猫のお客（NOBODY LOVES ME）』基督教書類会社　1913年12月20日
Wesley, J 著　赤澤元造譯『基督者の完全（Christian Perfection）』日本基督教興文協会　1918年7月20日

Y

山鹿旗之進著『耶蘇基督』教文館　1901年12月23日　※3冊あり　※原著は1898年に米国で出版されたもので，それをもとに翻訳してある
山本一清著『星座の親しみ』警醒社書店　1922年5月30日
山室軍平著『使徒的宗教』救世軍本営　1916年12月28日
山室軍平著『平民之福音』第102版　救世軍本営　1899年1月20日
山室軍平著『山室機恵子』救世軍本営　1916年9月15日
柳原貞次郎著『基督教要領』開拓社　1920年3月31日

Z

座古愛子著『伏屋の曙』警醒社書店　1906年11月1日
座古愛子著『みつばさの蔭』警醒社書店　1913年4月9日
時事新報社編纂兼発行『福翁百話　全』66版　時事新報社　1897年7月20日

その他

　解剖学用語　著者その他不明
　『手製教材』『図画教材』児玉満子作　製作年不明

（5）薄い冊子類（※出版年は西暦表記）

保存場所：史料室　入ってすぐ左の本棚　上のガラス棚の中段（児童書と同じ段）。
　　　　　薄い図書もここにある。

B

Bacon, M. および澤千香著「幼稚園に於ける朝会集時間の話」四日市印刷所　1913年12月20日

C

㈶中央社会事業協会「こどもの育て方」明治製菓　発行年不明

D

デンネット・M 著　ヴォーリズ・M. 譯「性の理解」青年男女へ　岡山市門田屋敷オールズ発行　1931 年 2 月 20 日

ドーソン・E. 述「幼稚園教材並に幼児の活動を如何に用ゆるか（大正四年八月かるいざわ幼稚園大会ニ於テ講演）」1915

H

函館教会「日本メソヂスト函館教会五十年記念史（ママ）」1923 年 8 月　※ 2 冊あり

Howe, A. L. 講述「信仰 FAITH」頌栄幼稚園　1916

K

基督教保育連盟「保育功労者略歴」1934 年 7 月 23 日

M

文部省「教育ニ関スル　勅語渙発五十年記念式典要綱」1940 年 10 月 30 日

文部省「学校基本調査提要」昭和 24 年度　※ 2 冊あり

P

ポサンケット A. C. 著「聖路加傳　福音書研究」日本基督教興文協会　1922 年 7 月 30 日　※ 4 冊あり

R

立教大学ミッション編「クリスマス児童劇集」立教大学ミッション文書部　1936 年 10 月 20 日

その他

「保育協会創案ノ保育要目」「躾と談話」遺愛幼稚園　ほか

（6）児童書（※出版年は西暦表記）

保存場所：史料室　入口左の手前の本棚　上部のガラス扉の中　上段および中段
　　　　　十進分類法　909.3 ～ 913 で，著者名のアルファベット順にラベリングしてある。

A

安中花子著『爐邊』日本基督教興文協会　1917 年 12 月 10 日

B

BOSE, I.M 著　斎藤つたの譯『トタラム　印度の子供のお話』教文館　1935 年 12 月 10 日

H

畑米吉著『かぜとたいよう』新星社　1934 年 3 月 13 日

畑米吉著『ドウワトドウヨウ』新星社　1934年3月13日
初島順三郎著『童話新集　小さい林檎』中村書店　1922年2月10日
樋口紅陽著『こびとのたから』新星社　1934年3月13日
樋口紅陽著『家庭お伽文庫　第拾編　アメリカお伽』いろは書房　1921年11月25日
樋口紅陽著『家庭お伽文庫　第五編　日本お伽集』いろは書房　1920年5月20日

I

今井中次郎・田中阿歌・本多静六共著『日本児童文庫46　山の科学』アルス　1927年10月3日
イソップ著　大川錠吉編輯『大正お伽文庫　イソップ物語』大川屋書店　1917年10月1日
巌谷小波閲　諸星寅一譯『不知の鐘』秦書房　1919年1月5日
巌谷小波著『お伽十夜噺』片山富文館　1916年2月1日
巌谷小波編『改訂袖珍　世界お伽噺　第四集』博文館　1918年12月25日
巌谷小波編『お伽の先生』岡村書店　1918年10月3日

K

教育文化研究所著『ひらがなのおけいこ』小笠原書房　1949年2月25日

M

三浦徹著『むかし物語』基督教書類会社　1913年12月1日
水野葉舟編『世界少女文庫　廣き世界へ』博文館　1914年5月28日
百島操著『通俗文庫第十輯』内外出版協会　1910年9月30日

N

西阪保治著・平澤定治絵『カタカナ聖書絵話読本　ポッポノエスサマ』日曜世界社　1935年11月20日
西阪保治著『カタカナモノガタリ　イエスサマ　ダイ二ノマキ』日曜世界社　1938年11月1日
昇曙夢著『ろしあ傳説集』大蔵書店　1918年12月15日
野辺地伝馬著『ハナビラ』日本基督教興文協会　1924年11月18日

O

小川未明著『日本児童文庫16　日本童話集　中』アルス　1927年5月25日
岡村庄兵衛編纂『お伽花たば』岡村書店　1917年12月18日
小野小峡著『お伽物語　少女フラワー』岡村盛花堂　1918年1月7日

P

ポーター，E.H.著　弘中つち子譯『パレアナ』日本基督教興文協会　1924年6月5日

S

少年通俗教育会編『幼年百譚　お話の庫　春の巻　大尾』博文館　1921年1月10日　※こ

のシリーズの夏の巻は表紙のみあるので，春の巻と共に保存しておく

T
　高木敏雄著『第一日本家庭昔噺　お伽文庫　第九輯』敬文館書店　1918年11月20日

U
　上澤謙二著『せいしょえほん下巻』キリスト教図書協会　1951年11月25日
　上澤謙二著『上澤謙二童話集　ヂヤガイモの慰問袋』鶴書房　1941年6月5日
　上澤謙二著『新幼児ばなし三百六十五日　十一月十二月の巻』恒星社厚生閣　1952年10月31日

Y
　八雲山人編輯『お伽噺の蔵』島鮮堂　1917年11月1日
　山田行雄著『ししとしか』新星社　1934年3月13日
　有隣子著『コドモお伽噺』朝野書店　1916年1月10日

（7）楽譜および音楽教材，舞踊など（和物）（※出版年は西暦表記）

所蔵場所：史料室　奥の本棚　下の中身が見えないところの上2段に収納されている。
　　　　　位置の詳細については以下のとおり。
　　　　　　　上段：左：冊子状態の譜。　薄いものが一つずつ封筒に入れてある。
　　　　　　　　　　　複数曲が収録されているものについては，封筒の裏に目次が貼ってある。
　　　　　　　　　　中央：戸倉ハル関係，大正幼年唱歌，島田児童舞踊，増子とし，
　　　　　　　　　　　その他の譜面で「本」の体裁をなしているもの
　　　　　　　　　　右：洋物の譜面，音楽教材など
　　　　　　　中段：左：讃美歌，聖歌
　　　　　　　　　　左から二番目：土川五郎，ピアノなどの楽器演奏譜面
　　　　　　　　　　右から二番目：大中寅二，則武昭彦
　　　　　　　　　　右：表紙や奥付のない整理不可能な譜面，おそらく保姆の手製と思われる譜面

☆幼稚園作成の歌唱つき演奏譜面本　15〜20冊程度　手書き譜面もあり

☆ピアノその他楽器の譜面（編著者名アルファベット順）
A
　安倍盛編『私達のピアノ・オルガン曲集』新興音楽出版社　1948年11月1日
　安倍盛編『私達のピアノ・オルガン曲集　第三編』新興音楽出版社　1950年1月10日

B
　ベートーベン作曲『さらばピアノよ』一声ピアノ楽譜　一声社　1948年2月10日

坊田かずま著『新興児童ピアノ曲　やさしい独奏連弾集』新興音楽出版社　1936年10月5日

K
北村季晴編『模範ピアノ楽譜　第四篇　ウォータールーの戦』弘楽社　1925年4月15日

M
睦　哲也，城野賢一共著『幼児ダンス　たんぽぽ』全国舞踊文化連盟発行　発行年不明
睦　哲也，城野賢一共著『幼児ダンス　7』全国舞踊文化連盟発行　発行年不明

N
南部信喜編『ハーモニカ流行歌謡曲集』全音楽譜出版社　1951年2月20日

O
奥好義編　『洋琴教則本』十字屋楽器店蔵版　1915年5月11日

S
斎藤勝編纂　弦楽二部連奏曲譜『第四十八編　セレナーデ　ハイドン曲』共益商社　1919年4月10日
斎藤勝編纂　弦楽二部連奏曲譜『第四十六編　黒人ダンス　ア・シェー曲』共益商社　1919年4月10日
坂田富治，一宮道子共編『楽しいピアノ連弾曲　オルガン適用』白眉社　1948年9月20日
佐藤任弘発行『優しい子供のピアノ曲集　第一輯』鶏鳴社　1936年3月20日
園田清秀編著　『新しいバイエル』上巻　婦人之友社　1936年2月15日　※二冊あり
園田清秀編著　『新しいバイエル』下巻　婦人之友社　1936年6月20日

Y
矢野　信宏著『表現のプリズム』　矢野舞踊研究所発行　1968年4月

☆幼児の歌，舞踊などの譜面一般
A
天野蝶，一宮道子共著『たのしいリズム遊戯集』共同音楽出版社　1（1967年9月1日），2（1967年9月1日），3（1967年9月1日），4（1967年7月1日）それぞれ発行

B
馬場鈴美編著『小歌謡』共益社書店　1933年3月18日

C
中等学校教科書㈱会社発行　『音楽Ⅰ』　1947年12月5日

H

北海道私学連合会幼稚園部会『幼児保育講習会　音楽リズム振付』研究資料　発行年不明

K

賀来琢磨著『新撰幼児舞踊　第一集』　1937 年 7 月 10 日
倉橋惣三編『新體幼稚園唱歌』日本幼稚園協会発行　杏林舎　すべて倉橋惣三作詞　1938 年 7 月 25 日
葛原䓢（くずはらしげる）歌　弘田龍太郎作曲『幼年童謡集　第二輯』東光閣書店　1926 年 5 月 15 日
葛原䓢歌　弘田龍太郎作曲『ニコニコピンピンの歌』東光閣書店　1922 年 12 月 15 日

M

増子とし著『幼児のための音楽カリキュラム　春』フレーベル館　1964 年 3 月 30 日
増子とし編著『リズムあそび』フレーベル館　1951
森爽作舞指導『運動会保育舞踊集』保育芸術研究会発行　1956
本居長世（もとおりながよ）作曲『新作童謡　第五集』敬文館　1922 年 5 月 10 日
睦哲也著　全国舞踊文化聯盟発行『舞踊講座　学校ダンス作品　運動会篇　第 2 輯　上』1947 年 7 月

N

日本幼稚園協会『幼児のあそび』　1957
日本幼稚園協会『遊戯曲目』田畑騰寫堂　1943 年 7 月 28 日
中山晋平作曲　『新作小学童謡　第二編』電信柱　他五曲　京文社　1928 年 1 月 25 日

O

大和田愛羅著　『やさしいうた』発行所・年不明

P

ペイン，M. R. 編　『あそびませう　子供のうたとリズム』教文館　1931 年 7 月 20 日

S

坂田富治指導編集『うたとリズム』国民図書刊行会　1952 年 6 月 20 日
さとうよしみ作詞　團伊久磨作曲『幼稚園の友　楽譜 3　童謡　ぽっぽのとけい』　学習研究社　1949 年 8 月 1 日
初等教育唱歌研究会　第九回夏期講習会テキスト『遊戯の筆記』　発行年不明

T

髙橋掬太郎作詞　弘田龍太郎作曲　『幼稚園の友　楽譜 4　童謡　ちょろちょろこがに』学習研究社　1949 年 8 月 1 日
田中忠正作謡　小松清作曲　土川五郎編『日の丸　可愛い唱歌　第二集』フレーベル館　1934 年 1 月 6 日

U
　　内山憲尚作歌　玉山英光作曲　賀来琢磨振付『幼稚園年中行事歌の本』日本保育館　1942年8月10日

Y
　　幼稚園遊戯歌委員編輯　ハウ，A. L. 他発行『幼稚園の遊戯歌（Kindergarten Songs and Games）』幼稚園遊戯歌委員事務所　1921年11月15日
　　由木康（ゆうきこう）作詞，津川主一作曲『をさなごのうた』日独書院　1935年5月25日

☆戸倉ハル関係（題名アルファベット順）
　　『いろはあそび』戸倉ハル著　チャイルド本社　1959年4月25日
　　『レコード振付集』コロンビアレコード　※戸倉ハル作詞の曲が多いので，ここに一緒にした
　　『唱歌遊戯』戸倉ハル編著　目黒書店　1927年6月16日
　　『遊戯細目』戸倉ハル先生指導遊戯講習会テキスト　主催：日本幼稚園協会　1934, 1935, 1936, 1937, 1938年7月のテキスト　計5冊あり
　　『日本の旗　日の丸の旗』戸倉ハル振付　倉橋惣三作詞　小松耕輔作曲

☆島田児童舞踊研究所関係
　　島田児童舞踊研究所発行『少国民舞踊集　空の少年兵』　1943年12月10日
　　同上『新作　児童舞踊　其拾六』　1939年7月15日　2冊
　　同上『新作　児童舞踊　其二拾』　1940年8月1日　2冊
　　同上『島田舞踊』二月号　第123号　1938年2月1日

☆大中寅二関係
　　大中寅二作曲『幼稚園歌曲集』第2集　葛葉國子詩　鹿鳴閣発行　1953年4月20日
　　大中寅二作曲『小供歌曲集　山びこ』葛葉國子作詩　基督教保育連盟関東部会　1958年3月30日
　　同上『子供の歌曲集　第二輯』聖曲刊行会　1930年9月28日
　　同上『子供の歌曲集　第三輯』聖曲刊行会　1933年1月28日
　　同上『子供の歌曲集　第四輯』聖曲刊行会　1939年11月20日
　　同上『子供の歌曲集　第五輯』聖曲刊行会　1941年11月25日
　　同上『子供の歌曲集　第六輯』基督教保育連盟関東部会　1948年11月25日
　　同上『子供の歌曲集　第七輯』基督教保育連盟関東部会　1949年6月19日

☆大正幼年唱歌
　　小松耕輔・梁田貞（やなだただし）・葛原齒編　『大正幼年唱歌』第二集　目黒書店　1915年8月13日
　　小松耕輔・梁田貞・葛原齒編　『大正幼年唱歌』第三集　目黒書店　1919年12月5日
　　小松耕輔・梁田貞・葛原齒編　『大正幼年唱歌』第五集　目黒書店　1917年5月20日
　　小松耕輔・梁田貞・葛原齒編　『大正幼年唱歌』第六集　目黒書店　1916年9月5日

小松耕輔・梁田貞・葛原㐂編　『大正幼年唱歌』第七集　目黒書店　1916年12月17日
小松耕輔・梁田貞・葛原㐂編　『大正幼年唱歌』第八集　目黒書店　1917年5月5日
小松耕輔・梁田貞・葛原㐂編　『大正幼年唱歌』第十集　目黒書店　1917年9月25日
小松耕輔・梁田貞・葛原㐂編　『大正幼年唱歌』第二集　目黒書店　1917年12月22日
小松耕輔・梁田貞・葛原㐂編　『大正幼年唱歌』第二集　目黒書店　1918年1月30日

☆讃美歌関係
ブラオン，C.L　著　『ゆきひら　少年讃美歌集』警醒社　1921年5月15日
弘中つち子，ジーン・ノードルフ合譯『新撰クリスマス唱歌演芸集』日本基督教興文協会　1917年11月15日
柏井光蔵編集発行『日曜学校讃美歌』日本基督教団出版局　1952年2月15日　ミニサイズ
基督教保育連盟幼児さんびか委員会編『幼児さんびか』基督教保育連盟　1956年8月18日
キリスト教保育連盟幼児さんびか委員会編『幼児さんびか』キリスト教保育連盟　1969年12月10日
日本基督教団日曜学校部編『日曜学校讃美歌』日本基督教団日曜学校部　1950年9月5日
日本日曜学校協会編纂『日曜学校讃美歌』日本日曜学校協会本部　1924年8月1日
斎藤勝編輯発行『楽園集』第一（1919年12月5日），第三（発行年不明），第四（1919年12月5日），第五（1919年12月5日），第六（1919年12月5日）合計5冊
津川圭一著『日曜学校幼稚園聖歌集』日曜世界社　1927年9月10日
山本忠興編輯発行『日曜学校讃美歌』シンキャウ社　1933年4月1日
由木康著『聖歌』新生堂　1927年6月5日

☆青木存義（あおきながよし）関係
青木存義作『かはいい唱歌』一冊目　共益商社書店　1922年5月20日
同上『かはいい唱歌』二冊目　同上　1922年5月4日

☆平井美奈子関係
平井美奈子作『可愛いうた』　手製　発行所・発行年なし
同上『可愛い童謡』手製　発行所・発行年なし　※児玉満のサイン入り

☆土川五郎関係
土川五郎・茂木由子・萩原英一著，日本幼稚園協会発行
『律動遊戯　をさなごのうた』教文書院　1924年9月10日
土川五郎振付『遊戯の歌と曲　筆記代用』昭和五年版　信東社印刷　詳細発行年不明
同上　『追加　遊戯の歌と曲　筆記代用』昭和五年版　信東社印刷　詳細発行年不明
同上　『遊戯の歌と曲　筆記代用』年度不明　一冊
同上　『遊戯の歌と曲』昭和六年度第一巻　信東社発行　詳細発行年不明
同上　『遊戯の歌と曲』昭和七年度（第九輯の分）　文精社発行　詳細発行年不明
同上　『遊戯の歌と曲』昭和八年度（実習の分）　文精社発行　詳細発行年不明
同上　『遊戯の歌と曲』第十一輯の分　文精社発行　詳細発行年不明　2冊
土川五郎編『律動的新唱歌遊戯の歌と曲　1』文精社印刷　発行年不明

同上『律動的新唱歌遊戯の歌と曲　2』文精社印刷　発行年不明
土川五郎著　『筆記代用　表情遊戯　第二輯』発行所・年不明　※児玉満のサインあり
土川五郎著（筆記代用）『表情遊戯十二種　第三輯ノ内　律動遊戯五種　第二巻ノ内』　発行所・年不明　※児玉満のサインあり
土川五郎著『律動的表情遊戯　第三輯』律動遊戯研究所，フレーベル館　1926年7月24日
土川五郎著『律動的表情遊戯　第四輯』律動遊戯研究所，フレーベル館　1927年7月18日

☆則武昭彦関係
則武昭彦作品集『幼児の遊戯』第11集（1940年4月27日），第12集（発行年不明）　幼児の遊戯研究会発行
則武昭彦振付『保育遊戯』第13集（1940年9月21日）基督教保育・幼児の遊戯研究会発行
則武昭彦振付『保育遊戯』第14集（1940年11月23日）～第38集（1946年11月30日）基督教保育・東京保育遊戯研究会発行
則武昭彦『保育遊戯』則武舞踊研究所　第39集（発行年不明）～第60集（1952年6月20日）飛び飛びで大量にある
則武昭彦『保育遊戯』63　白眉音楽出版社　1953年2月10日
同上『保育遊戯』66　白眉音楽出版社　1953年11月1日
同上　70　1954年11月20日
同上　73　1955年11月10日
同上　75　1956年7月1日
同上　78　1957年11月1日
同上『保育の歌と遊戯　百曲集』全音楽譜出版社　1958
則武昭彦・加来琢磨振付『新しい保育技術　歌とリズムの遊び』東雲堂　1951年6月1日
則武昭彦振付　安藤孝作曲　新興音楽出版社編輯部著『保育唱歌ト遊戯』新興音楽出版社　1941年12月5日

☆その他
雑誌『幼稚園』付録『春の童謡集』小学館　発行年不明
『幼児のための音楽リズム』（指導資料）発行者・発行年・発行所全て不明
『MUSIC MANUSCRIPT』手製　※ Roku Takamatsu のサイン入り
『幼稚園の歌』ほか情報なし　※ガリ版刷り

(8) 洋　書

所蔵場所：史料室の入口左脇の本棚　上部のガラス窓のある棚　下の段
※英文つづりの大小文字は，原著表記のままである。

A

Allen, J.; "As a Man Thinketh" H. M. Caldwell Co. Publishers, N. Y. and Boston
※ Lora C. Goodwin のサインあり　相当，読み込まれていて，下線など多し

B

BOELTE, M. K.; and KRAUS J. "THE KINDERGARTEN GUIDE." DESIGNED FOR THE SELF-INSTRUCTION OF KINDERGARTENERS, MOTHERS, AND NURSES. FIRST VOLUME. THE GIFTS NEW YORK:E. STEIGER & CO. 1906　※ Lora C. Goodwin memorial Library のサインあり

BOELTE, M. K.; and KRAUS J. "THE KINDERGARTEN GUIDE." DESIGNED FOR THE SELF-INSTRUCTION OF KINDERGARTENERS, MOTHERS, AND NURSES. SECOND VOLUME. THE OCCUPATIONS NEW YORK: E. STEIGER & CO. 1892　※ Lora C. Goodwin memorial Library のサインあり

C

CASSELL'S FAIRY TALE SERIES "STORIES FROM ANDERSEN'S FAIRY TALES" CASSELL AND COMPANY, LTD LONDON, N. Y., Tornto and Melbourne　発行年不明　※ Lora Goodwin Library のサインあり

CASSELL'S FAIRY TALE SERIES "STORIES FROM GRIMM'S FAIRY TALES" CASSELL AND COMPANY, LTD LONDON, N. Y., Toronto and Melbourne　発行年不明

CASSELL'S FAIRY TALE SERIES "FAIRY TALES FOR LITTLE FOLKS" CASSELL AND COMPANY, LTD LONDON, N. Y., Tronto and Melbourne　発行年不明

E

Emerson, R. W.; "Self Reliance" Henry Altemus Co., Phyladelphia 1896

F

Famous, H. B.;" BEDTIME STORIES The Adventures of Bunny Boy" Western Printing & Lithographing Co., Racine, Wis.　発行年不明

H

Hurlbut J. L.; "Story of the Bible"　新約聖書物語　磯部泰治譯　日本基督教興文協会　大正13年12月20日（1924年12月20日）　※裏表紙に「Christmas 1924 Kodama San from Lora C. Goodwin」とサインあり

J

Jones M. A.; "The Bible Story OF THE CREATION" RAND McNALLY & Co., CHICAGO　発行年不明　※ To Valencia From Jackie の書き込みあり

L

Lamott, W. C.; "A LIFE OF JESUS"　明隣堂書店　1934年7月15日

LEWIS, C.; "ALICE Through the Looking Glass" M. A. DONOHUE & Co., CHICAGO　発行年不明

M

Myers, A.; "A King is Born" GROSSET & DUNLAP N. Y., 発行年不明　※購入店の The May Co. の正札ついている　25¢

N

National Lowis Collage "NOW YOU" "Childhood-Civilization"　刊行年不明

S

SIDWICK, E.; "FOUR PLAYS FOR CHILDREN" BOSTON SMALL, MAYNARD & COMPANY PUBLISHERS　発行年不明　※ Lora C. Goodwin Memorial Library のサインあり

SMITH, N. B.; "THE UNIT-ACTIVITY READING SERIES IN CITY AND COUNTRY" SILVER BURDETT COMPANY, 1935　※ Valencia と書き込みあり

SWIFT, J. 校訂　鐘美堂編輯武編纂 "STANDARD CHOICE READERS" 鐘美堂書店　1917　中学校外国語教科書文部省検定済

T

THE MASSACHUSETTS COUNCIL of the CHURCH SERVICE LEAGUE; "PRAYERS" 1922　※ Agatha E. Put Sept. 1923　From the "Lady" のサインあり

著者なし

ロシア民話 "THE THREE BEARS" と "LITTLE RED RIDING HOOD" が合本になっている。The Turnover Books THE REILLY and BRITTON Co., CHICAGO 1910

"THOUGHTS CONCERNING THE KING" By the Author of "Stepping Heavenward" H. M. Caldwell Co. N. Y. 発行年不明　※表紙に書き込みあり

日曜学校において基督教について学ぶ絵と解説（日曜学校教材）いろいろ

"BEGINNER'S LESSON PICTURES JESUS HELPED HIS MOTHER" Vol. Ⅸ, No. 1 Courtesy Harcourt, Brace & Co., Inc., N. Y. 発行年不明だが，使用する期間として January-February-March, 1950 と書いてある　同じもの5部あり

"BEGINNER'S LESSON PICTURES" July-September, 1950　The teacher's helps are published in the magazine, CHILD GUIDE CHRISTIAN LIVING

"THE PRIMARY CLASS" JAN., FEB., MAR., 1950 が3種類，うち1種類は3部あり

"TEACHING PICTURES FOR JUNIORS" By THE METHODIST PUBLISHING HOUSE, Nashville, Tenn. APRIL, MAY, JUNE 1950 大型

"TEACHING PICTURES FOR BEGINNERS" By THE METHODIST PUBLISHING HOUSE, Nashville, Tenn. JANUARY-FEBRUARY-MARCH 1950 大型

"TEACHING PICTURES FOR BEGINNERS" By THE METHODIST PUBLISHING HOUSE, Nashville, Tenn. JULY-AUGUST-SEPTEMBER 1950 大型

"TEACHING PICTURES FOR THE PRIMARY CLASS" By THE METHODIST PUBLISHING HOUSE, Nashville, Tenn. JANUARY-FEBRUARY-MARCH 1950 大型

☆絵本，塗り絵など
著者不明のものが多いので，題名順に表記する
"A CHILD IS BORN" by BAKER, E. D.; GROSSET & DUNLAP N. Y., 1932
"COLORING BOOK "Big Train" THE SAALFIELD PUBLISHING CO. Akron, Ohio N. Y. 1948　塗り絵
COLORING BOOK "4-ALARM!" THE SAALFIELD PUBLISHING CO. Akron, Ohio N. Y. 1948　塗り絵　※表紙のみしかない
COLORING BOOK "Dogie Terry" THE SAALFIELD PUBLISHING CO. Akron, Ohio N. Y. 1945　塗り絵
COLORING BOOK "Giddap Pony" THE SAALFIELD PUBLISHING CO. Akron, Ohio N. Y. 1945　塗り絵　※二冊あり
"FARMYARD PAINT BOOK" Henderson, D. & D; WHITMAN PUBLISHING COMPANY RACINE, WISCONSIN　発行年不明　塗り絵
"PAPER DOLLS" STEPHENS PUBLISHING COMPANY SANDUSKY, OHIO 1946
"PLAYHOUSE PAPER DOLLS" THE SAALFIELD PUBLISHING CO. Akron, Ohio N. Y. 1947
TALL PAINTING BOOKS "MY TOYS" STEPHENS PUBLISHING COMPANY SANDUSKY, OHIO 1948　※二冊あり　大型塗り絵
TALL PAINTING BOOKS "LET'S TRAVEL" STEPHENS PUBLISHING COMPANY SANDUSKY, OHIO 1948　大型塗り絵
TALL PAINTING BOOKS "MOTHER NATURE TELLS A STORY" STEPHENS PUBLISHING COMPANY SANDUSKY, OHIO 1948　大型塗り絵
"TRACING BOOK TO PAINT AND COLOR" WHITMAN PUBLISHING COMPANY RACINE, WISCONSIN 1944
"THE NIGHT BEFORE Christmas" THE SAALFIELD PUBLISHING CO. Akron, Ohio N. Y.　発行年不明

"YOU FINISH IT BIBLE STORIES FOR YOU TO PICTURE" C. R. GIBSON AND Co., N. Y. 1931　※切り絵を自分で貼って本にする絵本

☆雑　誌
"The Kindergarten -PRIMARY- Magazine" at Manistee, Mich. Vol. 25, No. 4（1912年12月）～ Vol. 41, No. 4（1929年3～4月）　※大量に欠番あり

☆その他
American Red Cross "Christmas Carols"　※歌の譜面のようなもの　数十枚

（9）楽譜　外国製
保存場所：史料室の奥の本棚　下の中の見えないところの最上段の右端に積んである

☆楽譜の題名アルファベット順

"Arnold's Collection of Rhythms for the Home, Kindergarten, and Primary" By Arnold, F. M.; The Wills Music Co. Cincinnati.　発行年不明

"BAYER" OLIVER DITSON Co., Boston　発行年不明

"CHILD LIFE IN MUSIC a collection of Plays, Dances and Games for the Home, Primary and Kindergarten" compiled by Arnold, F. M. (Director of Music National Kindergarten College, CHICAGO) The Willis Music Co. Cincinnati, O.　発行年不明

"Everybody's Gospel Songs" Edited by Meyer, L. R.; The Chicago Training School of Missions　発行年不明

"Holiday Songs" by Poulssion, E.; Milton Bradley Company, Springfield, Mass. 1901

MURDOCH'S CORONATION MUSIC ALBUM" JOHN G. MURDOCCH & Co. LTD LONDON MAIDSTONE　発行年不明

"MURDOCH'S MUSIC ALBUM" JOHN G. MURDOCCH & Co. LTD LONDON MAIDSTONE　発行年不明

"Music for the Child World" by Hofer, M. R.; CLAYTON F. SUMMY CO. CHICAGO　発行年不明

"SONGS of the CHILD WORLD No. 1" by Riley and Gaynor The John Company　1897

"SONG STORIES for the Kindergarten" by MILDRED J. and P. S. HILL with BRYAN, A. E.; CLAYTON F. SUMMY CO. CHICAGO　1896（→写真）

"The RHYTHMBAND SERIES for KINDERGARTEN and PRIMARY GRADES" by Votaw, L., Laederach R., Mannheimer C.;The Raymond A. Hoffman Co. CHICAGO TEACHER'S MANUAL, Vol. 1, Vol. 2（※2冊あり）, Vol. 3（※合計5冊あり）発行年は全て不明　※ミス・バイラーに頼んで買っていただいたもの，とメモがある

（10）紙芝居および大型絵本など（※出版年は西暦表記）

保存場所：史料室　奥の本棚　下の中の見えないところ　下段に。

　　　　　紙芝居に関しては活用の便宜上，著者名ではなく題名の五十音順に，「あかさたな」ごとに紐で縛り，其々「あいうえお」順に並べてある。

　　　　　日本十進分類法では375.19に該当するが，各紙芝居にはラベル貼付はしていない。

紙芝居舞台（標準型）　日本教育畫劇株式会社製作　発行年不明　1台

　※昭和27（1952）年8月23日（土）に転出した北條一雄くんがくれたもの（日誌より）。

☆紙芝居

　『赤イ花ト青イ海』日本教育紙芝居協会　砥上峰次編輯発行　1940年10月5日

　『赤ずきん―グリムの童話から―』藤下書房発行　1950年11月発行

中邨成子・構成，油野誠一・絵画，カミシバイ・アーチスト・クラブ製作
『あかずきん』プレイブック　エンゼル社製作　発行年不明
　　原作・ペロー，堀尾青史・文，たくみ工房・美術，酒井善衛・撮影
『アシノクキ』（蘆の茎）日本教育紙芝居協会発行　1940年10月5日
　　文・画不明
『一寸法師』（ムカシバナシ）　春江堂（シュンコウドウ）発行　1936年1月15日
『芋の宇平』日本教育畫劇発行　1944年1月5日　佐木秋夫編輯
『うさぎの郵便やさん』日本教育画劇社発行　1949年9月15日
　　加東てい象作・絵画　※小樽市の映文社より購入
『おおかみの王さま』日本紙芝居幻灯発行　1951年3月1日
　　教育紙芝居研究会編集　川崎大治・脚本　西原比呂志・絵画
『おかあさんのたんじょうび』日本紙芝居幻灯発行　1951年10月＊日
　　教育紙芝居研究会編集　福島はま・作　前島とも・画
『お母さんはどこへ』フレーベル館保育用品発行　1949年9月1日
　　さとうよしみ・作，みみのうさぶろう・画
『おかたづけのきらいな花子さん』手製　製作年不明（『ヨクバリイヌ』と一緒に収納）
『おくれちゃった　たぬきちくん』フレンドブック第一集第一巻　日教出版社制作，日本写
　　真新聞社発行　発行年不明　文・画不明，
　　川田百合子（児童福祉審議会専門委員）指導
『おやまがわらったの』幼児テキスト紙芝居全集⑤　教育画劇発行
　　1957年6月1日　川崎大治・作，小谷野半二・画　教育画劇・製作
『おやまのオリンピック』日本紙芝居幻灯発行　1956年10月15日
　　教育紙芝居研究会編集　栗原とよの・稲庭桂子・作，立石鉄臣・画
『お山のきょうだい』幼児のしつけシリーズ⑥　教育画劇製作発行
　　1955年10月5日　大川秀夫作・画
『おやまのくりすます』東京画劇社製作発行　1951年12月25日
　　幼児教育紙芝居研究会編　花山信・画
『おやゆび姫』フレーベル館発行　1949年11月1日
　　奈街三郎・作　中村千尋・画
『貝の火－宮澤賢治ノ作品ヨリ―』文部省選定　日本教育畫劇製作発行
　　1945年7月25日　宮澤賢治・原作　堀尾勉・脚色　油野誠一・絵画
『かぐやひめ』プレイブック　エンゼル社発行　発行年不明
　　※寄贈が1969年5月　中谷氏より　と記載あり
　　日本昔話　堀尾青史・文　わらべ座・美術　酒井善治・撮影
『かにのえんそく』日本幼児教育研究会（第一集）片井商会発行　1949年4月30日
　　内山憲尚・文，木俣武・絵
『カモトリゴンベエ』幼稚園紙芝居第十号　全甲社紙芝居刊行会発行
　　1935年10月20日　高橋五山・文　中川解三・畫
『カラダヲツヨク　よいくまととんくま』日本教育紙芝居協会発行　1940年10月5日
　　文・画は不明
『きたかぜのくれたテーブルかけ　ノルウェーのお話より』美しい心シリーズ

童心社製作　1960年12月1日　川崎大治・脚本，桜井誠・画
『きつねのしくじり』世界童話紙芝居百選（6）　グリム館製作発行
　　1953年10月15日　わらべかずと・脚色　神成澪・美術
『クリスマス物語』紙芝居刊行会発行　1933年12月3日
　　今井よね編　いたくらやすお・画
『クルミ割人形』ホフマン作，水谷しきを脚色作曲　大東亜文化画創社
　　1944年10月21日
『軍神　岩佐中佐』日本教育紙芝居協会発行　1943年6月5日　佐木秋夫編輯
『軍神の母』日本教育紙芝居協会発行　1942年6月10日　佐木秋夫編輯
『コッペパンの冒険』幼児テキスト紙芝居全集⑳　教育画劇製作発行
　　1957年2月1日　福島のり子・文，渡辺加三・画
『こん太とくろすけ』日本画劇製作　1952年9月21日　西原ひろし作・画
『サルカニ合戦』教育紙芝居出版協会　1941年8月10日　澤枝重雄編輯発行
『三平の魂まつり』日本教育紙芝居協会　1941年6月27日　佐木秋夫編輯
『獅子穴のダニエル』今井よね編 Y. ITAKURA 画　紙芝居刊行会　1933年10月20日
『しゃぼんだま』教育紙芝居　童謡シリーズ　第1集　教画出版発行
　　1954年5月5日　童話教育研究会編集　作・画不明
『少年ダビデ』紙芝居刊行会（東京基督教青年会給品部内）発行
　　1933年7月20日　文・画不明
『白雪姫』グリム童話　藤下書房発行　1951年5月25日
　　加東てい象・構成・絵画，カミシバイ・アーチスト・クラブ脚本製作
『しんでれらひめ』フレンドブック第二集第一巻　日教出版社制作
　　日本写真新聞社発行　川田百合子指導　発行年不明
『せくらべ』幼児教育紙芝居文庫⑥　東京画劇社製作発行　1951年7月20日
　　幼児教育紙芝居研究会編　伊久留朱明・画
『大東亜を支ふる者』日本教育活動畫劇出版協会発行・編輯部編　家庭版
　　1942年4月5日　中島憲司・作　高郡まさを・画
『たこの背くらべ』幼児テキスト紙芝居全集⑲　教育画劇製作発行　1957年2月1日
　　福島のり子・文，安井淡・画
『蛸八漫遊記』教育紙芝居出版協会　編輯部編　家庭版　日本教育紙芝居出版協会発行
　　1941年8月10日
『だるまさん』童謡紙芝居シリーズ⑧　教育画劇製作・発行　1955年1月8日
　　福島のり子・文，富永秀夫・画
『たんちゃんのどうぶつゆうびんきょく』（動物園の巻）　童心社発行
　　1958年9月1日　渡辺泰子・作，野々口重・画
『ちこちゃんとおにんぎょう』日本紙芝居幻灯発行　1950年2月15日
　　教育紙芝居研究会編集　高橋五山・作　羽室邦彦・画
『つちのいど』手製　ふじぐみ　ありまじろう・もとひろかずしげ
『トホメガネ』日本教育紙芝居協会発行　1940年10月5日発行
　　文・画は不明
『どのこがいいこ』フレーベル館保育用品発行　1949年7月10日発行

紫野民三・構成，藤沢龍雄・作画
『どんぐりころころ』童謡紙芝居シリーズ(7)　教育画劇製作　1954年10月1日
　　加藤和江・作，安井淡・画
『ながい鼻』日本教育画劇社製作発行　1949年7月25日
　　加東てい象作・画
『泣きだした　かばさん』湘南学園幼稚園編「夢のおくに」より　教育画劇製作
　　大川秀夫・文，木川秀雄
『にげだした　しろ』フレンドブック第一集第二巻　日教出版社制作,
　　日本写真新聞社発行　川田百合子指導　発行年不明
『はちかつぎ姫』幼児テキスト紙芝居全集⑱　東京画劇製作発行　1957年1月1日
　　福島のり子・文，池上隆三・画
『花咲爺』童謡物語　日本教育活動畫劇出版協会発行・編輯部編　家庭版
　　1941年11月5日
『花咲爺』東亜国策畫劇発行　1944年7月15日
　　相馬泰三・撰　澤令花・畫
『バナナれっしゃ』(作品番号81)　童心社発行　1957年5月5日
　　川崎大治・作，林俊夫・画
『ピーターうさぎ』プレイブック　エンゼル社発行　発行年不明
　　原作・ポッター，堀尾青史・文，たくみ工房・美術，酒井善衛・撮影
　　※寄贈年は1969年5月，添付レコードに1956と書いてある
『ピーターと狼』(ロシア民話より)　グリム館発行　1953年3月10日
　　堀尾勉・脚色，奥野文四郎・製作，斎藤聖香・撮影　写真紙芝居
『ひとまねおうむ』原作"ゆりかご"より　幼児保育紙芝居全集(5)　教育画劇製作
　　福島のり子・文，中村幸子・画　製作年不明　※2部あり
『ピノッキオ　おばかさんの国』　日本紙芝居幻灯発行　教育紙芝居研究会編
　　1951年9月10日　稲庭桂子・作，小谷野半二・画
『ヒヨコノトモダチダレトダレ』日本教育紙芝居協会製作発行　発行年不明
　　川崎大治・脚本　伊藤眞里・絵画
『ピョン吉一家のクリスマス』手製　製作年不明　作者不明
『ぴんきーやまへゆく』教育画劇製作　1963年7月1日
　　吉野弘子・作，森国トキヒコ・画
『ふくろうのそめものやさん』保育童話紙芝居シリーズ(6)　教育画劇発行・製作
　　発行年不明　福島のり子・文，上柳輝彦・画
『べにばら　しろばら―グリムの昔話より―』日本画劇製作　1952年7月1日
　　柿原輝行・画，保育紙芝居研究会・脚色
『ヘンゼルとグレーテル』エンゼル社発行　発行年不明　寄贈年は1969年5月
　　(中谷氏より寄贈)　グリム・原作　堀尾青史・文　たくみ工房・美術　酒井善衛・撮影
『まほうのらんぷ』フレンドブック第二集第二巻　日教出版社制作，日本写真新聞社発行
　　川田百合子指導　出版年不明
『まんまる山のもんたくん』東京画劇社製作発行　1952年10月5日
　　幼児教育紙芝居文庫(6)　幼児教育紙芝居研究会編　もりやすじ・画

『みっちーのおるすばん』保育漫画紙芝居シリーズ⑨　教育画劇製作
　　1955年1月15日　大川秀夫・文,加東てい象・画
『みっちーのパトロール』幼児テキスト紙芝居全集⑫　教育画劇製作発行
　　1956年10月1日　加東てい象・文・画
『みみちゃんとおおかみ』フレーベル館発行　1949年4月1日
　　西山敏夫・作　沢井一三・画
『もくばのぼうけん』フレンドブック第二集第三巻　日教出版社制作,日本写真新聞社発行
　　川田百合子指導　製作年不明
『桃太郎』　日本教育活動畫劇出版協会発行・編輯部編　家庭版　1942年4月5日
『森の中の眠り姫』世界名作童話紙芝居全集9　東京画劇製作発行
　　1953年1月1日　グリム・原作,大牟田信・脚本,油野誠一・画
『モリノヨウチエン　オベンタウ』幼稚園紙芝居第24輯　全甲社発行　決選体制版
　　※発行年は不明だが,「決戦体制」の記述から,昭和10年代後半と推測される
『モン吉の消防隊長』児童百科紙芝居全集　学校行事編⑩　教育画劇製作
　　1956年7月1日　大川秀夫・文,石川雅也・画
『もんちゃんとちゅうしゃ』よいこの十二カ月　童心社発行　1958年9月1日
　　稲庭桂子・作,坂本健三郎・画
『ゆびきりげんまん』児童百科紙芝居全集生活指導編⑩　1956年10月1日
　　福島のり子・作,安井淡・画
『よいこになった　あひるの子』日本画劇製作発行　1954年8月20日
　　タシロユキヲ作・画
『よいこわるいこ』手製　製作年不明　伏木陽子・上田伊都子・田中彩子・柳館かずよ・吉
　　田きょう子　作
『幼児モーセ物語』紙芝居刊行会編・発行　1934年1月30日
　　今井よね・編　柚月芳・画
『幼稚園の父　フレーベルじいさん』教育画劇製作発行　1956年3月5日
　　原伴之助・文,木川秀雄・画
『善きサマリヤ人』今井よね編　板倉康雄画　紙芝居刊行会　1933年8月30日
『ヨクバリイヌ』全甲社発行　発行年不明　※裏に文字なし
『ヨナ物語』今井よね編　三浦浩画　紙芝居刊行会　1934年3月20日
『りんりんかぽかぽ』日本紙芝居幻灯発行　1952年7月15日
　　教育紙芝居研究会編集　川崎大治・作　小谷野半二・画
『ろばのにぐるま』幼児のしつけ紙芝居シリーズ①　教育画劇発行　発行年不明
　　大川秀夫・文,北田卓史・画
『わしのおかあさん』(トルストイの作品から)　第二期　幼児教育紙芝居文庫(12)
　　東京画劇社製作発行　1953年5月10日　幼児教育紙芝居研究会編　油野誠一・画

☆大型絵本
　『なつのせいかつ』発行年・発行所・すべて不明
　　手製の問答の絵本　植物　製作者・発行年不明
　『マッチ売りの少女(A)』セロファン影絵　きまたたけし製作

346　補　遺愛幼稚園所蔵の史料とその活用

『マッチ売りの少女(B)』セロファン影絵　きまたたけし製作

(11) 雑誌系絵本（※出版年は西暦表記）
所蔵場所：史料室　入って左の本棚　下の中の見えないところ　上段
　　　　　一部の音楽系雑誌絵本は，史料室奥の本棚の下の中の見えないところの上
　　　　　段か，中段に入っているものもある（◎印のついているもの）

『あかずきんさん』壽書房発行　1948年9月1日　吉屋信子・文，長谷川露二・画
◎『ウタノクニ』第一輯　『ウタノクニ』発行所　1933年3月15日
『NHKえほん』8, 9, 10, 11月号　日本放送出版協会発行　1958年7月20日
『しんでれらひめ』「たのしい幼稚園お正月号」発行者・発行年不明　蕗谷虹児・絵
『たのしいあそび』財団法人図画工作研究所発行　発行年不明　山形寛・畠野圭右　共著
『フエヲフクヒト』愛育社発行　1946年5月15日　野辺地伝馬・文，井武雄・画
『プレゼント』グリム館発行　1953年12月1日
『ヘンデルとグレーテル』「主婦之友の絵本⑫」主婦之友社発行　1948年7月10日　三芳悌
　吉著
◎『幼児のうた』トッパン　1953年10月17日

(12) 和雑誌（※出版年は西暦表記）
所蔵場所：史料室　入ってすぐ左の本棚　下の中の見えないところ中段と下段
　　　　　種類ごとに分け，巻数順に並べてまとめてある。

☆雑誌名の五十音順
『愛育』恩賜財団愛育会発行　1937年5月1日第3巻第5号～
　　1938年7月1日第4巻第7号まで　※4冊
『愛児』愛児連盟発行　1932年2月25日第3巻第2号　※1冊のみ
『育児の友』大日本育児協会発行　第1巻第1号　1929年4月1日　※1冊のみ
『おとぎの世界』文光堂　第1巻第8号　1919年11月1日　※1冊のみ
『学校劇の御案内』盛林堂書店　発行年不明
『教師の友』日本基督教団出版部発行　1955年2月1日　第14巻第2号　※1冊のみ
『基督教々育』日曜学校局（日本メソヂスト教会事務所内）発行　第11号3月号
　　1933年3月1日～第91号12月1日まで　1939年12月1日まで　※欠番あり計49冊
『基督教青年』中央会堂教会発行，教文館印刷
　　1935年4月　第1巻第2号～1937年6月1日発行　※第3巻第6号まで欠番あり
　　計12冊　※古田十郎，氣賀重躬，T. T. ブランボー，松本卓夫など著名人の文あり，
　　ブランボーは編纂者の一人
『基督教童話』基督教童話社発行　1935年8月1日　第4巻第8号　※1冊のみ
『基督教保育』基督教保育連盟発行　1936年9月5日　第3号～1940年6月5日
　　第45号まで　※欠番あり計41冊　※第3号には入沢宗寿，ドレーパーが投稿
　　※全く新しいもの（1968～2005）もあり

『向上』民主連盟本部発行　第4巻第2号　※1冊のみ
『国民保育』国民保育協会発行　1941年1月15日第1号第1巻〜1943年7月11日第3巻第7号まで　※欠番あり計26冊　※執筆者に野口雨情，倉橋惣三，霜田静志，岸部福雄，西條八十，土川五郎，和田實，海卓子，山下俊郎など著名人たくさん
『子供の教育』子供の教養社発行　1934年2月1日発行第2号第6巻〜1935年8月1日第8号第7巻まで　※欠番あり計9冊　※全てに贈呈印あり
『コドモノクニ』第11巻第1号　1932年1月1日　東京社　※1冊のみ
『シャボン玉』4月号　白眉社　1948年4月1日　※1冊のみ
『宗教教育』日本宗教教育協会発行　1932年1月1日　第6巻第1号〜1933年3月1日第7巻第3号まで　※欠番あり計18冊　※会長：小崎弘道，顧問に海老名弾正，新渡戸稲造，下村寿一　※執筆者に賀川豊彦（第6巻第1号），阿部義宗（第6巻第2号），笹森順造（第6巻第4号），P. S. ヒル（第6巻第7〜9号），一柳満喜子（第5巻第12号）など多士済々
『新興基督教』日独書院発行　1937年9月　第84巻　※1冊のみ
『聖書教育』ヨルダン社発行　1950年12月　1951年度春期号〜1951年6月10日同年度終期号まで　※3冊
『たのしい教会学校』ヨルダン社発行　1950年12月5日　春期号〜1951年6月10日　秋期号まで　※3冊
『小さい光』産業宗教協会小さい光の部発行　1929年3月1日第2巻第3号〜同年8月1日第2巻第8号まで　※5冊（途中1冊欠番）
『童謡』第四年第六輯　1924年9月1日　日本童謡協会　※1冊のみ
『常盤』製本したもの　VOL. XI, Ⅷ　1908年1〜12月，1915年1〜12月　常盤社発行
『常盤』特別版　舊約全書一年研究　発行年不明
『常盤』コレクション　songs & exercises　常盤社発行　1913年11月12日
『ツバメノオウチ』第4巻第5号（1932年5月20日），第7巻第4号（1921年4月20日）フレーベル館　※2冊のみ
『日曜学校』日本日曜学校協会発行
　1921年11月15日　第91号〜1938年11月1日　第25巻11月号まで　※欠番あり計58冊　※児玉満の記名あるもの多数
『日曜学校級別教案』日曜世界社編集部編
　1928年　第四学期　10月〜12月　1928年10月1日
　1929年　第四学期　10月〜12月　1929年10月1日
　1931年　第四学期　10月〜12月　1931年10月1日
『母』学習研究社発行　1949年5月1日　創刊号〜11月1日　11月号まで　※計7冊(全て)
『母の友』福音館書店発行　1954年4月1日　第8号4月号，第9号5月号　※各2冊で合計4冊
『光の子』新生堂発行　1932年12月1日第1巻第3号および1937年9月1日第6巻第9号　※2冊
『保育』（『国民保育』統合）全日本保育連盟発行　1943年8月15日　第76号〜1944年7月15日　第87号まで　※欠番あり計6冊
『保育の手帖』フレーベル館発行　1963年1月1日第8巻第1号，同年3月1日第8巻

第3号　※2冊
『保育之友』保育之友協会　第2巻第1号　1947年1月25日　※1冊のみ
『遊戯と唱歌』学校遊戯研究会編輯　大正書院発行　第10巻第5号　1935年5月1日　※1冊のみ
『幼児童話』コドモの家発行　1935年9月25日　第1巻第1号　※1冊のみ
『幼児の教育』東京女子高等師範学校内日本幼稚園協会発行　1926年9月15日　第26巻第9号～1963年3月1日　第62巻第3号まで　※大量（数えきれないくらい多量）

(13) 月刊絵本（※出版年は西暦表記）
所蔵場所：史料室　入ってすぐ左の本棚　下の中の見えないところ　上段
　　　　　種類ごとに分け，巻数順に並べてまとめてある。

☆雑誌名の五十音順
『あそび』日本幼児教育研究会編集　第3集第11号　1950年10月5日～第11集第5号　1957年5月1日　※欠番ありで11冊
『(成長絵本）おともだち』おともだち刊行社発行　第3巻第4号　1949年4月10日～第5巻第4号　1951年4月1日　※計18冊
『かがくのきょうしつ　初級①』学習研究社発行　創刊号　1961年4月1日　※1冊のみ
『(月刊幼児総合雑誌）かがみ』児童心理研究会発行　第1巻第1号　1951年4月1日　※1冊のみ
『(観察絵本）キンダーブック』日本玩具研究会編纂　フレーベル館　1947年9月5日　第2集第6編～1958年12月1日　第13集第9編　※大量にあり
『キンダーブック』合本　日本玩具研究会編纂　第3輯第3号（1930年6月20日）～第4輯第11号（1932年2月20日）フレーベル館　※第二幼稚園生　大脇静子・和子より寄贈の記述あり
『(別冊）キンダーブック（物語絵本）』同上　1961年6月1日　第1巻第1号「ぶーふーうーのちょうちょとり」～1963年3月1日第3巻第1号「ぶーふーうーのきしゃごっこ」※計4冊
『キンダーブック』フレーベル館　1978年9月1日　※復刻版あり　※これは，史料室正面の奥の本棚の最下段にある
『(幼児の保育絵本）きんのほし』弘進社発行　第1巻第1号　1952年4月1日　※1冊のみ
『(子供が良くなる　講談社の絵雑誌）こどもクラブ』大日本雄弁会講談社発行　1954年6月1日　※1冊のみ
『こどものとも』福音館書店発行　第2号「セロひきのゴーシュ」1956年5月1日～第37号「ふうせんのおしらせ」1959年4月1日まで　※欠番あり計3冊（他の場所に保管ありと思われる）
『チャイルドブック』国民図書刊行会発行　第18巻第7号　1954年7月1日～第22巻第5号　1958年5月1日発行　※計8冊
『なかよしくらぶ　歌とお話』音楽之友社発行　9月号　1949年9月1日　※1冊のみ
『ハト』愛育社発行　1946年8月10日　巻ノ2　※1冊のみ

『ひかりのくに（幼児の生活指導）』ひかりのくに昭和出版発行　第10巻第12号　1955年
　　12月1日　〜第14巻第1号　1959年1月1日　※大量に欠番あり
『ひかりのくに　世界名作童話　ガリバー旅行記』同上発行　発行年不明
『(保育絵本)メリーランド』㈱若越出版部発行　第5巻6号〜第6巻第3号　1956年3月
　　1日　※計7冊
『よいこのくに』よいこのくに社発行　第3巻第11号　1955年2月1日〜第6巻第12号
　　1958年3月1日まで　※計13冊
『幼稚園』1956年1月1日発行　第8巻第10号より　※欠番あり計3冊

(14) 玩具類

保存場所：2箇所に分かれている。どちらにあるかは，①か②と書いてある。
　　　　①　ガラス戸つきの本棚にあるもの
　　　　　　史料室の入って左，2棹の本棚の間にある木製戸棚の中。
　　　　②　ガラス戸なしの棚にあるもの
　　　　　　史料室に入って右の扉なし棚。

☆恩物（製造年不明）
保存場所：②
板排べ　半円，四角，三角
箸排べ　長さ12.5cm，10cm，7.5cm，5cm，2.5cm
環排べ　直径5センチの丸と半円，直径3cmの丸と半円，直径2.5cmの丸と半円
五色の球　緑3，青2，赤2，オレンジ3，紫2，黄8　計20個
3體　20組
画く板　16
6色3體（紐とおし）20組
織紙
貼紙
折れ曲がり棒　大量
第三恩物　大量
第四恩物　大量
第五恩物　大量
第六恩物　大量
縫いとり紙　サイズ大，小　いずれも大量に
　　縫いとりの針（毛糸つき）4本（危険）
縫いとりの作品
作者・年不明　大量に

製作会社　東京フレーベル館，敦賀市の若越，大阪の葵倫社，大阪の前田松三商店など

恩物商品カタログ　大阪の葵倫社　1923年10月改正

恩物机　26　椅子（大量）
　※これのみは別室，2階階段脇の部屋にある
　（→写真）

☆パズル（製造年不明）
　保存場所は①木製戸棚の下段
　　但し一部サイズの大きいものは奥の本棚の最下段の紙芝居のところに入れてある

　　アメリカ製のもの　大サイズ　The Prodigal Son / Jesus, the Great Physician
　　The Sower（Mark 4）/ Jesus Among the Doctors（Luke2）
　　By A Warner Press Product（計四つ）
　　アメリカ製のもの　中サイズ　STORY PUZZLE
　　DAVID Watches His SHEEP / SAMUEL'S Mother Visits HIM /
　　JESUS Talks With The Children / A BOY Brings His Lunch To JESUS
　　By A Warner Press Product（計四つ）　　大小計八つ
　　国産　アポロ社作成　小サイズ
　　クリスマス2　きよしこのよる1　いえすさまとこどもたち3　七匹のこやぎ1
　　みこあれまして1　しんでれらひめ1　しらゆきひめ3　こじかのばんび1　計13　国産
　　　大サイズ
　　とっきゅうこだま1　ゆうえんち1　計2　　国産大小合わせて15
　　パズル計23

☆人形（製造年不明）
　保存場所：①　中段中央　籐の箱のなか
　　陶器製のもの　9体　いずれも小型
　　セルロイド製のもの　2体　大型1，小型1
　　※セルロイド製のもののうち一体，身長38センチのものは，日誌に
　　　貼られた新聞記事（日付けと新聞社名は不明）より，昭和24（1949）
　　　年12月20日（火）にワグナーより寄贈されたものであることが
　　　わかる。新聞によると，ワグナーの故郷であるコロラド州アラモ
　　　サ町からの「キャロレン」という名のもの（→写真）。

☆ままごとセット　木箱入り（製造年不明）
　保存場所：①戸棚の上に置いてある

　　俎板　脚つき1　脚ナシ2
　　コンロ台1　これに載せるもの赤と緑　一つずつ
　　お椀　オレンジ5　黄色5　木目2
　　丸皿　白くて大きめ［直径9.5cm］2

赤の中サイズ直径7.5cm5枚
　　　さらに小さい木目（直径7cm）5
　　　さらに小さい木目［直径6cm］4
　蓋つき鍋　1
　ご飯を炊く窯　3
　急須　2
　杓文字 1
　湯呑　青　4
　重し？　1

☆「えがたとはめえ」T. M. Ltd.
　保存場所：①木製戸棚　中段左端
　木の箱に収納されている。9枚のはめこみ板のある板が10枚ある。
　（→写真）

☆果物と野菜の模型
　保存場所：①木製戸棚　中段右端　箱の中
　枇杷2枝，葡萄1房，あけび3，柿1，ザクロ1，茄子1，すもも？1　栗1，冬瓜1

☆「七色ちえ板遊び」セット　1941年3月20日発行
　保存場所：①木製戸棚　上段中央　明治クリームチョコレートの箱の中
　コドモの世紀社発売　育児資料研究会発行　　市販品23，手製34　合計57
　※相当，使い込んである。色落ちが凄い。

☆木製カスタネット
　保存場所：①木製戸棚　上段左端　千代紙の箱の中
　製作年・会社不明 12個＋半分

☆クレヨン
　保存場所：①木製戸棚　上段左端　千代紙の箱の中

　　「いーぜるホームくれよん」資生堂　16色
　　「よいこの王様くれよん」王様クレヨン㈱製　8色
　　「王様クレイヨン」合名会社　王様商会　商標　11色入り　10色のこっている
　　「おおさまくれよん」　合名会社　王様商会　24色
　　「王様ソフトクレイヨン」王様商会　12色
　　「王様コドモクレヨン」王様商会　5色しか残っていない
　　「クレパス」大阪　櫻商会　商標　9色
　　「チャイルドクレヨン」チャイルド㈱　14色
　　「ぶんちょうパス」会社不明　12色
　　「マンテンクレヨン」㈱日本保育館　12色　2箱

「まんてんくれよん」㈱日本保育館　12色　1箱
「森永クレヨン」森永配給株式会社　11色　5箱
「よいこのくれよん」　ぺんてる　12色　1箱

☆色鉛筆
　保存場所：①木製戸棚　上段左端　千代紙の箱の中
　「ヨット　カラーペンシルス」ヨット鉛筆㈱　12色

☆ボーリングのピン
　①木製戸棚　下段　籐製の小さな籠の中
　　9本（1本, 欠けか？）

☆布製の靴
　保存場所：①木製戸棚　下段右端　千代紙の箱の中
　　1対

☆グレーの木の板の円形に穴が開き，赤い紐がついているもの
　保存場所：①木製戸棚　下段中央　千代紙の箱の中
　　大量　※用途不明

☆丸い穴が11個あいていて，そこに紙をはめていくもの
　保存場所：①木製戸棚　上段　左端
　　※大量

☆ドウブツ合せ
　保存場所：①木製戸棚　下段右端　千代紙の箱の中
　伊藤正三発行　黄文社書店　1943年3月1日

☆長い紐に鈴がついたもの
　保存場所：①木製戸棚　上段左端　千代紙の箱の中
　　※用途不明, 大量

☆かるた
　「よいこのかるた」　学研　発行年不明

（15）手書きの文書
歴史について書いてあるもの（執筆者不明）
所蔵場所：史料室正面奥本棚　上から2段目　左あたりの封筒の中

"Dickerson Memorial Kindergarten"
　Dickerson Memorial Kindergarten

June, 10, 1912 On Motomachi lot, stakes driven for new Kindergarten building by Mary S. Hampton, Sarah A. Sproules, Augusta Dickerson with Kobayashi, contractor.
Sept. 10, 1913 "Ninka" received from the Kuyakusho to open Kindergarten.
Sept. 29, 1913 Dedication of Iai Kindergarten (Dickerson Memorial), Albata B. Sproules in charge of Encho.
Oct. 1, 1913 Kindergarten opened. 64 children.
1914 Winifred Draper became Encho.
Oct. 25, 1915 Play room finished & photographs taken-Gift of Miss Skeer.
July 1917 Winifred Draper returned to U.S.A.
Sept. 1917 Helen Couch in charge of Kindergarten
Mar. 1919- Lora Goodwin took charge of Kindergarten.
       Helen Couch returned to U.S.A. on account of health.
Aug. 30, 1925 Death of Lora Goodwin.
Sept. 1925 Abby Sturtevant became Encho.
Sept. 3, 1925 Funeral of Lora Goodwin held in Kindergarten
July24, 1926 Abby Sturtevant returned to U.S.A. on furlough.
Mar. 1927 Barbara May Bailey became Encho.
July 1927 A. E. Peet became Encho.
Aug. 1927 Playroom repaired from gifts from interested friends in Hakodate, monthly members of Haha no Kwai.

Albata B. Sproules
Winifred Draper
Helen Couch
Lora Goodwin
Abby Sturtevant
Barbara May Bailey
A. E. Peet

(16) 史料　Iai Kindergarten
ドレーパー手記
所蔵場所：史料室　正面奥　書棚　上から2段目　左

"Iai Kindergarten"
    In the fall of 1895 (Sept. 16) the Iai Kindergarten opened with 10 children. Nakano Ume was a teacher and she had graduated from Joshi Gakuin. The first children were
Gwendolin Nettleship
Neil Nettleship
Winifred Draper
Haven Draper
Marian Draper

Kitahara Yae
Aibara Hide
Mase Ryotaro
Uoya Chiyomatsu
Kasai Torataro

 The same year Inaki Lei, Muramatsu Mutsuo, Suzuki Sakae, Akune Yoshimi were added. At first the Kindergarten was little known and received litte appreciation. There was one other Kindergarten in Hakodate in charge of a woman of ability Muto san. The money in the Iai Kindergarten was given enough by a young woman loving children, and herself a kindergartener. When Lily Dickerson died, the sum of $500 left by her was given by her father to the misson work in Hakodate. Miss Lily Dickerson was a younger sister of Miss Augusta Dickerson and a kidergartener. This became the nucleus of fund, increased by many gifts in memory of children or loved ones.

 The building contained two large rooms with a small office, upstairs there were two classrooms for primary classes and a room for singing lessons. The next year, the Kindergarten was enlarged by thirteen children.. These came in after an anniversary of Frobel's birthday, April 21, The next year seventeen, and so it prospected year by year till closed by fire Aug. 25, 1907.

 At that time there were so many children that both morning and afternoon sessions were necessary, thus accommodating over a hundred children. In 1900, Nakano Ume went to Honolulu, and her place was taken by Ōwada Fumiko, who had had superior training in the Glory Kindergarten at Kobe, having graduated after a course of two years. She was able to train the graduates from the Iai school as assistants and they were thus unabled to secure good positions.

 The present building is also made possible by gifts from friends in America. We are also indebted to several Hakodate friends and alumnae.

 The building was under the care of a contractor, Kobayashi San. Its cost is almost 12000 yen.

 In the ground floor is a large circle room, four classrooms and a guest room. In the second floor, four rooms for teachers, a Bible woman's room, a room for meetings, another for class room work, and a foreign room.

 The Dedication Exercises were held Monday, Sept. 29, 1913 at 2 P.M. A representative audience of officials connected with the government and educational circles, professional and business men listened attentively to addresses giving by Mr. Yamaka from Hirosaki, Mr. Nagasaki from Otaru, Mr. Mito from Tokyo and Mr. Ogihara, the Hakodate Methodist Pastor.

 The opening exercises were very interesting. In the morning of Oct 1, 1913 at 9 P.M. under the leadership of Takamura Tazuko, the Kindergartener, also a graduate of Kobe Kindergarten, sixty four children joyfully attended. There were over a hundred visitors.

 The teachers assisting Takamura san were as follows. Mrs. Adachi, Saito Takeko san and Kawasaki san.

In a few weeks a kindergarten Sunday School was organized. The enrollment rapidly reaching 200, with an attendance of 180 (average before Christmas and 120 or 80 after Christmas. Over 100 came to the Christmas meeting held Tuesday, December 23 1913, but there were few visitors. We had a tree for the children and presents were given them. But the kindergarten Christmas was still more interesting. There were seventy visitors to watch the children play, their games and enjoy themselves. Only cakes were given the children but many gifts came from the homes of the children to the kindergarten. Fourteen boxes of oranges, many boxes of cakes and 11 yen in money were received, but some of this was (ママ) given to the municipal poor home. The children also gave their work as gifts to their mothers.

In February 25th the first mother's meeting was held. Seventy five women came and listened well to Dr. Saito's talk on hygiene and Miss Nichols on the women of India. A musical program was offered and the women seemed to enjoy it.

The first graduation exercises were held on March 24th, when 19 children received their diplomas. There were about sixty guests. The children were relatively skilful when you consider that they had only been in the kindergarten 6 months, and so the teachers were not a bit ashamed of their work.

April, 1914 to April, 1915

With the opening of the new year several changes were made. The whole staff of teachers excepting Takamura san was changed. Sawa san, another graduate of Iai Kindergarten Training school became the assistant teacher. Takamatsu Ochika san, who had had a year of experience in a kindergarten in Wakamatsu, and Fujita Ochiyo san, Shikiba Hide san, Saito Tane san, and Kurosawa Shige san from graduates of the Iai Jogakko were taken in as helpers. This increase in the member of teachers was necessary as the number of children accepted was increased from sixty seven to ninety – eighty regular and ten visitors or specials. The money from the tuitions was needed for the kindergarten, but the kindergarten is overcrowded now. Although there are only four classrooms, there are five classes- the extra one meeting in the circle room. The children come from nine o'clock until twelve o'clock. The usual day's program is as follows-

9:00- 9:45 Opening exercises- songs prayer, lesson and talk.
9:45-10:15 Classroom work.
10:15-10:45 Free play.
10:45-11:15 Classroom work.
11:15-11:45 Games and closing song.

In the afternoon Takamura san teaches the new teachers the principles of kindergartening for two hours. Takamura san herself does not have a class of the children but is supposed to spend much of the time calling in the homes.

Three mother's meetings have been held this spring. The dentist, Doctor Tanaka, speaking on April 28, Mr. Ogihara speaking on the value of childhood on May 28, and a discussion concerning the punishment of children led by Takamura san on June 23rd. The average attendance was about thirty five.

The kindergarten has taken up two Sunday School- one in Kaigancho and one in Yamasedomari. The latter had fifty children the first day and increased phenomenally to one hundred and fifty the fifth time but after that fill back to a more normal number. Besides teaching in these two and in the church S. S. and the kindergarten S. S., one girl assists the Bible woman in a Sunday School in Yachigashira.

The Flower Sunday was held in the kindergarten S.S. on June 21st. The children brought many beautiful flowers so that they filled the large bay window. One of the older boys took charge of the program and did very well indeed. Afterwards some of the teachers took seven or eight great bunches of flowers to the poor house and the hospital for infectious diseases.

Dr. Saito conducted the physical examination of the children in June. Many of the children have eye trouble. The kindergarten closed July 15th for the summer.

September 1914, the kindergarten opened in September 1st with all the teachers but Fujita Ochiyo san present. Fujita san was obtained in account of sickness. In account of vacancies 10 new children were added to on list. After a while Kurosawa san took Fujita san's class leaving Takamura san free to direct the work of the teachers.

On October 1st, we held a celebration of the 1st annual anniversary of the 2nd opening of the kindergarten. We invited the mothers of the children, and others who were interested to come to kindergarten in the morning and see the chidren at work and play, and then to attend the mother's meeting in the afternoon. About 35 women came in the morning, 14 brought their lunch and we all ate in the big room upstairs. At the afternoon meeting, Dr. Yokoyama spoke on skin diseases and Mr. Ogihara gave a good religious talk. Almost 50 women were present there. It was quite a success as a whole, though we had hoped more women would have come.

In November, the kindergarten held the Thanksgiving meeting. The children had been asked to bring vegetables or grain or fruit and the respond was very good. From big tables in the center of the room were piled with different food stuffs, all given by the children. Gifts ranged from a little bags of beans to a bag of potatoes, although there was between 20 to 25 yen. The children enjoyed the giving so much. Many mothers came to see the gifts and the children, there must have been nearly 70 mothers present. The graduating class from Iai Jyogakkou also came. The children did very well. The gifts were given to the Jikeiin who received to appreciate them very much.

On November on 2nd, the next mother's meeting was held with 30 mothers present. Furuta san of Tokyo gave a splendid talk on home life in America and Takamura san spoke of handwork in the kindergarten. We gave to each lady the tract in the influence of manual training in character "Joined by the Kyofukai". Election of officers was held resulting as follows:

President - the Encho
Vice president - Iwagaki san

Secretary - Takamura san
Treasurer - Sato san
The next mother's meeting was held the beginning of December and Mr. Ogihara spoke on Religion in the home.
The Christmas celebration was held December, 26th. The decorations were much as they were last year. But they were very pretty indeed. Almost all the children were present and almost forty mothers came too. The children sang and played very prettily. Sawa san was the purism in charge and Takamura san gave the talk. It was a very enjoyable time. We received no presents from the people because Thanksgiving day such a little time before and the people had given so abundantly that we thought it would be better not to accept any presents at all. The children were given cakes and oranges. The girls received paper dolls made by the teachers and the boys little toys that made by the teachers.

The Sunday School Christmas had nearly 200 children present. The kindergarten Sunday School Kaigancho and Yamasedomari Sunday Schools gathered together. The tree was very prettily decorated and the presents were piled underneath. The children gave the program very well and Mr. Ogihara gave a good talk. One of the older girls was in charge.

The kindergarten was saddened this fall by the death of one of the children in Takamatsu san's class, Tanaka Kiyoko san. The falks presented each one of the children in the kindergarten with a big bag of manjyu on the day of the funeral.

The kindergarten opened January 11th with all the teachers, Fujita san included,in place.

One new child was admitted but no more are to be admitted until after graduation. On account of its being very cold winter the attendance is comparatively small, somedays there being only a little over forty.

The first mother's meeting was held Feb. 2nd. Dr. Kodama spoke in the care of the eyes. Hikida san gave a short talk in Ruth. Only nineteen women were present as it was very cold but it was a fine meeting in spirit.

Our graduation exerscise took place on March 23th '15. 31 received diplomas and there were many guests. The work of the children was displayed in the big upstairs room, and it looked very well.

At the March mothers meeting Mr. Shimanuki the principal of the biggest grammer schook talked to the mothers.

April, 1915-April, 1916

The year opened promisingly and new children in attendance at the kindergarten. As the number of older children was very great, only young children 3 and 4 were admitted. The teachers were same except that in May Nakajima Hidano san came in the new graduating class. Kikuchi san who came to stay in this kindergarten until we could open a branch one.

There have been three mothers meetings in May, June and July with Dr. Saito, Mr. Misaka and Mr. Ogihara respectively as speakers. The last was a shinbokukwai – 30 women came and after Mr. Ogihara's talk we had games and osushi. Everybody seemed to enjoy themselves.

We have been asked to assist in the Jikeiin kindergarten as they have no teacher, so Takamura san and Kikuchi san have been going every Saturday afternoon., since June 19th. It's quite an opening.

In June 22 was held the Hana no Matsuri and all the Sunday Schools came here. The children did very well although the program was short and simple than usual. Many pretty flowers were brought. There were divided up between the Jikeiin and the Toyokawa hospital and two other small hospitals. We have been looking for a house for a branch kindergarten and as we could find nothing in Yanasedomari, we looked at Wakamatsucho and found a very neat new little house that will hold perhaps 25 or 30 children. We are hoping to be able to start that in the fall. It will be only a simple little kindergarten with Kikuchi san and Nakagome san as teachers. I think we will have it registered as an adgukarisho.

In the May mother's meeting, the following officers were elected.
President – The Encho.
Vice president – Mrs. Walawabi changed to Mrs. Ishida
Treasurer – Mrs. Mizuma
Secretary = Takamura san

In October, we had our anniversary meeting for the mother's again. Many came in the morning to see the kindergarten and stayed until the afternoon meeting when we had 50 I think. This time we served osushi to the women for the lunch so there were quite a number who stayed, but I do not know as it is a very good plan. It is quite expensive.

In November, we held a mother's meeting in honor of the coronation of the Emperor Taisho. It was a big meeting with about 50 present. Dr.Nishimura gave the talk a fine one. The mothers of the children gave the kindergarten a lovely organ costing about 70 yen to be put in the playroom. It was a very nice thing in time to do. The children in the kindergarten brought enough money to buy a pair of pine trees which have been put in the front yard. The ground around them has been raised to show they are not common trees- Some people say it looks like a grave, but it isn't!

The children celebrated the coronation too, boys having a short "shiki" and having their flags & yelling "banzai" at the proper time. But the shiki only lasted about an hour.

In December we held the Christmas exercises for the kindergarten in the morning of the 23rd and the children enjoyed themselves so much. We had enough dolls from America, to give each boy and girl a doll. They were so happy. There were enough dolls left, to give each teacher one too. The Sunday School Christmas was as good as ever.

In January, the mothers held a "Shinboku-kwai" and had a good time play in games. After the talk was finished and the games began each teacher was supposed to help but

Takamura san & I had to do the whole thing. The teacher just disappeared because they were "Hazukashiii" They do not always feel responsibilities. I hope they will improve.

In March we graduated 35 children. The exercises went off very well indeed. During the vacation we held our first alumni meeting. Most of the graduates came back and had a good time playing etc. One of the teachers gave the talk.

Sept. '16 ~ March '16 Seikaen

The Seikaen has had a fine year. It opened Sept. 15 with nearly 30 children and was full up in a few days. The response was so quick that we know a kindergarten was needed in that section. We hope to have it develop into an evangelistic century for that part of the town. Several mother's meetings were held. Though not every month. A religious talk was given each time. But the number attending was small – from 5 to 8.

The Christmas exercises were happy but pathetic in a way for the children instead of being crazy with happiness and expectation were filled with round-eyed wonder as they did not know what to expect. It was the first Christmas celebration in their lives. The presents given there are very simple and inexpensive. The children there too made presents for their mothers.

We graduated 6 children in March. But we did not give them diploma or certificates as the kindergarten is not registered.

April '16 ~ March '17 Iai

The children were slow in coming this year so we had fears for a while that we would not full, but eventually we had to have a waiting list. The personnel of teachers was changed– as Kurosawa san, Saito san, and Shikiba san left us– Kato Kimi san, Yamada Tosa san and later Iinuma Iku san coming their places.

Class 1. Sawa san
    2. Fujita San,
    3. Yamada San
    4, Katoh San,
    5, Takamura San – Iimura San

The Kikuchi San could not go to the Jikeiin, Fujita San went in her place with Takamura San.

In June we held Children's Day for the Sunday Schools– The Kindergarten S. S. and the S. S. from the Seikaen, Kaigancho and Yamasedomari joined together and quite a crowd of children gathered in the Kindergarten to take just in the program. The flowers were taken to several smaller hospitals as the church had taken to the city hospital.

The spring and summer framed with this usual work in the kindergarten and the mothers meetings.

In October the anniversary the mothers meeting of the opening of the kindergarten was held again, and many came, but this time we did not serve lunches, and very few

bring them. But there was a good 35 at the mothers' meeting in the afternoon. We had election of the officers-
President - Encho
Vice President - Tanaka San
Secretary = Sawa San
Treasurer - Tsunoda San
Assistant Treas- Takamura San

In November near the Japanese Thanksgiving day we held our Thanksgiving service. Again we asked the children to bring something and they brought food to the amount of 50 yen I think. The year before on account of the coronation we did not try to observe Thanksgiving. This year the day before Thanksgiving we held our service and displayed the presents. Then after the children were dismissed the teachers got to work and prepare a "gochiso" for the next day from that food. We worked the children of kindergarten age in the poor house for our guests and at 12 o'clock the Thanksgiving day the children, their teachers and the guests sat down to a meal together. It was a very interesting scene. After the meal, there were some songs and games, but the talk was not given as it got late. All the fruit, vegetables, etc. that were left were sent to the poor house in two niguruma.

In December, we tried a new way- we held our kindergarten Christmas exercises in the late afternoon as that we could light candles on the tree. Everybody enjoyed that so much. It was not so late but that the children got home in plenty of time. The presents for the children did not go around as we had had only 2 small packages from America, so some presents had to be brought here. Most of the girls got pretty little bags with various things inside of them. This year too the children took to their mothers the presents they had made for them. The year (the decorations were beautiful- just green ropes and wreaths with white popcorn strings and silver stars hanging from them. Silver bells in corners) before they did not really take them to their mothers but I thought it was better to do so.

We held our kindergarten Sunday School's Christmas at the church this year. So as to got the children used to going on to the church. I think we will try to do this every year.

In January we held the "Shimbokukwai" for the mothers as in the year before. Quite a number came and they seemed to enjoy themselves. It is hard to think up new things for them to do. We had a short talk first and then the games. The teachers did better this year.

Early in February we held a group meeting of the kindergartens of the Hokkaido. It is a branch meeting of the Kindergarten Union and we held for the first time here. There are only five Christian kindergartens in the Hokkaido- one under Miss Norton (Episcoparian) in Sapporo, one under Miss McCrouny (Presb.) in Otaru, one under Mrs. Piason in Asahigawa or somewhere, and our two here. - But there are some other kindergartens so we asked the teachers of all to come- but one only delegate was from Miss Norton's Kind, in Sapporo. Two of the teachers from the city kindergarten came one day too. Mr. Kurushima – a well known kindergartener in Tokyo– came up especially for these meetings and helped us a great deal- He was a very interesting speaker but perhaps everybody who had had a training more in accord with the kindergarten teachers would be good to have next time. He was not good at answering questions and problems. I had thought of asking Miss Garst or Miss Correll up or perhaps Mrs. Tapping or Miss Garst.

Our meeting lasted two days- Thursday and Friday. Thursday morning was the opening meeting and Mr. Kurushima spoke to us.

The program for the two days was as follows:
Thursday, Feb. 1st.
9:30 A.M. In the kindergarten Miss Draper.
Hymn 258
Bible reading and prayer. Sawa San.
Greeting
Hymn 261
Address Mr.Kurushima.
1:30 P.M. Reports and question box Takamura San
Hymn 420
Reports from kindergartens
1. Sapporo
2. Otaru
3. Hakodate city kindergarten
4. Iai
5. Seikaen
Question Box.
6:30 P.M. Friday, not Thursday
Meeting for Sunday School teachers address by Mr. Kurushima.

Friday, Feb. 2nd.
9:30 A.M. Visiting the kindergartens
1:30 P.M. Songs and Games
Shimbokukwai- Miss Takamatsu
Hymn 322
Prayer
Solo Mrs. Tezuka.
Talk.
Refreshments
Hymn 391
Farewell works.
Thursday 6:30 P.M. Mr. Kurushima addresses the Educational society of Hakodate.

Saturday morning, we had a big Hahanokwai which Mr. Kurushima addressed. Eighty women came. He addressed two big meetings of school children – 1-3 grades and 4-6 grades– that afternoon. And left that night.

He received a gift of twenty yen from Mr. Terai to help with expenses and devided the rest among the four christian kindergartens. We each paid eight yen. We gave him a gift of twenty yen. We could not have done it if Mr. Terai had not helped us.

In March we graduated 33 children– two of whom had been in the kindergarten from the time of the opening. Tsuji Masako San and Kamei Katsujiro San we shall miss them.

The Kaigancho S.S. was dropped this winter and the children urged to come to the Seikaen Sunday School. The K.S.S. was really too far for the teachers to go.

April '16– March '17 Seikaen

As Kikuchi San and Nakagami San were both leaving. Takamatsu Chika San and Hori Hide San were both their places and worked very well indeed. They raised the standard of the kindergarten a good deal.

The kindergarten has been full and we have looked for a bigger house but cannot find one. The playground at the back has been fenced off for a lumber company and so all we have for a playground in the little 9 X 12 feet., place next the Seikaen. It is imperative to have a better place but what are we to do!

Christmas was even a happier time than usual here – The children knew more of its meaning.– The rooms were decorated prettily and the children carried out the program well. Quite a number of mothers were present.

Mothers' meetings have been held two or three times a term. Sixteen were at the largest meeting but sometimes there have been only four or five. Mr. Ogihara has spoken quite often and Mr. Tanaka – the dentist once. Takamura San spoke once too. We always have a short Bible talk – generally by the Bible woman and them after the meeting we talk informally together. We enjoy these meetings very much.

Nineteen children graduated in March. It is quite an upheaval to have so many graduates at once. Again we could not give certificates but the children had a little program which quite a number of mothers came to enjoy. We then took the picture of the graduates- we count over to a photographer near by, but his picture is so poorly taken that I think often this we had better have Ikeda come down and take a flashlight in the Seikaen itself. He says it can be done although the building is small.

April 1917– July 1917 Iai

The kindergarten opened in April, 2nd with a big waiting list– even the some 45 new children entered. The teachers changed considerably for Fujita San, Yamada Tosa san, Iimura San left us and Hori Hide San from the Seikaen and Watanabe Yuki San and Ishikawa Kumi San from Iai jyogakko came to us in their places. The teachers as follows- Class 1 – Sawa San, Class 2 – Kato San, Class 3 = Hori San, and Class 4 – Watanabe San, Class 5 – Takamura San and Ichikawa San.

I do not advise generally taking the teacher from the Seikaen to the Iai as it gives a wrong impression of the status of the two, but at there were so many changes in the Iai it seemed better to have one of three new ones one who had tought a little at least.

The May mothers' meeting was put off from the beginning of the month till the latter part on account of the general Ō-soji. It was a good meeting with twenty women present. Mr. Ogihara gave a splendid talk and Takamura San gave a short one too. It was decided then to have an "Undokwai" for the kindergarten children and their mothers early in June. A new treasurer was elected as Tsunoda San had moved to Tokyo. Kamei San (Motomachi) was elected.

The undokwai picnic came off on June 5 Tuesday. Mothers and nurses and children gathered to the number of about 170 and rode out to the school in three special cars. The fare was lessened (著者注：少なくする) by each child and grown up paying half fare – called "Dantai Waribiki". The cars started at 9:30 and so the children and mothers who had gathered at the kindergarten started at 9 for the car stop. We reached the school at 10:20. Sawa San and Ichikawa San went out early to get things ready for us on the etiquette house and on the lawn between the dormitory and study room. We had free play until lunch which we ate out on the grass or in the little house and after lunch came the races. There were two for the mothers and the rest for the children. We started back by 3 and caught the 3:30 special trains. –arriving home by 4 P.M. The picnic was great success but it was hard work for the teachers. The next day was a holiday. The races were as follows:

1. Race with first gift.
2. London bridge.
3. Pudding apples - for mothers.
4. Jumping.
5. Balls on spoon race.
6. Chinese characters "ji" race -for mothers.
7. Passing the big basket ball.
8. Caterpillar Game.
9. Tied by jumping race.
10. Guessing colours.
11. Building a house- motive song.

Another mothers meeting was held on July 2nd. Miss Draper gave the talk. 38 ladies were present.
On July 10th, a sobetsukwai was held for Miss. Draper. 40 ladies were present. A picture was taken and all enjoyed themselves.!

The kindergarten closed on July 20th Friday.

Saikaen. April '17 to July '17

In April the teachers changed- Shikiba Hide San who had had 2 years of training and experience in our own kindergarten but who had been house a year, came in as head teacher, and Ishikawa Fumi San a graduater of Iai jyogakko came in as assistant. The number of the children was not to exceed thirty.

Two things of special interest happened in this term. On a Monday near the middle of June we held an "Undoukwai" in the grounds of the big kindergarten. They came up first to the upper lot and after the children had played a bit, we went down to the lawn lot and ate our lunch in the shadow of the kindergarten. Then the games and races were held on our front lawn. There were about 60 present.

On July 5th a mothers' meeting was held and 17 mothers gathered for it. It was the biggest mothers meeting we have had down there. Yokoyama San gave a short Bible talk, Shikiba San spoke on- tract concerning the bringing up of children and I spoke about what women in America were doing for the men. It was a very interesting meeting. The spring meeting seems to be the largest of the year.

This kindergarten also closed on July 20th.

明治28年（1895）秋，遺愛幼稚園は10名の幼児で開園した。中野ウメ（遺愛女学校第二回卒業生）が保姆で，彼女は女子学院の卒業生（注：明治23年（1890）卒，第2回生）だった（注：遺愛女学校を卒業してから女子学院に進学したのか）。最初の子どもたちは，以下のとおり。

グェンドレン　ネットルシップ
ニール　ネットルシップ
ウィニフレッド　ドレーパー
ヘヴン　ドレーパー
マアリアン　ドレーパー
きたはら　やえ
あいばら　ひで
ませ　りょうたろう
うおや　ちよまつ
かさい　とらたろう

同年，いなき　れい，むらまつ　むつお，すずき　さかえ，あくね　よしお　が加わった。最初この幼稚園は殆ど知られていなかったし，殆ど正しい評価を受けなかった。函館にはもう一つ，武藤八千（むとうやち。元，函館師範学校助教諭）という才能のある女性が責任を持っている私立函館幼稚園があった。私立函館幼稚園は明治20（1887）年6月に，元函館師範学校長の素木岫雲を園長，武藤八千を保姆として開園。翌21年に一度閉園し，武藤が園長となって再度スタートした。組織や場所を転々としつつ明治36（1903）年まで継続された（『北海道教育史』全道編　三　p.9より）。遺愛幼稚園の資金はリリー・デカルソンによって充分に与えられていて，彼女自身も幼稚園教諭であった。リリーが亡くなった時，

彼女によって残された総計500ドルの資金が，彼女の父親によって，函館のミッションの仕事のために寄附された。リリーはオーガスタ・デカルソンの妹であった。この寄付金が基礎となって，また子どもたちを愛した人々による寄附が増えていった。

当時の園舎（注：第一独立園舎）は，二つの大きな部屋と小さな事務所のついた部屋があり，二階には二つの小学校課程のための教室と歌の稽古のための部屋が一つあった。翌年，幼稚園は13名の子どもによって大きくなった。彼らはフレーベルの誕生日の記念式典のあった4月21日のあとに入園してきた。翌年には17名の入園もあったので，明治40（1907）年8月25日の大火で休園するまでは毎年，増加するであろうと見込まれた。

当時，たくさんの子どもたちが在園していたので，午前と午後の部に分けることが必要であった。100人以上の子どもがいた。明治33（1900）年，中野ウメがホノルルに行き留守になったので，彼女のあとに，大和田ふみが保姆になった。彼女は頌栄保姆伝習所において2年間の素晴らしい訓練を受けてきていた。彼女は補助保姆として遺愛女学校の卒業生を訓練した。

現在の園舎（注：第二独立園舎）もまた米国の友人たちの献金によって造ることが可能となった。我々はまた，函館在住の友人や卒業生（注：女学校か幼稚園か記述なし）など数名からも援助を受けた。

この園舎は建築請負人であった小林さん（注：小林安次）の世話のもとに建てられた。費用は約1万2000円であった。

一階には大きな会集室（a large circle room）があり，四つの保育室と一つの客室があった。二階には，教師のための部屋が四つと，宣教師の部屋，会議室や各種活動に使う部屋，それから外国人向けの部屋があった。

献堂式は1913（大正2）年9月23日（月）午後2時より行なわれた。公的な教育委員会関係の客，専門家やビジネスマンが弘前から来た山鹿元次郎，小樽から来た長崎，東京からの三戸，函館メソジスト教会牧師の荻原らの挨拶を懇勲に聞いた。

開園行事は非常に面白かった。大正2（1913）年9月29日の朝9時（日誌には午後2時からと書いてある。日曜なので，午後2時からが正しいのではないか），神戸頌栄幼稚園出身の　高村田鶴　さんのリーダーのもと，64名の子どもたちが喜んで幼稚園行事に参加した。100名以上の訪問者があった。高村田鶴　さんを援助した補助保姆は，安達さん（安達千代，明治27（1894）年卒業，第四回生），斎藤たけさん（明治43（1910）年卒業，第十八回生），かわさき　さん（遺愛卒業生ではない）であった。

2〜3週間のうちに，日曜学校が組織され，生徒数はあっという間に200名に達した。出席者は180名程度で（平均はクリスマス前は120名，あとは80名くらい）であった。クリスマスの集会は大正2（1913）年12月23日（火）であったが，100名以上が参加した。しかし，客は殆どいなかった。我々は子どもたちにクリスマスツリーを用意し，子どもたちにはプレゼントが渡された。

しかし，幼稚園のクリスマスは，さらに興味深かった。70名の訪問者が，子どもたちがゲームや劇をするところを見に来て，彼ら自身も楽しんでいた。ケーキのみが子どもたちに与えられたが，子どもたちの家庭から沢山のギフトが幼稚園に届けられた。14箱のオレンジ（蜜柑か？），たくさんのケーキの箱，11円の現金が届けられたが，そのうちのいくらかは，市の貧困家庭に届けられた。子どもたちは彼らの作ったものを，母親たちにプレゼントした。

翌大正3（1914）年2月25日，最初の母の会が持たれた。75名の女性が来て，衛生に関する斎藤医師の話と，ミス・ニコルスのインドの女性に関する話に熱心に耳を傾けた。音楽プログラムも提供され，女性たちは楽しんだように思われた。

最初の卒業式が，大正3（1914）年3月24日に開催され，19名の子どもたちが卒業証書を授与された。約60名の客がいた。そして，彼らは僅か6ヵ月だけ幼稚園にいたのだと思うと子どもたちは比較的に器用で，ゆえに保姆らは子どもたちの作品や仕事を恥ずかしいものだとは思わなかった。

大正3（1914）年4月～大正4（1915）年4月
　新年度の開始に当たり，幾つかの変化があった。保姆らのうち，高村　さん以外の全てが変わった。沢さん（明治41（1908）年卒業の第十六回生の沢やすえか，明治42（1909）年卒業の第十七回生の沢ますえ，明治44（1911）年卒業の第十九回卒業生の沢かずえ，のいずれかと思われる）は，遺愛保姆訓練所の卒業生で，補助保姆となった。高松ちかさん（明治45（1912）年卒業，第二十回生）は，若松で1年間，保姆経験があった。藤田千賀さん（大正3（1914）年卒業，第二十二回生），式場ひでさん（大正3（1914）年卒業，第二十二回生），斎藤たねさん（大正3（1914）年卒業，第二十二回生），そして倉沢しげさん（大正3年（1914）卒，第22回生）ら，遺愛女学校の卒業生が，補助として雇用された。受け入れられた子ども数が，以前は67名であったが，それが90～80名が常態となり，さらに10名のビジターや特別な子どもが増え，保姆数の増員は必要不可欠であった。月謝からのお金は幼稚園にとって必要とされたが，しかし今や幼稚園は子どもが増えすぎた。保育室が四つしかないのだが，クラスは5組あった―そのため，もう一つの組は会集室で保育をした。子どもたちは9時に登園し12時に降園した。通常の日案は，以下のようである。

　9：00～　9：45　朝の集まり　歌，お祈り，レッスンとお話
　9：45～10：15　学級活動
10：15～10：45　自由遊び
10：45～11：15　学級活動
11：15～11：45　ゲームと，さよならの歌

　午後には，高村　さんが，新任保姆に向けて，幼稚園の教育原理について2時間の講義をする。高村さん自身はクラス担任をしていないが，家庭訪問に多くの時間を割くことを求められている。

この春に，母の会が3回，持たれた。一回目は歯科医師の田中氏が4月28日に，二回目は5月28日に荻原氏が幼児期の価値について，三回目は6月23日に高村さんの指導により子どもへの罰についての話し合いが持たれた。出席者の平均人数は大体，35名だった。

　幼稚園は，二つの日曜学校を持つようになった。一つは海岸町にあり，もう一つは山背泊にある。山背泊のほうは初日に50名の子どもたちが集まり，5回目には150名と異常な増加を示したが，それ以降は普通の人数に落ち着いた。そのうえ，これら二つの日曜学校のほか，教会の日曜学校，幼稚園の日曜学校を教えるために，一人の少女が八地頭にある日曜学校に勤務する宣教師婦人を補助している。

　大正3（1914）年6月21日，幼稚園の日曜学校において，花の日が守られた。子どもたちは沢山の綺麗な花を持ってきたので，花々は，大きなベイ・ウィンドウ（出窓）を埋め尽くすほどであった。年長児の一人の男児がプログラムを司会し，とてもよくやっていた。その後，保姆の幾人かが，救済所や伝染病院へ，花束を抱えた7〜8名の子どもを連れて行った。

　6月，斎藤医師が，子どもたちの健康診断を実施した。子どもたちの多くが眼の患いを持っていた。幼稚園は，7月15日に夏期休暇に入った。

　大正3（1914）年9月1日，幼稚園は再開した。ふじた　おちよ　さん以外の全ての保姆も登園した。ふじたさんは病気のために休んだ。空席があり，10名の新入園児が入った。しばらくして，倉沢さんが藤田さんのクラスを預かり，高村さんが保姆の仕事を指導するためにフリーとなった。

　10月1日，再開園の一周年記念の祝会をもった。我々は子どもたちの母親を招き，そして午前中，幼稚園に来ることに興味を持っている人々も招いて子どもたちの作業と遊びを見てもらい，それから，午後の母の会に参加してもらった。約35名の女性が午前中に来園し，そのうち14名が昼食を持参し，我々は皆，二階の大きな部屋で食べた。午後の集会では，横山医師が皮膚病について，荻原氏が良質な宗教的な話をした。約50名の女性がこれに参加した。全体としてはきわめて成功したが，それでも我々は，もっと多くの女性が来ることを望んでいた。

　11月，幼稚園では感謝祭の集会を持った。子どもたちは，野菜や穀物や果物を持ってくるようにいわれていたが，反響はきわめて良かった。部屋の中央の大きな机には，子どもたちが持参した種々の食べ物が山のように積まれた。贈り物は豆の小さな袋から，じゃが芋の袋まで様々だったが，それらは20円から25円であった。子どもたちは，寄贈することを大変に楽しんだ。多くの母親が贈り物とそこにいる子どもたちを見るために来園し，殆ど70名くらいの母親が来た。遺愛女学校の卒業年次生も来た。子どもたちは大変によくやった。贈り物は慈恵院に送られたが，彼らはそれらを大変喜んで受け取った。

　11月2日，次の母の会が開催され，30名の母親が参加した。東京の古田さん（著者注：

古田とみ）が米国の家庭生活について素晴らしい話をし，高村（田鶴）さんが幼稚園における手作業について話した。我々は婦人がたに，「矯風会にご入会を」という小冊子を渡した。役員選挙が行われ，下記のようになった。

委員長：園長
副委員長：岩垣さん
事務：高村さん
会計：佐藤さん

　次の母の会は，12月の初めに持たれ，荻原氏が家庭における宗教について話した。

　クリスマス祝会が12月26日に開催され，飾りつけは去年と同じものだったが，とてもきれいだった。殆ど全ての子どもたちと，約40名の母親が来た。子どもたちは非常にかわいらしく歌を歌い，劇をした。
　沢さんが実行委員長で，高村さんが話をした。それは非常に楽しい時間であった。我々は人々から，贈り物を全く受け取らなかった。なぜなら，感謝祭が少し前に終わったばかりで，人々はその時に沢山の物をくれたので，我々は何の贈り物も一切，受け取らないほうがよかろうと考えたからである。子どもたちはケーキと蜜柑を貰った。女子は，保姆らが作った紙人形を，男子は保姆らが作った小さな玩具をもらった。

　日曜学校のクリスマスには約200名の子どもたちが集まった。幼稚園の日曜学校と，海岸町および山背泊の日曜学校も，ともに集まった。ツリーは非常に美しく飾られ，そしてその下に贈り物が積まれた。子どもたちは非常に上手にプログラムを行ない，荻原氏は良い話をした。年長組の女子の一人が司会をした。

　幼稚園は，この秋，高松さんの組の，一人の子どもの突然の死により，とても悲しい思いをした。田中きよこさんという。ご家族は，お葬式の日，全ての子どもたちに，葬式饅頭の大きな包みを贈った。

　幼稚園は，1月11日に，全ての保姆が出席して始業した。藤田さんも出た。一人の新しい子どもが入ったが，それから卒業式のあとまで入園許可ができなかった。非常に寒い冬のために，出席者は比較的に少なく，とある日など40名を少し越したくらいだった。

　最初の母の会は，2月2日に開催された。児玉医師が眼のケアについて話した。匹田さんが，ルカに関する短い話をした。非常に寒かったため僅か19名の女性しか出席しなかったが，精神的に非常に良い会だった。

　卒業式は，大正4（1915）年3月23日に開催され，31名の子どもが卒業証書を授与され，多くの客がきた。二階の大きな部屋に子どもたちの作品が展示され，それは立派に良く見えた。

3月の母の会の集会で，最も大きな小学校の校長である島貫氏が母親に話した。

大正4（1915）年4月～大正5（1916）年4月

　新年度は幸先よくスタートし，新しい園児たちが幼稚園に入園した。年長の子どもが多いので，3歳児と4歳児だけ入園できた。保姆は以下を除いて同じだった。5月に，中島ひでのさん（遺愛の卒業生ではない）が，新しい年長組に入った。菊池さん（おそらく，明治45（1912）年卒業の第二十回生，菊池千代と思われる。児玉満と同期）は，この遺愛幼稚園に，支所ができるまでの間のみいることで，就職してきた。

　母の会の集会は，5月，6月，7月に開催され，5月は斎藤医師，6月は三坂氏，7月は荻原氏が話をした。最終回の後は親睦会で，30名の女性が来て，荻原氏の話のあと，我々はゲームをしてお寿司を食べた。みな，それぞれに楽しんでいるように見えた。

　我々慈恵院幼稚園の保姆がいないので助けてくれるように頼まれていて，高村（田鶴）さんと菊池さんが，6月19日の開園日から，全ての土曜の午後に通っている。

　6月22日，花祭りが開催され，全ての日曜学校がここに来た。プログラムはいつもより短くシンプルであったけれども，子どもたちは大変よく活動した。多くの綺麗な花が持ち込まれた。それらの花は慈恵院と豊川病院，ほかの二つの小さな病院に分けられた。

　我々は，幼稚園の支所のために家を探していて，山背泊に見つけられないため，若松町に，見つけた。小さいが綺麗で新しい家で，それはおそらく25～30名の子どもを収容できるだろう。秋には開園したいと望んでいる。それはおそらく，シンプルで小さな幼稚園になるだろう。保姆としては菊池さんと中込さんが行くだろう。私は，我々はそれを「預かり所」として登録するだろうと考えている。

　5月の母の会において，以下の役員が決まった。

委員長：園長
副委員長：わらわび夫人，石田夫人に替わる
会計：みずまさん
事務：高村さん

　10月，母の会のために我々は記念集会を再び持った。多くが幼稚園を見るために午前中に来園し，午後の集会まで滞在したが，おそらく50名はいただろう。今回，我々は昼食に，婦人たちにお寿司を提供したが，そのためにおそらく多くの婦人が幼稚園に残ったのだろう。しかし，これがよいプランだとは私は思わない，これは大変に金がかかるからだ。

　11月，大正天皇の即位を記念して，母の会を開いた。およそ50名が出席し，大きな集会となった。西村医師がよい話をした。子どもたちの母たちが遊戯場に設置するため70円も出して，素敵なオルガンを寄附してくれた。それは時を得て非常に素晴らしいことだった。

幼稚園の子どもたちは前庭に植えられた一対の松の木を買うのに充分なお金を持ってきてくれた。松の木の周りは、それらが一般的な木ではないことを示すために、地面が盛り上げられた。ある人々は、これはまるで墓のようだというが、そうではない！

　子どもたちは即位をお祝いした。男子は短い式に出て、彼らの（日本の）旗を持ち、正確な時間に「万歳」を叫んだ。しかし式は1時間もかかった。

　12月23日の午前中、幼稚園ではクリスマス祝会をもち、子どもたちは充分に楽しんだ。我々は充分な数の人形を米国から貰っていて、男子も女子も人形を一体ずつもらった。彼らは非常に幸せだった。保姆らにあげるにも充分な数の人形があった。日曜学校のクリスマスも、かつてないほどよかった。

　1月、母らは親睦会を開催し、ゲームして遊んでよい時を持った。話が終わったあと、ゲームは容易に開始されたが、高村さんと私（ドレーパー）は全てをしなければならなかった。保姆らは「恥ずかしい」といって隠れてしまう。彼らは責任をいつも感じない。私は彼女らが成長するように期待している。

　3月、我々は35名の子どもを卒園させた。卒業式は事実、非常にうまくいった。春休み中に我々は第一回同窓会を持った。殆どの卒園生が戻って来て、遊んだりしてよい時を過ごした。一人の保姆が話をした。

大正4（1915）年9月15日～3月16日　清花園
　清花園は、よい初年度を持った。9月15日に開園、およそ30名の子どもの定員は2～3日で満員になった。反応は素早く、我々はこの地域において幼稚園が必要とされていたことを知った。我々は、これが、この町の地域で宣教の年となるよう発展することを願う。

　数回の母の会を我々は持った。しかし毎月ではない。宗教的な話が毎回、持たれた。しかし、出席者は少なく、5～8名程度だった。

　それは、彼らの人生において、初めてのクリスマス祝会であった。楽しかった。子どもたちは何を期待していいのかわからず丸い目をしていた。彼らの人生で最初のクリスマス祝会であった。子どもたちが与えられたプレゼントはシンプルで安価なものであった。子どもたちは彼らの母親のためにプレゼントを作った。

　我々は6名の卒園児を3月に出した。しかし我々は、幼稚園が登録されていなかったので、証書や認可書を出さなかった。

大正5（1916）年4月16日～大正6（1917）年3月17日　遺愛幼稚園
　今年は子どもの入園者数が例年よりゆっくりだったので、我々は暫く満席にならないのではないかと危惧したが、最後には我々は予約順番表を作成しなければならなかった。保姆にも変化があった。黒沢さん、斎藤さん、式場さんは幼稚園を去り、加藤きみさん（大

正5（1916）年卒業，第二十四回生），山田とささん（大正5（1916）年卒業，第二十四回生），飯沼いくさん（遺愛卒業生ではないか？）がやってきた。

担任　1組　澤さん
　　　2組　藤田さん
　　　3組　山田さん
　　　4組　加藤さん
　　　5組　髙村さん，飯村さん

菊池さんは慈恵院に行けなかったので，藤田さんが髙村（田鶴）さんとともに派遣された。

6月に我々は日曜学校のために子どもの日を設けた。幼稚園の日曜学校，清花園，海岸町，山背泊の日曜学校も共に集まり，プログラムに参加するためにかなり多くの子どもたちが幼稚園に集まった。花は，教会は市立病院に花を届けたので，幼稚園からは，幾つかの小さな病院に届けられた。

春と夏は，幼稚園も母の会も，いつものように流れて行った。

10月，幼稚園の開園の記念の母の会の集会が再び開催され，多くが来園し，しかし今回は我々はランチを出さなかったので，持ってきた親はごくわずかだった。しかし35名の母が集まり，午後の母の集会にも参加した。我々は役員の選出をした。

委員長：園長
副委員長：田中さん
事務：澤さん
会計：角田さん
会計補佐：髙村さん

11月，日本の勤労感謝の日の近くに，我々は我々の収穫感謝祭を持った。再び我々は子どもたちに，なにか持参するように言ったが，彼らは私が思うに50円くらいの食べ物を持参してきた。昨年は我々は即位式のため感謝祭をしなかった。今年は感謝祭の前日に我々は礼拝を捧げ，プレゼントを展示した。子どもたちが帰ったあと，保姆らはそれらの食品を用いて，翌日のための「ごちそう」の準備をすべく仕事を開始した。我々は，幼稚園児と同じ年齢の，貧しい家庭の子どもで，ゲストとして来る子どもたちのために働いた。そして感謝祭の日の12時に，子どもたちと保姆，ゲストらは座り，食事を共にした。それは非常に興味深い光景であった。食事のあと，少しの歌やゲームをした。しかし，時間が遅かったので，話はしなかった。全ての果物，野菜，などなどの残りは，我々は2台の荷車に積んで，貧しい人々に送った。

12月，我々は新しい方法を試した。我々はクリスマス祝会を午後おそくに開催したので我々は蝋燭の火を木の上にともすことができた。みんな，それを非常に楽しんだ。そんな

に遅くはなかったので，子どもたちは帰宅する時間が充分に持てた。子どもたちへのプレゼントは米国からは小さな箱がたった二つだったため，全員に行き渡らず，いくらかはここで調達しなければならなかった。大部分の女子は小さな可愛い袋に多くのものが入ったものを貰った。今年もまた子どもたちが母親のために，プレゼントを作ってあげた。飾り付けは見事だった。白いポップコーンの紐に緑の紐とリースがつき，銀の星が，それからぶら下がっていた。部屋のすみずみには，銀の鈴が下がっていた。以前には，子どもたちは母親にプレゼントを持参していなかったが，私は，それよりも今年はよいと思った。

　我々は幼稚園の日曜学校のクリスマスを今年は教会で行なった。そこで，子どもたちは教会に行く習慣がつく。我々は毎年そうしようと，私は思う。

　1月（大正6（1917）年1月12日（金）），我々は母親のために，去年と同じような親睦会を開いた。多くの親が来園し，彼らは楽しんでいるように見えた。彼女たちのために新しいことを考えるのが難しい。我々は短い話のあと，ゲームをした。保姆らは今年は去年よりもよくやった。

　2月の早い頃，我々は北海道の幼稚園のグループ集会を開催した。JKUの支部会であり，そして我々はここで最初にこれを開いた。北海道には僅か5園のみキリスト教主義幼稚園がある。ミス・ノートン（エピスコパル）の園が札幌に，ミス・マックロウニー（プレスビテリアン）の園が小樽に，ミセス・ピアソンの園が旭川かその辺に，そして我々の2園がここに。しかし，いくつか他があるので我々はみんな来てくれと頼んだが，札幌のミス・ノートンの関係者が1名，代表が見え，函館市立幼稚園から2名の保姆が一日だけ来園した。幼稚園経営者として東京でよく知られる久留島武彦氏がこの集会に特別に来てくれて，我々を強力に助けてくれた。彼は非常に興味深い講演者であったが，おそらく次回は幼稚園保姆と一致して訓練を受けた人々が受け持つのが望ましいであろう。彼は，質問や問題に応えるのには適していなかった。私は，ミス・ガルストかミス・コーネル，あるいはミセス・タッピングかミス・ガルストに頼むのが良いと思う。

　我々の集会は2日間にわたった。木曜と金曜だった。木曜の朝は開会集会で，久留島氏が我々に語った。

　2日間のプログラムは以下のようであった。

2月1日（木）
午前9：30　ミス・ドレーパー
　　　　　　讃美歌258番
　　　　　　澤さんによる聖書朗読と祈祷
　　　　　　挨拶
　　　　　　讃美歌261
　　　　　　久留島氏の話
午後1：30　高村さんによりレポートと質問
　　　　　　讃美歌420

幼稚園の活動報告
1. 札幌
2. 小樽
3. 函館市立幼稚園
4. 遺愛
5. 清花園
質問
6：30　久留島氏による日曜学校教師の集会

2月2日（金）
午前9：30　幼稚園訪問
午後1：30　歌とゲーム
親睦会　高松さん
讃美歌322
祈り
手塚さんの独唱
お話
お茶
讃美歌391
さよならワーク

木曜の午後6：30，久留島武彦氏は函館の教育委員会で話す。
　土曜の朝，我々は大きな母の会を，久留島氏を招いて開催した。80名が来園した。彼は小学校で，1～3年生，4～6年生の二つのグループで話をし，夜に函館を去った。

　彼は20円のお礼を寺井氏から受け取った。これは費用に用い，残りの費用は四つのキリスト教幼稚園で分けた。我々はそれぞれ8円，出した。我々は彼に20円の謝礼をした。寺井氏が，我々を助けてくれなければ，我々はそうすることができなかっただろう。

　3月，我々は33名の卒園児を出した。かれらのうち2名は，開園からの子どもである。辻まさこさんと，亀井かつじろうさんである。我々は彼らを送り寂しく思う。

　海岸町の日曜学校は，冬は機能しなくなった。子どもたちは，清花園の日曜学校に来るように勧められた。海岸町の日曜学校は，保姆たちが行くのに余りに遠すぎたのである。

大正6（1917）年4月16日～大正7（1918）年3月17日　清花園
　菊池さんと，中神さん（大正4（1915）年卒業，第二十三回生）は，二人とも退職した。高松ちかさん（前出，明治45（1912）年卒業，第二十回生）と，堀秀（ほり・ひで，大正5（1916）年卒業，第二十四回生）さんがやってきて，よく働いてくれた。彼女らは幼稚園の水準を本当に高めた。

幼稚園は満員となり、我々はより大きな家を探したが、見つけられなかった。幼稚園の裏の遊び場は、材木会社によって柵をされてしまい、我々は運動場として、幼稚園に隣接する狭い9×12フィートの場所しかなくなった。よりよい場所を持つことは避けられないが、我々はどうすればよいのだろう。

クリスマスは、ここでの例年よりも楽しかった。子どもたちは、その意味についてもっと知っていた。部屋は美しく飾られ、子どもたちはプログラムを上手に遂行した。きわめて多くの母親が参加した。

母の会が一学期に2～3回、開催された。16名が最高の参加人数であったが、しばしば4名とか5名のこともあった。荻原氏はいつもよく話をしてくれ、歯医者の田中氏も一回、話してくれた。高村田鶴さんも一回、話した。我々はいつも短い聖書の話をする。普通は婦人伝道師であるが、ミーティングの後で我々はインフォーマルに話を一緒にする。我々はこれらの集会を非常にエンジョイしている。

19名の子どもたちが3月に卒業した。一度にそんな大人数の卒園児を持ったことはなかったので混乱した。我々は今回も卒園証書をあげられなかったが、こどもたちは小さなプログラムを持ち、多くの母親が、やってきて楽しんだ。我々は写真を撮った。我々は近くの写真屋さんを考えたが、彼の写真はあまり上手でなく、我々は池田さんに来てもらって、フラッシュを使って写真を撮ったほうがよいと、私は、しばしば考えた。池田さんは、園舎が小さくてもそれは可能であるという。

大正6（1917）年4月～同年7月　遺愛幼稚園
　幼稚園は4月2日に、大きな入園待ちリストとともに始業した。それでも、45名の新入園児を迎えた。保姆は変わった。藤田さん（前掲）、山田とささん（前掲）、飯村さんは去り、堀秀さん（前掲）が清花園から、渡辺悠起さん（大正6（1917）年卒業、第二十五回生）と石川フミさん（大正6（1917）年卒業、第二十五回生）が遺愛女学校から来た。保姆の担任は以下のとおりである。
　　1組：沢さん
　　2組：加藤さん
　　3組：堀さん
　　4組：渡辺さん
　　5組：高村さんと石川さん

　私は通常、清花園から遺愛幼稚園に保姆を移すことは、両方の施設の地位の誤った印象を与えるので、提言しない。しかし、遺愛幼稚園に大変多くの保姆の変更があったので、3名の保姆のうち一人は、少なくとも少しでも経験があったほうがよいと考えた。

　5月の母の会は、その月の初めから、恒例の大掃除のために月末まで延期した。それは、20名の婦人を招いてよい集会だった。荻原氏が素晴らしい話をしてくれ、高村田鶴さんが短い話をした。幼稚園の子どもたちと母親のために、6月上旬に「運動会」をしようと決議

された。新しい会計には、角田さんが東京に引っ越したので、亀井さん（元町）が替わりに選ばれた。

運動会ピクニックが、6月5日の火曜日にあった。母親たちと看護師たちと子どもたちは約170名も集まり、3台の特別車で学校に向かった。車代は「団体割引」と呼ばれるもので、子どもたちは安くなり、大人は半額となった。車は9時30分に出発するので、子どもたちと母親たちは車の乗り場に行くために9時に幼稚園に集合した。

我々は学校に10時20分に到着し、沢さんと市川さんは我々のために、エチケットハウスや、寮と教室との間の芝生を準備するために早く出発した。我々は昼食までは自由遊びとし、我々は芝生の上や小さな家の中で昼食し、そして昼食のあとにレースが始まった。二つが母親のために用意され、残りは子どもたちのレースだった。我々は3時までに出発して、特別車に3時半に乗り、家に4時までに到着した。ピクニックは大いなる成功をおさめたが、保姆にとっては重労働だった。翌日は休日だった。レースは次のようであった。

1. 第一恩物のレース（色まり）
2. ロンドン橋
3. プッディング 林檎（母親のための）
4. ジャンピング
5. スプーンレース
6. 字レース（母親のための）
7. 大玉送り
8. 毛虫ゲーム
9. うさぎとび
10. 色あて
11. 家づくり遊戯

またの母の会が7月2日に開催された。ドレーパーがお話した。38名の婦人が出席した。

7月10日に、ドレーパーの送別会が開催された。40名が参加した。写真が撮られ、みな楽しんだ。

終業式が7月20日（金）に開催された。

大正7（1918）年4月17日～同年7月17日　清花園
　4月、保姆が変わった。式場ひでさんが2年間の研修と経験を我々の幼稚園で積んだのちに1年間、家庭にいたが、主任保姆として戻ってきた。遺愛女学校卒業生の石川フミさん（前掲）が補助として就職した。子どもの数は30名を越えなかった。
　この学期に二つの特別に興味深いことが起きた。6月中旬に近い月曜、我々は、大きな幼稚園（著者注：遺愛幼稚園のことか？）の運動場で「運動会」を開催した。彼らは最初、高いところに登り、しばらく遊んだあとで、低い芝生に降りてきて、幼稚園の日陰に入って昼食を食べた。それから、我々の前庭の芝生でゲームや競争をした。おおよそ60名が集

った。

　7月5日，母の会の集会が開催され，17名の母が集まった。それは，これまで持たれた会のなかで最も大きな会だった。横山さんが短い聖書の話をし，敷場さんが，子どもを育てることの道について話，私が，米国では男性のために米国婦人が何をしているかを話した。これはとても興味深い集会だった。春の集会は，1年で最も大きな会のように思われる。
　終業式が7月20日に行われた。　　　　　　　　　　　　　　　　　　　（著者概訳）

(17) 英文メモ　執筆者：一色ウメ（旧姓：中野）

執筆年：1913 〜 1914（大正 2 〜 3）年　幼稚園保存史料
保存場所：史料室　正面本棚　上から2段目　左

　Our first Kindergarten was opened on the sixteenth of Sept. Meiji 28th with five English and American children and five Japanese ones.
　The English children spoke our language so easily as almost as Japanese. The children of American missionary could not understand Japanese well, So I had to speak English to them and Japanese to others at the same time. It was not as easy for me as to teach only in Japanese, but was thankful that I could speak English too.
　It was somewhat like kindergartens in Honolulu that I saw a few years later.

　There were Americans, Kanakas the natives, Portugues, Japanese and Chinese etc, only they had many teachers. The foreign children were not only any trouble for our children when at work or at play but they helped them and took lead of them. They were bright and kind children. They played together agreeably. They are
Gwendoline Nettleship
Neil
Winifred Draper
Haven
Marian
Kitahara Yae
Aibara Hide
Mase Ryotaro.
Haya Chiyomatsu
Kasai Torataro

　Nattleship children went to England to be educated a few years later. I have not heard of them after I came a way from the Kindergarten.
　Winifred Draper is now working as missionary in Sapporo and loves my boys. Haven I am told that he is working as businessman in America. Marian, very bright girl, four years old then has just come back from America, graduated college with high honor and teaching in Aoyama Jogakuin. Out of five our children Mase Ryotaro and Kitahara Yaye

finished our course. He is good Christian young man studying in Commercial school and still remembers me well in writing to me though I was away from them over ten years.

Kitahara Yaye is now married woman. Our kindergarten was not widely reported rather a private one, and the number was limited to thirty, as the room was small So you see, it was not known among the people in Hakodate as the other kindergarten which was very old one. But gradually they began to send their children to our Christian Kindergarten.

Owaki Tei, Muramatsu Mutsuo, Suzuki Sakae, Akune Yoshimi, these four added in the same year. The next year, thirteen children came in after April 21st Frobel's birthday on which we did some exercise to let them remember the old good friend of them or gave certificates to those who finished

Our kindergarten course. They are Sato Seiya, Komai Nobu, Aoki Hatsu, Matsushita Kumao, Kitayo Noboru, Okumura Rokuro, Yamanaka Ume, Mogi Kimi, Sudo Kametaro, Nakamura Katsuma, Izawa Yoshimi, Yoshida Nobu, Kawabara Mitsu.

Out of these there was one graduate. I call graduates those who stayed with us for three years till they were old enough to go to Shogakko.

The most reason of many of them who could not graduate was that their fathers were officials and moved away from Hakodate.

The next year Meiji 30th,
17 children were added.
Yoshimura Tami, Ueda Miwa, Sano Toki, Terada Tougi, Uno Shige, Takehara Kohei, Watanabe Ritsu, Ooka Kinsuke, Kitahara Eizo, Yamaka Naomi, Umezawa Rei, Yamaka Nanae, Kawarazuka Fumie.
Nakano Kiyohiko, Misumi Tetsuo, Ozaki Kazuo, Matsumoto Misao.

Among these new comers there were some children who belong to the parents who were rather too proud to send their little ones to the small unknown, unpopular Christian Kindergarten. They were officials and a doctor. The latter I knew and former ones my fathre knew, so we invited them to our Christmas exercise. The children were cunning. Their songs and games were lovely and touching.

The guests said they enjoyed it very much.

Those proud people said too that they were greatly interested them. I felt very thankful that the little ones moved led the hard hearted ones to come nearer to God, and was specially delighted to have their children. Indeed, "The little child shall lead them."

In Meiji 31, there were 24 new comers and four more children wanted to come. But as we could not take them all in, we promised to them to take when we had vacancy.

They are Fujino Shoichi, Itakura Kane, Hirose Kaoru, Matsumura Wasa, Kurihara Yasumu, Kasai Taki, Yamanaka Terukichi, Maeda Takashi, Otani Harumi, Okutsu Yoshi, Yasuda Iku. Ito Shinsuke, Fujiwara Kiyo, Otake Fushio, Ikeda Tsutomu. Fujimo Katsu. Ito

Kosaburo, Ito Koshiro, Murayama Jun, Fujino Kimi, Tamiya Ikuzo, Hatano Akiyoshi, Uno Kazu, Kubo Hide.

Out of these there were five graduates. The next year sixteen children were added to us.

Kobayashi Kozo, Itazawa Tokunosuke, Haga Tsujihiko, Shindo Hide, Arai Wakae, Terada Sakuichi, Ito Jiro, Ichkawa Koichiro, Sakano Tetsuo, Sakaguchi Tomokichi, Kiyama Akira, Henmi Toshi, Tsuji Tomoo, Sato Seki, Yamamoto Katsu, Fywa Kiuhei,.

The next year Meiji 33, 26 children came in.

Suzuki Shinzo, Baba Kiyoshi, Ooka Kunijiro,Tanaka Kenkichi, Yamaka Hachiro, Umezawa Takeshi, Maeda Toshi, Ishii Kimi, Mizushima Kanzaburo, Mizushima Tori, Mizuka Toyo, Taguchi Teru, Ito Daiki, Suda Tomi, Tasaki Toku, Tamiya Toshi, Tsutaya Iku ,Matsumoto Midori, Takenama Seki, Higashide Kimi, Inoue Senta, Karube Ichiro, Kugimiya, Shizue, Tanaka Toshimitsu, Kobayashi Yoshimi, Nayoya Katsuzo,.

There were 13 graduates in all.

Well I enjoyed the work and was greatly interested in teaching. This unexperienced Kindergartener as I may not have been a good teacher, but let me say I only made a success in winning in children.

They loved me oh so much. There are many cases that troubles kindergartners very much as someones stick to the servants and dislike to come to the teacher or fear to work or play with other children or cry at the teachers when they speak or go for them or so forth. But I had no trouble to deal with them. That was not by my talent but by God's help. Besides there were my helpers they helped me in various ways. Miss Singer who is still teaching music in Iai Jogakko came to help Iai kindergarten, was too busy to teach in the Kindergarten by teaching music, but she helped me indirectly by lending me books and magazines that helped me much. There were not many books or magazines, sing books in the Kindergarten. I often had troubles in finding good stories for morning talks which are most important in the Kindergarten to begin the lesson of the day. There are not many proper books written in Japanese for stories and I always used to pick up from the English books or make up stories by taking the idea from the good little poems or easy science books. Miss Hampton and Miss Deckerson also helped me much. They tried to make our children happy and comfortable as possible, by giving pretty pictures to hang up for them to see and other things; or in giving me some advices; or in teaching us all the teachers in the school mental science.

There was one more helper whom no doubt none of us knew. That was Mrs. Draper. She had books for her own children. There was one kind which I liked most. She gave me some of them. They helped me much in translating some of the little songs in them into our language. Any kindergartener I think should have troubles to have proper songs or stories or day's program if she would try to teach the lesson in one line.

As one thread. For instance if I would try to teach about mosquitoe net, I would talk about the difference of many some threads showing them, and specially talk of cotton and linen as our nets are made of both- the best one being made of linen and the cheaper one form the cotton.

This is for morning talk. For games. Besides many others games there should be one imitating mosquitoe net or mosquitoes swarming. Then we would like to have a song of mosquitoe, but there is none in the books (may be there is now.) So I made up the words and found the music to go with them. For work weaving or braiding.

If I would try to speak about the flax, I would talk of the difference of Japanese flax or English one. Experience of Flax "in the child's world by Emilie Porlson, would be pretty. The children will probably have difficulty in distinguishing cotton and linen, but the latter is colder to the touch you know.

There is a little poem by Mary Honritt about the flax flower, and we could take the idea of it to make up the story. Then by and by we must come to the mosquitoe net. The use of it ,shape and material and so forth for the talk of one day.

The gift- Rings, as mosquitoe nets rings are just the same.

Let them make a fan with one ring and stick and half ring like this water drawing- Ring or fan.

Show a piece of the net. Let them notice how it is woven. Tell of the loom a little.

For occupation- Interlacing slots or weaving

Thus one would have troubles to find proper songs or stories for the day's lesson. So the kindergardeners should read many books. One's lending of books or magazines to them is very good and kind help for them you see.

June 29, 1897

When the children were playing in the garden picking up grass or flowers, two little girls came to me with quite a bundle of the leaves saying they were going to give them to a caterpillar when they spied one. The caterpillar is a dreadful thing for Japanese girls even women. Our children became to love the creatures even ugly looking things and the flowers even a wild one which does not look pretty. They loved the nature.

This was found in my old diary. I have no doubt that every kindergartener tries to teach the beauty of a thing even a creature which looks ugliest to us. Now the children by nature do not think anything ugly or dirty. That I have experienced with my boys. They do not see ugliness of any thing like caterpillar, worm or any other creatures that look very dirty to me. They seem they cannot see ugliness of them. When I was teaching in the kindergarten I thought I made the children love the ugly creatures. After my hard effort in teaching the beauty of them (for I myself could not think them beautiful) but now I know that I did not make them love the nature, but God made them to love "all things crated by Him" I only helped some of them who lost their nature by the carelessness of mothers or by heredity.

Every creatures of God is good. "Unto the pure all thing are pure." Some children are unfortunately made by their careless helpers or by hereditary fault to see the things as defiled or un pure and that often leads to be cruel even to mankind at the last.

I myself confess with sad heart that I learned to see ugliness and dark side of anything rather than its beauty in my family.

Fröbel loved nature. It made him good, kind and great.

Oh the weight of the responsibility of the helpers of the children!

Many mothers are rather careless to say, "that is dirty" "this is ugly," you must not touch it "just by love for their little ones. I do hope to all the kindergarteners to make up such deffects at homes by your help. To do that you must watch them one by one very closely and learn their dispositions. There are some kindergarteners I hear in Tokyo that the kindergarteners do not watch or play with them when they are out at play. I think the children display their dispositions most freely and naturally when at play.

Our first little friends Nettleship children were trained properly at home. They disliked nothing, feared nothing. They dealed with any creature as if they play with their beautiful toys. I would like to know into what kind of people they are grown up now!

　我々の最初の幼稚園は，明治28年9月16日に英米国の5名の子どもたちと日本の5名の子どもたちとで始まった。英国の子どもたちは，殆ど日本人と同じようにスラスラと日本語を話した。しかし，米国人の宣教師の子どもたちは，日本語をよく理解することができなかった。そこで，私は彼らに英語を話さなければならなかった。と同時にほかの子どもたちに日本語を話した。それは，私にとって，簡単なことではなかったが，幸いなことに私は英語も話すことができた。それは，ある意味で，私が数年後に見たホノルルの幾つかの幼稚園のようであった。そこには，米国人，カナカ族，ポルトガル人，日本人，そして中国人の子どもたちがいた。ただ，彼らには，たくさんの先生がたがおられた。外国人の子どもたちは，日本人の子どもたちと同様に製作や遊びにおいて問題がなかったのみならず，日本人の子どもたちを非常によく助けた。彼らは聡明で親切な子どもたちだった。子どもたちの名前は以下のとおりである。

　（名前は略）

　ネットルシップの子どもたちは数年後に勉強するために英国に行った。私が幼稚園を辞めてからは，彼らについては聞いていない。ウィニフレッド・ドレーパーは，今，札幌で宣教師として働いており，私の息子たちを可愛がってくれている。聞いたところによると，ヘイヴンは米国でビジネスマンとして働いている。メアリアンは聡明な少女で，当時は4歳であったが，最優秀賞で米国のカレッジを卒業し，たった今，帰函した。そして青山女学院で教えている。日本人の5名の子どもたちのうち，ませ・りょうたろうと，きたはら・やえは，我々の教育課程を終えた。彼はよいクリスチャンの若者で，経済学を学んでおり，私は10年以上も彼らから離れているにも関わらず，私に手紙をくれる。きたはら・やえは，今，結婚している。我々の幼稚園は，広く知られておらず，むしろ私立で数は30名に限定され，部屋は小さかった。そこでおわかりのように，それは非常に古いほかの幼稚園のように函館の街の人々に余り知られていなかった。しかし，だんだん，我々のキリスト教の幼稚園に彼らの子どもたちを入れ始めた。

　おわき・てい，むらまつ・むつお，すずき・さかえ，おくね・よしみ，これらの4名は，同じ年度に入園してきた。翌年，フレーベルの誕生日4月21日に行事を開催した後に，13

名が入ってきた。彼らの旧い友だち（＝フレーベル）を覚えさせ，同時に我々の幼稚園の課程を終えた子どもたちに修了証書をあげた。
（名前は略）
　これらのなかから1名，卒業生が出た。私が卒業生というのは，小学校に入るまでに充分に成長するまで3年間，私たちと一緒にいた子どもを卒業生と呼ぶ。殆どの彼らが卒園できなかった主な理由は，彼らの父親が役人で，函館から遠くに転勤していったことにある。次の年，明治30年に，17名の子どもたちが入ってきた。
（名前は略）
　これら新入園児のなかには，小さくてあまり知られていない一般的でないキリスト教の幼稚園に彼らの子どもたちを入れることに，むしろ誇りを持っている親たちに属している子どもたちがいた。彼らは役人か，医師だった。医師は私が知っており，役人たちは私の父が知っていたので，私たちは私たちのクリスマスの行事に彼らを招待した。子どもたちは可愛かった。彼らの歌やゲームは愛らしく，感動的だった。客は，それを非常に楽しんだといった。これらの誇り高き人々は又，子どもたちに非常に興味をもったといった。私が非常に感謝したことは，幼き子どもたちが，かたくなな心を持った人々を，神に，より近付けたことだった（全く幼い子どもたちは彼らを導くだろう）。
　明治31年，24名が入園し，4名が入園を望んだ。しかし，私たちは彼らを全て受け入れることができなかった。空席ができた時に彼らを受け入れると我々は約束した。
（名前は略）
　　これらの子どもたちのなかから5名が卒園した。次の年，16名が入園した。
（名前は略）
　翌，明治33年，26名が入園した。
（名前は略）
　そして，そのなかから13名が卒園した。
（名前は略）
　私は，仕事を楽しんだ。教育に，非常に興味をもった。経験のない保育者（自分）がよい教師でなかったかも知れない。しかし，いわせていただくと，私は子どもたちの心を惹きつけることに成功した。彼らは私を大変に愛してくれた。幼稚園には教師たちを困らせるケースが沢山あった。すなわち，奉公人から離れずに教師のところに来るのを嫌がったり，ほかの子どもたちと製作をしたり遊んだりすることを恐れたり，教師が彼らのところに話したり近づいたりすると泣き出したりと，様々であった。しかし私は，彼らと交わるのに，全く問題がなかった。それは，私の才能によってではなく，神様の助けによってであった。そのうえ，私のヘルパーとして多様な方面で私を助けてくれる人がいた。ミス・シンガー，遺愛女学校で音楽を今も教えている人は，遺愛幼稚園を助けるために幼稚園に来た。彼女は幼稚園で音楽を教えるにはあまりにも忙しかった。しかし彼女は私に本や雑誌を貸してくれることによって，間接的に私を非常に助けてくれた。幼稚園には沢山の本や雑誌や歌の本が無かった。私は，1日の課業を始めるに当たり，幼稚園で一番大切な朝の話（談話）をするためのよい物語を探すのにしばしば苦労した。物語を日本語で書いた適切な本は無かった。それで私は常に英語の本から選んだり，或いはよい小さな詩や簡単な科学の本からアイディアを取ってストーリーを作り上げたものだった。ミス・ハンプトンとミス・デカルソンは，また私を非常に助けてくれた。彼らは幼稚園の子どもたちをできるだけ幸福

に快適に過ごさせたいと努力した。すなわち，彼らのために美しい絵画を掛けたり，私に何かアドバイスをくれたり，学校の精神科学について教師である我々に教えてくれた。そこには，もう一人のヘルパー，疑いもなく我々が知らなかった助っ人がいた。それは，ミセス・ドレーパーであった。彼女は彼女の子どもたちのために本を持っていた。そこには私が最も好きな一つの種類があった。彼女は，その本の何冊かを私にくれた。彼らは我々の言葉（日本語）に訳して幾つかの可愛い歌を私に与えてくれた。どの教師も，彼女がある方法に課業を導いていこうとすると，一日のプログラムあるいは適当な歌や物語を探すのに困難だったのに違いない。

一本の糸のように，たとえば私が蚊帳について教えようとすると，私は彼らに多くの糸の違いについて話さなければならない。つまり，両方で作られている我々の蚊帳として，木綿と絹の話をしなければならない。最もよいものは麻で作られ，安物は木綿で作られているから。これは，朝のための話である。ゲームのためには，沢山のゲームのほかに，そこには蚊帳や，蚊の群がっている様子を模倣するゲームができるだろう。すなわち，我々は，蚊の歌を歌わなければならないだろう。しかし本には何もない。そこで，私は，言葉を作り，その言葉にうまくあたる音楽を発見した。織ったり編んだりする仕事のために。もしも私が布について話そうとするなら，私は日本の亜麻布と英国の布の違いについて話さなければならない。エピール・ポルソンによる，子どもの世界における亜麻布の経験は，それは美しいだろう。多分，子どもたちは，木綿と絹の違いについては理解が困難かも知れない。しかし，麻はあなたが知っているように，触ると，より冷たい。メアリー・ホンリットによって作られた亜麻布の花についての可愛い詩がある。そして私たちは，物語を作りあげるために，そのアイディアを採りあげるだろう。

蚊帳の切れはしを見せよう。子どもたちに，どういうふうにして織られていたかを知らしめよう。そして機織り機について話をしよう。仕事のために，工作させる機織り，かくして人々はその日の練習のために適切な歌と物語とを探すことが困難になってくる。そこで幼稚園の教師は，沢山の本を読むべきである。彼らに本や雑誌を貸してくれる人は非常に良いことであり，彼らにとって，親切な援助になる。

1897（明治30）年6月29日に子どもたちと庭で草や花を摘んで遊んでいた時に二人の女子が私のところにやってきた。沢山の葉を持っていて，彼らが見つけた毛虫に与えるつもりだといった。毛虫は日本の女子たちや婦人にとって気持ちのいいものではない。我々の子どもたちは非常に醜く見えるものや，美しくない野生の花でも愛するようになっている。彼らは自然を愛した。私は自分の古い日記帳を見つけた。私は疑いもなく，どの教師も，ものの美しさを教えるように努力していると思う。我々に最も醜いと見える生物すらも，可愛らしいと思う。生まれつき子どもは醜いとか汚いとかと物を考えない。それは，私が自分の男の子どもたちにも経験していることだ。彼らは毛虫やみみずあるいは私たちにとって非常に汚いと見える生物のようなものでも，醜いとは思わない。彼らは，それらの醜さを考えていないと思われる。私が幼稚園で教えている時に，私は，子どもたちが醜い生物を愛するようにと考えた。彼らの美を教えることに，私の大変な努力を払った（しかし，私は，自分が彼らを愛することはできていないと知っている）。しかし神は彼らを愛するように創られた。全てのものは神によって創造されている。私は，不注意な母親や，遺伝によって彼らの自然を失っているということを考えた。神の造られた全ては美しい。ある子どもたちは，不幸なことに，不注意な助っ人や遺伝的な失敗によって汚い純でないものと

して物をみるように創られ，それがしばしばついには人類さえ狂わすことになる。私自身，告白すると，私は私の家族のなかで美しいものよりも寧ろ汚い暗い側面を見るように教えられた。フレーベルは，自然を愛した。それは彼の善であり，親切であり偉大さである。子どもたちに対する助っ人の責任の重さは重大である。多くの母親は不注意にいうだろう。それは汚い，これは醜い。あなたはそれに触ってはならない。それを彼らの子どもたちに対する愛によっていうのである。私が望むことは，幼稚園の教師が，教師たちの援助によって，家庭に欠乏しているものを埋めていかなければならない。そうするために教師は，一人ひとりを非常に注意深く見守り，彼らの性質を把握しなければならない。聞くところによると，東京にある，ある幼稚園では，教師が外で遊んでいる時に，彼らを見守ったり彼らと遊んだりしないという。子どもたちは性格をそのまま表に出し，最も自由で自然に行動している。私たちの最初の友だちであるヘッツルマンの子どもたちは，そのように家庭で訓育を受けた。彼らには何も汚いものがなく，何も怖いものがない。彼らはどんな生き物でも，ちょうど美しいおもちゃと遊んでいるように，扱った。私は今，彼らが大人になって，どんな人々になったか，成長したかを知りたいものである。　　　　（著者概訳）

(18) Methodist Episcpopal Church the Woman's Conference Report
（青山学院資料センター所蔵，遺愛関係記事）
ここでは特に本書の内容に関連の強いもののみを掲載した。

①明治28年夏の記事—遺愛幼稚園第一独立園舎を建てるにあたっての記事

　　While in America, I was able to create interest in a Kindergarten building for Hakodate and so collected some money for it. The building was completed in time for our Kindergarten to open October 1st. As part of the money was a sister's legacy and other sums were contributed in her memory, the building is known in the United States as the Dickerson Memorial Kindergarten. For convenience, we call it in Hakodate, the Iai Yōchien; "Iai" meaning "memorial love." In this building we have rooms for our Preparatory and Music Departments.

　　Although we did not employ an architect, yet Miss. Hampton and the carpenters succeeded so well in planning the house that it not only gives added beauty to our premises, but it has proven to be most convenient,and well adapted to our needs. We were obliged to sacrifice part of our play-ground for this building, but we try to think of our reduced yard as the philosopher did of his, – "It is wondrous high!" Though we have had but an average attendance of ten, yet we feel we have made a good beginning and that future success is assured. Many encouraging words have been spoken to us by the parents, – words which lead us to hope that the promise "A little child shall lead them" may be literally fulfilled in some of the homes. We believe that the Saviour who bade little children to come unto Him stills bids them come and that His gracious smile rests upon all Kindergarten work.

　　The Preparatory Department in its new, light, airy, quiet rooms has been very satisfactory this year. It is better organized and better attended than previously.
(13th session 1896, July 15-21)　明治28年夏

(Miss Augusta Dickerson (Principal), Miss Mary S. Hampton, Miss Florence E. Singer) pp. 31 ～ 32)

「米国にいた暫くの間，私は函館の幼稚園舎建築に興味を持ってもらうことができ，いくらかの募金もできた。建物は我々の幼稚園が開園する10月1日に間にあって完成した。資金の一部には妹の遺産があり，ほかの総額は彼女の記念として献金されたものであった。その建物は米国では「デカルソン記念幼稚園」として知られている。便宜上我々は函館で遺愛幼稚園と呼んでいる。遺愛とは"愛を遺す"という意味である。この建物に我々は，小学部と音楽部の部屋を持っている。

我々は建築家を雇わなかったけれども，それにも拘わらず，ミス・ハンプトンと大工たちは建物の設計を大変よくやって成功し，それは我々の敷地に美しさを加えたのみならず，建物は最も便利的であり，我々のニーズによく適応したものであった。我々は，この建物のために園庭の一部を犠牲にすることを余儀なくされたが，我々は思慮深い人（哲人）が自分のものについても「それは素晴らしく評価の高いことである」としたように，我々の減らした土地についてもそう考えようと試みた。幼児の平均出席者は10名であったけれども，それでも我々は，それはよいスタートで将来の発展を保証していると感じた。

沢山の両親たちからの賛辞と激励の言葉をいただいた。なかには"幼児が親たちを感化するだろう"との可能性があると，何軒かの家庭で文字どおり話されているようで，それは我々に希望を与えてくれた。我々は，幼児たちに，神のところに来るよう告げている救い主が，それを静かに彼等に命ずることと，神のおだやかなほほえみが幼稚園の全ての仕事の上に在るということを，信じている。

小学部は新しさ，明るさ，空気のよさをもった静かな部屋を与えられ，今年は非常に満足している。
by デカルソン園長」　　　　　　　　　　　　　　　　　　　　　　　　（著者概訳）

②校舎についての記事——ハンプトンによる記述
HAKODATE BUILDING

Just after giving out our contact two years ago last February, when not feeling perfectly sure we had done the best we could, Miss Dickerson found the Bible verse, "For I know the thoughts that I think towards you, saith the Lord, thoughts of peace, and not of evil, to give you an expected end," and read it aloud. In repeating it, I changed "an expected end" to "an unexpected end," and was corrected.

Perhaps the reason for my unconsciously changing it was that I feared trouble, and so "unexpected end" was more comforming to me. The expected end has truly become the unexpected end, for even beyond my anticipations have the difficulties multiplied themselves.

However, we have the buildings, and we began school with only our old pupils on the sixteenth of January. There is much to be grateful for in the fact that we had this place so nearly done at the time of the great fire; also that, in spite of the scarcity of workmen, the work went on to completion.

The rise in prices a year ago embarrassed the contractor, and we saw that he could not do as he had agreed unless we promised him more money, which we were not ready to do.

June 14 the dormitory for 120 girls, about completed, burned, cause unknown. The insurance money was paid July 20. The contractor was not willing, though way behind with the rest of his work, to let us find other workmen and rebuild with another party. He became so disagreeable, threatening a lawsuit, that the whole contract was canceled July 25. We then ordered the lumber to rebuild through Mr. King, but the man who had loaned the first contractor some capital wanted to go on with the work. It seemed best to allow him; so on Aug. 15 we made a new contract, including the use of all the materials we had bought. He made things fly from the start and it looked as if we would have our building by the end of October. Then came the great fire, which put a stop to all work for two or three weeks.

At last, workmen were procured from other towns, sheds put up where they could sleep and eat, and the work went on. The carpenters did their part well on time, but the joiner was slow and delayed the painting and plastering. It was an early winter. December 2 a heavy wind and snow storm came, the snow drifted into the dormitory and kitchen part, as no doors or windows were in.

Through December, the cold and snow continued. The plaster froze as they put it on, so stoves were put in the dormitory for the last two coats of plaster, and fires kept night and day. But in the kitchen, bath-room, dining-room, and infirmary, as the doors and windows were still not in and the plasterer would not wait, that has to be done over. Concrete work and painting, wherever the joiner had delayed the work, had to be left till spring.

Snow covered the disorderly grounds, and we began to use the buildings on January 16 without any formal opening. It was very hard to get things done in mid-winter, but the girls were too happy to be allowed to return, to notice any defects or to be critical. Had we not possessed this beautiful location, we should have been far more hindered, as it would have taken two or three years to rebuild on the old site.

All like the new place, and pronounce it "rippa" (wonderfully fine). The defects that are so prominent to us, they do not see. We simply were compelled after the great fire to accept things we would not have accepted otherwise. It was that or nothing.

The planning to use special reserved money for finishings, was beyond our control. In spite of all obstacles, however, we come out abouteven on finances. If all had been sent that was promised, if we had not borrowed, and if we had sold some materials left on hand, we should have a small balance.

It will take several years to get the place in order. Though we know "the end" is still not reached, we are very grateful for our school building and home.

MARY S. HAMPTON.

(25th Annual Report 1907-1908) 明治40 〜 41 年
(Dickerson, Principal, Hampton, Singer pp. 65 〜 66)

「函館の建物

2年前の2月に我々の契約を公表した直後、我々は我々にできる最善を尽くしたとは感じなかった時に、ミス・デカルソンは聖書の言葉を見つけた。「わたしは、あなたたちのために立てた計画をよく心に留めている、と主はいわれる。それは平和の計画であって、災いの計画ではない。将来と希望を与えるものである」(新共同訳『聖書』より。著者注：エレミヤ書29章11節)。そして彼女は、それを大声で読んだ。それをくりかえしているうちに、私は"期待されている将来"を"期待されていない将来"に変え、訂正した。
　おそらく私の心にもない変更の理由は私がトラブルを恐れてのことだった。そして、そう"期待されていない将来"は私に、より適合することだった。期待される将来は確かに期待されない将来になった。というのは私の予想をはるかに超えて多くの困難があったのである。
　しかしながら、校舎を持ち我々は1月16日に古い生徒たちだけで学校を始めた。大火に遭った時にこの場所が殆ど焼けてしまった事実や仕事師の不足にも拘わらず、工事が完成へと近づきつつあることは誠にありがたいことであった。
　1年前よりも費用が高騰したことは契約者を困惑させた。そして我々は彼にもっとお金を支払うと約束しない限りは彼は同意できないことを知った。しかし我々は支払うお金の準備がなかった。6月14日、120名の女生徒たちが寮におり、殆ど完成していたものが焼失した原因は不明である。火災保険は7月20日に支払われた。契約者は彼の仕事を残していたけれども、やる気がなく、ほかの仕事師を探して他のグループに再建させた。
　彼はたいそう、非協力的で、告訴すると脅迫したので、全契約を7月25日に取り消した。それから我々はミスターキングを通して再建するための材木を頼んだ。最初の契約者は市の仕事が入り、それは彼を許すためにはベストに思えた。そこで我々は8月15日に我々が購入した全ての品物(物品)の使用を含めて仕事をするという新しい契約を結んだ。
　彼は最初から抜け目なく事を運んで、それは10月末までに我々の建物ができるかに見えた。そこに大火が来た。それは仕事の全てを2〜3週間も止めてしまった。
　遂に仕事師は他の街から調達された。彼らが寝たり食べたりする小屋も用意して、仕事が続けられた。
　大工たちは自分たちの仕事をよくやり、よく食べた。そして仕事は続いた。大工たちはよく仕事をし、定時までに終わった。しかし指物師の仕事が遅く、塗装屋と塗喰師が遅れた。それは初冬だった。12月2日には強風と豪雪が来た。雪はドアや窓がなかったので、寮や台所の中に吹き寄せた。
　12月中、寒さと雪が続いた。漆喰はつけられたままに凍った。漆喰の最後の2度の塗装のために寮にストーブが置かれ、夜も昼も火が焚かれていた。しかし、台所、浴室、食堂と保健室の中には、ドアと窓がまだなかったので、漆喰師は特に待たなければならなかった。指物師が、仕事が遅くなった場所のコンクリートの仕事とペンキ塗装は春まで遺さなければならなかった。
　雪は地面を完全に覆い、我々は1月16日に正式な始式式なしに建物を使い始めた。真冬に物事をしていくのは非常に困難であるが、少女たちは多少の不足や批判に気づいても帰ってくることを許されたことを非常に喜んだ。我々が、この美しい場所を所有していなかったら、我々は古い土地に再建するのに2年か3年かかっただろうし、もっとずっとあとになっていたかも知れない。
　みんな新しい場所が好きで、"立派"と賞賛した。我々に目立った欠陥も彼らには見えない。

我々は，ごく前には受け入れなかったであろうものの，大火のあとは，簡単に受け入れるようになった（せざるを得なかった）。それはそうであり，なにものでもなかった。

完成のために特別に蓄えておいたお金の使用計画は，我々の管理を超えたものであった。しかしながら，全ての障碍にも拘わらず財務上は凡そ丁度になった。

もしも全てを約束したように送っていたら，もしも我々がお金を借りなかったら，そして，もし我々が手中に残った物を売っていたら，我々は少しばかりお金を遺しただろうか。

秩序よく，その場所を備えるには数年かかるだろう。我々は，まだ到達しない"将来"を知っているけれども，我々は校舎と家に対して非常に感謝している。」　　（著者概訳）

③新校舎についての記事

It has been a year of beginnings and re-organization. Though not yet fully furnished, nor properly equipped, we have striven to do the best we could. During the coming year we hope to see every room furnished, including the beautiful chapel and the new gymnasium. The Thank Offering from the Philadelphia Branch will enable us to do this, and we grateful to them. （中略）

Many were the words of praise and approval given by the visitors as they examined the buildings after the exercises. The light, airy, spacious, substantial, comfortable rooms, wide halls and stair-cases, ample entrance-ways, all so well planned, seemed to give universal satisfaction. Although her ideal had not been attained yet was a great pleasure to Miss Hampton to hear these words of appreciation. For four years the buildings had been the object of her constant thought and effort. At present, she is having needed rest and change and we are waiting the day of her return, praying ta（著者注：ありがとう）with renewed health and vigor she may have many years of successful work in the school into which she has put so much of herself.

Every one who has seen our location and buildings gives us words of congratulation and encouragement. The editor of the Japanese Christian Advocate expressed the opinion that it was too fine for Hokkaido. "The buildings ought to be in Tokyo" he said. But why should not these strong, earnest, simple-hearted country girls have the best during the first formative years of life? Habits of order, cleanliness, propriety, honesty; a love of that which is good and true and beautiful; right ideas of thinking, being, and doing must be cultivated under the most favorable surroundings early in the school-life if the best results are to be obtained in education.

(26th Annual Report 1908-1909)　明治41～42年）
(Dickerson, Hampton, Sprowles, Singer pp. 5～7)

「開校して再組織して1年が経った。まだ完全に備わってはいないし，充分にそろってもいないのだが，我々はできうる限り骨を折った。

来年は，美しい礼拝堂と新しい体育館も含めて各部屋を整備し終わりたいと思う。フィラデルフィア・ブランチからの感謝献金が我々にこれらを可能にするだろうと我々は彼らに感謝している。

儀式のあと建物（校舎）を見て歩いた時に，その訪問者たちによって賞賛と激励の言葉

が沢山あった。明るく風通しのよい広々とした実質的な快適な部屋，広いホールと階段，広々とした玄関，全てが非常によく計画されたので，皆に満足を与えたようだった。ミス・ハンプトンの考えがまだ全て到達されているようではなかったけれども，簡単な言葉を聞くことは彼女にとっても大きな喜びであった。4年の間，校舎が彼女の耐えぬ思いと努力の的であった。現在，彼女は，休養と療養を必要としている。我々は彼女自身を本当に打ち込んだ，何年にも亙った校舎での成功した仕事に用いた健康と精神（疲労）の快復を，有難うと祈りながら彼女の帰る日を待っているところである。

　我々の土地と校舎を見た人は殆ど全て，お祝いと激励のことばをくれる。日本キリスト教主唱者の編集者は，それは北海道にとってあまりにもよすぎる，"その校舎は東京に在るべきだ"といった。しかし，なぜこれらの元気な，正直な，気持の純な心を持った，地方の女子たち且つ人生の最初の形成期の間に最もよいものを持っていてはいけないというのだろうか。

　もしも最もよい結果を教育において達成されるべきならば，秩序ある習慣，清潔，礼儀正しさ，正直，善良で真実で美しい愛，思考の正しい概念，存在，行為は，学校生活の最も好ましい環境のもので修業させなければならない（明治42年）。」　　　　　　（著者概訳）

④幼稚園における子どもたちの活動と，母の会活動を描写した記事
※この年から，幼稚園と宗教活動を，女学校と切り離してリポートするようになった。

MEMORIAL LOVE KINDERGARTEN（IAI YOCHIEN）
Draper
"Sensei, sensei, please pick us some more pink clover," was the cry as the foreign sensei came down to the sandpile one morning, so, because she was tall and could stretch way up to where the clover grew on the bank, she gave them each a few. What fun it was to pile up sand mountains and decorate them with leaves and clover, all the while listening to the chatter of the children at their play!

　It certainly is good to play outdoors when the late spring comes, but how deeply thankful we are that now we have a good place indoors to play during the long cold winter months and the chilly, rainy season in the spring. Kind Miss Skeer who has been so interested in helping the kindergarten from the beginning, made it possible last fall for us to put up a roomy playroom where the children can play without restraint. Before this there were only the cold halls and the circle room where the children liked to displace the chairs in the circle and had to be told all the time that they "must not do that." Now, they are free to run, jump, swing in the swing or rock in the boat, or play with the sand in the sand box- all in a nicely warmed room. Some of the children enjoy the room so much that although the kindergarten begins at nine o'clock, they used to appear at seven or half past! In this report you will find a picture of some of the littlest ones in this room- as well a picture of all the children playing games out on the front lawn.

　The year has passed with the usual program, not it has had its special features also. I suppose the coronation of the Emperor was celebrated in every school in Japan. We had a short ceremony in the kindergarten, though of course a kindergarten ceremony with its songs and games and flags is not so very solemn an affair! As the children each gave a few sen (風船か？), we planted two pine trees in our front garden in commemoration. The mothers' club also celebrated by having a big mothers' meeting with about sixty mothers present. The speaker- a Christian doctor at the head of the big city hospital here- gave a very fine talk, and then there were Japanese music and cakes; but the unusual event was the presentation of an organ to the kindergarten by the mothers' club in commemoration of the coronation. It was a very welcome gift for we needed another organ badly, and now it stands in the playroom, where we proudly exhibit it to all our guests as a proof of the mothers of the children.

Another big mothers' meeting was held in October to celebrate the second anniversary of the beginning of the kindergarten. As in the year before, the kindergarten was opened to the mothers in the morning in order to see the children at their work. After serving about thirty- five mothers with lunches, we had a big meeting of about sixty women. It was a very fine meeting. We always have a religious talk in addition to hymns, Bible reading and prayer at the meetings, so that the mothers may get a bit of the message of God's love, as well as knowledge about the care of children and the home. The mothers' club is well organized now. The principal of the kindergarten is the president and one of the teachers the secretary, but we try to choose the vice president from one of the Christian mothers and the treasurer too, if possible. The women are working together very well.

At Christmas time when the mothers came to see the children perform their exersices, we were so glad to be able to give each of the children a real true American doll sent out by kind friends in America. How they appreciated those dolls - even the boys! There were enough left over so that we could give one to each of the teachers too- and they were even more pleased than the children - if that were possible!

In March thirty-five children graduated but more entered, so now we are full to overflowing again. These new children are more active and wide-awake than usual, so that there was less of the crying during the opening days, but they are also mischievous and harder to manage.

But the great event of the year in our kindergarten life was the opening of the branch kindergarten - the Seikaen. It is down in one of the crowded sections of the town where there is no other Christian work at all. The building in just a tiny Japanese house with mats on the floor and sliding doors, but it was full from the beginning, for there were thirty children within two or three days of the opening. The people seemed so much lacking in size and equipment, but the teachers are earnest young women and we hope it will be a center of Christian influence in that section. A Sunday School which soon grew to number fifty, was opened immediately, and much calling has been done in the homes. The mothers' meetings have been held four times, the largest attendance until April being nine women, but sixteen mothers came to the June meeting.

The children celebrated Christmas for the first time in their lives. Usually there is such a spirit of joyousness and expectancy in the air, but here they did not know what to expect, and there was more a look of surprise and wonder in their eyes as they went through the exersices, heard the story and received their little gifts. It went straight to my heart and I longed not only to fill their arms full of gifts but to help fill their lives full of the gladness and joy of our Christ. One little boy whose father is a Christian was baptized last winter. Another little boy's father has been coming regularly to Sunday evening service and to prayer-meeting. I do hope he will soon have the courage to take stand for Christ.

Already the little building is too small for the kindergarten and we are looking for a larger house with a yard to it for a playground. As it is so hard to find a suitable building, we often wish we had money to build a little house down there. However we are trying not to think too much of that, and are just feeling very thankful indeed for the amount granted to us for running expenses. We are so glad that this kindergarten has had such a good beginning and we are praying that God will bless it wonderfully this next year.
(33rd Annual Report 1915～1916) 大正4～5年
(pp. 17～18)

「ドレーパー
"先生，先生，どうぞもっとピンクのクローバーを私たちに取ってください！"外国人の先生が，ある朝，砂場に来られた時に，子どもたちが叫んだ。なぜなら彼女は背が高く，土手の上に咲いているクローバーに手が届くからである。彼女は子どもたち一人ひとりに，2，3，取って与えた。砂場で山を作り，葉と花で飾って，その間，彼らの遊んでいる時のお喋りに耳を傾けることは，どんなに楽しいことだったろう。

遅い春が来て，戸外で遊ぶことは，確かによいことだ。しかし，長い寒い冬の月日や，冷たい雨季の春に，今，我々が持っているよい「室内の遊び場（室内運動場）」は，なんと有難いことだろう。

親切なミス・スキーアは，最初から幼稚園を助けることに大変興味を持っていたが，昨秋，子どもたちが伸び伸びと遊ぶことのできる広いプレイルームを建てることを可能にしてくれた。それまでは，ただ冷たいホールや円い部屋で子どもたちは円陣に椅子を動かすのが好きだったが，いつも"それをしてはいけません"と注意されていた。

いまや彼らは気持よく暖房の効いた部屋に入って，ジャンプしたり，ブランコに乗ったり，ボートに揺れたり，砂場で砂と遊んだり，自由である。ある子どもたちは，幼稚園が9時に始まるのに7時か7時半にはいつも来ていた。この報告で，あなたがたは，この部屋で最も小さい子どもたちが遊び，同様に前庭でゲームをしている全ての子どもたちを絵のように想像するだろう。

この年は，いつものプログラムで過ぎて行った。特別に報告することもなかった。私は多分，大正天皇の即位が日本中の学校でお祝いされたからだと思う。我々は幼稚園で短い儀式をした。もちろん幼稚園の式典は歌とゲームと旗であったけれども，そんなにひどくいかめしくはなかった。子どもたち一人ひとりに一個の風船を与えながら我々は記念に前庭に2本の松の木を植えた。母のクラブもまた，およそ60名の母親が出席して大きな母の会を持ってお祝いした。大きな市立病院の院長でクリスチャンの医者が講師で来られ，非常によい話をし，それから日本の音楽と菓子が出た。しかし異例の出来事は，即位の記念に母親のクラブが幼稚園に一台のオルガンを寄贈したことだった。我々は，もう一台オル

ガンが必要であったので、それは誠に有難い贈り物であった。そしてそれは今、プレイルームに置いてあり、子どもたちの母親の証として我々の訪問者、全ての人に誇り高く見せている。

ほかの母の会の大きな集まりは、幼稚園開園の二周年記念を祝うために10月に行なわれた。1年前のように幼稚園は作業をしている子どもたちを見てもらうために午前中が母親たちに公開された。およそ35名の母親たちに昼食を提供したあと、我々は約60名の母親と大きな会を持った。それは誠によい集まりであった。我々は、集まりでは讃美歌を歌い、聖書朗読をし、祈りに加えて、宗教的な話を持つが、母親たちが子どもの世話や家庭についての知識と同様に少しでも神の愛の意味を掴むために行なっている。

母親のクラブは今や、よく編成されている。幼稚園の園長は会長であり、先生の一人が秘書である。しかし、可能ならば、我々は、クリスチャンの母親の一人から副会長と、同時に会計も選出したいと考えている。母親たちは共に非常によく働いている。

クリスマスに、母親たちが子どもたちの演技を見に来た時、我々はアメリカの親切な友人たちが送ってくれた真のアメリカの人形を子どもたち一人ひとりにあげることができて、大変に嬉しかった。子どもたちは、これらの人形を、なんと喜んだことか。男の子ですらも！残りが充分にあったので、我々は先生がたにもまた一人に一体ずつあげることができた。そして彼らは子どもたちよりももっと喜んだ。それは、可能であったのだ！

3月に35名の子どもたちが卒園した。しかし、もっと多く入園してきた。そのため今や、再び園児が溢れる始末である。これらの新入園児は、より活動的で、いつもよりすっかり目が覚めており、そのため始業の時に泣く子どもは少なかったのだが、彼らはいたずら好きで、扱うのに苦労した。

我々幼稚園生活で、この年の大きな出来事は、幼稚園ブランチの清花園の開園だった。それは、キリスト教伝道の全く行なわれていない街の混雑した地域の一つで開園した。建物は、床が畳敷き、障子の入った、ほんの小さな日本家屋であった。しかし、開園2～3日で30名もの子どもたちが集まり、一杯になった。人々は、広さや設備の充分でないことを見たが、先生たちは非常に熱心な若い婦人たちであった。我々は、それは、その地域のキリスト教化の中心になることを希望している。

S.S.（日曜学校）は間もなく50名に増え、すぐに開校した。そして沢山の呼びかけが家々になされていった。母の会は4回、持たれ、4月までの一番多かった出席者は9名だったが、6月の集まりには16名の母親が出席した。

子どもたちは彼らの生涯で初めてクリスマスを祝った。普通、そこには喜びと期待の心が辺りに漂っているものだが、ここでは彼らは何を待ち望むのかわからず、演技を通し物語を聞き、小さな贈り物を受け取った時には彼らの目には驚きと不思議さすら見えた。私は感動し、彼らの腕に沢山の贈り物を持たせるだけでなく、彼らの生活にキリストの喜びと嬉しさが一杯になるようにと願った。

父親がクリスチャンである一人の少年が、昨冬、受洗した。ほかの少年の父親は日曜日の夕拝と祈祷会に、かかさず出席している。私は、彼が間もなくキリストを受け入れる勇気を持つように、せつに希望している。

すでに小さな建物は、幼稚園にとって小さすぎるので、我々は運動場のために庭の着いた、より大きな一軒の家を探している。適当な建物を探すことは非常に困難なので、我々はそこに小さな家を建てるためのお金があったらと願うようになった。しかしながら、我々は、

それについてあまり考えないようにし，経常の費用のために我々に交付される総計を本当に感謝したいと感じている。我々は，幼稚園が，このように，よい開園をしたことを，非常に嬉しく，神が次年度にも素晴らしく祝福してくださるようにと祈っている。」(著者概訳)

(19) 幼稚園に遺されている，幼稚園史を整理しようとした草稿

※幼稚園史については何度か整理が試みられている。それらの中で，歴代園長の奉職期間や順番については，資料により多様な解釈と表記がなされていて，統一性が見られない。詳細は本文中，第Ⅱ部第1章第1節を参照のこと。

資料① 昭和32年度（1957～1958）中に書かれたものと判断できる歴史草稿（※カッコ内の西暦は著者による）

明治28（1895）年9月16日　遺愛女学校附属幼稚園として創立
明治40（1907）年8月25日　大火で焼失
大正2（1913）年9月29日　新築献堂式
大正2（1913）年10月2日　新園舎にて保育開始
大正3（1914）年　御大典記念として母の会よりオルガン一台寄贈される
大正4（1915）年　屋内運動場（ママ）増築（24坪）
大正10（1921）年4月　大火で下の聖保緑会が類焼したため，その人たちに幼稚園の一部を貸す
大正11（1921）年4月　米国に新式小型学校用のピアノができたとのことで，父兄の要望により募金をしてミス・ワグナーの斡旋で米国より直接一台購入，寄贈さる
大正13（1924）年　当時の園長ローラ・グッドウィン（ママ）は，母の会員と協力して分園第二遺愛幼稚園を建設す
大正14（1925）年9月3日　園長（ミス・グッドウィン）（ママ）の葬儀おこなわれる
大正15（1926）年9月13日　同園長の建碑式　山背泊ケ丘にて行う　ひきつづき当園にて幼稚園の先生養成のためミス・グッドウィン（ママ）奨学資金制度が設けられた
昭和2（1927）年6月　再立十五周年記念事業の一つとして屋内運動場を明るく改造す
昭和2（1927）年10月3日　再立十五周年記念式挙行す
昭和5（1940）年11月　初めて，日本人園長任命さる
昭和16［1941］年2月　本園に理事会組織さる
昭和16（1941）年3月　宣教師帰国後ミッションの補助なし
　独立経営となった
昭和19（1944）年　戦時中その筋の命令により本園に一時　遺愛保育所併設す
昭和19（1944）年　両園共建物の安全のため戦時下遺愛女子高校の附属にすることとした
昭和19（1944）年　疎開空襲のため，園児二十名くらいになって幼稚園を閉鎖したほうがよいと言われたが閉園しなかった。戦災及び引揚げ者に部屋を貸し大いに活躍して資金を得つづけた
昭和20（1945）年　建物も海軍に使用される直前，終戦となり，事なきを得た。園児ももと通りになった

昭和24（1949）年4月　ミス・ワグナー来函し，幼稚園の無事を喜んだ
同先生の好意により，多額の修繕費と当時えがたいペンキを横浜よりとって園舎のペンキをぬりかえ，其の他改造し面目一新す
昭和26（1951）年2月22日　学校法人となる
昭和29（1954）年12月　母の会よりピアノ一台寄贈さる
昭和30（1955）年3月　電蓄備える
昭和31（1955）年12月21日　幼稚園の発展を図り母の会の協力を得てその水準の向上に努力している
昭和32（1956）年　チャイルズよりの寄贈あり運動遊具大型スベリ台
昭和32（1956）年6月13日　本校七十五周年式典に参加
昭和33（1957）年　視聴覚教材の一つとしてテレビを備える
昭和34（1958）年　本校七十五周年記念誌を編纂するので，神田先生より依頼を受け第一と第二の略史のため協力した

歴代の第一・第二遺愛幼稚園園長（大正2年以降）
1．ミス・スプローズ（ママ）　大正2年10月より大正3年4月まで（1913/10～1914/4）
2．ミス・ドレーパー　大正3年4月より大正6年9月まで（1914/4～1917/9）
3．ミス・カウチ　大正6年10月より大正11年3月まで（1917/10～1922/3）
4．ミス・グードウィン　大正11年4月より大正14年8月まで（1922/4～1925/8）
5．ミス・スタデバンド（ママ）　大正14年9月より（1925/9～）
6．ミス・チーニー（ママ）
7．ミス・ベリー　昭和2年2月より6月まで（1927/2～1927/6）
8．ミス・ピート　昭和2年7月より（1927/7～）
9．ミス・バイラー　昭和3年9月より（1928/9～）
10．ミス・ワグナー
11．児玉　満　昭和5年11月より昭和49年3月まで（1930/11～1974/3）
12．太田　嘉受子　昭和49年4月より（1974/4～）

※設立者ミス・チーニー（ママ）が日本人の設立者をたてよとのことで，渡辺熊四郎氏が推薦され，昭和17（1942）年6月7日に許可された。

修了児数（大正2（1913）年以降昭和32（1957）年3月迄）←※この記述から，この史料が作成されたのは昭和32（1957）年3月と判断できる

2185名

職員数
園長　1名
教諭　3名

助教諭　2名

資料②　昭和41年度（1966〜1967）中に書かれたものと判断できる歴史草稿（※カッコ内の西暦は著者による）

園名　遺愛幼稚園
位置　函館市元町五三
敷地　七九七坪
建坪　延二三〇坪

沿革大要
創　立
　明治二十八年（一八九五年）九月十六日　遺愛女学校附属幼稚園として発足．この幼稚園は米国の一幼稚園教師であったミス・リリー・デカルソン（故遺愛女学校校長ミス・オーガスト・デカルソンの令妹）の遺された寄付金が元になり，それに多くの人々の祈りと愛の働きとが加わり，ついに本園の設立となった。園舎は女学校に続いて増設され，二階は附属尋常小学校，階下は幼稚園に使用され最初は僅か十人の園児（内五人は宣教師のこどもたち）で始められたが年と共に一般社会からも認められ園児も増加した。

明治四十年八月大火の全焼
　其ころは小さい幼稚園に園児も一〇〇名を超えるほどの盛況で午前と午後に分けて保育が行なわれた。
　丁度夏休み中の事とて惜しくも一物も残されず完全に焼きつくされてしまい一時休園の止む無きに至った。
　しかし其間常に幼児の宗教教育の重要性を痛感されつつあった，ミス・デカルソン，ミス・ハンプトンの両先生の絶えざる熱心な祈りが答えられて喜びの日が再び来た。
大正二年九月二十九日再興
　内外有志の協賛と地域社会の要望により同じ場所に再建され本校より分立し遺愛幼稚園と称して新築献堂式を挙行　十月二日より発園の運びとなった（大火のため記録など全部焼失したので此の日を創立としている）
　爾来ミッションの援助と母の会の活発な働きによって発展の一途を進み今日に至る。

（このあと年譜がついているが，資料①とほぼ同じであるので，異なる記述があるところのみ抜粋して記載する　西暦は著者が加えた）
大正四年（1915年）　三十四坪の屋内運動場（ママ）が新築された
大正四年四月（1915年4月）　清花園が発園された（下町の子ども達にも宗教教育をと若松町に六畳，四.五畳　二畳の小さい家を借りて始められる。園長ミス・ウィニフレッド・ドレーパー）
大正十年四月（1921年4月）　大火あり　辛うじて難をまぬがれたが類焼した
大正十一年（1922年）　ピアノ一台本国より輸送さる（ミス・ワーグナーの尽力による）
　当時米国で作って売り出された新式の学校用小型ピアノで一台五〇〇円

母の会員達によって集められた寄附金で購入したもので其頃ピアノは特に珍しいものであった
大正十三年九月（1924年9月）　第二遺愛幼稚園を大縄町四十四番地に建設し清花園をそのまま移籍した（園長ミス・ローラー・グードウィン）
大正十四年八月（1925年8月，9月）　園長ミス・グードウィン病を得て軽井沢にて昇天（ママ）
　九月三日　当園に於いて葬儀が行われた
同（1925年）　グードウィン奨学資制度を設け幼稚園教師の養成を目指す
昭和二年六月募金八月改造（1927年6月，8月）　再興十五周年記念事業の一つとして屋内運動場（ママ）を明るくするため改造する
同年十月三日（1927年10月3日）　十五周年記念式挙行す
昭和五年十一月（1930年11月）　初めて日本人園長児玉満先生任命さる但財政的面はミッションによって維持さる

歴代の園長
昭和十六年二月（1941年2月）　遺愛幼稚園理事会発足す
同　三月（1941年3月）　ミス・ワーグナー帰国（戦争のため）止む無きに至りミッションよりの援助を止め独立経営となった。
昭和十九年（1944年）　戦争中　その筋の命令により一時遺愛保育所を併設す
　建造物の安全のため遺愛女子高等学校附属幼稚園となる
　疎開や空襲のため園児が二十名位に減り閉鎖の声もあったが戦災者引揚者などに部屋を貸すなど資金集めにいろいろ苦労しながら幼児教育を続けた
昭和二十年八月（1945年8月）　建物を海軍に使用されようとする直前に敗戦となり事なきを得た
昭和二十四年二月（1949年2月）　ミス・ワグナーが再び来函され幼稚園の無事を喜ばれた同先生の厚意により多額の修繕を得て園舎の大修繕を行った（当時ペンキなど得難く先生のおかげで横浜から直接送られた）
昭和二十六年二月二十二日（1951年2月）　学校法人となる　幻燈の暗幕
昭和二十九年十二月（1954年12月）　母の会よりピアノ一台寄贈
昭和三十一年十二月二十一日（1956年12月21日）　幼稚園設置基準　定めらる
昭和三十二年三月（1957年3月）　本校七十五周年式典に参加　運動場　大型スベリ台
昭和三十四年（1959年）　本校七十五周年記念史編纂のため附属幼稚園略史を出す　ペンキ塗り替え
昭和三十六年（1961年）　屋内運動場（ママ）床張替
昭和三十七年（1962年）　遊具
昭和三十八年（1963年）　テレビ購入　再興五十周年記念
昭和三十八～四十（1963～1965）年　集会室保育室塗装　門
昭和四十一年（1966年）　外部全体塗装　石垣修理

※「昭和三十四年あとひきつづき書き足しておく事
ひきつづき調べ児玉筆記高松山崎よし子協力して昭和四十一年迄いった。あとする事」と

書いてある。よって，この文書は昭和41年（1966）まで書かれている。

資料③　いつのものだか不明の草稿

　明治28年　元町に遺愛女学校の中に小学校と幼稚園があった。始めは園児が8人位，そのうち宣教師の子供が3人位あった。
　そのうち隣りに＊＊が出来るというので幼稚園を残し女学校は杉並町に移転した。
　その後，40年の大火で焼失したので，しばらく廃止になったが大正元年にデカルソンの妹の記念会をもって新しく今の幼稚園　デカルソンと仲の良い建築家のハプトンが建てた現在に至る
　最初の園長スプローズ（ママ），ドレーパー，ハンプトン，グドウィン
　グドウィン園長時代に昭和10年1月より児玉先生幼稚園に就任48年3月まで
　其の間児玉先生グドウィン先生を助け第二遺愛幼稚園を大正14年に創立する
　校長米国のオーガス　デカルソン先生　メリーハプトン先生

※この資料には，園舎の設計は「建築家ハプトン」と書いてある。この人は，ミス・ハンプトンではないかと推測される。ハンプトンは，女学校を湯ノ川町に新築する際にも中核となって働き，献堂式が行われた明治41（1908）年7月29日の後の同年10月12日に一時帰国していて，約2年も郷里で過ごしたあとに明治43（1910）年5月5日に帰函している。
　大正2（1913）年2月に図面と共に契約書が請負人からハンプトン宛に提出されていることから，ハンプトン帰函後に幼稚園の設計に当り始めたのではないかと考えられる。（著者）

資料④　「キリスト教保育史編集資料に関する調査（基督教保育連盟）」（抜粋）（ママ）
※キリスト教保育連盟から『日本キリスト教保育八十年史』が刊行されたのが昭和41（1966）年。調査依頼書が残っており，1962年と書いてある。この調査の記入者は児玉満。（著者）（※カッコ内の西暦は著者による）

幼稚園名　遺愛幼稚園

創立　明治二十八年九月十六日
　　但し，明治四十年六月十五日より大正二年四月まで事故があり中絶している

創立者名　Miss Augusta Dickerson

創立者の経歴思想
安政六（1859）年七月十四日，アメリカ合衆国デンヴァ州ミルフォードで生まれ，ウエスレアン女子大フィラデルフィア女子師範学校卒業，小学校に一時従事（1877年9月〜1880年7月まで）米国メソジスト派　婦人外国伝道会社の宣教師となり，明治21（1888）

年12月来日，明治22（1889）年遺愛女学校着任，翌23（1890）年校長となり，28（1895）年附属幼稚園併任。

（以下は児玉の記憶によって書くと，児玉がサインしている。）
明治期の保姆
「はじめは女学校第二回卒の一色ウメ姉がしばらくしておりました。明治三十年にデカルソン校長は荻田ふみ子姉を神戸頌栄に送る　三十二年卒業して本園の保姆長となる助手は女学校卒業生」荻田ふみ子は第三回の卒業生
園児の募集
「当時他にも幼児を集めてやった人もあったとの事でしたが幼稚園として始めること。デカルソン校長ハンプトン宣教師の町の協力者　教会関係の子女たち
　小学校はさほどではなかったが幼稚園は盛んで一時は園児を収容しきれず午前の組と午後の組と二度にわけていたこともあった。」

建物
「遺愛女学校につづけて二階建を増築し二階は小学校（当時　科外生と称した）下を幼稚園に充てた」

園児の特徴
「町の上流家庭より旧家が多かった」

保育内容
「保育内容の中心　神様と自然界と社界（ママ）」
「フレーベルの遊戯」
「唱歌：フレーベル唱歌集　ほんやくもの」
「談話：聖話　グリム，イソップ，アンデルセン　日本昔噺　なんでも」
「手技：切り紙，貼紙，ぬいとり，ウィーヴィング，粘土，豆細工」

組分け
組数　3　組の名前は1,2,3

保育方法
「朝の礼拝と其週の題によって観察遊び（当時レッスンと称した）あとは自由遊びを間に時間割によって」
「朝のレッスンではなるべく実物を用いる事。どうしてもない時はそれを作らなければならない事。各児に持たせる事」
保育材料
「動植物採集と　つくる事　考えること」
保育用具
「フレーベルの恩物。机，椅子，オルガン，砂場，ブランコ，絵本」
時間割

「あった。」
その内容
「九時より朝の集会，四十分より恩物
　　十時二〇分〜自由運動　十時五〇分〜手技　十一時二〇分〜遊戯
十一時五十分　帰へりの集り」
家庭訪問　「訪問日」と呼んでいた。毎週水曜日。
「あり。園長（外人）と主任保姆と共に。幼稚園の話は主であった。喜ばれた」

母の会のほかに
「明治時代は不明。
大正十一年より女中会を毎月二回した。其頃各家庭二人以上四,五人もいた時代」

創立者を助けて功績のあった人
「ハンプトン先生　Mary S. Hampton　遺愛二代目校長をした人　創立者を助けて経営と建築の責任とり遺愛女学校，寄宿舎，小学校，幼稚園，教師館をたてた幼稚園園長もされた　大正二年にたてた現在の幼稚園は今尚しっかりして其方面の人たちを驚かせている」
「荻田ふみ先生　三十二年神戸頌栄出身本園就職後結婚され神戸にうつるハウ先生の保姆科の先生を永らくした人　函館火災後デカルソン　ハンプトンの依頼をうけ来函　現在の本園の設備施設園則（先が切れている）」

卒園児数
昭和37（1962）年までで2525人

函館でもっと古い園
幼稚園「明治16年11月　函館師範学校附属小学校仮幼稚園」
保育所「明治2年　育児講 |明治4年　育児会社と改称| 」

資料⑤　昭和30（1955）年に書かれた年史（※カッコ内の西暦は著者による）

昭和26年2月22日　学校法人となる

資料⑥　昭和38年度（1963〜1964）内に書かれている資料
　　園名　遺愛幼稚園
　　住所　函館市元町五十三番地
　　創立　明治二十八年（一,八九五年）九月十六日
　　敷地　七九九坪
　　建坪　延　二三〇坪

沿革大要
　　本園は基督教幼稚園として六十年の歴史をもっております。米国の一幼稚園教師であっ

たミス・リリー・デカルソン（故遺愛校長ミス・デカルソンの令妹）の遺された寄付金が元となり，それに多くの人々の祈と愛の働とが加わり遂に本園の設立となり旧遺愛女学校附属尋常科（階上）の下二室を幼稚園として発園されました。初めは僅十人（内五人は宣教師の子供等）の園児でしたが，年と共に一般社会からも認められ明治四〇年の大火で全焼した頃には一〇〇名を越えるほどの園児で午前と午後に分けて保育が行なわれる程でした。其後，ミス・デカルソンやミス・ハンプトンの幼児の宗教教育の重大性を考えての絶えざる熱心な祈が答えられ内外の要望と協力により再発足の喜びを見たのが大正二年十月でした。（大火以前の詳しい記録焼失のため公の創立日は此の時としてあります）爾来ミッションの援助と母の会の活発な働によって，発展の一途を進み，翌年には屋内運動場三十四坪が増築されました。ひきつづきオルガンもう一台，ピアノ遊具など，施設と共に設備も一層よくされました。

　昭和十六年二月　戦争のため宣教師帰国するに当って遺愛幼稚園理事会が組織されミッションからの補助なしに経営することになり今日に至っております。

修了児童数　大正二（1913）年以降昭和三十八（1963）年四月迄　二千五百三十名

歴代の第一第二遺愛幼稚園長（大正二（1913）年以降）
1．ミス・スプロールズ　大正二年十月より参年四月まで（1913/10〜1914/4）
2．ミス・ドレーパー　大正三年四月より六年九月迄（1914/4〜1917/9）
3．ミス・カウチ　大正六年十月から大正十一年三月（1917/10〜1922/3）
4．ミス・グードウィン　大正十一年四月から大正十四年八月まで（1922/4〜1925/8）
5．ミス・スタデバンド　大正十四年九月から（1925/9〜）
6．ミス・チニー
7．ミス・ベリー　昭和二年二月から六月（1927/2〜1927/6）
8．ミス・ピート　昭和二年七月から（1927/7〜）
9．ミス・バイラー　昭和参年九月？（1928/9？）
10．児玉満　昭和五（1930）年十一月から現在に至る
　　　　日本人の園長になったが会計は宣教師の方になった。

大正十四（1925）年八月ミス・グードウィン永眠の後はミス・チニー設立者になって幼稚園の管理に当り園長不在の時は園長代理をされた

園名　第二遺愛幼稚園
住所　函館市大縄町四十四番地

創立　大正十四年二月九日
敷地　二五四，七五坪
建坪　延　九四坪

沿革大要
　本園は其前身を清花園といって大正四年当時の遺愛幼稚園園長ミス・ドレーパーが，市内にもっと基督教幼稚園の必要がある事を痛感し，若松町に小さい家を借りて開園したのが九月十五日でした。忽ち三十人位の入園児があり二人の先生が元町から歩いて清花園まで通ったものでした。其中の一人は現在第二遺愛の教諭　高松ちか子姉です。

其後六年にはミス・カウチが園長になり八年にはミス・グードウィンに代りました。ミス・グードウィンは幼稚園の発展を見通し，其拡張をめざして母の会員等と共に漸く現在の土地を探し求め得ました。当時保姆長であった児玉姉は常に園長の片腕となって其事業を助けました。そして米国エリザエス・パスコル夫人協賛に因って大正十三年九月創建され第二遺愛幼稚園と改名しまして清花園の働がそのまま続けられ翌大正十四年二月九日献堂式が行われました。歴代の園長は遺愛と同じです。

修了児童数　一,五八〇名（清花園を含む）
昭和五年　室内運動場一六坪増築
昭和九年　大火
昭和十六年　屋根裏物置を改装して大（六畳）小（二畳）二室造る（戦争になって園児が増したためミス・ワグナーは帰国に際して造って頂く）
昭和二十九年八月　母の会の働によって二階二室（一室は客間，他は納戸）改増築
昭和三十一年八月　裏玄関改造して保育室一と裏玄関を造る（同じく母の会の働による）

資料⑦　歴代園長名（※カッコ内の西暦は著者による）
創立時　ハンプトン（Mary S. Hampton）
明治40年まで　デカルソン（Augusta Dickerson）
（大火で休園）
ミス・スプロールズ　（Miss Alberta B. Sprowles）　大正2（1913）年9月～3（1914）年3月
ミス・ドレーパー（Winifred F. Draper）　大正3（1914）年4月～6（1917）年8月
ミス・カウチ（Miss Helen Couch）　大正6（1917）年9月～7（1918）年3月
ミス・グードウィン（Miss Lora C. Goodwin）　大正7（1918）年4月～14（1925）年8月
以上，ここまでは設立者と園長が同じ
以下は設立者と園長が別
（ミス・チニー（Miss Alice Cheney）～設立者）　大正14（1925）年～昭和5（1930）年
ミス・スタテーバント（Miss Abby L. Sturtevant）　大正14（1925）年9月～15（1926）年3月
ミス・ベーレー（Miss Barbara N. Baileu）　大正15（1926）年～昭和2（1927）年3月
ミス・ピート（Miss Azalia Peet）　昭和2（1927）年4月～11月
ミス・バイラー（Miss Gurude M. Byler）　昭和2（1927）年12月～5（1930）年10月
ミス・ワグナー（Miss. Dora A. Wagner）　会計
児玉満　昭和5（1930）年11月～昭和48（1973）年3月
太田嘉受子　昭和48（1973）年3月～昭和59（1984）年3月
赤城泰　昭和59（1984）年4月～平成13（2001）年3月
吉田真理子　平成13（2001）年4月～平成21（2009）年3月
野田義成　平成21（2009）年4月～現在
※ミス・スプロールズは明治39（1906）年9月に遺愛に就任したが，明治44（1911）年10月に一時帰国，大正2（1913）年9月に帰函して幼稚園園長に就任している。（著者）

(20)「遺愛幼稚園職員」(大正2～昭和57 (1913～1982) 年) (※西暦表記)
幼稚園に残っていた資料の清書に,出身校を調べて加えた一覧表

	氏名	園長など	就任	退任	遺愛出身か否か
1	スプロールズ	初代園長	1913/10/2	1914/4	—
2	斎藤たけ		1913/10/2	1914/3	遺愛18期
3	高村田鶴		1913/10/2	1920/3	×頌栄保姆伝習所卒
4	金沢しげ		1914/4	1916/3	遺愛22期
5	斎藤たね		1914/4	1916/3	遺愛22期
6	式場ひで		1914/4	1916/3	遺愛22期
7	藤田千代		1914/4	1917/3	遺愛22期
8	高松ちか		1914/4	1917/3	遺愛20期
9	ドレーバー	第2代園長	1914/4	1917/6	—
10	沢 和枝		1914/4	1920/3	遺愛19期
11	飯沼 幾		1916/4	1917/3	×
12	山田とさ		1916/4	1917/3	遺愛24期
13	加藤きみ		1916/4	1918/3	×
14	市川くに		1917/4	1918/3	遺愛25期
15	大島しん		1917/4	1918/3	×
16	渡辺ゆき		1917/4	1919/3	遺愛9期
17	カウチ	第3代園長	1917/10	1922/3	—
18	石川 文		1918/4	1919/3	遺愛25期
19	堀川一保		1918/4	1919/3	遺愛24期
20	グードウィン		1918/4	1922/3	—
	同上	第4代園長	1922/4	1925/8	—
21	斎藤はぎ		1919/4	1921/3	遺愛27期
22	下田 幸		1919/4	1921/3	遺愛27期
23	和田久野		1920/4	1921/3	遺愛27期
24	福永とせ		1920/4	1922/3	遺愛28期
25	児玉 満		1921/1	1923/3	遺愛20期
	同上	第9代園長	1930/12/1	1974/3	同上
26	ハンプトン	園長代理	1920/4	1921/3	—
27	木村しげ		1921/4	1922/3	遺愛29期
28	兵頭八重		1921/4	1924/3	遺愛27期
29	高松ろく子		1921/4	1931/3	遺愛29期
30	星野まつえ		1922/4	1925/3	遺愛30期
31	高橋きよめ		1923/4	1925/3	遺愛31期
32	中川せつ		1923/4	1925/3	遺愛30期
33	山本智慧		1924/4	1926/3	遺愛30期
34	林 清		1924/4	1927/3	遺愛33期
35	児玉恵美		1925/4	1926/3	遺愛31期
36	眞野ゆきえ		1925/4	1926/3	遺愛27期
37	スタテーバント	第5代園長	1925/9	1927/1	—
38	宇佐美ゆき		1926/4	1928/3	遺愛33期
39	斎藤しん		1926/4	1928/3	遺愛34期
40	山本智恵		1926/4	1928/3	遺愛30期
41	チニー	園長代理			スタテーバンド帰米中

42	ベーレー	第6代園長	1927/2	1927/6	―
43	坂田美津		1927/4	1928/3	遺愛34期
44	城戸初恵		1927/4	1928/3	遺愛35期
45	佐藤きくえ		1927/4	1930/3	遺愛35期
46	ピート	第7代園長	1927/7	1928/8	―
47	木村　文		1928/4	1931/3	遺愛33期
48	篠崎ふで		1928/4	1935/3	遺愛36期
49	バイラー	第8代園長	1928/9	1930/10	―
50	毛慶重		1929/4	1932/3	遺愛37期
51	木村キミ		1931/4	1933/3	遺愛39期
52	小鮒　恵		1931/4	1945/3	遺愛34期
53	藤井美保子		1932/4		遺愛40期
54	樋口きみ		1935/4	1936/3	遺愛40期
55	三浦まさえ		1935/4	1937/3	遺愛36期
56	新庄冨貴子		1935/6	1936/3	遺愛40期
57	加藤登美子		1937/1	1942/3	遺愛44期
58	柳田治子		1937/4	1938/3	遺愛39期
59	石島光江		1938/9	1939/3	遺愛46期
60	曽田和恵		1939/4	1940/3	遺愛32期
61	鈴木スズ		1940/4	1941/3	遺愛48期
62	太田嘉受子		1941/4	1974/3	遺愛32期
	同上	第10代園長	1974/4	1984/3	同上
63	小林伸子		1941/4	1942/3	×庁立高等女学校卒
64	石田恭子		1943/4	1944/3	×庁立高等女学校卒
65	阿部マツ		1944/4	1946/3	×庁立函館高等女学校卒
66	中島せつこ		1945/4	1946/3	遺愛56期
67	橋本美津枝		1945/4	1946/3	遺愛51期
68	太田和子		1945/4	1947/3	×
69	菊地幸枝		1946/4	1948/3	×
70	中川千鶴子		1947/4	1948/3	×東京都杉並高等女学校卒
71	中祢こう子		1947/4	1948/3	×庁立函館高等女学校卒
72	尾崎良子		1948/4	1951/3	×函館白百合高等女学校卒
73	下國千賀子		1948/4	1951/3	×庁立函館高等女学校卒
74	浅田　史		1949/4	1955/3	遺愛53期
75	富永純子		1959/4	1960/3	遺愛新3期
76	種田滋子		1950/4	1960/3	遺愛新3期
77	鞠山千恵		1952/4	1954/3	遺愛新2期
78	高橋陽子		1954/4	1958/3	遺愛新4期
79	渡部		1955/4	1956/3	？
80	加藤信子		1956/4	1958/3	遺愛57期
81	仲　暁子		1958/4	1959/3	遺愛新11期
82	小林靖子		1958/4	1964/3	遺愛新10期
83	山崎ヨシ		1958/4	1966/3	？
84	富永純子		1959/4	1960/3	遺愛新3期
85	伊早坂きく		1960/4	1970/3	遺愛新11期
86	鈴木淑子		1960/6	1961/3	遺愛新10期
87	早川公恵		1965/4	1966/3	×

88	山崎雅子		1966/4	1969/3	遺愛 56 期
89	土居輝美		1966/4	1970/3	愛新 14 期
90	星野幸子		1967/4	1970/3	×
91	両坂雪子		1970/4	1971/3	遺愛新 21 期
92	小川総恵		1970/4	1971/3	遺愛新 20 期
93	沢田由紀子		1970/11	1971/3	遺愛新 20 期
94	坂田美津子		1970/11	1972/3	×
95	源　恵美子		1971/4	1979/3	遺愛新 21 期
96	渡部ちづ子		1971/4	1976/3	遺愛新 21 期
97	佐藤恵子		1972/4	1976/3	遺愛新 19 期
98	大塚隆子		1974/4	1982/3	遺愛新 21 期
99	大谷		1976/4	1977/3	?
100	佐賀道子		1976/4	1982/3	遺愛新 26 期
101	小笠原郁子		1979/4	1982/3	×
102	太田香代		1982/4		遺愛新 5 期
103	長沢恵子		1982/		×
104	星　豊子		1982/4		遺愛新 19 期

(21) 保姆氏名と卒園児数　アルバムより（※年号は元号表記）

　カッコ内は，遺愛女学校の卒業生の場合は何回生か，そうでない場合は×が書いてある。同窓会名簿より検索した。

	年度	式日と卒園児数	保姆氏名
第1回	大正2年度	大正3年3月24日 19名	スプロールズ園長 高村田鶴（×），斎藤たけ（18）
第2回	大正3年度	大正4年3月23日 31名	ドレーパー園長 藤田千代（×），澤和枝（19），斎藤たね（22），式場ひで（22）高松ちか（20），金沢しげ（22），高村田鶴（×）
第3回	大正4年度	大正5年3月25日 35名	ドレーパー園長 高松ちか（20），藤田千代（22），式場ひで（22），斎藤たね（22），金澤しげ（22），澤和枝（19），高村田鶴（×）
第4回	大正5年度	大正6年3月22日 33名	ドレーパー園長 飯沼幾（×），山田とさ（24），高村田鶴（×），澤和枝（19），藤田千代（22），加藤きみ（×）
第5回	大正6年度	大正7年3月 29名	カウチ園長 市川くに（25），大島しん（×），澤和枝（19），高村田鶴（×），加藤きみ（×），渡邊ゆき（9）
第6回	大正7年度	大正8年3月 35名	グードウィン園長 渡邊ゆき（9），石川文フミ（25），堀川一保イチホ（24），高村田鶴（×），澤和枝（19）
第7回	大正8年度	大正9年3月20日 35名	グードウィン園長 高村田鶴（×），澤和枝（19），和田久野（27），斎藤はぎ，（27），下幸サチ（27）
第8回	大正9年度	大正10年3月23日 35名	園長グードウィン帰国につき園長代行ハンプトン 福永とせ（28），和田久野（27），斎藤はぎ（27），下田幸（27），児玉満（20）

第9回	大正10年度	大正11年3月24日 41名	グードウィン園長☆木村繁シゲ (29), 兵頭八重 (27), 高松ろく子 (29), 福永とせ (28), 児玉満 (20)
第10回	大正11年度	大正12年3月20日 35名	グードウィン園長 高松ろく子 (29), 兵頭八重 (27), 星野松枝マツエ (30), 児玉満 (20)
第11回	大正12年度	大正13年3月19日 37名	グードウィン園長 中川せつ (30), 高橋きよめ (31), 兵頭八重 (27), 児玉満 (20), 高松ろく子 (29), 星野まつえ (30)
第12回	大正13年度	大正14年3月20日 38名	グードウィン園長 中川せつ (30), 星野まつえ (30), 児玉満 (20), 高橋きよめ (31), 山本智恵 (30), 林清キヨシ (33)
第13回	大正14年度	大正15年3月20日 38名	スタテーバンド園長 眞野ゆきえ (27), 児玉恵美 (31), 児玉満 (20), 山本智恵 (30)
第14回	大正15年度	昭和2年3月18日 43名	ベーレー園長 林清 (33), 山本智恵 (30), 児玉満 (20), 斎藤しん (34), 高松ろく子 (29), 宇佐美ゆき (33)
第15回	昭和2年度	昭和3年3月19日 43名	ベーレー園長 佐藤きくえ (35), 高松ろく子 (29), 児玉満 (20), 坂田美津 (34), 城戸初恵 (35)
第16回	昭和3年度	昭和4年3月20日 40名	ベーレー園長 佐藤きくえ (35), 高松ろく (29), 児玉満 (20), 木村文フミ (33), 篠崎ふで (36)
第17回	昭和4年度	昭和5年3月20日 46名	佐藤きくえ (35), 高松ろく (29), 児玉満 (園長か, 20), 篠崎ふで (36), 木村文 (33), 毛慶重 (37)
第18回	昭和5年度	昭和6年3月20日 39名	児玉満園長 毛慶重 (37), 篠崎ふで子 (36), 高松ろく子 (29), 木村文 (33)
第19回	昭和6年度	昭和7年3月19日 41名	児玉満園長 小鮒恵 (34), 毛慶重 (37)
第20回	昭和7年度	昭和8年3月20日 37名	小鮒恵 (34), 藤井美保 (40)
第21回	昭和8年度	昭和9年3月17日 34名	児玉満園長 藤井美保 (40), 小鮒恵 (34), ワグナー
第22回	昭和9年度	昭和10年3月 35名	児玉満園長 小鮒恵 (34), 篠崎ふで (36)
第23回	昭和10年度	昭和11年3月 50名	児玉満園長 樋口きみ (40), 小鮒恵 (34), 三浦まさえ (36)
第24回	昭和11年度	昭和12年3月18日 31名	児玉満園長 ワグナー, 小鮒恵 (34), 加藤登美子 (44), 三浦まさえ (36)
第25回	昭和12年度	昭和13年3月18日 36名	児玉満園長 バイラー, 柳田治子 (39), 小鮒恵 (34), 加藤登美子 (44)
第26回	昭和13年度	昭和14年3月18日 48名	児玉満園長 石島光枝 (46), 小鮒恵 (34), 加藤登美子 (44)
第27回	昭和14年度	昭和15年3月 37名	児玉満園長 ワグナー, 曽田和恵 (32), 加藤登美子 (44), 小鮒恵 (34)
第28回	昭和15年度	昭和16年3月 38名	児玉満園長 加藤登美子 (44), 太田嘉受子 (32), 小鮒恵 (34)

405

第 29 回	昭和 16 年度	昭和 17 年 3 月 59 名	児玉満園長 小林貞子 (49), 加藤登美子 (44), 小鮒恵 (34), 太田嘉受子 (32)
第 30 回	昭和 17 年度	昭和 18 年 3 月 54 名	児玉満園長 太田嘉受子 (32), 小鮒恵 (34)
第 31 回	昭和 18 年度	昭和 19 年 3 月 68 名	児玉満園長 石田恭子 (×), 太田嘉受子 (32), 小鮒恵 (34)
第 32 回	昭和 19 年度	昭和 20 年 3 月 65 名	児玉満園長 太田嘉受子 (32), 小鮒恵 (34), 阿部まつ (×)
第 33 回	昭和 20 年度	昭和 21 年 3 月 33 名	児玉満園長 太田嘉受子 (32), 阿部まつ (×), 中島せつ (×), 橋本美津枝 (51), 鈴木喜恵 (履歴書より) (×北星女学校卒)
第 34 回	昭和 21 年度	昭和 22 年 3 月 72 名	児玉満園長 太田嘉受子 (32), 菊池幸枝 (×)
第 35 回	昭和 22 年度	昭和 23 年 3 月 20 日 77 名	児玉満園長 太田嘉受子 (32), 中村こう (×), 中川千鶴子 (×), 菊池幸枝 (×)
第 36 回	昭和 23 年度	昭和 24 年 3 月 77 名	児玉満園長 太田嘉受子 (32), 下國千賀子 (×), 尾崎 (×)
第 37 回	昭和 24 年度	昭和 25 年 3 月 20 日 80 名	児玉満園長 太田嘉受子 (32), ワグナー, 下國千賀子 (×), 能美淑子 (37), 浅田史 (53)
第 38 回	昭和 25 年度	昭和 26 年 3 月 20 日 63 名	児玉満園長 下國千賀子 (×), 尾崎 (×), 太田嘉受子 (32), 浅田史 (53)
第 39 回	昭和 26 年度	昭和 27 年 3 月 20 日 45 名	児玉満園長 富永純子 (新3), 太田嘉受子 (32), 種田滋子 (新3), 浅田史 (53)
第 40 回	昭和 27 年度	昭和 28 年 3 月 20 日 81 名	児玉満園長 浅田史 (53), 太田嘉受子 (32), ワグナー, 鞠山千恵 (新2), 種田滋子 (新3)
第 41 回	昭和 28 年度	昭和 29 年 3 月 20 日 87 名	児玉満園長 種田滋子 (新3), 鞠山千恵 (新2), 太田嘉受子 (32), 浅田史 (53), ジャイルス
第 42 回	昭和 29 年度	昭和 30 年 3 月 19 日 85 名	児玉満園長 種田滋子 (新3), 森川陽子 (57), 浅田史 (53), 高橋陽子 (新4), 太田嘉受子 (32)
第 43 回	昭和 30 年度	昭和 31 年 3 月 104 名	児玉満園長 高橋陽子 (新4), 太田嘉受子 (32), 種田滋子 (新3), 渡部 (不明)
第 44 回	昭和 31 年度	昭和 32 年 3 月 19 日 81 名	児玉満園長 太田嘉受子 (32), 高橋陽子 (新4), 種田滋子 (新3), 加藤信子 (57)
第 45 回	昭和 32 年度	昭和 33 年 3 月 20 日 60 名	児玉満園長 加藤信子 (57), 太田嘉受 (32), 高橋陽子 (新4), 種田滋子 (新3)
第 46 回	昭和 33 年度	昭和 34 年 3 月 20 日 67 名	児玉満園長 太田嘉受子 (32), 種田滋子 (新3), 山崎雅子 (56), 小林 (?), 仲暁子 (新11)

第47回	昭和34年度	昭和35年3月19日 44名	児玉満園長 太田嘉受子（32），種田滋子（新3），富永（？）， 山崎雅子（56）
第48回	昭和35年度	昭和36年3月20日 67名	児玉満園長 太田嘉受子（32），山崎雅子（56），伊早坂きく（新11）
第49回	昭和36年度	昭和37年3月20日 43名	児玉満園長 太田嘉受子（32），山崎雅子（56），伊早坂きく（新11），小林靖子（新10）
第50回	昭和37年度	昭和38年3月20日 61名	児玉満園長 太田嘉受子（32），山崎雅子（56），伊早坂きく（新11），小林靖子（新10）
第51回	昭和38年度	昭和39年3月23日 45名	児玉満園長 中島（？），小林靖子（新10），太田嘉受子（32），山崎雅子（56），伊早坂きく（新11）
第52回	昭和39年度	昭和40年3月23日 65名	児玉満園長 中島（？），伊早坂きく（新11），太田嘉受子（32），山崎雅子（56）
第53回	昭和40年度	昭和41年3月22日 65名	児玉満園長 太田嘉受子（32），伊早坂きく（新11），山崎雅子（56），早川公恵（×）
第54回	昭和41年度	昭和42年3月20日 53名	児玉満園長 太田嘉受子（32），伊早坂きく（新11），山崎雅子（56），土居輝美（新14）
第55回	昭和42年度	昭和43年3月 58名	児玉満園長 太田嘉受子（32），伊早坂きく（新11），星野幸子（×），土居輝美（新14），山崎雅子（56）
第56回	昭和43年度	昭和44年3月 56名	児玉満園長 太田嘉受子（32），伊早坂きく（新11），土居輝美（新14），山崎雅子（56），星野幸子（×）
第57回	昭和44年度	昭和45年3月 50名	児玉満園長 太田嘉受子（32），伊早坂きく（新11），土居輝美（新14），星野幸子（×）
第58回	昭和45年度	昭和46年3月 53名	児玉満園長 太田嘉受子（32），沢田（不明），坂田（不明），小川（不明），両坂（不明）

(22) 遺愛幼稚園を中心とした年表
―遺愛女学校・函館市・キリスト教学校・近代教育・近代建築―
巻末 p. i 〜 xxi を参照のこと。

※レコード盤については，本書出版直前の2011年8月に再度おこなった史料整理により，内容が明らかになった。ラベルの文字表記や音源の内容から，戦前の製作と判断できるレコード盤としては，アメリカ・カナダ製クラシック（宣教師が持参したものと思われる），日本製クラシックの他，日本の童謡，文部省唱歌，軍事歌謡や軍事童謡，島田豊作曲・振付の児童舞踊などがある。戦後に製作されたものは，昭和20〜30年代を中心とした戸倉ハル，増子とし，則武昭彦などの監修による児童舞踊・童謡などの保管もある。損傷の激しいものが散見されると同時に，おおむねの回転数は78回転である。

参考文献一覧

荒川勇他著，国立教育研究所編集発行『日本近代教育百年史　第六巻　学校教育4』1974年3月
遺愛100年史編集委員会編集『遺愛百年史』遺愛学院発行　1987年6月
鵜沼裕子著『史料による　日本キリスト教史』聖学院大学出版会　2005年10月
梅根悟監修，岩崎次男他著　世界教育史研究会編集『世界教育史大系21, 22　幼児教育史Ⅰ, Ⅱ』講談社　1978年4月
海老沢有道編著『立教学院百年史』立教学院発行　1974年11月
岡田正章他監修『明治保育文献集』日本らいぶらり　1977年3月
神山茂編『函館教育年表　附引用資料目録』第二版　㈳函館教育会発行　1938年2月
㈳キリスト教保育連盟百年史編纂委員会編集『日本キリスト教保育百年史』㈳キリスト教保育連盟発行　1986年7月
葛原齒著『童謡教育の理論と実際』隆文館　1933年12月
小檜山ルイ著『アメリカ婦人宣教師　来日の背景とその影響』東京大学出版会　1992年6月
齋藤元子著『女性宣教師の日本探訪記』新教出版社　2009年8月
佐藤学著『米国カリキュラム改造史研究　単元学習の創造』東京大学出版会　1990年12月
澤田泰紳著『日本メソヂスト教会史研究』日本キリスト教団出版局　2006年7月
高月教恵著『日本における保育実践史研究――大正デモクラシー期を中心に』御茶の水書房　2010年2月
土肥昭夫著『思想の杜　日本プロテスタント・キリスト教史より』新教出版社　2006年10月
同志社大学人文科学研究所編『日本プロテスタント諸教派史の研究』教文館　2008年9月
永井秀夫他編『県民100年史　北海道の百年』山川出版社　1999年6月
七十五周年史編纂委員会編集『遺愛七十五周年史』遺愛女子高等学校　1960年8月
二井仁美著『留岡幸助と家庭学校　近代日本感化教育史　序説』不二出版　2010年2月
日本キリスト教歴史大事典編集委員会編『日本キリスト教史年表［改定版］』教文館　2006年5月
日本保育学会著『日本幼児保育史』第1～6巻　1968　復刻版　日本図書センター　2010年5月
函館市史編さん委員会編集『函館市史　年表編』函館市　2007年2月
福島恒雄著『北海道キリスト教史』オンデマンド版　日本キリスト教団出版局　2003年7月
北林衞編集『フレーベル館100年史』フレーベル館　2008年2月
ベーカー，J.M.著，戸谷英世訳『アメリカン・ハウス・スタイル』井上書院　1997年12月
（Baker, J.M., "AMERICAN HOUSE STYLES". W.W. NORTON & COMPANY, Inc., N.Y., LONDON 1994）
北海道教育研究所編纂『北海道教育史　全道編三』北海道教育委員会　1963年3月
守部喜雅著『日本宣教の夜明け』マナブックス　2009年4月
文部省『幼稚園百年のあゆみ』1976年5月
文部省『幼稚園教育百年史』ひかりのくに　1979年8月
幼児の教育復刻刊行会編『復刻・幼児の教育』全集　1979年3月
米山勇監修『日本近代建築大全　東日本篇』講談社　2010年5月

立教学院百二十五年史編纂委員会編『立教学院百二十五年史　資料編第1巻』立教学院発行
　1996年5月

あとがき

　本書の第Ⅱ部第1章第5節ほかの箇所において著者は，遺愛幼稚園が創立された明治28〜32（1895〜1899）年まで遺愛幼稚園に最初の主任保姆として勤務した中野ウメ女史が，大正2〜3（1913〜1914）年の間に執筆された手記を掲載し，考察に用いた。この史料は，今回の整理作業によって発掘された多くの史資料のなかで最も重要な文書の一つに数えられるものであり，明治40（1907）年の大火によって殆ど全ての明治期の史料を焼失した遺愛幼稚園の，明治期における保育実践の様子を垣間見ることのできる唯一の内部文書である。この文書のなかで中野ウメ女史は，次のように書かれている。

　"God made them to love "all things created by Him." … "Every creatures of God is good." "Unto the pure all things are pure." … Fröbel loved nature. It made him good, kind and great. Oh, the weight of the responsibility of the helpers of the children! …I do hope to all the kindergarteners （……） to do that you must watch them one by one very closely and learn their dispositions. …I think the children display their dispositions most freely and naturally when at play."
　　　　　　（遺愛幼稚園保存史料　中野ウメ女史の手記　本書「補」2（17）所収）

　この手記の抜粋には，明治28（1895）年の創立時から平成23（2011）年の今日まで揺らぐことなく貫かれている，遺愛幼稚園の保育思想が明らかにされている。「万物は神によって創造され，神はそれらを愛するために創られた。神の全ての創造物は，みな優れている。全てのものは純粋で清い。子どもたちの援助者の責任の大きさよ！私は，あなたたちが，子どもたち一人ひとりを大変に近くから凝視し，彼等の性質について学ぶことを本当に期待する。子どもたちは，遊んでいる時に，最も自由かつ自然に，彼等の性質を表出してくると思う」と述べる。万物の創造主である神を畏れ，神によって創造された森羅万象に対して畏敬と愛情の念を持つ。神によって創造されたもので

ある自然を愛することによって，やはり自然を愛したフレーベルのように自らも育つ。子どもを育てる援助者は，その責任の重さを自覚し，一人ひとりを注意深く見ることにより，とりわけ遊びの場面で表出される子どもの性質を学ぶ姿勢を持つ。…具体的な保育実践の内容や方法は時代とともに変化しても，100年もの昔に中野ウメ女史が自らの経験を踏まえ，希望を込めて後進に伝えた手記の内容は，今も現役の遺愛幼稚園の教諭たちによって，確かに受け継がれている。

　遺愛学院が所有する函館市杉並町の校舎本館と宣教師館は，それぞれ平成16（2004）年と平成12（2001）年に国重要文化財指定を受けた著名な建築であり，学校建築分野も研究の専門の一つとする著者にとって一度は拝見したい建築であった。また，牧師と婦人伝道師であった著者の祖父母の縁を繋いだ古田とみ女史（1875～1958。日本メソジスト教会伝道師。同婦人事業局長。日本キリスト教婦人矯風会，同女子青年会（YWCA），東京連合婦人会の各団体の参与を務める）が遺愛女学校の第五回卒業生（明治29年卒）であり，祖父母が北海道で教育と伝道に携わった時もあったため，著者の成育過程のなかで「遺愛」の名前は何度も聞かされ耳に馴染んだものであった。さらに遺愛幼稚園が大正初期に建てられた近代建築を今日まで使用していることは，かつて雑誌記事で写真とともに拝見したこともあり，ぜひ実際に拝見したいと思い続けていた。このように遺愛学院は，ことあるごとに著者の生活に登場し，興味を引かれる学校であったものの，関東で生まれて生活し，研究のフィールドを西日本に持っていた著者にとって，函館は非常に遠い街であった。

　遺愛学院との出合いは2008年6月末にやってきた。道南に出向く機会ができ，道南に行くなら是非とも遺愛を訪問したいと考えて学院に連絡を取り，事務長の増田宣泰氏が快く迎え，本館を案内してくださった。そのとき著者は，その壮麗な校舎に驚嘆した。帰り際，増田氏は，著者が幼稚園実践史を専門としていることから，遺愛幼稚園も見てはどうかとおっしゃり，その場で幼稚園に連絡を取って，著者を幼稚園に導いてくださった。

　遺愛幼稚園への初めての訪問は，この日の夕方であった。教諭の方々はお忙しく，佐々木待子教諭が園舎を案内し，保存されている史資料をも見せて

くださった。きわめて貴重な史資料が保存されていることは，ひとめ拝見しただけで直感的にわかり，驚きと興奮のあまり震えを覚えたことを記憶している。

その後，改めて遺愛幼稚園に連絡を取らせていただき，同年 8 月末に，吉田真理子園長を訪ねて，再度，幼稚園へうかがった。吉田園長は著者の研究について深いご理解とご興味を示され，遺愛幼稚園での継続的な実践史研究のご許可をいただいて，著者の遺愛幼稚園への通い研究が始まった。

しかし，遺愛幼稚園の史資料は膨大で，しかも未整理な状態であったため，大学での本務の合間を縫っての函館への通いでは研究が捗らず難航していた。そんなおり，2009 年 8 月末に研究のため幼稚園に滞在していた時，2009 年 4 月より園長となられた野田義成氏（理事長兼務）との会話のなかで，2010 年度は遺愛幼稚園創立 115 周年の記念の年となること，これまで遺愛幼稚園は幼稚園単独の記念誌や歴史書を持っていないこと，幼稚園史の整理がしたいと思いつつもなかなか学院内で実現できないこと，などが話題となった。著者は，この話をうかがい，勤務する聖学院大学の特別研究休暇制度を取得して遺愛幼稚園の歴史研究に専念し，遺愛幼稚園の公的な歴史記録を遺す仕事をしてみたいと考えた。創立 115 周年記念の年が翌 2010 年に迫っており，特別研究休暇制度を受けるには時間が充分ではなかったのであるが，聖学院大学学長の阿久戸光晴教授，人間福祉学部児童学科長の村山順吉教授のほか，同大学の関係者の方々の深いご理解をいただき，急遽，2010 年度の前期に半年間の研究期間をいただくことができた。本書は，この 6 カ月の特別研究休暇期間の研究成果に基づくものである。

史資料を整理してから研究を行なうには，半年という時間は非常に短いものであるため，開始直後から計画的に作業と研究を進めた。進行過程のなかで，2009 年度より引き続き遺愛幼稚園長の野田義成氏，副園長の吉田真理子氏には，多くのご指導とご協力を頂戴した。野田義成氏には，大局的な視点から，遺愛学院および函館・北海道の教育事情や社会的背景などを幅広くお教えいただいた。吉田真理子氏には，出会わせていただいた 2008 年 8 月から今日に至るまで，実に多岐にわたる教えをいただいた。ご自身も遺愛幼

稚園の卒園者であり，教諭としての勤務歴も長い吉田氏には，遺愛幼稚園史についての重要な事項を多くご教示いただいたのみならず，現場の実践者としても，意義深いご指導を頂戴した。吉田氏の保育理論は著者のそれと共感するものであり，幼児教育について広く豊かな話をうかがうことができた。

　研究期間中は遺愛幼稚園内に研究場所を置かせていただいたため，研究のかたわら，日々の保育活動にも参加させていただいた。歴史研究を行なうことと並行して，今を生きる幼児と日々身近に接する機会も与えられ，著者にとって多くの学びと喜びに満ちた時間を過ごすこともできた。

　学院事務長の増田宣泰氏には，遺愛幼稚園との出合いを与えていただいたところから，お世話になった。担任教諭の佐々木待子・佐藤吏恵・伊勢槙子，担任補助教諭の松村美保子・岡田扶美子・秋本みきの各氏には，日々の保育現場にお邪魔して，園児と園舎との関わりなどを中心に，お話をうかがったり実践を拝見して，研究の重要な参考とさせていただいた。ご迷惑にも拘わらず保育現場に快く入れてくださり，実際の実践をとおして考究するという著者の研究手法に，大いに寄与してくださった。また，諸氏にあっては著者の日々の生活にまでお心遣いくださり，快く力を貸してくださったことにも，心より感謝している。上記の教諭のほかにも，遺愛幼稚園に勤務される非常勤講師や職員の皆様から，大変に暖かなお心遣いをいただいた。こうした点から本書は，陰に日向に著者の研究を日々力強く援助して下さった遺愛幼稚園の教職員の皆様と著者との，共働の産物とも言えるものだろう。

　さらに，教職員の皆様のみならず，研究の傍ら参加させていただいた日々の保育場面で，楽しく豊かな忘れがたい時を共に過ごした遺愛幼稚園の在園児，その保護者の皆様にも，あわせて深い感謝の意を表したい。函館での著者の信仰生活を支えてくださった，日本キリスト教団・函館教会の松本紳一郎牧師と美香子夫人，同教会員の皆様にも，心より御礼を申し上げる。

　同時に忘れてならないのは，著者の調査研究の時間を保障し，研究を支えてくださった，聖学院大学の教職員の皆様である。著者の特別研究休暇の必要性に対して深いご理解を示してくださり，その終わりまで研究の無事の遂行を祈り支えてくださった阿久戸光晴学長，村山順吉学科長には，格別のご厚情を頂戴し，誠に感謝の意に堪えない。児童学科の先生の皆様には，多忙

な学科教務のなかで様々なお心遣いをいただき且つ便宜を図っていただいて，心より感謝を申し上げる。また，聖句の和訳に関し，ご多忙のなかにも貴重なお力を貸してくださった，政治経済学部チャプレンの佐野正子准教授にも，御礼を申し上げたい。

　大学職員の皆様にも，大きなお力をいただいた。大学図書館司書課課長代行の図書館司書・菊池美紀氏には，史資料の整理方法の教示から，聖学院大学図書館所蔵史料の検索や手配に至るまで，大きなご尽力をいただいたほか，図書館職員の方々にも広くご助力を賜った。また，パソコンの操作，史料の出力については情報推進課の方々にご教示・ご協力をいただき，整理の資材の手配は聖学院ゼネラルサービスの方々に尽力いただくなど，お忙しいなかをお邪魔して，本当にお世話になった。聖学院大学の職員の方々の甚大なるご支援なくしては，この研究は為し得なかった。心より感謝している。

　貴重なメソジスト関係史料の閲覧・複写については，青山学院資料センターの方々に，ご丁寧なご教示と，強力なお力添え・ご協力をいただいた。深く感謝いたすものである。

　上記以外にも，今回の遺愛幼稚園における半年間の調査研究において，著者を支えてくださった多くの方々に，心よりの感謝を述べたい。大病も怪我もせず，快適な生活を送りながら研究に専念できたことは，神の豊かな守りは無論のこと，著者と交わる多くの方々の祈りとお力添えあってのことであった。本研究の遂行と本書の完成の背景に，こうした諸氏のお支えがあったことを，特に述べておきたい。

　ここに特記して，格別なる御礼を申し上げなければならないのは，東京大学・桜美林大学名誉教授，立教学院本部調査役・同大学総長室調査役でいらっしゃる寺﨑昌男教授である。今回，この研究を進める過程において，東京大学大学院在学中から種々指導を受けていた寺﨑昌男教授に，月一回の定期的なご指導を頂戴した。教授の幅広い教育史の学問的知識と，研究手法に関する深い知見は，膨大な作業と輻輳する課題で混乱する著者に，その時々にあって的確なご助言・ご指導を与えてくださり，そのたびに著者の進むべき道が，空が晴れたように明確となった。調査・研究の疲れで士気が低くなり

そうな折々に，寺﨑昌男教授のご指導によって再び意欲が湧いたものである。寺﨑昌男教授の実に適確なご助言・ご指導なくしては，著者は到底，本書の完成にまで辿り着くことはできなかった。ご多忙のなかを豊かなお導きをくださった寺﨑昌男教授に，心よりの感謝を申し上げる。

　もとより，本書をもって遺愛幼稚園の実践史研究が完了したわけでは全くない。とりわけ第Ⅲ部の実践史研究は，「結」でも述べたように，さらなる研究の余地があるし，本書においては時間的制約から積み残しになった昭和10年代以降についても研究を行ないたいところである。とりわけ第二次世界大戦の戦時下および戦後の遺愛幼稚園における日誌には，当時の時局のなかにありながらキリスト教主義による幼稚園教育を実践するにあたっての，遺愛幼稚園ならではの様々な工夫や労苦が読み取れて非常に興味深いものである。しかしながら今回の研究期間内においては時間が充分でなく，その時期の日誌の分析考察まで到達することができなかった。その研究は今後も継続していくものとして，今回はひとまず昭和ひとけたあたりで区切りとした。

　遺愛幼稚園に出合えたことは，著者にとって，「奇跡」のような出来事であった。三代目キリスト者として成育しながらも，これまでの研究ではキリスト教主義の教育機関を本格的な研究対象とすることはなく，キリスト教とは遠いフィールドで研究を重ねてきた。そうしたなかで遺愛幼稚園との出合いが与えられ，遺愛学院に関係する多くの先生や皆様との出会いが与えられた。加えて，はからずも，この研究をとおして，著者の祖父母の牧師・婦人伝道師としての生涯についても明確に認識することとなった。学究を一そう深める機会を与えられたことは云うまでもなく，さらに加えて著者が今ここに生かされている意味をも考えさせられることとなった。そう考えると，遺愛幼稚園との出合いは「奇跡」ではなく，著者の人生において，あるべくして備えられていたものであったのかも知れない。

　そして今，著者は，多くの米国婦人宣教師や保姆・教師らの暖かな思いと，関係者・保護者・卒園児らの遺愛幼稚園を愛する思いのうえに115年の歴史

を築いてきた遺愛幼稚園が，今後も末永く，その歴史を重ねていくように心から望んでいる。今後どのような社会の変化がおとずれようと，かつて中野ウメ女史が述べ，現在も確かに受けつがれている遺愛幼稚園教育の揺るがぬ基本理念が，遺愛幼稚園の保育者によって未来に継承されていくことを，心より願うものである。園舎に関しても，本書出版直前の2011年7～8月，「伝統的建造物遺愛幼稚園保存修理工事」として「外壁塗装工事とそれに付随する修理工事」をおこなった。この工事にあたった棟梁の話によると，この園舎の土台にはシロアリがつかないヒバ（檜葉）が，また窓枠にはカツラ（桂）の何百年も経った木の中央部分（外側であるほど水分が多く傷みやすい）が，それぞれ建材として使用されているとのことである。こうした優れた品質の建材を使用しつつ園舎全体に手を入れることにより，この園舎は今後100年の使用に耐えうると示唆された。幼稚園と共に園舎もまた永く教育の場として活躍することを願ってやまない。

　本書の刊行においては，著者の最初の単著書を公刊してくださった学文社が，引き続き今回もその労を受けてくださった。学文社専務取締役の三原多津夫，編集部の二村和樹，両氏のほか，出版にご尽力くださった出版関係各位に，心よりの謝辞を述べる。

　最後に私事であるが，2008年の遺愛学院との出合いの時から，この研究が出版される2011年まで，著者の研究・執筆生活を支え，またキリスト者・研究者としての豊富な経験と知識を研究の糧として著者に与え，著者との長時間にわたる論議を通して研究の示唆を多く与えてくれた，我が母，永井千恵子（旧姓：潮田）に，深い敬意と感謝を贈りたい。

2011年　初秋

永井　理恵子

※本書は，聖学院大学特別研究休暇制度により実現された，2010年4月1日～同年9月30日までの6カ月におよぶ遺愛幼稚園への滞在によって行なった調査研究の成果である。

索　引

〈人　名　索　引〉

あ

ウィリアムズ，S. W.　12,15
ヴォーリズ，W. M.　165
ウッドウォース，K.　28,30,31,33,35
宇野兼三　30,31,35,60
江川三郎八　153
太田嘉受子　400,402,404-406
大和田（荻田）ふみ　31,37,75,77,78,96-99,101,
　　103,104,118,119,127,184,187,365,397,398

か

ガーディナー，J. M.　47-49,54,55,58-62,138,139,
　　141-146
カウチ　86,288,393,399-401,403
カロライン・ライト　28,29
菊池卓平　25,27
キルパトリック　124
グードウィン　209,233,234,241,254,280,392,393,
　　395,396,399-401,403
葛原齒（しげる）　300-302
倉橋惣三　112,118,127,128,170,171,179,295
久留島武彦　232,243-245,372,373
ゲーンズ，N. B.　123,182
児玉満　50,74,103,369,393,394,396,397,400,401,
　　404,406
小林安次　49,138,139,141,146-148,365
小松耕輔　300,301

さ

斉藤たけ　139
桜井ちか　92
島田豊　196
シンガー　85,96,98,116
スタデバンド（スタテーバンド）　280,393,
　　399-401,403
スプロー（ル）ズ　46,48,136,138,147,250,393,396,
　　399,401,403
関信三　82,109,110,296

た

高松ちか　245
高村田鶴　101,103,139,225,231,232,244,251,254,
　　259,263,266,268,365,366,368,369,371,374,401
チニー，A.　35,308,399-401
珍田ミワ　37
土川五郎　195
デカルソン，L.　73,77,364,394,399
デカルソン，A.　13,30,35-38,45,46,51,53,58,62,
　　73-75,77,85,96,98,99,101,104,116,135,138,144,
　　147,307,365,381,384,386,394,399,400
デニング，W.　13,17
デューイ，J.　124
ドーソン，E.　174,175-178
ドレーパー，C. P.　37,173
ドレーパー，G. F.　37,76,96
ドレーパー，M. E.　76,116
ドレーパー，W.（ウィニフレッド）13,75,77,78,
　　85,86,99,116,118,138-140,147,156,176,188,
　　189,191-193,197,199,200,202-204,207-209,
　　214-216,218-221,224,226-229,231-233,
　　235-240,244,245,247,251,252,254,260,265,285,
　　286,288,308,364,370,372,375,380,382,390,393,
　　394,396,399,401,403

な

内藤鳴雪　36
中野ウメ　37,75-77,97,99,115-117,364,365,397
中村五六　82,109,110
中村耕靄　92
中村正直（敬宇）　18,92
新島襄　16
ネットルシップ，C.　77,96,380

は

バイラー　393,399,400,402
ハウ，A. L.　38,39,72,93,95,99,100,102-104,
　　107-115,118,121-126,129,170,189,308

パーカー，F. 124
バチュラー，J. 17
ハミスファー，F. N. 31,32
ハリス，F.（フローラ） 13,25,26,29,32
ハリス，J. H. 24
ハリス，M. C. 12,13,16,17,23-29,173
ハンプトン，M. 13,28-31,33-36,42,44-54,57,58,
　　60-62,65-68,73,75,83,85,96,98,104,116,135,
　　136,138,141,143,144-147,184,307,381,384,388,
　　394,396,399,400,401
ピート 256,393,399,400,402
一柳満喜子 165
ヒューエット，E. J. 30,31,34-36
ヒル，P. S.（パティ・ヒル） 123,182
弘田龍太郎 301,302
プリースト，M. A. 26-29,33
古田とみ 225,226,368
フレーベル 18,19,105,117,124,128,129,181,182,
　　295,296,298

ブロウ，S. 123
ペーレー（ペリー） 255,256,393,399,400,402,403
ヘミスファー 34
本多庸一 31,35

ま

松野クララ 105
三島通庸 83,161
武藤八千 76,365

や

梁田貞 300
山鹿元次郎 139,192,365
山田トク 37

わ

ワ（ー）グナー 392-395,400
和久山きそ 108,113,119,124,178
和田實 118,120,121,126,127,129,130,288

〈 事　項　索　引 〉

"Annual Report of the Kindergarten Union"
　　113,114
"Heathen Woman's Friend" 26
JKU 年報 174,176,178,204,230,233-235,239,247,
　　254,305

あ

青山学院 27,32,34,35
アメリカン・ハウス・スタイル 153
アメリカン・ミッション・ホーム（亜米利加婦人
　　教授所） 18,92
暗誦 289
一斉保育 126
祈り 289,293
歌 287,289,293
運動遊び 165
運動場 277
園外保育 292
近江兄弟社幼稚園 165
大阪市保育会 112,113

屋外活動 179
屋外遊戯 127
おしごと（お仕事） 290,294,295
お話 289
恩物 18,19,89,90,103,107,118,124-131,169,170,
　　179,181,183,187,188,205,220-226,229,257-262,
　　265-280,284,287,289-299,305,308,375,397
恩物机 188,204,213,287,299

か

会集 126,149,174,175,180,205,279,290,294
会集室 149,151,365
課業 206
学制 17,83,88
学課 206,261,263-268,270-273,275,287
「学校建築図説明及設計大要」 83,84,160,161
活水女学院 34
金沢英和幼稚園 93
カロライン・ライト・メモリアル女学校 28,31
祈祷 292,293

吉備保育会　112
行儀　89
共同遊戯　126,127,287,289,290
京都市保育会　112
擬洋風建築　145
旭東幼稚園　152,153,162,164,166
キリスト教保育連盟　190
クリスマス　172,180,182,193,196,198,199,235,240,
　　365,368,370,372,374,381,391
「訓令12号」　38,39
京阪神連合保育会　112,113,127,188
『京阪神連合保育会雑誌』　112-114,188,189
結膜カタル　203
校舎衛生上ノ利害調査　161
神戸市保姆会　112
戸外遊び　304,305
戸外活動　304
戸外遊戯　258-260,286,291,
戸内遊戯　258,259,286,287
コロニアル様式　153

さ

桜井女学校附属幼稚園　92
慈恵院　195,205,207,210,213,214,367,369,371
自然環境　131,178,253
自然観察　178,179
室内運動場　157,163,165,253,254,256,287,290,305,
　　390,392,395,396
質朴堅牢主義　83,160
児童中心主義　170
島田児童舞踊　196
自由遊び　163,183,252,286,305,306,366,397
集会　291,293
収穫感謝祭　172,180,182,204-207,209-211,213,
　　214,371
自由保育　181,296
自由遊戯　119,127,129,131,166,287,289,291,292,
　　304
手技　89,90,127,179,181,183,225,257-259,287-293,
　　296,297
手芸　222,223,225,260,261,262,266-272
頌栄保姆伝習所　37-39,72,75,77,93,95,97,98,
　　100-102,104,105,107,111,114,117,122,127,131,
　　139,170,187,189,250,251,297,308,365
頌栄幼稚園　37,93,98,102,104,109,111-113,117,
　　118,120-122,126,127,129-131,170,288,365
「小学校令」　160

唱歌　89,90,119-121,126,127,131,179,195,196,201,
　　205,245,257,287,288,291,292,294,299,300,305
私立函館幼稚園　364
新教育運動　129
進歩主義教育　295,296
清花園　173,236-242,244,267,370,371,373,391
聖劇　198
製作　116,126,127
説話　89,205,220,258,260,261,287,289,294,304
善隣幼稚園　113

た

大正幼年唱歌　300,301
体操　89,120,131,156
誕生会　180
談話　89,90,116,127,131,179,287,291,292
朝礼　287,292,293
東奥義塾　31,99,101
東京女子（高等）師範学校　111
　　―附属幼稚園　84,87,89,102,161,169,188,189
東京女子師範学校　102,105
　　―附属幼稚園　17,18
東洋英和女学校附属幼稚園　180,181
童謡舞踊　196
伽話　259-262,287,304
トラホーム　203,227,228

な

南北廊下論争　84
日日学校　24,29,173
日曜学校　139,172,178,180,235,237,239,365,
　　367-369,371-373,391
日本キリスト教団・函館教会　26,31
日本キリスト教団・弘前教会　192
日本幼稚園連盟（JKU：J.K.U)　102,113,123,176,
　　189,232,242,372

は

函館訓盲院　13,37,173
八大教育主張　170
花の日　202,203,367
母の会　139,172,180,216,221,223-225,227-232,
　　234,239,241,242,256,367,368,369,374,376,393
『母の遊戯及育児歌』　104,105
ハリストス正教会　12,15
『人乃教育』　105,131
表情遊戯　195

広島英和女学校　182
　―附属幼稚園　93,181
風眼　227,228
『婦人と子ども』　111,118,128,171,188
復活祭　180
ブリテン女学校附属幼稚園　92
フレーベル会　112,113,188
米国婦人一致外国伝道協会　18,92
米国メソジスト監督派教会　9,12,13,15,16,21,23,
　　25,31,32,187
　―海外婦人伝道協会　13,24,26,27,29,31,32,46,
　　51,74,78,173,189,192,307
　―海外婦人伝道協会日本支部　189
　―海外婦人伝道協会日本支部年会報告書　44,
　　48,49,72,78,96,98,135,142,144,158,197,
　　199,207,228,230,239,243,252,255,256
『保育学初歩』　104
保育室　153-156,158,161,163,165,169,253,254,286,
　　287,295

ま

虫歯　203
モーニング・サークル　126,149,174,287
モーニング・トーク　178
「文部省示諭」　83,160
文部省達第3号　81

や

遊戯場　149,151-157,163,165,166,169,198,207,208,
　　211,253,269,277-279,281-287,289,290,293,295,
　　302,303
遊嬉　89,90,127,179,204,224,226,245,287,288-294
遊戯　89,119,120,126,131,149,179,195,196,198,
　　201,205,218,220,222,223,257,258,260,261-274,
　　276-278,280,281,287,289,294,299,300,302,303,
　　305,306,397
『幼児の教育』　111,188,189
『幼稚園唱歌』　104
『幼稚園初歩』　82,109,110
『幼稚園創立法』　82,109,110
『幼稚園摘葉』　82,109,110
「幼稚園保育及設備規程」　18,82,87-89,109,127,
　　160,170,179,287,288,291,292
『幼稚園法二十遊嬉』　296
「幼稚園令」　91,179
幼稚小学　17,88

ら

ランバス女学院保育専修部　182
立教学院　60
律動遊戯　195
礼拝　156,183,288,290,293,294
例話　258,292,293,304

わ

和洋折衷様式　82,153

| 1940（昭和15） | | | | 7月 J.K.U.、解散。 | | |

※本表においては、歴代の遺愛幼稚園長については「第〇代」という表記を割愛した。

年				
1930（昭和5）	6月18日 遺愛幼稚園にて、全道基督教保姆大会、開催。7月 ハンプトン、召天。9月 ハンプトン追悼式。12月 児玉満、園長に就任。会計は未だキリスト教会持ち。				
1931（昭和6）					
1932（昭和7）			7月 キリスト教保育連盟、結成。9月 満州事変		安田銀行函館支店
1933（昭和8）			5月 5・15事件	11月『基督教保育』創刊。	
1934（昭和9）	第二遺愛幼稚園、大火に遭う。	5月 チニー、一時帰米。			
1935（昭和10）					
1936（昭和11）		4月 小畑信愛校長、就任。	3月 大火2万2667戸が焼失。		
1937（昭和12）		5月 エリザベス・ベスト・ハリス、来校。7月 チニー、送別会。	2月 二・二六事件		
1938（昭和13）		9月 チニー、青山学院神学部副校長に就任。	7月 盧溝橋事件（日中戦争勃発）	3月 文部省「国体の本義」刊行。	
1939（昭和14）			4月「国家総動員法」公布。		
			9月 第二次世界大戦、開始。		

	1926（昭和1）	1927（昭和2）	1928（昭和3）	1929（昭和4）
	者としては、チニーは昭和5（1930）年まで在任する。 9月 園長にスタテーバンドが就任。 9月3日 グードウィン葬儀。 9月 グードウィンの建碑式。山背泊が丘。	2月 スタテーバンド園長、退任、ベーレーが園長に就任。 6月 園長ベーレーにより、屋内運動場改築のための1500円の募金の公示がなされる。集金総額は1057円。 7月 ベーレー園長、退任。園長にピート就任。 8月 屋内運動場、改造工事。 10月3日 再立15周年記念式典。	4月 チニー校長、一時帰米。 7月 校地720坪拡張。 8月 ピート園長、退任。園長としてバイラー就任。	9月 チニー校長、帰函。 11月 校地後方の一部3836坪を売却（校地は1万8700坪となる）。
			7月 市立図書館、開館。	
		ハウ、引退、帰米。		10月 世界恐慌、勃発
	4月「幼稚園令」制定。	11月『キンダーブック』創刊（フレーベル館）。		4月 玉川学園、開校。
	百十三銀行本店	三井銀行小樽支店		

年					
1921（大正10）	7月 合計447円が集まり、音楽教師ワグナーが斡旋し、米国の新式小型学校用ピアノ一台500円を父母の募金により米国より直接に購入。を、焼失した聖保禄女学校に提供。				三菱銀行小樽支店
1922（大正11）	4月 ピアノ、到着。今年度より、「女中会」を月に2回ほどおこなった。	8月 市制施行。	8月 近江兄弟社幼稚園開園（一柳満喜子）。	1月 『コドモノクニ』創刊。	今井百貨店函館支店 旧北海道拓殖銀行小樽支店
1923（大正12）		1月 チニー、赴任。9月 ハンプトン、帰国。		9月 関東大震災	函館元町カトリック教会聖堂
1924（大正13）	9月 グードウィン、母の会と協力して「清花園」を「第二遺愛幼稚園」と改称、大縄町に移転。エリザベス・パスコル婦人の協賛を受ける。			「治安維持法」「普通選挙法」公布。	第一銀行小樽支店
1925（大正14）	2月 第二遺愛幼稚園、献堂式。8月 グードウィン園長、軽井沢にて昇天。チニーが設立者となり、次期園長が決まるまでは園長代理をした。設立園長、現役園長のまま召天。	4月 チニー校長、就任。デカルソン、帰米。		4月 「幼稚園令」公布。	

1917（大正6）	2月1、2日 北海道各幼稚園保姆大会、開催（遺愛幼稚園にて）。参加は、遺愛、函館、札幌聖公会、ロース（小樽）、清花園の5園。2月3日は母の会開催、82名が参加した。ドレーパー、幼稚園教育ならびに久留島武彦の「現代幼稚園教育について」の講演と指導助言あり。9月 カウチ、園長退任。10月 カウチ、園長に就任。 / 3月 生徒数170名、宣教師4名、専任日本人教師10名、助手4名。 / 2月 ロシア革命が始まる / 倉橋惣三、東京女子高等師範学校附属幼稚園主事となる。
1918（大正7）	3月 カウチ、園長を退任。4月より、グードウィンが、遺愛幼稚園、清花園の園長となる。 / 6月 ライトの姪チニー（チニーの母）、来校。 /	/ 7月 『赤い鳥』創刊。フレーベル会、日本幼稚園協会と改称。『婦人と子ども』も『幼児の教育』と改称。立教大学本館（マーフィーアンドダナ）
1919（大正8）				
1920（大正9）			1月 国際連盟、発足。10月 賀川豊彦、『死線を越えて』刊。	ハリス、フローラ夫人の姪であるエリザベス・ベストと再婚。
1921（大正10）	1月 ピアノを購入するための寄附運動が開始される。4月 幼稚園の一部	4月 大火、2141戸焼失。函館教会も焼失。		自由学園明日館（ライト）

	1913（大正2）	1914（大正3）	1915（大正4）	1916（大正5）
	9月29日 遺愛幼稚園を再建し、スプロールズ来函し園長就任。10月2日 保育開始。	3月 スプロールズ退任し、青山女学院院長に就任。ドレーパーが園長に就任。御大典記念として母の会よりオルガン一台、寄贈される。室内運動場34坪が増設される。	9月 ドレーパー、若松町に小さな家を借りて「清花園」を開く。園長はドレーパー。園児30名くらいの園児が入園し、保姆2名が元町から歩いて通う。そのうちの一人の保姆は高松ちか子。	
		4月 予備科を廃止。5月 シンガー、帰米。	1月 ワグナー、赴任。	7月 ハンプトン、一時帰米。
				8月 大火で176戸が焼失。
		8月 第一次世界大戦10月 東洋英和女学校附属幼稚園、開設（ブラックモア）。	J.K.U.部会活動、開始。	
				8月 文部省主催第一回幼稚園保姆講習会、開催（10日間）。
		日本製鋼船具倉庫		明治学院チャペル（ヴォーリズ）函館ハリストス正教会復活聖堂金森商船㈱倉庫

年	学校関連事項①	学校関連事項②	函館地域事項	国内事項	教育・出版	建築物
1909（明治42）		9月 ハリス夫人、東京にて召天。12月 スチーム暖房、設置。	5月 函館区公会堂、着工。		8月 韓国併合	北海道庁函館市庁舎、函館金森倉庫、小樽新聞社、函館区公会堂（5万8千円）
1910（明治43）		3月 デカルソン一時帰米、スプロールズ校長代理。4月 新学期開始として予備科を1年とする。5月 ハンプトン、スプロールズ、デカルソン、スキーアとバッカーと共に帰米。7月 宇野兼三退任しハワイへ移住。10月 デカルソン、帰函、スプロールズ、一時帰米。10月10日 全校、大沼遠足。			4月『白樺』創刊。	函館郵便局、金森船具店（函館）
1911（明治44）		11月 ヒューエット、再来日（遺愛には来ない）。		4月 女子聖学院附属中里幼稚園、開設（ブレイン）。	「小学校令」「小学校令施行規則」改正。	北海道銀行本店（函館）
1912（大正1）	6月10日 幼稚園建築、開始（ドレーパーによる手記あり）。ハンプトン、スプロールズ、デカルソンの3名が関与したと記述ある。		6月 函館水電㈱が東雲町～湯の川間の電車運行を開始（路面電車の開通）。11月 五稜郭公園開設。			函館日本郵船倉庫、日本銀行小樽支店
1913（大正2）	2月5日 遺愛女学校附属幼稚園建築工事契約が、契約人の小林安次からハンプトン宛に届く。9月10日 道庁より幼稚園再開の許可が下りる。	9月29日 遺愛幼稚園を再建し、スプロールズ来函し園長に就任。				イギリス領事館（函館）

年					
1904（明治37）	学院高等女学科に無試験転入を許可される。	4月 第12回卒業式。		メソジスト監督派教会の日本・朝鮮監督として来日。		
1905（明治38）		3月 第13回卒業式。9月 ハリス夫人、再来日。	12月 慈恵院、焼失。？ネットルシップのアイヌ人学校、閉校。	神戸保育会、創設。青山学院神学部、創設。11月 女子聖学院、築地に開校。		日本郵船㈱小樽支店
1906（明治39）	8月28日から30日まで、軽井沢でJ.K.U.設立協議会、開催。9月1～3日、遺愛からはデカルソン園長が出席した。	3月 第14回卒業式。4月 新校舎、建築起工式。9月 スプロールズ、赴任。	10月 函館幼稚園、栄町に開設、教育ならびに託児事業を行なう。	満鉄設立 3月 聖学院中学校、滝野川に開校。J.K.U.結成。	3月「小学校令」改正（義務教育6年制）。	
1907（明治40）		5月 元町校舎一部解体のため1学期休業。6月 新寄宿舎、全焼。8月 大火で元町校舎全焼、函館山に避難。10月 新校舎で上級生のみ授業再開。	7月 慈恵院、再興。8月 大火により1万2390世帯が焼失。	5月 メソジスト3派（メソジスト監督派教会、南メソジスト監督派教会、カナダ・メソジスト監督派教会）合同総会、日本メソジスト監督派教会成立、監督に本多庸一が選出される。年報、5月、J.K.U.の理事会で、J.K.U.が支部として承認された。創刊。		相馬家住宅（函館）
1908（明治41）	園児数は100名を越えるくらいで、午前と午後に分けて保育していたころもある。大火にて休園。	1月 新校舎・新寄宿舎落成開校式、宣教師館も完成。6月 尋常小学科と幼稚園の「廃止届」を出す。7月 新校舎の献堂式。ハンプトン、一時帰米。10月 新校舎・新寄宿舎落成。				旧百十三銀行小樽支店

年				
1901（明治34）	4月　シャルロット・ドレーパー、息子と共に函館を去ることとなり、訓盲会を継盲院と改称して、ワドマン女史が引き継いだ。 5月　第10回卒業式。 8月　デカルソン、一時帰米。 11月　ヒューエット赴任し校長代理となる。	9月　海老名弾正と植村正久の間にキリスト論論争が起きる。	『婦人と子ども』（現『幼児の教育』）創刊。	と配当時間を改訂。保育内容は「幼稚園保育及設備規程」と同様にしたうえ、1日4時間の保育のうち3時間を「遊嬉」に充て、残り1時間で「唱歌」「談話」「手技」を行なうようになる。
1902（明治35）	生徒数191名、教師16名（第19回年会報告書より）。 3月　学則を改訂し、5年の高等女学科、3年の予備科を置く。			
1903（明治36）	4月　第11回卒業式。 10月　湯の川通りに新校地2万1887坪を購入。	2月　聖学院神学校、創立（10月に滝野川に移転）。ハウ『保育法講義録』刊。	4月　「小学校令」改正、国定教科書制度を確立。『専門学校令』公布。	
1904（明治37）	1月　ハンプトン、新校舎建築に専念。 1月　卒業生は青山女学校卒業式に参列。	2月　日露戦争、日本が宣戦布告。 12月　M.C.ハリス、米国		

私立函館幼稚園、閉園。

7月　『京阪神保育会雑誌』が『京阪神連合保育会雑誌』に名称を変更。

	1897（明治30）	1898（明治31）	1899（明治32）		1900（明治33）
			荻田ふみ子、頌栄を卒業、保姆長となる。		
		4月　第7回終業式。報告書に、男子学校の必要性に記載あり。	4月　第8回卒業式。8月　「訓令十二号」事件。10月　右記事件により尋常小学科を休校とし、生徒を他校に移す。		4月　第9回卒業式、卒業生7名。
					11月　慈恵院、開院式。
	児玉）。□印はったものと思われる。静修女学校附属幼稚園、開設（小樽）のちロース幼稚園。	川上幼稚園（金沢）、開園			1月　二葉幼稚園、開園。9月　津田英学塾、開校。
	11月　右、第一回総会開催。	4月　『京阪神保育会雑誌』、創刊。	2月　「高等女学校令」公布。6月　「幼稚園保育及設備規程」制定。保育内容項目は「遊嬉」「唱歌」「談話」「手技」の4つ。明治26年（1893）の東京女子高等師範学校附属幼稚園の保育内容項目が5つの項目から成っていたのであるが、それを更に、「行儀」を合わせて「説話」とした。4項目とした。8月「訓令十二号」事件。		8月　「小学校令」全面改正（小学校4年制）。東京女子高等師範学校、前年の文部省「幼稚園保育及設備規程」を受けて、保育内容項目

年					
1894（明治27）				4月 第4回卒業式。6月 シンガー校長、赴任。デカルソン校長、一時帰国。	日清戦争 12月 ハウ『クリスマス唱歌集』刊。	6月「高等学校令」公布。 ロース宣教師館（小樽）
1895（明治28）	9月16日 園舎を新築し幼稚園を開始する。開園式は10月1日。園長はデカルソンが校長と併任。初代保姆は中野ウメ（一色ウメ）で、女学校第二回卒業生の一人。園児数は10名、うち5名は宣教師の子ども。	9月 ドレーパー、横浜より来函、青柳町52番地に私立函館訓盲会を設立。9月 園舎を新築し幼稚園を開始する。	4月 庁立函館尋常中学校開設。	9月 長崎・活水女学校附属幼稚園、開設。広島英和女学校保姆養成科、設立（現、関西学院大学）。善隣幼稚園、開設。	
1896（明治29）		4月 第6回卒業式。	8月 大火で2280戸が焼失。人口7万8821人。	ハウ譯、フレーベル著『母の遊戯及育児歌』刊（遺愛に2セット保管あり。初版を再販したものなり。荻田もしくは児玉が持ち帰	4月 フレーベル会、創設（東京女子高等師範学校内に）。東京女子師範学校保姆伝習科、復活。
1897（明治30）	デカルソン園長、荻田ふみ子を神戸の頌栄に送る。荻田は女学校第三回卒業生。				大阪市保姆会、神戸市保姆会が結成される。10月 京阪神三市連合保育会、結成さ

「行儀」「手技」「唱歌」「遊嬉」「談話」の5大項目のもとにまとめるスタイルとなった。これが明治32年の文部省による「幼稚園保育及設備規程」の基礎となったものと判断できる。

年	(列1)	(列2)	(列3)	(列4)
1889（明治22）		校、開校式。7月 私立函館幼稚園、公立函館女学校内にて開園式。聖公会宣教師ネットルシップ来日、幌別に入植。		
1890（明治23）	1月 デカルソン、校長に就任。9月 第2回卒園式。卒業生2名。山田くと、中野ウメ。	2月 頌栄幼稚園、開園式。3月 頌栄幼稚園、第一回卒園式。6月 新潟静修学校託児所、開設（赤澤鐘美）。	10月「教育勅語」発布。「小学校令」改正。	
1891（明治24）	1月「予科」を設置、小学生も入学させる。9月 教場、寄宿舎を増築し新学期。	9月 広島英和女学校附属幼稚園、開設。	9月 広島英和女学校附属幼稚園、開設。東京女子師範学校附属幼稚園、保育内容の一部改訂。	
1892（明治25）	「予科」を「尋常小学科」とする。7月 第三回卒業式、卒業生11名。	人口6万3388人。11月 ネットルシップ、元町6番地に「舊土人学校」を開設。	4月 ハウ『幼稚園唱歌』刊。9月 広島英和女学校附属幼稚園、新園舎を建てて認可されて正式に開園。	東京女子高等師範学校附属幼稚園に分室が出来る。保育内容の、細かい項目が並列する本園スタイルとは異なり、大きく5項目にまとめたスタイルであった。これは恩物の省略を狙ったものと考えられる。
1893（明治26）	3月 報告書の校名が初めて IAI Jyogakko となる。4月 4月はじまりとなる。	ネットルシップ、谷地頭にアイヌ学校を移転する。	12月 ハウ『保育学初歩』刊。	東京女子高等師範学校附属幼稚園、保育項目を大改訂。それまで細かな項目が並列していたものであったが、分室のスタイルを模倣し、「説

（小樽倉庫 ～1894）

年					
1888（明治21）		7月 ハンプトン、一時帰米。	教師館に来訪。私立函館学校（恵泉女学園の創始者）が、その第一期生。変則高等科を置き、男女生徒を入学せしむ。同校に裁縫専修科をも敷設する。6月4日 私立函館学校内に私立函館幼稚園を開園。園長は素木岫雲。12月 兵庫幼稚園、神戸幼稚園開設。9月 スミス女学校が幼稚園を開設、即座に満杯となる。9月 石井十次、岡山孤児院を開院。4月 広島英和女学校、開校。	6月 私立函館幼稚園、閉園。すぐに園長と場所を変えて園がスタート。武藤ヤチが園長となり、庁立函館商業学校内に。6月 第一回卒業生、1名。珍田ミワ。11月 ハンプトン、再来日、弘前に赴任した後に来函。コーバック退任。12月 デカルソン来日。横浜へ着。3月 ハウ、大阪市の愛珠幼稚園ほか計4園の見学に出掛ける。	
1889（明治22）	4月 ウィニフレッド・ドレーパー、誕生。横浜にて。5月 チニー、誕生。ハリソンカウンティーMOにて。	9月 校舎増築され新学期。11月 ヒューエット辞任し帰米。デカルソン着任。	2月 庁立函館商業学校寄宿舎より出火、全焼。仮事務所を私立函館学校内に置く。函館幼稚園も全焼。2月 元町35、私立函館英語学校内に函館幼稚園を移転す。5月 私立函館学校内に移転す。渡邊熊四郎ら、幼稚園再建にむけて寄付金の募集を開始。7月 公立函館女学校	2月「大日本帝国憲法」発布。9月 桜井女学校、新栄女学校と合併し、女子学院と改称。10月 頌栄保姆伝習所、開設（二年制）。11月 頌栄幼稚園、開設（園長ハウ）。	東京女子師範学校、高等師範学校となり、幼稚園も東京女子高等師範学校附属幼稚園となる。	頌栄幼稚園舎。木造瓦葺二階建て。ハウによって設計されたが、完全な和風。函館市汐見町配水池番人詰

1884（明治17）	1885（明治18）	1886（明治19）	1887（明治20）
会内に私立正教女学校裁縫場を開業す。 9月 生徒館と教師館を連結し60名収容可能の寮室を増築。新学期を開始するが、まだ遺愛の名称は使用しておらず、遺愛の名称はヒューエット、来函。 10月 ヒューエット、来函。	1月 住所の番地が元町23から53へ変更される。 2月 在籍生徒数77名（寄宿61、通学16）。 11月 ヘミスファー、函館師範学校で英語を教える。 この年に「遺愛」と呼ぶようになったと思われる。	1月 12日付の函館新聞に「遺愛女学校」と記載あり。 1月 宇野兼三、函館教会にて受洗。 1月 私立聖保禄女学校、開校。元町に庁立師範学校を置く。生徒は女子に限る。10月 師範学校新設、生徒は女子に統合となる。素木岫雲が分校統理となる。	1月 ヒューエット、校長就任。コーバック、来函。 7月 新島襄夫妻、宣教師、元町4番地、北海道師範学校函館分校附属小学校跡を借り受け、函館から伴った7名の女性を核として開校。
	9月 金沢女学校（北陸学院）開校。	1月 聖保禄女学校（函館白百合高校）、開校。5月 ハウ、来函。布教を決意。5月 広島女学会、開塾。10月 金沢英和幼稚園、開設。12月 東京婦人矯風会、創立。会頭は矢島楫子。サラ・スミス、函館を離れて札幌へ移住する。恐らく、桜井夫妻を頼ってのことではないか。	1月 スミス女学校（のちの北星学園、長老派）の開校。函館から伴れた7名の女性を核として開校。
4月 桜井女学校、幼稚保育科の開設。 5月 岡山女子師範学校附属幼稚園開設。	3月「帝国大学令」公布。 4月「小学校令」「中学校令」「師範学校令」公布。義務教育4年。 4月 岡山市に、川東幼稚保育場、開設（後の旭東幼稚園）。		7月「幼稚園唱歌集」刊（音楽取調掛編纂）。

1883（明治16）	長は、ウッドウォース。生徒は6名。「米国メソジスト・エピスコパル教会婦人会外国伝道協会元町23、52番地に私立遺愛女学校を設立開校す。校長、ミス・ウッドウォース。生徒6名。」（函館教育年表） 3月 ハリス夫妻、帰米。 9月 生徒数20名。 12月 内村鑑三来校。 ?　ヘミスファー医師、来函。校医となる。 ?　ウッドウォース帰米、ハンプトン、校長に就任。ハンプトン、校舎増築申請書を米国メソジスト監督派教会に提出。米国メソジスト監督派教会報告書に校舎の増築と宣教師増援の要請あり。 11月 函館師範学校附属小学校仮幼稚園、開園。青柳町49番地に新築の公立住吉女学校校舎竣工、移転す。（函館教育年表）完全な中廊下型。 12月 新栄女学校他の婦人宣教師らとの関わりや、築地の気候が合わず、新栄での仕事を断念。長老派婦人宣教師サラ・スミス、築地の新栄女学校を退職して函館へ、伝道を開始。スミスは新栄女学校の他の婦人宣教師らとの関わりや、築地の気候が合わず、新栄での仕事を断念。 10月 ディサイプルス派ガルスト、桜井女学校附属幼稚園の拡大を狙い、分校を開校。一柳満喜子、この幼稚園に通う。
1884（明治17）	3月 開設。 1月 函館区教育会を開設。 1月 鶴岡小学校裏手に68坪4教室を増築。落成移転式を行なう。第三期結社をなす。 ハリストス正教 8月 米国メソジスト監督派教会日本年会、結成。 9月 桜井女学校に幼稚保育科開設（日本初の私立保姆養成所）、一ヵ年制。 11月 東洋英和女学校 2月 文部省達第3号「学齢未満ノ幼児ノ保育ノ事附説明」：学齢未満幼児の就学禁止通達が出される。 東京女子師範学校附属幼稚園、保育内容の一部改訂。

年				
1879（明治12）				される。桜井女学校内に高等小学科を開設。翌年、閉校。
1880（明治13）	早春 プリースト、健康を害して帰米。12月 ウッドウォース、来函。		4月 桜井女学校附属幼稚園（初のキリスト教系幼稚園）、開設。9月 ブリテン、来日。	4月 麹町中六番町の桜井女学校内に、尋常小学科が閉校したあと、桜井女学校附属幼稚園が開設される（桜井智嘉）。6月 大阪・愛珠幼稚園、開設。7月 東京女子師範学校保姆伝習科、廃止。10月 横浜ブリテン女学校内に幼稚園開設。12月「教育令」改正
1881（明治14）	6月 ハンプトン、来函。7月 ライト婦人の寄附により元町に校舎起工。請負人は英国人タムソン。10月 スクワイヤ夫妻、来函。	10月 公立函館女学校開業式。	7月 桜井ちか、桜井女学校開校。	全国の幼稚園は7園。東京女子師範学校附属幼稚園、保育内容の若干、改訂。
1882（明治15）	1月 生徒館（教室＋生徒寮）と教師館の2棟の校舎が竣工。2月 正式な学校を開校。校名はカロライン・ライト・メモリアル・ライト・スクール、校舎竣工。		桜井ちか、夫と共に函館に移住。函館女子師範学校で教鞭を執りつつ開拓伝道に入る。	文部省、簡易幼稚園を奨励。伊沢修二『教育学』刊。

1877（明治10）	1878（明治11）	1879（明治12）
9月 フローレンスと命名。佐藤昌介ら15名がハリスより受洗。	10月 ハリス夫人、夫の迎えを受けてサンフランシスコ出港。船中にて娘を失う。	12月 プリースト、11名の生徒を集めて教授を開始。
四郎（初代）、平塚時蔵、興村忠兵衛、今井市右衛門ら相義し、鶴岡町に私立鶴岡学校を開設。	10月 米国メソジスト監督派教会海外婦人伝道協会の派遣によりプリースト、来函。	12月 大火で232戸6戸が燃える。
9月 立教女学校、開校。英国聖公会のJ・バチェラーが来日、アイヌ伝道を開始、「アイヌの父」と呼ばれ、聖書をアイヌ語に訳した。	1月 澁田利右衛門、工藤弥兵衛、杉野源次郎と協力して官許を得、私立の夜学を設立。	
	5月 日本聖保禄会員カロリンら、孤児を収容し教育を開始。聖保禄女学校の創始。	
	7月 エドワード・モース来函、貝類を採集。	
寄り、札幌農学校第一期生の信仰的指導を行なう。保育項目を設定。全25からなり、全て同格に並列していた。	5月 耕教学舎（のちの青山学院）、開校。内村鑑三、新渡戸稲造ら7人、M・C・ハリスより札幌にて受洗。	6月 同志社、第一回卒業式（海老名弾正、小崎弘道ら）。
	6月 幼稚園保姆伝習科、東京女子師範学校内に設置。	10月 美会神学校、横浜に開校（のちの青山学院）。
	4月 関信三、『幼稚園創立法』編輯。	12月 活水女学校、長崎に創立。
	3月 関信三編『幼稚園二十遊嬉』刊。	
	4月 鹿児島女子師範学校附属幼稚園、開設。	
	5月 大阪府立模範幼稚園、開設（氏原鋹、木村末）。	
	9月「学制」を廃止し、「教育令」制定。鹿児島女子師範学校附属幼稚園、設立。大阪、仙台に公立幼稚園が設立	
	工部大学校一期生、卒業。	

年			
1874（明治7）	1月26日 現・日本キリスト教団・函館教会創立、伝道を開始。日日学校を開始、学校の端緒となる。2月 C.M.ウィリアムズ、築地に学校（立教学校）開校。11月 スクーンメーカー、東京に女子の学校（海岸女学校）開校。ミセス・ツルー、来日。	12月 中村正直、コクランより受洗。	7月 文部大輔田中不二磨、幼稚園開設に関する伺書を太政大臣に提出。9月 文部省、東京女子師範学校内に幼稚園を設けるべき旨達す。11月 東京女子師範学校、開校。睦沢学校（山梨県、松木輝殿）中込学校（長野県、市川代治郎）
1875（明治8）	1月 私立遺愛女学校設立の端緒を此処に発緒となる。9月 ハリス、上汐見町123番地に地権を得る。9月 ハリス、上汐見町に住宅建設書簡に、学校設立切望の旨の記入。	11月 新島襄、同志社英学校を開校。神戸女学院、タルカットとダッドレーにより開設。10月 現・日本キリスト教団・弘前教会、発足。	9月 女子師範学校附属幼稚園を設ける旨達し。11月 東京女子師範学校、開校。12月「幼稚遊嬉場」、京都柳池小学校に開設。開智学校（長野県松本市、立石清重）
1876（明治9）	9月 町名変更につき、右記土地は元町23番地となる。10月 ハリス婦人の投稿「如何にして婦人を救うべきか」が『Heathen Woman's Friend』Vol.Ⅷ誌に掲載される。秋 ハリス夫人、単身で帰国、女子出産、12月 平田文右衛門が主唱し、渡邊熊四郎、桜井女学校認可。10月 新栄女学校、桜井女学校、認可。8月 熊本洋学校、閉校。8月 札幌農学校、W.S.クラークを教頭として開校。4月 小崎弘道、海老名弾正ら、ジェーンズより受洗。10月 桜井ちか、民家を借りてキリスト教主義による女子教育を開始。ミッションのバックアップなし。11月 東京女子師範学校附属幼稚園、開設。	4月 クラーク、札幌を離れ帰国途中に函館に立ち寄る。	7月 東京女子師範学校附属幼稚園、来日。J.コンドル、

	1870（明治3）	1871（明治4）	1872（明治5）	1873（明治6）	1874（明治7）
		育児講と呼ばれる保育所、函館にできる。	8月 スプロールズ、フィラデルフィアにて誕生。		1月 ハリス夫妻、来函米国領事代理を兼任。
			6月 本多庸一、バラ神父より受洗、現・横浜海岸教会の創立メンバーの一人となる。9月「学制」制定。「幼稚小学」の規定あり。10月 東奥義塾、創立。関信三、バラから受洗。海老名弾正、熊本洋学校入学。12月 ?	8月 米国メソジスト監督派教会、Mcハリス函館派遣を決定。10月 ハリス、フローラ・ベストと結婚。12月 米国メソジスト監督派教会M.C.ハリス、来日。2月 米国・バプテスト派N.ブラウン、来日。5月 植村正久、バラ神父より受洗。6月 米国メソジスト監督派教会マクレー、来日。7月 地租改正。8月 米国メソジスト監督派教会ソーパー、来日。	本多庸一、弘前に帰り、東奥義塾の教師となる。7月 東京女子師範学校開設。
	会、インドに2名の婦人伝道師を派遣。	6月 米国婦人一致外国伝道協会ブライン、ピアノ、クロスビー、来日。7月 廃藩置県、断行さる。8月 横浜のアメリカン・ミッション・ホーム開設（亜米利加婦人教授所）。9月 文部省設置。10月 熊本洋学校開校、小崎弘道、浮田和民ら、入学。E.W.クラーク、来日。12月 岩倉具視欧米遣外使節出発、津田梅子ら5少女、米国留学のため同行。	「学制」頒布福澤諭吉『学問ノスヽメ』刊。	キリスト教伝道、解禁。	

1859（安政6）	6月 神奈川・長崎・箱館の3港で貿易を開始。10月 米国長老教会ヘボン、神奈川へ。11月 米国・オランダ改革派S.R.ブラウン、シモンズ、神奈川へ。11月 米国・オランダ改革派フルベッキ、長崎へ。	
1860（万延1）	2月 勝海舟、咸臨丸で渡米。3月 桜田門外の変。米国婦人一致外国伝道協会設立。	ピーボディ、ボストンに幼稚園開設。
1861（文久1）	6月 ニコライ大主教イワン、来函。11月 米国・オランダ改革派バラ、来日。	
1862（文久2）		
1863（文久3）	5月 新島襄、箱館から密出国。7月 米国長老派教会D.タムソン、来日。	
1864（元治1）		
1868（明治1）	3月 米国メソジスト監督派教会海外婦人伝道協会、ボストンにて8名の女性により結成される。7月 新島襄、ボストンに。10月 明治と改元。	築地ホテル（1872焼失）
1869（明治2）	蝦夷は北海道に、箱館は函館に、改名される。6月 渡辺熊四郎、大町に洋物商を開店、屋号を森屋とす。7月 米国長老派教会カラゾルス、来日。11月 アメリカン・ボードのD.C.グリーン、来日。11月 米国メソジスト監督派教会海外婦人伝道協	

(22) 遺愛幼稚園を中心とした年表

年	遺愛幼稚園関係	遺愛女学校関係	函館市	日本・北海道(伝道・政治)	日米教育史	日米建築史
1837(天保8)						
1840(天保11)					フレーベル、幼稚園開設(ドイツ)。	
1850(嘉永3)				5月 S.W.ウィリアムズ、浦賀に来日。		
1851(嘉永4)						
1852(嘉永5)					A.L.ハウ、誕生。	
1853(嘉永6)				7月 ペリー、浦賀入港。	フレーベル、死去。	
1854(安政1)		5月 ハンプトン、カラマズー、誕生。	4月 ペリー艦隊、箱館入港。	3月 日米和親条約		
1855(安政2)					桜井智嘉、誕生。	
1856(安政3)				8月 ハリス、下田着任。		
1857(安政4)						韮山反射炉
1858(安政5)				7月 日米修好和親条約 9月 S.W.ウィリアムズら、米国各派の伝道局に宣教師の日本派遣を依頼。 10月 安政の大獄		
1859(安政6)		7月14日 デカルソン、米国デンバー州ミルフォードで誕生。		5月 米国聖公会ヒギンズ、長崎へ。 6月 米国聖公会C.M.ウィリアムズ、長崎へ。		

〈著者紹介〉

永井　理恵子（ながい　りえこ）／Rieko NAGAI

聖学院大学人間福祉学部児童学科教授。
東京に生まれる。中等部より大学院博士前期課程まで青山学院に学ぶ。
東京大学大学院教育学研究科学校教育開発学専攻博士前期・後期課程修了。
2000年3月，東京大学より博士（教育学）の学位を取得（課程博士）。
日本学術振興会特別研究員，三重大学教育学部助教授，聖学院大学人間福祉学部准教授を経て，現職。
主著『近代日本幼稚園建築史研究』（学文社，2005）にて，日本乳幼児教育学会2006年度「荘司雅子賞」，日本保育学会2007年度「保育学文献賞」を受賞。
日本キリスト教団田園調布教会現住陪餐会員。

近代日本キリスト教主義幼稚園の保育と園舎
―遺愛幼稚園における幼児教育の展開―

2011年9月29日　第1版第1刷発行

著者　永井理恵子

発行者　田中千津子

発行所　株式会社　学文社

〒153-0064　東京都目黒区下目黒3-6-1
電話　03(3715)1501(代)
FAX　03(3715)2012
http://www.gakubunsha.com

© Rieko NAGAI 2011
乱丁・落丁の場合は本社でお取替えします。
定価は売上カード，表紙に表示。

印刷　新灯印刷
製本　小泉企画

ISBN978-4-7620-2131-2